9급 공무원 시험대비 **최신개정판**

동영상강의 www.pmg.co.kr

브랜드만족 1위 박문각

2024

박문각 공무원

진가영 영어

기출문제집 문법&어휘

- 국가직 및 지방직 9급 총 14개년 기출 반영
- 국가직 및 지방직 7급 중요 기출 반영
- 서울시 9급 및 7급 중요 기출 반영
- 국회직 및 경찰직 9급 중요 기출 반영

진가영 편저

합격까지, 반드시 한 번에 다 잡는다!

박문각

수험생들에게 최고의 문법 학습서가 될
합격까지, 반드시 한 번에 다잡는다!
진가영 영어 기출문제집(문법 & 어휘)을 펴내며...

안녕하세요, 여러분들의 단기합격 길라잡이 진가영입니다. 모든 수험생이 알고 있듯이 공무원 시험에서 기출 문제의 중요성은 아무리 강조해도 지나치지 않습니다. 하지만 기출 문제를 반드시 한 번에 다잡아 합격까지 이어지게 하기 위해서는 기출 문제를 푸는 데서 그치는 것이 아니라 기출을 통해서 배운 이론을 다시 한 번 정리하고 실전 문제에 이론을 적용하는 훈련을 하는 것이 중요합니다. 또한 실전 기출 문제 풀이를 통해서 앞으로 출제 가능성이 있는 문제들의 유형과 패턴을 분석하여 출제 알고리즘을 파악해서 다음 시험을 대비하시는 것이 매우 중요합니다. 즉, 기출 문제는 단순히 문제를 풀고 분석해서 내용 아는 것을 넘어서 기출 되는 문제의 유형과 답이 되는 패턴 등을 배울 수 있고 알게 해주는 소중한 자료이므로 문제만 풀고 넘기는 것이 아니라 반드시 출제 경향을 파악하고 출제 알고리즘을 익혀야 합니다.

여러분들의 이러한 중요한 학습 과정을 돕기 위해서 나온 교재가 바로 **"박문각 공무원 진가영 영어 기출문제집(문법 & 어휘)"**입니다. 이 교재가 가진 장점은 다음과 같습니다.

01 문법 기출 문제는 영역별로 구분하여 학습자가 배운 이론을 체계적으로 문제에 적용해 볼 수 있도록 구성하였다.
02 문법 기출 문제를 풀기 전에 영역별 핵심정리를 할 수 있도록 하는 별도의 장을 마련하여 해당 영역에 대한 확실한 정리가 가능하도록 구성하였다.
03 문법 기출 문제는 정답 해설과 오답 해설을 구분하고 선지당 출제영역을 제시함으로써 자신의 약점을 제대로 파악할 수 있도록 구성하였다.
04 문법 기출 문제를 푸는 데 필요한 요긴한 팁들은 '찐tip'을 통해 배울 수 있도록 구성하였다.
05 어휘 기출문제는 유형별로 구분하여 학습자가 자신이 외운 어휘를 실전 문제 유형에 맞게 적용해 볼 수 있도록 구성하였다.
06 어휘 기출 문제를 풀기 전 또는 푼 이후에 반드시 핵심 어휘를 한 눈에 파악 가능하게 유형별로 필요한 어휘를 확인할 수 있도록 구성하였다.
07 어휘 기출 문제는 어휘에 대한 상세한 해설과 더불어 중요한 핵심 어휘들을 체계적으로 정리함으로써 출제 가능성이 있는 어휘들을 정리할 수 있도록 구성하였다.

이 교재의 좋은 장점들을 잘 활용하신다면 방대한 영어 기출에서 벗어나 시험에 (최)빈출되는 문법과 어휘의 출제 알고리즘을 확실하게 배워, 감으로 문제를 찍는 것이 아니라 정확한 출제 포인트와 단서를 통해 확신을 가지고 문제를 풀 수 있게 될 것입니다. 또한 저자 직강을 통해 여러분들이 이 교재를 효율적으로 활용하신다면 합격까지 한 번에 다 잡게 될 것입니다. 결국 이 교재를 선택하는 순간 여러분들은 시험에 최적화된 공무원 영어 기출 문제집을 선택하신 것이니 반드시 합격에 이를 것입니다.

매일 조금씩 합격하는 길로 나아가고 있으니 매일 자신의 공부 상태와 내용을 잘 점검하여 원하시는 바를 이루시길 바랍니다.
이 **"박문각 공무원 진가영 영어 기출문제집(문법 & 어휘)"**에 진심으로 반하셔서 꼭 빠른 합격을 이루시길 항상 응원합니다!

Dreams come true!
꿈은 반드시 이루어진다!

2023년 9월
진심을 다해 가르치는 영어 - 진가영

★★★★★ 공무원 영어는 그냥 진가영쌤..♥

방*현

처음에 저는 공무원 영어 준비를 시작할 때 무작정 타사 유명한 강사님 수업을 들었고, 그러다가 저와는 맞지 않는 것 같아 또 다른 선생님 수업을 듣고, 그렇게 방황하다가 마지막에 박문각 진가영쌤을 알게 되어 수업을 들었습니다. 그냥 결론부터 말하자면 수업을 듣고 '와 그냥 앞으로 진가영쌤 수업만 들어야겠다'라는 생각이 들었습니다! 특히 저는 문법 파트가 너무 어려웠는데, 초시생도 이해하기 쉽게 정말 재밌게 가르쳐주세요!! 영어 공부가 부담이 되지 않도록 해주시는 것 같아요! 단어도 외우고 문법도 외우고 독해도 해야 되고 진짜 막막하다할 때 진가영쌤 수업 들으면서 그냥 쌤이 하라는 대로만 하니까 나중에—이 단어가 외워졌네... 아 이건 이거였지... 이런 느낌을 정말 많이 받았습니다.—그리고 쌤이랑 했던 게 이번 지방직 시험에서도 많이 보여서 너무 신기했어요. 저처럼 영어 때문에 방황하셨던 분들 진가영쌤 수업 들으면 후회 없으실 것 같아요 추천합니다!

★★★★★ 21년 국가직 60점 → 22년 국가직 95점 → 23년 국가직 100점. 더 많은 설명이 필요한가...

서*원

21년 국가직 60점에서 작년 국가직 95점, 올해 국가직 100점 나왔습니다. 진가영 선생님을 만나기 전에는 영어를 어떻게 공부해야 할지 도저히 감이 오지 않아서 정말 여러 선생님들 강의를 들어보고 문제도 많이 풀고 했지만, 아무 소용이 없었습니다. 하지만, 진가영 선생님을 만난 후에는 문제를 보면 어떠한 출제포인트가 있는지 눈에 보이기 시작했고, 이를 바탕으로 문제를 풀어가면서 점점 시험 감각을 익히니 점수는 자연스럽게 오를 수밖에 없었습니다. 영어를 어떻게 해야 할지 모르겠는 분들께서는 저를 믿고 진가영 선생님 강의를 한번 들어보십쇼!

★★★★★ 문제 풀이에 영어 이론을 잘 적용해서 각종 문제를 풀 수 있게끔 해주는 강의

곽*준

기출 문제 강의는 선생님께서 시험 문제에 해당하는 영어 문법 이론을 수업 시간에 다시 한 번 짚어주셔서 이론과 문제 적용 방법을 동시에 습득할 수 있도록 해주고 머릿속에 정말 깊이 새겨주는 강의라서 수업을 듣고 나면 확실히 영어 체계가 잡혀가는 효과가 있었습니다. 독해 지문이 최근 들어 조금씩 길어지는 추세라 실제 시험장에서 독해 문제 푸는 시간 조절이 갈수록 중요해지고 있는데, 영어 독해라는 게 무턱대고 푸는 것이 아니라 각 독해 유형 별로 어떻게 독해 방법을 적용해 가는지를 선생님께서 먼저 이론을 설명해 주신 후에 실제 기출 문제를 PPT 화면을 통해 중요 KEY POINT 부분을 표시해 가면서 설명해 주셔서, 영어 독해 문제를 푸는 시간을 서서히 조절해 갈 수 있었습니다. 진정성 있는 강의, 이제 수험생 여러분들이 진가영 선생님의 수업을 통해 직접 경험해 보실 수 있습니다.

★★★★★ 단기합격 가보자고 ~!

김*수

제겐 영어가 정말 힘든 과목 중 하나였기 때문에 매번 미루게 되는 과목 중 하나였는데요. 가영쌤을 만나고 나서는 아침에 일어나면 하프와 일일 모고로 하루를 시작했습니다! 매일 아침마다 영어 공부를 할 수 있었던 원동력 중 하나는 가영쌤의 밝은 에너지의 영향이 큽니다. 항상 밝게 수업을 진행해 주시고 매 수업마다 잘 할 수 있다고 격려를 해주셔서 기분 좋게 하루를 시작할 수 있었습니다 ! 핵심 키포인트를 반복해 주셔서 암기에 수월했습니다. 핵심포인트 잡는 게 제일 힘들었는데 포인트를 잡는 법을 매번 훈련해 주셔서 문법을 수월하게 준비할 수 있었어요 ! 독해는 보통 줄글로 처음부터 끝까지 전문으로 해설해 주시는 경우가 많은데, 정답의 근거가 되는 부분을 명확하게 짚어주시고 펜터치를 표시해 주셔서 학생 입장에서 공부하기 너무 수월했습니다! 답지도 구조적으로 잘 되어 있어서 전문 해석에 집착하는 습관을 버리게끔 도와주십니다♡

최신 기출 경향

2023년 9급 국가직 기출 내용 분석

01 어휘 영역 [총 4문항]

[1번] **유의어**	① nosy 참견하기 좋아하는, 꼬치꼬치 캐묻는 ② close 친밀한 (=intimate 가까운, 친밀한 / 사적인[은밀한])	③ outgoing 외향적인, 사교적인 ④ considerate 사려 깊은, 배려하는
[2번] **유의어**	① rapid 빠른, 신속한 ② constant 끊임없는, 거듭되는 (=incessant 끊임없는, 쉴 새 없는)	③ significant 중요한, 상당한 ④ intermittent 간헐적인, 간간이 일어나는
[3번] **유의어**	① elaborate 자세히 말[설명]하다, 상술하다 ② release 풀어 주다, 해방하다, 방출하다	③ modify 수정[변경]하다, 바꾸다 ④ suspend 매달다 / 미루다, 연기하다 (=hold off 미루다, 연기하다)
[4번] **유의어**	① accept 받아들이다, 수용하다 (= abide by 준수하다, 지키다, 따르다) ② report 보도하다, 알리다, 전하다	③ postpone 연기하다, 미루다 ④ announce 발표하다, 알리다

02 문법 영역 [총 3문항]

[5번] **〈밑줄형〉**	① 5형식 동사 make의 '가목적어–진목적어' 구문 'make + it(가목적어) + 목적보어 + to 부정사' ② that절을 목적어로 취하는 3형식 타동사 argue → 수동태 구조 it is argued that절	③ 단수 명사 주어 the biomedical view 동사 conceal (X) conceals (O) ④ 부사(accurately)는 동사(represents) 수식 가능
[6번] **〈문장형〉**	① 수동태 구조 'be p.p.' → are expected / to be turned in ② 시제 관련 관용 구문 '~하자마자 ~했다' 'Hardly + had S p.p. ~ when + S + 과거동사'	③ '주장 · 요구 · 명령 · 제안 · 충고'를 의미하는 타동사의 that절 뒤에 (should) 동사원형 구조 ④ 사역동사 have의 목적어와 목적보어 수동의 관계 → 원형부정사 remove (X), 과거분사 removed (O)
[7번] **〈영작〉**	① 배수사 구문 – 배수사 as 원급 as (어순 중요) ② finish 동작의 완료 → until (X) (상태의 지속) finish 동작의 완료 → by (O)	③ 습관을 나타낼 때 → 현재시제 사용 every other day '이틀에 한 번, 하루 걸러' ④ had better 동사 원형 '~하는게 낫다' in case '~할 경우에 (대비하여)'

03 생활영어 영역 [총 3문항]

[10번] **빈칸**	A: I got this new skin cream from a drugstore yesterday. It is supposed to remove all wrinkles and make your skin look much younger. B: ______________________	
	① I don't buy it. (난 안 믿어.) ② It's too pricey.	③ I can't help you out. ④ Believe it or not, it's true.
[11번] **빈칸**	A: Oh, that's a great idea. What else should I check out? B: ______________________	
	① This is the map that your client needs. Here you go. ② A guided tour to the river park. It takes all afternoon.	③ You should check it out as soon as possible. ④ The checkout time is three o'clock.
[12번] **대화**	① A: 그가 드디어 흥행한 영화에 나왔어! B: 그럼, 그는 성공거네. ② A: 지금 조금 피곤해져가고 있어. B: 그럼 오늘은 여기까지 하자.	③ A : 아이들이 생일 파티에 갈 거야. B : 그래서 그건 식은 죽 먹기였어. ④ A: 어제 그가 왜 일찍 집에 갔는지 궁금해. B: 아마 그가 기분이 좋지 않았을 것 같아.

04 독해 영역 [총 10문항]

유형(수)	문항	유형(수)	문항
세부정보 (2)	[8번] 불일치, [9번] 일치	빈칸 (2)	[16번] 단어, [20번] 구
대의파악 (3)	[13번] 제목, [14번] 주제, [15번] 요지	일관성 (3)	[17번] 제거, [18번] 삽입, [19번] 순서

2023년 9급 지방직 기출 내용 분석

01 어휘 영역 [총 5문항]

[1번] 유의어	① required 필수의 ② following 그 다음의 (=subsequent 그 다음의, 차후의)	③ advanced 선진의 / 고급의 ④ supplementary 보충의, 추가의
[2번] 유의어	① charity 자선 / 너그러움, 관용 ② humility 겸손	③ boldness 대담함 ④ politeness 공손[정중]함 / 우아[고상]함 (=courtesy 공손[정중]함 / 무료의)
[3번] 유의어	① raise 기르다, 키우다 (=bring up 기르다[양육하다]) ② advise 조언[충고,권고]하다	③ observe 보다, 관찰하다 ④ control 지배[통제,장악]하다, 제어하다
[4번] 유의어	① abolish 폐지하다 (=do away with 폐지하다, 처분하다) ② consent 동의[허락]하다	③ criticize 비판[비난]하다 ④ justify 정당화하다
[5번] 빈칸	Voters demanded that there should be greater _______ in the election process so that they could see and understand it clearly.	
	① deception 속임, 기만, 사기 ② flexibility 유연성 / 융통성	③ competition 경쟁 / 대회, 시합 ④ transparency 투명성

02 문법 영역 [3문항]

[6번] 〈밑줄형〉	① in which(전치사+관계대명사) + 완전 구조 ② 분사의 수식을 받는 명사가 행동당하는 수동의 의미인 경우 → 수동의 과거 분사 predicted	③ 관계대명사 what + 완전 구조 (X) 명사절 접속사 that + 완전 구조 (O) ④ 감정을 유발한다는 의미를 전달할 경우 → 현재 분사 threatening
[7번] 〈문장형〉	① should have p.p. '~했어야 했다(안 했다)' ② 사람/사물주어 + used to 동사원형 '~하곤 했다'	③ 서술적 용법 alive + 명사 (X) 형용사(전치 수식) + 명사 a live man (O) ④ 능동태 look at → 수동태 be looked at
[8번] 〈영작〉	① 감정을 느낀다는 → 현재분사 touching (X) 감정을 느낀다는 → 과거분사 touched (O) ② 전치사구 apart from '~을 차지하고' 전치사(from) + 명사(its cost)	③ 분사의 수식을 받는 명사가 행동한다는 능동의 의미인 경우 → 능동의 현재 분사 drinking ④ make의 목적어와 목적보어 수동의 관계 → 수동의 과거분사 suited

03 생활영어 영역 [총 3문항]

[10번] 빈칸	A: Pardon me, but could you give me a hand, please? B: ______________________	
	① We have no idea how to handle this situation. ② Would you mind telling us who is in charge?	③ Yes. I could use some help around here. ④ Sure. Can I help you with anything?
[11번] 빈칸	A: Probably they were on all night. B: ______________________	
	① Don't worry. This machine is working fine. ② That's right. Everyone likes to work with you.	③ I'm sorry. I promise I'll be more careful from now on. ④ Too bad. You must be tired because you get off work too late.
[12번] 대화	① A: 머리는 어떻게 하고 싶으세요? B: 머리 색깔이 조금 싫증나서요. 염색하고 싶어요 ② A: 지구 온난화를 늦추기 위해 우리가 할 수 있는 것은 무엇인가요? B: 우선, 우리는 더 많은 대중 교통 수단을 이용할 수 있어요.	③ A : 안나, 너야? 오랜만이야! 얼마만이야? B: 차로 약 한 시간 반 정도 걸렸어. ④ A: 폴이 걱정돼. 행복하지 않아 보여. 어떻게 해야 할까? B: 내가 너라면, 그가 자기 문제에 대해 얘기할 때까지 기다릴 거야.

04 독해 영역 [총 9문항]

유형(수)	문항	유형(수)	문항
대의파악 (3)	[12번] 제목, [13번] 주제, [14번] 요지	일관성 (3)	[16번] 제거, [17번] 순서, [18번] 삽입
세부정보 (1)	[15번] 불일치	빈칸 (2)	[19번] 단어, [20번] 구

진가영 교수님의 완벽한 적중 확인!!

2023 4월 8일 시행 국가직 9급 공채 공무원 시험문제

23년 4월 국가직 5번

5 밑줄 친 부분 중 어법상 옳지 않은 것은?

While advances in transplant technology have made ①it possible to extend the life of individuals with end-stage organ disease, it is argued ②that the biomedical view of organ transplantation as a bounded event, which ends once a heart or kidney is successfully replaced, ③conceal the complex and dynamic process that more ④accurately represents the experience of receiving an organ.

완벽적중

23년 4월 국가직 5번

5 밑줄 친 부분 중 어법상 옳지 않은 것은?

While advances in transplant technology have made ①it possible to extend the life of individuals with end-stage organ disease, it is argued ②that the biomedical view of organ transplantation as a bounded event, which ends once a heart or kidney is successfully replaced, ③conceal the complex and dynamic process that more ④accurately represents the experience of receiving an organ.

완벽적중

2023년 1월~4월 5일까지 진가영 일일모의고사 문제

[23년 1월] 일일 모의고사 16회

6 어법상 옳지 않은 것을 고르시오.

① What he likes best for breakfast is cornflakes.
② He hardly understands business cycles, much more economic fluctuation.
③ There are thousands of verbs in English, most of which are regular.
④ I think it proper to let him know of it.

④ 가목적어 + 진목적어를 취하는 동사인 think가 'think it(가목적어) 형용사(목적격 보어) to부정사(진목적어)'의 구조로 문법적으로 올바르게 쓰였다.

[23년 2월] 일일 모의고사 11회

7 어법상 옳지 않은 것을 고르시오.

① Moon having raised, we put out the light.
② I think it wrong to value money more than time.
③ It really annoys me when people forget to say thank you.
④ The lake is situated at the eastern extremity of the mountain range.

② 5형식 타동사 뒤에 '가목적어 it + 형용사나 명사 목적 보어 + 진목적어' 구조가 올바르게 쓰였다.

[23년 3월] 일일 모의고사 8회

8 어법상 옳지 않은 것을 고르시오.

① I think it wrong to value money more than time.
② I have many books, some of them are interesting.
③ They took great pains to accomplish their goal.
④ Neither of us knows what did happen last night.

① 가목적어 구문을 물어보는 문제로 'think it(가목적어) 형용사 to부정사(진목적어)'의 구조로 문법적으로 옳다.

[23년 1월] 일일 모의고사 18회

6 어법상 옳지 않은 것을 고르시오.

① She wants to be emerged from the same routine.
② You must arrive at the time stated.
③ It is said that the corruption in that organization is acute.
④ You may stay here so long as you keep quiet.

③ It be said that절은 'that절이라고 한다'는 의미의 3형식 say 동사 구조의 수동태 패턴으로 올바르게 쓰였다.

[23년 1월] 일일 모의고사 19회

7 우리말을 영어로 잘못 옮긴 것을 고르시오.

① 나는 이사진을 볼 때마다 그녀가 생각난다.
→ I am never reminded of her without seeing the picture.
② 그 권고 조항들은 곧 시행될 것이다.
→ The recommendations will soon be put into effect.
③ 사람들이 악령에 씌일 수도 있다고 믿어졌다.
→ It was believed that people could be possessed by evil spirits.
④ 그 프로그램들은 나이든 사람들이 대학에서 공부할 수 있게 해준다.
→ The programs enable older people study at college.

③ 'that절의 수동태'에 대한 문제로 'They believed that절'을 'It was believed that절'로 표현한 것으로 문법적으로 옳다.

[23년 2월] 일일 모의고사 2회

7 어법상 옳지 않은 것을 고르시오.

① It was said that he had small chance to live through the night.
② You know better than behave like that.
③ She can't see him without thinking of her father.
④ This is not a psychological trait so much as a social one.

① 'that절의 수동태'에 대한 문제로 'They said that절'을 'It was said that절'로 표현한 것으로 문법적으로 옳다.

[23년 4월] 일일 모의고사 2회

7 어법상 옳지 않은 것을 고르시오.

① It is believed that the couple have left the country.
② You know better than ask me for such things.
③ She can't see him without being reminded of her father.
④ A man's worth lies not so much in his wealth as in his character.

① 목적어로 명사절인 'that절'을 취할 경우의 수동태 구조는 'It be p.p. that절'로 표현하므로 주어진 문장에서 'It is believed that절'은 올바르게 쓰였다.

23년 4월 국가직 6번

6 어법상 옳지 않은 것은?

① All assignments are expected to be turned in on time.
② Hardly had I closed my eyes when I began to think of her.
③ The broker recommended that she buy the stocks immediately.
④ A woman with the tip of a pencil stuck in her head has finally had it remove.

[23년 2월] 일일 모의고사 8회

8 어법상 옳은 것을 고르시오.

① We expect that this machine will be made good use of everywhere around the world.
② The more she thought about it, more depressed she became.
③ We will defer to whatever the committee decides it.
④ There is no point in try to place the blame.

[23년 1월] 일일 모의고사 5회

6 어법상 옳지 않은 것을 고르시오.

① They showed the interest of learned and the wise.
② Modern music is often considered inferior to that of the past.
③ I have no more than five books.
④ Scarcely had we finished our project when he gave us another one.

[23년 1월] 일일 모의고사 13회

8 우리말을 영어로 잘못 옮긴 것을 고르시오.

① 지난 여름에는 비가 거의 안 왔다.
→ Hardly did it rain at all last summer.
② 그녀는 아틀랜타에서 일하고 그녀의 오빠도 마찬가지이다.
→ She works in Atlanta and so does her brother.
③ 그는 아마 싫다고 할 것이다. 하지만 물어볼 가치는 있다.
→ He'll probably say no, though it's worth asked.
④ 그녀는 너무 피곤해서 제대로 생각을 할 수가 없었다.
→ So tired was she that she couldn't think straight.

[23년 2월] 일일 모의고사 6회

8 어법상 옳은 것을 고르시오.

① He has some unfinished business to deal with it.
② Whoever made this cake is a real artist.
③ Scarcely I awoke when away flew the canon.
④ Now, the length of time is as two times long as before.

[23년 2월] 일일 모의고사 12회

6 우리말을 영어로 잘못 옮긴 것은?

① 어딘가 잘못된 것이 있다는 너의 말을 의심치 않는다.
→ I don't doubt your word about there is something wrong.
② 우리 강사는 우리가 그 기사의 문체를 모방하려고 노력해야 한다고 주장했다.
→ Our instructor insisted that we should try to imitate the style of the article.
③ 그러한 농담은 인종에 대한 고정관념을 강화하는 경향이 있다.
→ Such jokes tend to reinforce racial stereotypes.
④ 더 이상 수색을 계속한다는 것은 무의미하다.
→ It is no use continuing the search any longer.

23년 4월 국가직 7번

7 우리말을 영어로 잘못 옮긴 것은?

① 내 고양이 나이는 그의 고양이 나이의 세 배이다.
→ My cat is three times as old as his.
② 우리는 그 일을 이번 달 말까지 끝내야 한다.
→ We have to finish the work until the end of this month.
③ 그녀는 이틀에 한 번 머리를 감는다.
→ She washes her hair every other day.
④ 너는 비가 올 경우에 대비하여 우산을 갖고 가는 게 낫겠다.
→ You had better take an umbrella in case it rains.

[23년 1월] 일일 모의고사 12회

7 우리말을 영어로 잘못 옮긴 것을 고르시오.

① 그녀는 거짓말쟁이라고 불리는 것을 용인하지 않으려고 했다.
→ She refused to tolerate being called a liar.
② 그 유행을 처음 시작한 것은 바로 이탈리아 사람들이었다.
→ It was the Italians that he first started the trend.
③ 남성들보다는 여성들이 4배 더 많은 그러한 진단을 받고 있다.
→ Women are diagnosed with it four times as often as men.
④ 우리는 교통법규를 따라야 한다.
→ We should obey the traffic regulation.

[23년 2월] 일일 모의고사 7회

8 어법상 옳은 것을 고르시오.

① The contents of shipwrecks are belonging to the state.
② New drivers have twice as many accidents as experienced drivers.
③ Nobody mentioned me anything about it.
④ She is baptized when she is a month old.

[23년 3월] 일일 모의고사 10회

6 우리말을 영어로 잘못 옮긴 것은?

① 우리가 영어 작문을 공부해야 할 때가 되었다.
→ It is high time that we studied English composition.
② 그는 마치 미국인처럼 영어를 유창하게 한다.
→ He speaks English fluently as if he were an American.
③ 제인은 톰보다 2배 이상의 돈을 가지고 있었다.
→ Jane had twice as much money as Tom did.
④ 그들은 그것을 가지는 것보다 주는 것을 선호하는 것 같다.
→ They seem to prefer giving it out to take it in.

[23년 2월] 일일 모의고사 22회

6 어법상 옳지 않은 것을 고르시오.

① The doctor comes to the hospital every two day.
② She was bursting with impatience to tell me the news.
③ Just because I don't complain, people think I'm satisfied.
④ The hotel is known for its excellent cuisine.

★ '이틀에 한번'은 'every other day' 혹은 'every second day' 혹은 'every two days'로 표현한다. 따라서 every two day를 every two days로 고쳐야 한다.

[23년 1월] 일일 모의고사 14회

8 우리말을 영어로 잘못 옮긴 것을 고르시오.

① 내가 외출할 경우를 대비해서 당신은 열쇠를 가져가는 것이 좋겠다.
→ You'd better take the keys in case I ~~will be~~ out.
② 휴일이라서 은행이 문을 닫았다.
→ It being a holiday, the bank was closed.
③ 그는 내가 그의 의견을 존중하는 남자이다.
→ He's a man whose opinion I respect.
④ 그녀의 어머니는, 그녀가 비밀을 털어놓았더니, 그녀를 지지하겠다고 했다.
→ Her mother, in whom she confided, said she would support her.

[23년 2월] 일일 모의고사 9회

9 어법상 옳은 것을 고르시오.

① He loved his wife, which he killed out of jealousy.
② It was last summer that the idea first came to my mind.
③ There will be 18 classes, most of which is taught in English.
④ You won't get paid for time off unless you ~~will have~~ a doctor's note.

진가영 교수님의 완벽한 적중 확인!

2023년 6월 10일 시행 지방직 9급 공채 공무원 시험문제

23년 6월 지방직 1번

[1~4] 밑줄 친 부분의 의미와 가장 가까운 것을 고르시오.

1

Further explanations on our project will be given in subsequent presentations.

① required ② following
③ advanced ④ supplementary

진가영 단기합격 영어어휘, 독해 필수 어휘

단기합격 영어어휘 [DAY 29]

번호	단어	해석	유의어
9	subsequent	형 그 다음의, 이후의	ensuing

단기합격 영어어휘 [DAY 29]

번호	단어	해석	유의어
8	compulsory	의무적인, 강제적인, 필수의	mandatory, obligatory, imperative, required requi-site

단기합격 영어어휘 부록편 [DAY 28]

번호	단어	해석
13	follow	따라가다

합격 영어어휘 부록편 [DAY 47]

번호	단어	해석
1714	advance	전진, 발전, 전진하다, 나아가다

단기합격 영어어휘 [DAY 37]

번호	단어	해석	유의어
22	supplementary to	~을 보완하는	

완벽적중

23년 6월 지방직 2번

2

Folkways are customs that members of a group are expected o follow to show courtesy to others. For example, saying "excuse me" when you sneeze is an American folkway.

① charity ② humility
③ boldness ④ politeness

단기합격 영어어휘 [DAY 36]

번호	단어	해석	유의어
27	polite	예의 바른, 공손한, 정중한	courteous

단기합격 영어어휘 부록편 [DAY 03]

번호	단어	해석
100	charity	자선단체

합격 영어어휘 부록편 [DAY 28]

번호	단어	해석
324	bold	전진, 발전, 전진하다, 나아가다

완벽적중

23년 6월 지방직 3번

3

These children have been brought up on a diet of healthy food.

① raised ② advised
③ observed ④ controlled

단기합격 영어어휘 [DAY 24]

번호	단어	해석	유의어
16	nurture	양육하다, 양성하다	raise bring up

단기합격 영어어휘 [DAY 46]

번호	단어	해석	유의어
16	exhort	권하다, 권고[훈계]하다	권고[훈계]하다 admonish advise

단기합격 영어어휘 [DAY 58]

번호	단어	해석	유의어
2	observe	보다, 관찰하다, 준수하다	

합격 영어어휘 [DAY 07]

번호	단어	해석	유의어
10	dominate	지배하다, 통지하다	govern, control

2023년 6월 10일 시행 지방직 9급 공채 공무원 시험문제

23년 6월 지방직 4번

4 Slavery was not done away with until the nineteenth century in the U.S.

① abolished ② consented
③ criticized ④ justified

진가영 단기합격 영어어휘, 독해 필수 어휘

단기합격 영어어휘 [DAY 52]

번호	단어	해석	유의어
25	do away with	~을 버리다, ~을 없애다	

단기합격 영어어휘 [DAY 28]

번호	단어	해석	유의어
14	repeal	무효로 하다, 폐지하다 취소하다, 철회하다	cancel, annul, abolish, nullify, invalidate

단기합격 영어어휘 [DAY 50]

번호	단어	해석	유의어
4	mutual consent	상호 합의	

단기합격 영어어휘 [DAY 28]

번호	단어	해석	유의어
20	decry	매도하다, 비난하다, 헐뜯다	condemn, denounce, criticize, censure

단기합격 영어어휘 [DAY 21]

번호	단어	해석	유의어
20	justify	정당화하다, 옳음을 보여주다	

완벽적중

---

[5] 밑줄 친 부분에 들어갈 말로 가장 적절한 것은?

23년 6월 지방직 5번

5 Voters demanded that there should be greater _________ in the election process so that they could see and understand it clearly.

① deception ② flexibility
③ competition ④ transparency

단기합격 영어어휘 [DAY 01]

번호	단어	해석	유의어
6	deceptive	현혹시키는, 사기의	deceitful, misleading, fraudulent

단기합격 영어어휘 [DAY 56]

번호	단어	해석	유의어
14	flexible	구부리기 쉬운, 유연한, 적응성 있는	cf. flexibility 유연성

단기합격 영어어휘 부록편 [DAY 24]

번호	단어	해석
366	compete	경쟁하다

단기합격 영어어휘 [DAY 16]

번호	단어	해석	유의어
6	transparent	투명한, 명료한	투명한 diaphanous, pellucid

완벽적중

구성과 특징

1 문법 기출 문제는 영역별로 구분하여 학습자가 배운 이론을 체계적으로 문제에 적용해 볼 수 있도록 구성하였다.

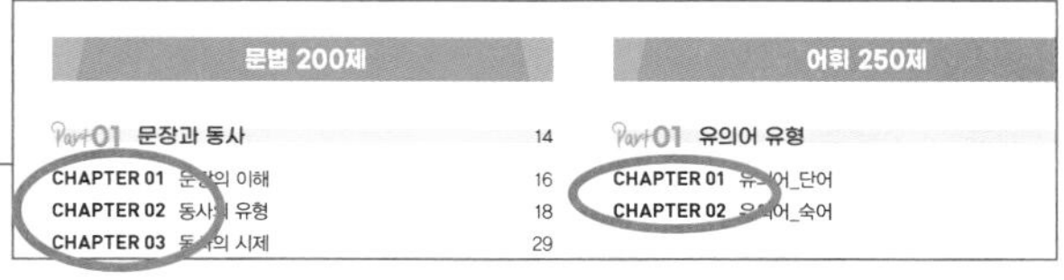

문법 200제		어휘 250제	
Part 01 문장과 동사	14	Part 01 유의어 유형	
CHAPTER 01 문장의 이해	16	CHAPTER 01 유의어_단어	
CHAPTER 02 동사의 유형	18	CHAPTER 02 유의어_숙어	
CHAPTER 03 동사의 시제	29		

2 문법 기출 문제를 풀기 전에 영역별 핵심정리를 할 수 있도록 하는 별도의 장을 마련하여 해당 영역에 대한 확실한 정리가 가능하도록 구성하였다.

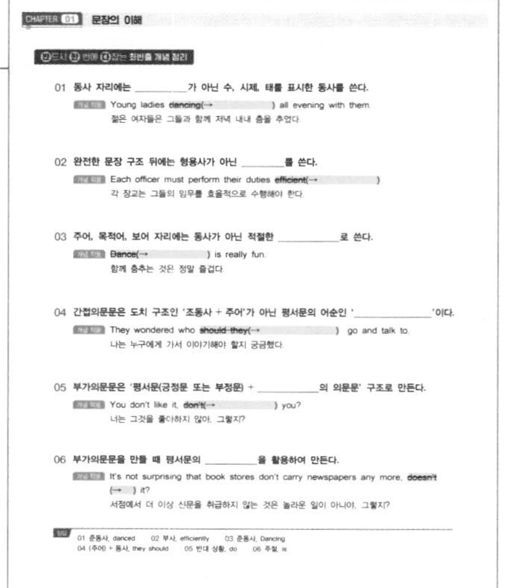

CHAPTER 01 문장의 이해

①드시 ⓑ번에 ⓒ잡는 최빈출 개념 정리

01 동사 자리에는 ________가 아닌 수, 시제, 태를 표시한 동사를 쓴다.
Young ladies dancing(→) all evening with them.
젊은 여자들은 그들과 함께 저녁 내내 춤을 추었다.

02 완전한 문장 구조 뒤에는 형용사가 아닌 ________를 쓴다.
Each officer must perform their duties efficient(→)
각 장교는 그들의 임무를 효율적으로 수행해야 한다.

03 주어, 목적어, 보어 자리에는 동사가 아닌 적절한 ________로 쓴다.
Dance(→) is really fun.
함께 춤추는 것은 정말 즐겁다.

04 간접의문문은 도치 구조인 '조동사 + 주어'가 아닌 평서문의 어순인 '________'이다.
They wondered who should they(→) go and talk to.
나는 누구에게 가서 이야기해야 할지 궁금했다.

05 부가의문문은 '평서문(긍정문 또는 부정문) + ________의 의문문' 구조로 만든다.
You don't like it, don't(→) you?
너는 그것을 좋아하지 않아, 그렇지?

06 부가의문문을 만들 때 평서문의 ________을 활용하여 만든다.
It's not surprising that book stores don't carry newspapers any more, doesn't(→) it?
서점에서 더 이상 신문을 취급하지 않는 것은 놀라운 일이 아니야, 그렇지?

정답 01 준동사, danced 02 부사, efficiently 03 준동사, Dancing 04 (주어) + 동사, they should 05 반대 상황, do 06 주절, is

3 문법 기출 문제는 정답 해설과 오답 해설을 구분하고 선지당 출제영역을 제시함으로써 자신의 약점을 제대로 파악할 수 있도록 구성하였다.

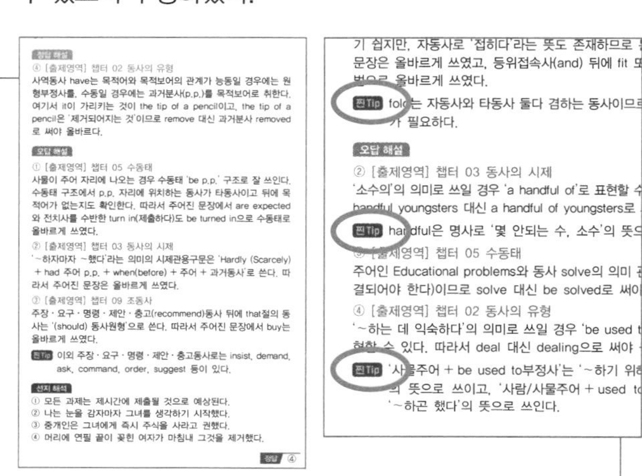

정답 해설
④ [출제영역] 챕터 02 동사의 유형
사역동사 have는 목적어와 목적보어의 관계가 능동일 경우에는 원형부정사를, 수동일 경우에는 과거분사(p.p.)를 목적보어로 취한다. 여기서 it이 가리키는 것이 the tip of a pencil이고, the tip of a pencil은 '제거되어지는 것'이므로 remove 대신 과거분사 removed로 써야 올바르다.

오답 해설
① [출제영역] 챕터 05 수동태
사물이 주어 자리에 나오는 경우 수동태 'be p.p.' 구조로 잘 쓰인다. 수동태 구조에서 p.p. 자리에 위치하는 동사가 타동사이고 뒤에 목적어가 없는지도 확인한다. 따라서 주어진 문장에서 are expected와 전치사를 수반한 turn in(제출하다)도 be turned in으로 수동태로 올바르게 쓰였다.
② [출제영역] 챕터 03 동사의 시제
'~하자마자 ~했다'라는 의미의 시제관용구문은 'Hardly (Scarcely) + had 주어 p.p. + when(before) + 주어 + 과거동사'로 쓴다. 따라서 주어진 문장은 올바르게 쓰였다.
③ [출제영역] 챕터 09 조동사
주장 · 요구 · 명령 · 제안 · 충고(recommend)동사 뒤에 that절의 동사는 '(should) 동사원형'으로 쓴다. 따라서 주어진 문장에서 buy는 올바르게 쓰였다.
찐Tip 이외 주장 · 요구 · 명령 · 제안 · 충고동사로는 insist, demand, ask, command, order, suggest 등이 있다.

선지 해석
① 모든 과제는 제시간에 제출될 것으로 예상된다.
② 나는 눈을 감자마자 그녀를 생각하기 시작했다.
③ 중개인은 그녀에게 즉시 주식을 사라고 권했다.
④ 머리에 연필 끝이 꽂힌 여자가 마침내 그것을 제거했다.

정답 ④

기 쉽지만, 자동사로 '접히다'라는 뜻도 존재하므로 문장은 올바르게 쓰였고, 등위접속사(and) 뒤에 fit 또 ... 으로 올바르게 쓰였다.
찐Tip fold는 자동사와 타동사 둘다 겸하는 동사이므로 ... 가 필요하다.

오답 해설
② [출제영역] 챕터 03 동사의 시제
'소수의'의 의미로 쓰일 경우 'a handful of'로 표현할 수 ... handful youngsters 대신 a handful of youngsters로 ...
찐Tip handful은 명사로 '몇 안되는 수, 소수'의 뜻으...
③ [출제영역] 챕터 05 수동태
주어인 Educational problems와 동사 solve의 의미 ... 결되어야 한다)이므로 solve 대신 be solved로 써야 ...
④ [출제영역] 챕터 02 동사의 유형
'~하는 데 익숙하다'의 의미로 쓰일 경우 'be used t... 현할 수 있다. 따라서 deal 대신 dealing으로 써야 ...
찐Tip '사물주어 + be used to부정사'는 '~하기 위해 ...의 뜻으로 쓰이고, '사람/사물주어 + used to ... '~하곤 했다'의 뜻으로 쓰인다.

문법 기출 문제를 푸는 데 필요한 요긴한 팁들은 '찐tip'을 통해 배울 수 있도록 구성하였다. 4

5 어휘 기출 문제는 유형별로 구분하여 학습자가 자신이 외운 어휘를 실전 문제 유형에 맞게 적용해 볼 수 있도록 구성하였다.

6 어휘 기출 문제를 풀기 전 또는 푼 이후에 반드시 핵심 어휘를 한 눈에 파악 가능하게 유형별로 필요한 어휘를 확인할 수 있도록 구성하였다.

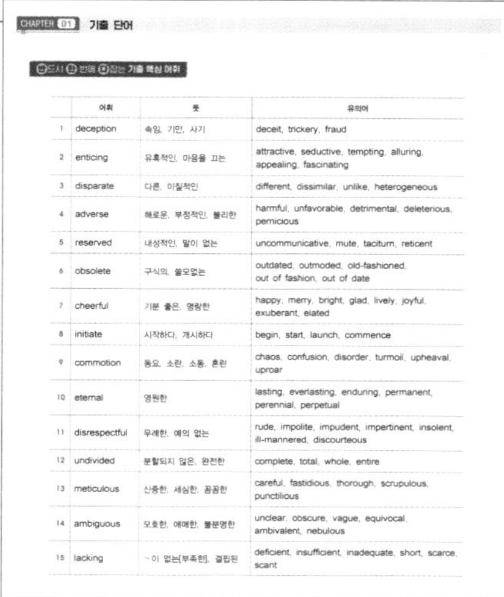

CHAPTER 01 기출 단어

①드시 ⓑ번에 ⓒ잡는 기출 핵심 어휘

	어휘	뜻	유의어
1	deception	속임, 기만, 사기	deceit, trickery, fraud
2	enticing	유혹적인, 마음을 끄는	attractive, seductive, tempting, alluring, appealing, fascinating
3	disparate	다른, 이질적인	different, dissimilar, unlike, heterogeneous
4	adverse	해로운, 부정적인, 불리한	harmful, unfavorable, detrimental, deleterious, pernicious
5	reserved	내성적인, 말이 없는	uncommunicative, mute, taciturn, reticent
6	obsolete	구식의, 쓸모없는	outdated, outmoded, old-fashioned, out of fashion, out of date
7	cheerful	기분 좋은, 명랑한	happy, merry, bright, glad, lively, joyful, exuberant, elated
8	initiate	시작하다, 개시하다	begin, start, launch, commence
9	commotion	동요, 소란, 소동, 혼란	chaos, confusion, disorder, turmoil, upheaval, uproar
10	eternal	영원한	lasting, everlasting, enduring, permanent, perennial, perpetual
11	disrespectful	무례한, 예의 없는	rude, impolite, impudent, impertinent, insolent, ill-mannered, discourteous
12	undivided	분할되지 않은, 완전한	complete, total, whole, entire
13	meticulous	신중한, 세심한, 꼼꼼한	careful, fastidious, thorough, scrupulous, punctilious
14	ambiguous	모호한, 애매한, 불분명한	unclear, obscure, vague, equivocal, ambivalent, nebulous
15	lacking	~이 없는[부족한], 결핍된	deficient, insufficient, inadequate, short, scarce, scant

7 어휘 기출 문제는 어휘에 대한 상세한 해설과 더불어 중요한 핵심 어휘들을 체계적으로 정리함으로써 출제 가능성이 있는 어휘들을 정리할 수 있도록 구성하였다.

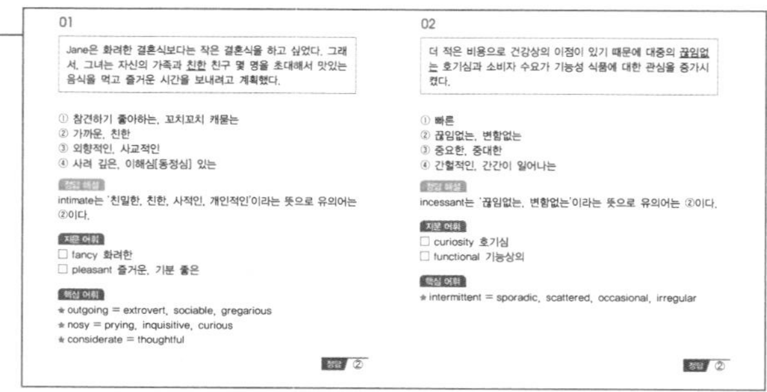

01

Jane은 화려한 결혼식보다는 작은 결혼식을 하고 싶었다. 그래서, 그녀는 자신의 가족과 친한 친구 몇 명을 초대해서 맛있는 음식을 먹고 즐거운 시간을 보내려고 계획했다.

① 참견하기 좋아하는, 꼬치꼬치 캐묻는
② 가까운, 친한
③ 외향적인, 사교적인
④ 사려 깊은, 이해심[동정심] 있는

정답 해설
intimate는 '친밀한, 친한, 사적인, 개인적인'이라는 뜻으로 유의어는 ②이다.

지문 어휘
□ fancy 화려한
□ pleasant 즐거운, 기분 좋은

핵심 어휘
∗ outgoing = extrovert, sociable, gregarious
∗ nosy = prying, inquisitive, curious
∗ considerate = thoughtful

정답 ②

02

더 적은 비용으로 건강상의 이점이 있기 때문에 대중의 끊임없는 호기심과 소비자 수요가 기능성 식품에 대한 관심을 증가시켰다.

① 빠른
② 끊임없는, 변함없는
③ 중요한, 중대한
④ 간헐적인, 간간이 일어나는

정답 해설
incessant는 '끊임없는, 변함없는'이라는 뜻으로 유의어는 ②이다.

지문 어휘
□ curiosity 호기심
□ functional 기능성의

핵심 어휘
∗ intermittent = sporadic, scattered, occasional, irregular

정답 ②

CONTENTS

차례

문법 200제

어휘 250제

진가영 영어
기출문제집
문법&어휘

합격까지, 반드시 한 번에 다 잡는다!

문법 200제

PART 01 문장과 동사
PART 02 준동사
PART 03 조동사와 조동사를 활용한 구문
PART 04 연결어
PART 05 비교 & 기타 품사

문장과 동사

출제 경향 분석

출제 내용 점검

CHAPTER 01 문장의 이해

1	문장의 구성요소와 8품사	
2	구와 절, 문장이 길어지는 이유	
3	어순이 중요한 간접의문문	
4	주절의 주어 동사가 중요한 부가의문문	

CHAPTER 02 동사의 유형

5	주어만 있으면 완전한 1형식 자동사	
6	주격 보어가 필요한 2형식 자동사	
7	전치사가 필요 없는 대표 3형식 타동사	
8	4형식으로 착각하기 쉬운 3형식 타동사	
9	목적어 뒤에 특정 전치사를 수반하는 3형식 타동사	
10	목적어를 두 개 취하는 4형식 수여동사	
11	to부정사를 목적보어로 취하는 대표 5형식 타동사	
12	원형부정사를 목적보어로 취하는 5형식 사역동사	
13	원형부정사와 현재분사를 목적보어로 취하는 5형식 지각동사	
14	분사를 목적보어로 취하는 5형식 동사	
15	명사나 형용사를 목적보어로 취하는 5형식 동사	
16	'말하다' 동사의 구분	
17	목적어의 유무가 중요한 혼동하기 쉬운 자동사와 타동사	
18	의미와 구조에 주의해야 할 타동사	

CHAPTER 03 동사의 시제

19	과거 시간을 나타내는 부사와 과거시제	
20	완료 시제와 잘 쓰이는 시간 부사	
21	미래를 대신하는 현재시제	
22	진행형 불가 동사	
23	시제의 일치와 예외	
24	시제 관련 표현	

CHAPTER 04 주어와 동사의 수 일치

25	현재시제 동사와 be동사의 수 일치	
26	상관 접속사와 수 일치	
27	부분을 나타내는 명사와 수 일치	
28	A and B와 수 일치	
29	혼동하기 쉬운 주어와 동사 수 일치	
30	주어 자리에서 반드시 단수 취급 또는 복수 취급하는 특정 표현	

CHAPTER 05 수동태

31	능동태와 수동태의 차이	
32	수동태 불가 동사	
33	다양한 3형식 동사와 수동태 구조	
34	4형식 수여동사와 수동태 구조	
35	5형식 동사와 수동태 구조	
36	전치사에 유의해야 할 수동태	

나의 약점 확인

영역	점수	영역	점수
CHAPTER 01 문장의 이해	/ 2문항	CHAPTER 04 주어와 동사 수 일치	/ 20문항
CHAPTER 02 동사의 유형	/ 20문항	CHAPTER 05 수동태	/ 20문항
CHAPTER 03 동사의 시제	/ 12문항		

나의 약점 보완

문제 풀이 전략

Q 밑줄 친 부분 중 어법상 옳지 않은 것은? 2023. 국가직 9급

While advances in transplant technology have made ① it possible to extend the life of individuals with end-stage organ disease, it is argued ② that the biomedical view of organ transplantation as a bounded event, which ends once a heart or kidney is successfully replaced, ③ conceal the complex and dynamic process that more ④ accurately represents the experience of receiving an organ.

정답 해설

③ [출제영역] 챕터4 주어와 동사 수 일치

주어와 동사 사이에 있는 수식어는 주어와 동사 수 일치에 영향을 미치지 않는다. 따라서 주어는 단수 주어인 the biomedical view이므로 conceal 대신 단수 동사 conceals로 써야 올바르다. 특히 최근에는 주어와 동사 사이에 많은 수식어를 넣어 긴 문장이 출제되므로 주어와 동사를 제대로 찾는 연습이 필요하다.

오답 해설

챕터 04 주어와 동사 수 일치 01번 문제 참고

Step 1 밑줄 친 부분 출제 영역 확인하기

Step 2 출제 포인트에 따른 선지 O, X 확인하기

Step 3 소거법으로 정답 고르기

While advances in transplant technology have made ① it possible to extend the life of individuals with end-stage organ disease, it is argued ② that the biomedical view of organ transplantation as a bounded event, which ends once a heart or kidney is successfully replaced, ③ conceal(→ conceals) the complex and dynamic process that more ④ accurately represents the experience of receiving an organ.

CHAPTER 01 문장의 이해

반드시 한 번에 다잡는 최빈출 개념 정리

01 동사 자리에는 ＿＿＿＿＿＿가 아닌 수, 시제, 태를 표시한 동사를 쓴다.

개념 적용 Young ladies ~~dancing~~(→ ＿＿＿＿＿＿) all evening with them.
젊은 여자들은 그들과 함께 저녁 내내 춤을 추었다.

02 완전한 문장 구조 뒤에는 형용사가 아닌 ＿＿＿＿＿를 쓴다.

개념 적용 Each officer must perform their duties ~~efficient~~(→ ＿＿＿＿＿＿)
각 장교는 그들의 임무를 효율적으로 수행해야 한다.

03 주어, 목적어, 보어 자리에는 동사가 아닌 적절한 ＿＿＿＿＿＿로 쓴다.

개념 적용 ~~Dance~~(→ ＿＿＿＿＿＿) is really fun.
함께 춤추는 것은 정말 즐겁다.

04 간접의문문은 도치 구조인 '조동사 + 주어'가 아닌 평서문의 어순인 '＿＿＿＿＿＿'이다.

개념 적용 They wondered who ~~should they~~(→ ＿＿＿＿＿＿) go and talk to.
그들은 누구에게 가서 이야기해야 할지 궁금했다.

05 부가의문문은 '평서문(긍정문 또는 부정문) + ＿＿＿＿＿＿의 의문문' 구조로 만든다.

개념 적용 You don't like it, ~~don't~~(→ ＿＿＿＿＿＿) you?
너는 그것을 좋아하지 않아, 그렇지?

06 부가의문문을 만들 때 평서문의 ＿＿＿＿＿을 활용하여 만든다.

개념 적용 It's not surprising that book stores don't carry newspapers any more, ~~doesn't~~ (→ ＿＿) it?
서점에서 더 이상 신문을 취급하지 않는 것은 놀라운 일이 아니야, 그렇지?

정답
01 준동사, danced　　02 부사, efficiently　　03 준동사, Dancing
04 (주어) + 동사, they should　　05 반대 상황, do　　06 주절, is

01 어법상 옳지 않은 것은?

2021. 지방직 9급

① Fire following an earthquake is of special interest to the insurance industry.
② Word processors were considered to be the ultimate tool for a typist in the past.
③ Elements of income in a cash forecast will be vary according to the company's circumstances.
④ The world's first digital camera was created by Steve Sasson at Eastman Kodak in 1975.

02 어법상 옳은 것은?

2020. 국가직 9급

① The traffic of a big city is busier than those of a small city.
② I'll think of you when I'll be lying on the beach next week.
③ Raisins were once an expensive food, and only the wealth ate them.
④ The intensity of a color is related to how much gray the color contains.

01

정답 해설

③ [출제영역] 챕터 01 문장의 이해
vary는 '다르다, 달라지다'의 뜻을 가진 자동사로, be 동사와는 같이 쓸 수 없다. 문맥상 be보다는 vary가 더 자연스러우므로 be vary 대신 be를 삭제한 vary로 써야 올바르다.

찐Tip 동사 2개가 존재하기 위해서는 접속사가 필요하다.

오답 해설

① [출제영역] 챕터 07 분사 & 04 주어와 동사 수 일치
명사 뒤의 현재분사와 과거분사는 명사를 수식하는 형용사적 용법으로서 모두 올 수 있지만 타동사 뒤에 목적어가 있으면 현재분사형으로, 목적어가 없으면 과거분사형으로 쓴다. 따라서 목적어(an earthquake)가 있으므로 현재분사로 올바르게 쓰였다. 또한 주어와 동사 사이에 수식어로 인해 주어와 동사가 멀리 떨어져 있으면 주어 동사 수 일치 확인도 필요하다. 주어는 Fire 단수형이므로 단수동사 is가 올바르게 쓰였다.

찐Tip of + 추상명사(of special interest)는 형용사 역할을 하므로 be동사의 보어자리에 올 수 있다.

② [출제영역] 챕터 05 수동태
consider은 '여기다, 간주하다'의 뜻을 가진 5형식 타동사로, 'consider + 목적어 + (as/to be) 명사/형용사' 구조를 취한다. 주어진 문장은 수동태 형태인 'be considered + (to be) + 명' 구조로 올바르게 쓰였다.

④ [출제영역] 챕터 05 수동태
주어진 문장은 '사물 주어 + be p.p.' 구조로 올바르게 쓰였다.

선지 해석

① 지진 다음에 발생하는 화재는 보험 산업에 특별한 관심을 불러일으킨다.
② 과거에는 워드 프로세서가 타자 작업자에게 최고의 도구로 여겨졌다.
③ 현금 예측에서 소득의 요소는 회사의 상황에 따라 달라질 것이다.
④ 세계 최초의 디지털 카메라는 1975년에 Eastman Kodak의 Steve Sasson에 의해 만들어졌다.

정답 ③

02

정답 해설

④ [출제영역] 챕터 01 문장의 이해
의문사절은 명사절 5가지 중 하나로 주어, 목적어, 보어 자리에 올 수 있다. 'how + 형용사 + 명사 목적어 + 주어 + 동사'의 어순으로 주어진 문장은 올바르게 쓰였다.

오답 해설

① [출제영역] 챕터 14 비교 구문
비교급 than 뒤에 that이나 those가 나오면 앞에 비교 대상의 명사가 단수인지 복수인지 확인이 반드시 필요하다. 단수면 that, 복수면 those로 받는다. 따라서 비교대상인 traffic은 단수이므로 복수인 those 대신 단수인 that으로 써야 올바르다.

② [출제영역] 챕터 03 동사의 시제
시간, 조건 부사절에서는 현재시제가 미래시제를 대신한다. 따라서 I'll be lying on 대신 I am lying on으로 써야 올바르다.

③ [출제영역] 챕터 15 기타 품사
the wealth는 '富(부)'라는 뜻이고, 뒤에 ate라는 동사가 있는 것으로 보아 ate의 주어로 사람이 필요하므로 the wealth 대신 '부유한 사람들'을 뜻하는 the wealthy로 써야 올바르다.

찐Tip 'the 형용사'는 ~(인)한 사람들로 의미로 해석된다.

선지 해석

① 큰 도시의 교통은 작은 도시의 교통보다 더 바쁘다.
② 다음 주에 해변에 누워있을 때, 나는 당신을 생각할 것이다.
③ 과거에는 건포도는 비싼 음식으로, 부유한 사람들만이 그것을 먹었다.
④ 색상의 강도는 해당 색상이 얼마나 많은 회색을 포함하고 있는지와 관련이 있다.

정답 ④

CHAPTER 02 동사의 유형

반드시 한 번에 다잡는 최빈출 개념 정리

01 **1형식 자동사는 ____________를 갖지 않으며 __________로 쓰지 않는다.**

개념 적용 He wants to ~~go the documents through~~(→).
그는 서류를 검토하기를 원한다.

개념 적용 The meeting will ~~be taken place~~(→) next week.
회의는 다음 주에 열릴 것이다.

02 **감각 동사를 포함한 2형식 동사의 주격 보어로 _________는 절대 안 된다.**

개념 적용 Your baby looks lovely and ~~happily~~(→).
당신의 아기는 사랑스럽고 행복해 보인다.

03 **대표 3형식 타동사는 ___________ 없이 바로 목적어를 수반할 수 있다.**

개념 적용 You must obey ~~to your parents~~(→).
당신은 부모님 말씀에 순종해야 한다.

04 **4형식 수여동사를 3형식으로 전환할 때 _____________에 주의한다.**

개념 적용 The service will offer many programs ~~about~~(→) children.
이 서비스는 어린이들에게 많은 프로그램을 제공할 것입니다.

05 **5형식 지각동사와 사역동사는 목적어와 목적보어가 능동의 의미 관계인 경우에는 목적보어 자리에 ____________을 쓴다.**

개념 적용 This dress makes me ~~to look~~(→) fat.
이 원피스는 나를 뚱뚱해 보이게 한다.

06 **5형식 타동사는 목적어와 목적보어가 수동의 의미 관계인 경우에는 목적보어 자리에 __________를 쓴다. 단 let은 ____________를 쓴다.**

개념 적용 I want this car to ~~fix~~(→) without delay.
나는 이 차를 지체 없이 수리하고 싶다.

정답
01 명사 목적어, 수동태, go through the documents, take place 02 부사, happy
03 전치사, your parents 04 전치사, to 05 원형부정사, look 06 과거분사, be p.p., fixed

PART 01 02 03 04 05

01 어법상 옳지 않은 것은?

2023. 국가직 9급

① All assignments are expected to be turned in on time.
② Hardly had I closed my eyes when I began to think of her.
③ The broker recommended that she buy the stocks immediately.
④ A woman with the tip of a pencil stuck in her head has finally had it remove.

02 우리말을 영어로 잘못 옮긴 것을 고르시오.

2012. 국가직 9급

① 어제 눈이 많이 와서 많은 사람들이 길에서 미끄러졌다.
→ We had much snow yesterday, which caused lots of people slip on the road.
② 그 협정들은 작년 회의에서 합의된 것이다.
→ The arrangements were agreed on at the meeting last year.
③ 나는 트럭이 가까이 다가오는 것을 보고 겁에 질렸다.
→ I got scared when I saw the truck closing up on me.
④ 나는 뒤돌아보지 않고 앞문으로 걸어 나갔다.
→ I walked out of the front door without looking back.

01

정답 해설

④ [출제영역] 챕터 02 동사의 유형
사역동사 have는 목적어와 목적보어의 관계가 능동일 경우에는 원형부정사를, 수동일 경우에는 과거분사(p.p.)를 목적보어로 취한다. 여기서 it이 가리키는 것이 the tip of a pencil이고, the tip of a pencil은 '제거되어지는 것'이므로 remove 대신 과거분사 removed로 써야 올바르다.

오답 해설

① [출제영역] 챕터 05 수동태
사물이 주어 자리에 나오는 경우 수동태 'be p.p.' 구조로 잘 쓰인다. 수동태 구조에서 p.p. 자리에 위치하는 동사가 타동사이고 뒤에 목적어가 없는지도 확인한다. 따라서 주어진 문장에서 are expected와 전치사를 수반한 turn in(제출하다)도 be turned in으로 수동태로 올바르게 쓰였다.

② [출제영역] 챕터 03 동사의 시제
'~하자마자 ~했다'라는 의미의 시제관용구문은 'Hardly (Scarcely) + had 주어 p.p. + when(before) + 주어 + 과거동사'로 쓴다. 따라서 주어진 문장은 올바르게 쓰였다.

③ [출제영역] 챕터 09 조동사
주장 · 요구 · 명령 · 제안 · 충고(recommend)동사 뒤에 that절의 동사는 '(should) 동사원형'으로 쓴다. 따라서 주어진 문장에서 buy는 올바르게 쓰였다.

찐Tip 이외 주장 · 요구 · 명령 · 제안 · 충고동사로는 insist, demand, ask, command, order, suggest 등이 있다.

선지 해석

① 모든 과제는 제시간에 제출될 것으로 예상된다.
② 나는 눈을 감자마자 그녀를 생각하기 시작했다.
③ 중개인은 그녀에게 즉시 주식을 사라고 권했다.
④ 머리에 연필 끝이 꽂힌 여자가 마침내 그것을 제거했다.

정답 ④

02

정답 해설

① [출제영역] 챕터2 동사의 유형
'cause + 목적어 + to부정사(동사원형×)'의 구조를 취하므로 slip 대신 to slip으로 써야 올바르다.

찐Tip 콤마(,) + which 뒤에 주어 없는 불완전 구조는 올바르게 쓰였다.

오답 해설

② [출제영역] 챕터 05 수동태
다음 문장은 'agree on + 목적어'가 수동태 형태인 'be agreed on + 목적어 없음' 구조로 올바르게 쓰였다.

찐Tip '사물 주어 + be p.p.' 구조로 잘 쓰인다.

③ [출제영역] 챕터 02 동사의 유형
지각동사(see)의 목적보어 자리에는 to부정사가 아닌 원형부정사, 현재분사를 쓴다. 따라서 주어진 문장에서 closing은 올바르게 쓰였다.

찐Tip get은 대표 2형식 자동사로 주격 보어에 형용사가 온다.

④ [출제영역] 챕터 06 동명사
전치사 without 뒤에는 명사 또는 동명사를 쓴다. 따라서 주어진 문장에서 looking은 올바르게 쓰였다.

찐Tip walk는 '걷다'의 뜻을 가진 1형식 자동사로 쓰이면 수동태 형태(be p.p.)가 아닌 능동태 형태로만 쓸 수 있다.

정답 ①

03 다음 문장을 가장 자연스럽게 옮긴 것은?

2011. 국회직 9급

나는 날씨가 나빠서 낚시를 가지 못했다.

① The bad weather prevented me from going fishing.
② I could not help going fishing because of the bad weather.
③ Regardless of the bad weather, I gave up going fishing.
④ If the weather were bad, I could go fishing.
⑤ Even though it was bad, I had no choice but go fishing.

04 밑줄 친 부분 중 어법상 옳지 않은 것은?

2019. 지방직 7급

Yawning is ① catching. One person's yawn can trigger yawning among an entire group. People who are more empathic are believed to be more ② easily influenced to yawn by others' yawns; brain imaging studies have shown that ③ when humans watch other people yawn, brain areas known to be involved in social function are activated. Even dogs yawn in response to seeing their owners or even strangers ④ to yawn, and contagious yawning has been noted in other animals as well.

03

정답 해설

① [출제영역] 챕터 02 동사의 유형
'A가 ~하는 것을 막다'의 뜻을 가진 구문으로 금지, 방해동사 중 'prevent A from -ing'가 있다.

찐Tip 금지, 방해동사는 특정 전치사 from을 사용한다.

오답 해설

② [출제영역] 챕터 06 동명사
'cannot help -ing'는 '~할 수밖에 없다, ~하지 않을 수 없다'의 뜻으로 쓰인다. 해석해보면 "나쁜 날씨 때문에 낚시를 가지 않을 수 없었다"로 주어진 문장과 맞지 않다.

③ [출제영역] 챕터 12 접속사와 전치사
'Regardless of'는 '~와 상관없이'의 뜻이고, 'give up'은 '포기하다'의 뜻으로 쓰인다. 해석해보면 "나쁜 날씨와 상관없이, 나는 낚시 가기를 포기했다"로 주어진 문장과 맞지 않다.

④ [출제영역] 챕터 11 가정법
If는 가정법 구문으로 해석해 보면 "만약 날씨가 나쁘면, 나는 낚시하러 갈텐데"가 되므로 주어진 문장과 맞지 않다.

⑤ [출제영역] 챕터 06 동명사
'Even though'는 '~일지라도'의 뜻이고, 'have no choice but to부정사'는 '~하지 않을 수 없다, ~할 수밖에 없다'의 뜻으로 쓰인다. 따라서 go 대신 to go로 써야 올바르다. 굳이 해석해보면 "날씨가 나쁠지라도, 나는 낚시를 하러 갈 수밖에 없었다"로 주어진 문장과 맞지 않다.

정답 ①

04

정답 해설

④ [출제영역] 챕터 02 동사의 유형
지각동사(see)의 목적보어 자리에는 to부정사가 아닌 원형부정사, 현재분사를 쓴다. 따라서 to yawn 대신 yawn 또는 yawning으로 써야 올바르다.

찐Tip 이 문장에서 see는 동명사 seeing으로 쓰였다.

오답 해설

① [출제영역] 챕터 01 문장의 이해
catching은 '전염성이 있는, 매력적인'의 뜻을 가진 형용사로 역할을 한다. 따라서 주어진 문장에서 is의 보어자리에 올바르게 쓰였다.

② [출제영역] 챕터 15 기타 품사
부사 easily가 과거분사 influenced를 수식하고 있으므로 주어진 문장은 올바르게 쓰였다.

③ [출제영역] 챕터 12 접속사와 전치사
부사절 접속사 when이 완전한 절 'humans watch other people yawn'을 이끌고 있으므로 주어진 문장은 올바르게 쓰였다.

지문 해석

하품은 전염성이 있다. 한 사람의 하품이 그룹 전체의 사람들에게 하품을 유발할 수 있다. 공감이 강한 사람들이 다른 사람의 하품에 좀 더 쉽게 영향을 받는 것으로 여겨진다. 뇌 이미징 연구는 인간이 다른 사람들이 하품하는 것을 볼 때 사교적 기능에 연관된 뇌 영역이 활성화되는 것을 보여준다. 심지어 개들도 주인이나 심지어 낯선 사람들이 하품하는 것을 볼 때 하품하는 반응을 보이고 있고, 전염성이 있는 하품은 다른 동물들에서도 관찰되었다.

정답 ④

05 **우리말을 영어로 가장 잘 옮긴 것은?** 2015. 국가직 7급

① 이 가벼운 골프 카트는 접어서 내 차량 트렁크에 넣을 수 있다.
→ This lightweight golf cart will fold and fit in the trunk of my car.

② 아놀드는 새로운 사업 아이디어들을 가지고 있는 소수의 젊은이들 중 하나이다.
→ Arnold is one of handful youngsters with ideas for a new business.

③ 교육문제는 사회구성원들의 합의에 바탕을 두어 해결되어야 한다.
→ Educational problems should solve upon the agreement of the society members.

④ 그 강의 시리즈는 재무 문제를 다루는 데 익숙하지 않은 사람들을 대상으로 한다.
→ The lecture series are intended for those who are not used to deal with financial issues.

06 **우리말을 영어로 가장 잘 옮긴 것은?** 2019. 지방직 7급

① 너는 내게 전화해서 일에 늦을 거라고 알렸어야 했다.
→ You were supposed to phone me and let me know you were going to be late for work.

② 내가 축구 경기를 시청하는 동안, 내 남편은 다른 TV로 영화를 보았다.
→ While I watched a soccer match, my husband has watched a movie on the other TV.

③ 그녀의 감정을 상하게 하지 않으려고, 그는 독감으로 매우 아팠다고 말했다.
→ He said he was very sick with a flu, so as not hurting her feelings.

④ 상관이 생각하는 것과는 반대로, 절대 이 프로젝트를 일주일에 끝낼 수 없다.
→ Contrary to what the boss thinks, there is no way we can't get this project done in a week.

05

정답 해설

① [출제영역] 챕터 02 동사의 유형
fold는 주로 타동사로 여겨져 뒤에 목적어가 없어 틀렸다고 생각하기 쉽지만, 자동사로 '접히다'라는 뜻도 존재하므로 문맥상 주어진 문장은 올바르게 쓰였고, 등위접속사(and) 뒤에 fit 또한 자동사 용법으로 올바르게 쓰였다.

찐Tip fold는 자동사와 타동사 둘다 겸하는 동사이므로 해석에 주의가 필요하다.

오답 해설

② [출제영역] 챕터 03 동사의 시제
'소수의'의 의미로 쓰일 경우 'a handful of'로 표현할 수 있다. 따라서 handful youngsters 대신 a handful of youngsters로 써야 올바르다.

찐Tip handful은 명사로 '몇 안되는 수, 소수'의 뜻으로 쓰인다.

③ [출제영역] 챕터 05 수동태
주어인 Educational problems와 동사 solve의 의미 관계가 수동(해결되어야 한다)이므로 solve 대신 be solved로 써야 올바르다.

④ [출제영역] 챕터 02 동사의 유형
'~하는 데 익숙하다'의 의미로 쓰일 경우 'be used to -ing'로 표현할 수 있다. 따라서 deal 대신 dealing으로 써야 올바르다.

찐Tip '사물 주어 + be used to부정사'는 '~하기 위해서 사용되다'의 뜻으로 쓰이고, '사람/사물 주어 + used to 동사원형'은 '~하곤 했다'의 뜻으로 쓰인다.

정답 ①

06

정답 해설

① [출제영역] 챕터 02 동사의 유형
'과거에 하기로 했는데 안 했다'의 뜻으로 쓰일 경우 'be supposed to 동사원형'으로 표현할 수 있다. 또한 사역동사(let)의 목적보어는 능동의 의미로는 원형부정사를 쓴다. 따라서 주어진 문장은 올바르게 쓰였다.

오답 해설

② [출제영역] 챕터 03 동사의 시제
부사절 내의 시제가 과거이므로, 주절의 시제 또한 과거로 표현해야 한다. 따라서 has watched 대신 watched로 써야 올바르다.

③ [출제영역] 챕터 08 부정사
'~하지 않기 위해서'의 의미로 'so as not to 부정사'로 표현할 수 있다. 따라서 so as not hurting 대신 so as not to hurt로 써야 올바르다.

④ [출제영역] 챕터 15 기타 품사
부정의 표현이 중복된 이중부정은 틀린 표현이다. 따라서 앞에 no we can't get 대신 we can get으로 써야 올바르다.

정답 ①

07 밑줄 친 부분 중 어법상 옳은 것은?

2017. 지방직 9급 하반기

Last week I was sick with the flu. When my father ① heard me sneezing and coughing, he opened my bedroom door to ask me ② that I needed anything. I was really happy to see his kind and caring face, but there wasn't ③ anything he could do it to ④ make the flu to go away.

08 어법상 옳은 것은?

2020. 지방직 7급

① I don't have some objections to make.
② Does that car belong to the man next door?
③ The mother made her daughter to clean her room.
④ I used to break my leg in a soccer game three months ago.

07

정답 해설

① [출제영역] 챕터 02 동사의 유형
heard는 지각동사로 to부정사가 아닌 원형부정사, 현재분사 또는 과거분사를 목적보어로 취한다. 위 문장은 목적어와 목적보어의 관계가 능동이므로 목적보어를 원형부정사 또는 현재분사로 써야 한다. 따라서 목적보어 자리의 sneezeing and coughing은 현재분사 형태로 올바르게 쓰였다.

찐Tip 이외 지각동사로는 see, watch, notice, observe, feel, hear, listen to 등이 있다.

오답 해설

② [출제영역] 챕터 12 접속사와 전치사
ask는 4형식 동사로 쓰일 경우 '~을 묻다'라는 의미로 쓰일 때 궁금한 내용을 나타내는 의문의 의미를 갖는 절을 직접목적어로 취한다. 따라서 '내가 무언가 필요한 것이 있는지 없는지를 물어봤다'라는 의미를 나타내기 위해 that 대신 whether 또는 if로 써야 올바르다.

찐Tip 명사절 접속사 if는 타동사 뒤의 목적어 자리에만 쓰인다.

③ [출제영역] 챕터 13 관계사
명사(anything) 뒤에 목적격 관계대명사 that이 생략된 형태로 쓰였다. 목적격 관계대명사 that절은 불완전 구조를 취해야하므로 동사 뒤에 목적어가 없어야 한다. 따라서 he could do it 대신 it을 삭제한 he could do로 써야 올바르다.

찐Tip 계속적 용법에서 쓰인 목적격 관계대명사는 생략될 수 없으므로 주의가 필요하다.

④ [출제영역] 챕터 13 관계사 & 챕터 04 주어와 동사 수 일치
make는 사역동사로 to부정사가 아닌 원형부정사 또는 과거분사를 목적보어로 취한다. 위 문장은 목적어와 목적보어의 관계가 능동이므로 목적보어를 원형부정사로 써야 한다. 따라서 to go away 대신 go away로 써야 올바르다.

지문 해석

지난 주에 나는 독감으로 아팠다. 아버지가 내가 재채기와 기침하는 소리를 들었을 때, 내 방 문을 열어서 내가 무언가 필요한 것이 있는지 없는지를 물어봤다. 나는 그의 친절하고 배려심 있는 얼굴을 보게 되어 정말 기뻤지만, 독감을 낫게 하기 위해 그가 할 수 있는 것은 없었다.

정답 ①

08

정답 해설

② [출제영역] 챕터 02 동사의 유형
belong은 자동사이고 '~에 속하다'의 뜻으로 쓰일 경우는 능동의 동사로 'belong to'로 표현할 수 있다. 따라서 주어진 문장은 올바르게 쓰였다.

찐Tip 1형식 자동사와 짝꿍 전치사가 다른 걸로 바뀌쓰지 않도록 주의가 필요하다.

오답 해설

① [출제영역] 챕터 15 기타 품사
전체부정의 의미로는 'not ~any(= none)'로 표현해야 한다. 따라서 some 대신 any로 써야 올바르다.

③ [출제영역] 챕터 02 동사의 유형
사역동사 make는 목적어와 목적보어가 능동의 의미 관계를 갖는 경우는 원형부정사를 쓴다. 따라서 목적어(her daughter)와 목적보어(clean)는 능동 의미 관계이므로 to clean 대신 clean으로 써야 올바르다.

④ [출제영역] 챕터 08 부정사
'used to 동사원형'은 '과거시점의 반복한 사실'을 의미하는 '~하곤 했다'의 뜻으로 쓰인다. 그러나 문맥상 '다리가 부러졌었다'의 의미를 나타내려면 단순과거시제로 표현해야 한다. 다리가 반복해서 부러진 것은 아니므로 break 대신 broke로 써야 올바르다.

선지 해석

① 나는 이의를 제기할 것이 없다.
② 그 차는 옆집 사람의 것입니까?
③ 어머니가 딸에게 자신의 방을 청소하도록 했다.
④ 나는 세 달 전에 축구경기에서 다리가 부러졌다.

정답 ②

09 밑줄 친 부분 중 어법상 옳지 않은 것은?

2018. 지방직 7급

According to a recent report, three quarters of Airbnb listings in New York City were illegal. It also ① <u>founded</u> that commercial operators — not the middle-class New Yorkers in the ads — were making millions renting spaces exclusively to Airbnb guests. In a letter sent to ② <u>elected</u> officials last week, Airbnb said that most of its local ③ <u>hosts</u> — 87 percent — were residents who rented their spaces infrequently "to pay their bills and ④ <u>stay</u> in their homes."

10 우리말을 영어로 잘못 옮긴 것은?

2017. 서울시 사회복지직 9급

① 우리는 그에게 이 일을 하도록 요청했다.
→ We asked him about this job.

② 그들은 TV 빼고는 모두 훔쳤다.
→ They stole everything but the television.

③ 식사할 때 물 마시는 게 좋니?
→ Is drinking water while eating good for you?

④ 그렇긴 하지만, 그것은 여전히 종교적 축제이다.
→ That said, it is still a religious festival.

PART 01 | 02 | 03 | 04 | 05

09

정답 해설

① [출제영역] 챕터 02 동사의 유형

found(-founded-founded)는 '~을 설립하다'의 뜻으로, find(-found-found)는 '~을 찾다, 발견하다'의 뜻으로 쓰인다. 문맥상 find가 더 자연스럽다. 또한 사실이 발견되는 것이므로 수동의 형태(be p.p.)로 써야 한다. 따라서 founded 대신 was found로 써야 올바르다.

오답 해설

② [출제영역] 챕터 07 분사

elected는 명사 officials를 꾸며주고 있으므로 '선출된'을 의미하고 있는 과거분사 형태로 올바르게 쓰였다.

③ [출제영역] 챕터 04 주어와 동사 수 일치

host는 명사로 '주인'의 뜻으로 쓰이는데, 주어를 받는 동사가 were로 복수형이므로 주어도 복수 형태로 써야 한다. 따라서 hosts는 올바르게 쓰였다.

④ [출제영역] 챕터 12 접속사와 전치사

등위접속사(and) 기준으로 앞의 to pay와 같이 병렬구조로 to say는 올바르게 쓰였다.

찐Tip to부정사로 나열되는 경우는 뒤에 to는 생략이 가능하다.

지문 해석

최근 보고서에 따르면, 뉴욕시의 Airbnb 리스트 중 4분의 3은 불법이었다. 이 보고서는 또한 상업 운영자들이 – 광고 속의 중산층 뉴욕 주민이 아닌 – 독점적으로 Airbnb 손님들에게 공간을 임대해주면서 수백만 달러를 벌고 있다는 것을 발견했다. 지난 주에 당선된 공무원들에게 보내진 편지에서 Airbnb는 그것의 지역 호스트들 중 대부분은 – 87% – "그들의 명세서를 지불하고 그들의 집에 머물기 위해" 그들의 공간을 드물게 대여해주는 거주자들이라고 밝혔다.

정답 ①

10

정답 해설

① [출제영역] 챕터 02 동사의 유형

ask는 여러 가지 형식으로 쓰이는 동사이다. '~에게 ~을 요청, 요구하다'의 뜻을 가진 구문으로는 'ask + 목적어 + to부정사'의 표현이 와야 한다. 따라서 about this job 대신 to do this job으로 써야 올바르다.

찐Tip ask A about B는 'A에게 B에 관하여 묻다'라는 뜻이다.

오답 해설

② [출제영역] 챕터 12 접속사와 전치사

but은 전치사로 '~을 제외하고'의 의미로 올바르게 쓰였고, 전치사 뒤에 명사를 쓴 것 또한 올바르게 쓰였다.

③ [출제영역] 챕터 07 분사

시간 접속사 while 뒤에 -ing의 형태가 쓰인 분사구문이다. 주어(drinking water)가 단수형태이므로 단수 동사 is 또한 올바르게 쓰였다.

④ [출제영역] 챕터 15 기타 품사

'그렇긴 하지만'의 의미로 쓰일 경우 'that said'로 표현할 수 있다. 따라서 주어진 문장은 올바르게 쓰였다.

정답 ①

11 우리말을 영어로 잘못 옮긴 것을 고르시오.

2021. 지방직 9급

① 경찰 당국은 자신의 이웃을 공격했기 때문에 그 여성을 체포하도록 했다.
→ The police authorities had the woman arrested for attacking her neighbor.

② 네가 내는 소음 때문에 내 집중력을 잃게 하지 말아라.
→ Don't let me distracted by the noise you make.

③ 가능한 한 빨리 제가 결과를 알도록 해주세요.
→ Please let me know the result as soon as possible.

④ 그는 학생들에게 모르는 사람들에게 전화를 걸어 성금을 기부할 것을 부탁하도록 시켰다.
→ He had the students phone strangers and ask them to donate money.

12 우리말을 영어로 잘못 옮긴 것을 고르시오.

2021. 지방직 9급

① 그의 소설들은 읽기가 어렵다.
→ His novels are hard to read.

② 학생들을 설득하려고 해 봐야 소용없다.
→ It is no use trying to persuade the students.

③ 나의 집은 5년마다 페인트칠 된다.
→ My house is painted every five years.

④ 내가 출근할 때 한 가족이 위층에 이사 오는 것을 보았다.
→ As I went out for work, I saw a family moved in upstairs.

11

정답 해설

② [출제영역] 챕터 02 동사의 유형
사역동사 let은 목적어와 목적보어의 수동의 의미 관계를 갖는 경우에는 반드시 목적보어 자리에 과거분사(p.p.)가 아닌 be p.p.를 써야 한다. 따라서 distracted 대신 be distracted로 써야 올바르다.

오답 해설

① [출제영역] 챕터 02 동사의 유형
사역동사 have는 목적어와 목적보어의 관계가 수동일 경우에는 목적보어 자리에 과거분사(p.p.)를 써야 한다. 목적어(the woman)가 체포되는 것이므로 목적보어에 과거분사 arrested는 올바르게 쓰였다.

③ [출제영역] 챕터 02 동사의 유형
사역동사 let은 목적어와 목적보어의 관계가 능동일 경우에는 목적보어 자리에 원형부정사를 써야 한다. 따라서 주어진 문장에서 know는 올바르게 쓰였다.

④ [출제영역] 챕터 02 동사의 유형
사역동사 have는 목적어와 목적보어의 관계가 능동일 경우에는 목적보어 자리에 원형부정사를 써야하므로 주어진 문장에서 phone은 올바르게 쓰였고, ask는 5형식 타동사로 목적어와 목적보어의 관계가 능동일 경우에는 목적보어 자리에 to부정사를 써야하므로 to donate 또한 올바르게 쓰였다.

정답 ②

12

정답 해설

④ [출제영역] 챕터 02 동사의 유형
지각동사 see는 목적어와 목적보어의 관계가 능동일 경우에는 목적보어 자리에는 to부정사가 아닌 원형부정사, 현재분사를 써야 한다. 주어진 해석에 의하면 목적어인 '한 가족이 이사한다'는 능동의 의미 관계이기 때문에 수동을 의미하는 moved 대신 moving으로 써야 올바르다.

오답 해설

① [출제영역] 챕터 08 부정사
hard는 난이형용사로서 주어가 it이 아닌 것이 나오면 to부정사의 목적어가 주어 자리로 상승한 구문으로 난이형용사 다음에 나오는 to부정사 뒤에 목적어가 없어야 한다. 따라서 주어진 문장은 올바르게 쓰였다.

② [출제영역] 챕터 06 동명사
'~해도 소용없다'의 의미로 쓰일 경우 'It is no use -ing'로 표현할 수 있다. 따라서 주어진 문장은 올바르게 쓰였다.

③ [출제영역] 챕터 05 수동태
'사물 주어 + 타동사의 be p.p.'의 구조로 뒤에 목적어가 없으므로 올바르게 쓰였고, every 다음 기수(숫자)가 나오면 복수 명사로 써야하므로 주어진 문장은 올바르게 쓰였다.

찐Tip every 다음 서수(순서)가 나오면 단수 명사로 써야한다.

정답 ④

13 밑줄 친 부분 중 어법상 옳은 것은? 2016. 국가직 9급

① As the old saying go, you are what you eat. The foods you eat ② obvious affect your body's performance. They may also influence how your brain handles tasks. If your brain handles them well, you think more clearly, and you are more emotionally stable. The right food can ③ help you being concentrated, keep you motivated, sharpen your memory, speed your reaction time, reduce stress, and perhaps ④ even prevent your brain from aging.

14 우리말을 영어로 잘못 옮긴 것은? 2020. 국가직 9급

① 인간은 환경에 자신을 빨리 적응시킨다.
→ Human beings quickly adapt themselves to the environment.

② 그녀는 그 사고 때문에 그녀의 목표를 포기할 수 밖에 없었다.
→ She had no choice but to give up her goal because of the accident.

③ 그 회사는 그가 부회장으로 승진하는 것을 금했다.
→ The company prohibited him from promoting to vice-president.

④ 그 장난감 자동차를 조립하고 분리하는 것은 쉽다.
→ It is easy to assemble and take apart the toy car.

13

정답 해설

④ [출제영역] 챕터 02 동사의 유형
'A가 ~하는 것을 막다'의 뜻을 가진 구문으로 금지, 방해동사 중 'prevent A from -ing'가 있다. 따라서 주어진 문장은 올바르게 쓰였다.

오답 해설

① [출제영역] 챕터 04 주어와 동사 수 일치
as는 접속사이며 the old saying은 단수형태 주어이므로 동사도 단수동사로 써야하므로 go 대신 goes로 써야 올바르다.

② [출제영역] 챕터 15 기타 품사
동사(affect)를 꾸며주는 것은 형용사가 아니라 부사이다. 따라서 형용사 obvious 대신 부사 obviously로 써야 올바르다.

③ [출제영역] 챕터 02 동사의 유형
help는 5형식으로 쓰일 경우 목적보어 자리에 원형부정사, to부정사를 써야 한다. 따라서 being concentrated 대신 concentrate 또는 to concentrate로 써야 올바르다.

지문 해석

속담에 따르면, 당신은 무엇을 먹느냐에 따라 당신의 모습이 달라진다. 당신이 먹는 음식은 분명히 당신의 신체 수행능력에 영향을 미친다. 그것들은 또한 뇌가 작업을 처리하는 방식에도 영향을 줄 수 있다. 뇌가 그 작업을 잘 처리한다면, 당신은 더 명확하게 생각하고 더 감정적으로 안정된다. 적절한 음식은 집중력을 높이고, 동기 부여를 유지하고, 기억력을 강화하고, 반응 시간을 빠르게 하고, 스트레스를 줄이며, 아마도 심지어 당신의 뇌가 노화되는 것도 막아줄 수도 있다.

정답 ④

14

정답 해설

③ [출제영역] 챕터 02 동사의 유형
'A가 ~하는 것을 막다'의 뜻을 가진 구문으로 금지, 방해동사 중 'prohibit A from -ing'가 있다. 그가 부회장으로 '승진하는 것'을 막는 것이므로 수동형 동명사(being p.p.)형태로 써야한다. 따라서 능동형 동명사 promoting 대신 being promoted로 써야 올바르다.

오답 해설

① [출제영역] 챕터 15 기타 품사
주어와 동일한 목적어는 인칭대명사가 아니라 재귀대명사로 써야한다. 따라서 주어진 문장은 올바르게 쓰였다.

② [출제영역] 챕터 06 동명사
'~하지 않을 수 없다, ~할 수밖에 없다'의 뜻으로 쓰일 경우 'have no choice[option/alternative] but to부정사'로 표현할 수 있다. 따라서 주어진 문장은 올바르게 쓰였다.

④ [출제영역] 챕터 08 부정사
난이 형용사(easy) 구문은 'It be동사 + 난이 형용사 + (for 목적어) + to부정사'의 구조로 쓰인다. 따라서 주어진 문장은 올바르게 쓰였다.

정답 ③

15 어법상 옳은 것은? 2013. 국가직 9급

① Few living things are linked together as intimately than bees and flowers.
② My father would not company us to the place where they were staying, but insisted on me going.
③ The situation in Iraq looked so serious that it seemed as if the Third World War might break out at any time.
④ According to a recent report, the number of sugar that Americans consume does not vary significantly from year to year.

16 우리말을 영어로 잘못 옮긴 것은? 2019. 지방직 9급

① 혹시 내게 전화하고 싶은 경우에 이게 내 번호야.
→ This is my number just in case you would like to call me.
② 나는 유럽 여행을 준비하느라 바쁘다.
→ I am busy preparing for a trip to Europe.
③ 그녀는 남편과 결혼한 지 20년 이상 되었다.
→ She has married to her husband for more than two decades.
④ 나는 내 아들이 읽을 책을 한 권 사야 한다.
→ I should buy a book for my son to read.

15

정답 해설

③ [출제영역] 챕터 02 동사의 유형
'so 형용사/부사 that 주어 + 동사' 완전 구조로 look은 2형식 동사인 감각동사로 주격보어 자리에 '형용사 또는 like 명사'를 써야 한다. 따라서 주어진 문장은 올바르게 쓰였다.

찐Tip 'as if 주어 + 동사'는 '마치 ~인 것처럼'의 뜻으로 쓰인다.

오답 해설

① [출제영역] 챕터 14 비교 구문
원급 비교 구문에서 부사 as를 more로 쓰거나 접속사 as를 than으로 쓸 수 없다. 따라서 than 대신 as로 써야 올바르다.

찐Tip 원급 비교 구문 앞의 문장 구조가 완전하면 부사를 쓴다.

② [출제영역] 챕터 03 동사의 시제
목적어인 us 앞에는 명사가 아닌 동사가 필요하다. 따라서 명사 company 대신 동사 accompany로 써야 올바르다.

④ [출제영역] 챕터 09 조동사
sugar는 불가산 명사이므로 the number of 대신 the amount of로 써야 올바르다.

선지 해석

① 벌과 꽃만큼 친밀하게 연결된 생물은 드물다.
② 내 아버지는 그들이 머무는 장소까지 우리를 동반하지는 않았지만, 내가 가야할 것을 주장했다.
③ 이라크의 상황이 매우 심각해 보여서 마치 제3차 세계 대전이 언제든지 발발할 것처럼 보였다.
④ 최근 보고서에 따르면, 미국인들이 섭취하는 설탕의 양은 해마다 크게 변하지 않는다.

정답 ③

16

정답 해설

③ [출제영역] 챕터 02 동사의 유형
marry는 3형식 타동사이므로 전치사 없이 목적어를 수반하고, 목적어가 없으면 수동으로 써야 한다. 따라서 married to her 대신 married her로 쓰거나, has married to 대신 has been married to로 써야 올바르다.

찐Tip marry가 수동태로 쓰일 경우에는 'be married to + 목적어' 구조로 쓰인다.

오답 해설

① [출제영역] 챕터 12 접속사와 전치사
조건 부사절 접속사인 in case는 '~할 경우에 (대비하여)'라는 의미로 쓰이고 미래시제를 현재시제 동사로 대신하므로 주어진 문장은 올바르게 쓰였다.

② [출제영역] 챕터 06 동명사
'~하느라 바쁘다'의 의미로 쓰일 경우 'be busy -ing'로 표현할 수 있다. 따라서 주어진 문장은 올바르게 쓰였다.

④ [출제영역] 챕터 08 부정사
to부정사는 명사를 수식할 수 있고 to부정사의 의미상 주어는 'for + 명사'의 형태로 쓴다. 따라서 주어진 문장에서 a book for my son to read는 올바르게 쓰였다.

정답 ③

17 밑줄 친 부분 중 어법상 가장 옳지 않은 것은?

2019. 서울시 9급 6월

> Inventor Elias Howe attributed the discovery of the sewing machine ① <u>for</u> a dream ② <u>in which</u> he was captured by cannibals. He noticed as they danced around him ③ <u>that</u> there were holes at the tips of spears, and he realized this was the design feature he needed ④ <u>to solve</u> his problem.

18 다음 문장 중 어법상 가장 옳지 않은 것은?

2017. 서울시 9급

① John promised Mary that he would clean his room.
② John told Mary that he would leave early.
③ John believed Mary that she would be happy.
④ John reminded Mary that she should get there early.

17

정답 해설

① [출제영역] 챕터 02 동사의 유형
attribute는 3형식 타동사로, 'A를 B의 탓으로 돌리다'의 뜻을 가진 구문으로 'attribute A to B'가 있다. 따라서 for 대신 to로 써야 올바르다.

오답 해설

② [출제영역] 챕터 13 관계사
'전치사 + 관계대명사'가 나오면 전치사에 유의하고 뒤에 완전 구조인지 확인해야 한다. in which 뒤에 수동태 문장인 완전 구조가 올바르게 쓰였고, 꿈속에서의 내용이므로 전치사 in 또한 올바르게 쓰였다.

③ [출제영역] 챕터 12 접속사와 전치사
동사 noticed 뒤에 that은 명사절 접속사로 목적어 역할을 하고 that 뒤에는 항상 완전 구조를 이끈다. 따라서 that 뒤에 완전 구조로 주어진 문장은 올바르게 쓰였다.

찐Tip noticed와 that 사이에 as they danced around him은 부사절로 삽입된 것이다.

④ [출제영역] 챕터 08 부정사
to부정사는 부사 자리에서도 여러 가지 의미로 쓰일 수 있다. 따라서 주어진 문장에서 '~하기 위해서'의 뜻을 가진 부사적 용법으로 주어진 문장은 올바르게 쓰였다.

지문 해석

> 발명가 Elias Howe는 재봉틀의 발견을 식인종에게 붙잡힌 꿈 덕분이라고 말했다. 그는 그들이 그의 주위에서 춤을 출 때 창 끝에 구멍이 있다는 것을 알아차렸고, 그는 이것이 자신의 문제를 해결하는 데 필요한 디자인적 특징이라는 것을 깨달았다.

정답 ①

18

정답 해설

③ [출제영역] 챕터 02 동사의 유형
believe는 뒤에 목적어(that절)만 쓰거나 'believe + 목적어 + to부정사'의 형태로 써야 한다. 따라서 John believed that Mary would be happy 또는 John believed Mary to be happy로 써야 올바르다.

찐Tip 'believe + 목적어 + that절'의 형태로는 쓸 수 없다.

오답 해설

① [출제영역] 챕터 02 동사의 유형
promise는 수여동사로 뒤에 that절을 직접목적어로 쓸 수 있다. 따라서 주어진 문장은 올바르게 쓰였다.

② [출제영역] 챕터 02 동사의 유형
tell은 수여동사로 뒤에 that절을 직접목적어로 쓸 수 있다. 따라서 주어진 문장은 올바르게 쓰였다.

④ [출제영역] 챕터 02 동사의 유형
remind는 통고, 확신동사로 'remind + A(대상) that절'의 구조로 쓸 수 있다. 따라서 주어진 문장은 올바르게 쓰였다.

선지 해석

① John은 Mary에게 그의 방을 청소할 것이라고 약속했다.
② John은 Mary에게 일찍 떠날 것이라고 말했다.
③ John은 Mary가 행복할 것이라고 믿었다.
④ John은 Mary에게 그곳에 일찍 도착해야 한다고 상기시켰다.

정답 ③

19 밑줄 친 부분 중 어법상 가장 옳지 않은 것은?

2018. 서울시 9급 6월

Blue Planet II, a nature documentary ① produced by the BBC, left viewers ② heartbroken after showing the extent ③ to which plastic ④ affects on the ocean.

20 다음 문장에서 어법상 가장 적절한 것은?

2018. 경찰 1차

- The police officer approached ㉠ to the suspected murderer.
- Your baby looks ㉡ lovely.
- He will explain ㉢ us how he could pass the test.
- He was ㉣ disappointing with the result of the test.

① ㉠　② ㉡
③ ㉢　④ ㉣

19

정답 해설

④ [출제영역] 챕터 02 동사의 유형
'전치사 + 관계대명사'가 나오면 전치사에 유의하고 뒤에 완전 구조인지 확인해야 한다. affect는 전치사에 주의할 3형식 타동사로 전치사를 쓰지 않고 목적어를 바로 써야하므로 affects on 대신 전치사 on을 삭제한 affects로 써야 올바르다.

오답 해설

① [출제영역] 챕터 07 분사
명사(a nature documentary) 뒤에 produece는 현재분사인지 과거분사인지 확인해야 한다. 문맥상 명사가 만들어지는 것의 수동의 의미이고 뒤에 목적어도 없으므로 과거분사(p.p.) 형태인 produeced는 올바르게 쓰였다.

② [출제영역] 챕터 02 동사의 유형
leave는 5형식 동사로 목적보어 자리에 분사나 형용사를 취할 수 있다. 목적어와 목적보어의 관계가 상태를 나타낼 때는 형용사 형태로도 올 수 있다. 따라서 주어진 문장에서 heartbroken은 올바르게 쓰였다.

③ [출제영역] 챕터 13 관계사
which 뒤에 완전 구조로 쓰이고 있으므로 관계대명사는 올 수가 없다. 따라서 관계부사 또는 '전치사 + 관계대명사'로 와야하고, extent는 to와 쓰이므로 전치사 to 또한 올바르게 쓰였다.

지문 해석

BBC에서 제작한 자연 다큐멘터리인 *Blue Planet II*는 플라스틱이 바다에 어느정도의 범위까지 영향을 미치는지 보여준 후 시청자들을 심적으로 깊이 슬프게 만들었다.

정답 ④

20

정답 해설

② [출제영역] 챕터 02 동사의 유형
감각동사 look은 2형식 동사로 주격 보어 자리에 '형용사 또는 like 명사'가 올 수 있다. 따라서 '명사 + -ly' 형태인 형용사 lovely는 올바르게 쓰였다.

찐Tip 부사는 '형용사 + -ly'형태로 나타내므로 주의가 필요하고 감각동사(look)를 포함한 2형식 동사의 주격 보어로 부사는 절대 올 수 없다.

오답 해설

① [출제영역] 챕터 02 동사의 유형
approach는 전치사가 필요없는 대표 3형식 타동사이다. 따라서 전치사 to를 삭제해야 올바르다.

③ [출제영역] 챕터 02 동사의 유형
explain은 4형식으로 착각하기 쉬운 3형식 타동사로 4형식 구조인 '간접목적어 + 직접목적어' 목적어 2개를 취할 수 없다. 따라서 us 대신 to us로 써야 올바르다.

④ [출제영역] 챕터 02 동사의 유형
disappoint는 감정동사로 be동사 뒤에 보어로 쓰였다. 감정을 느낀다는 의미로 쓰이고 주로 사람을 수식할 경우에는 과거분사(p.p.) 형태로 써야 한다. 따라서 사람을 수식하고 있으므로 disappointing 대신 disappointed로 써야 올바르다.

지문 해석

- 경찰관은 살인 용의자에게 다가갔다.
- 당신의 아기는 사랑스러워 보인다.
- 그는 우리에게 어떻게 시험을 통과했는지 설명할 것이다.
- 그는 시험 결과에 실망했다.

정답 ②

PART 01 | 02 | 03 | 04 | 05

CHAPTER 03 동사의 시제

반드시 한 번에 다잡는 최빈출 개념 정리

01 명백한 과거를 나타내는 과거 시간 부사가 나오면 ___________를 확인한다.

개념 적용 My mother ~~has undergone~~(→) major surgery last year.
우리 어머니께서는 작년에 대수술을 받으셨다.

02 완료 시제와 잘 쓰이는 시간 부사는 _______ 시제 동사를 확인한다.

개념 적용 I ~~have waited~~(→) for an hour before he appeared.
나는 그가 나타나기 전에 한 시간을 기다렸다.

03 시간과 조건 부사절에서는 ______의 내용을 ______시제로 대신한다.

개념 적용 She will be waiting for me when my flight ~~will arrive~~(→) this evening.
오늘 저녁에 내가 탄 비행기가 도착하면 그녀가 나를 기다리고 있을 것이다.

04 상태, 인식, 감각, 소유 동사는 __________으로 쓸 수 없다.

개념 적용 The contents of shipwrecks ~~are belonging to~~(→) the state.
난파선의 내용물은 국가 소유이다.

05 '~하자마자 …했다'라는 시제 관련 표현에서 주절은 _________시제 종속절은 _________시제를 확인한다.

개념 적용 She had hardly come home when she ~~starts~~(→) to complain.
그녀는 집에 돌아오자마자 불평을 늘어놓기 시작했다.

06 '~한 지 시간이 …지났다'라는 시제 관용 표현은 __________시제 또는 ____________시제를 쓴다.

개념 적용 It ~~was~~(→) three years since I moved to this house.
내가 이 집으로 이사 온 지 3년이 되었다.

정답
01 과거시제 동사, underwent　02 완료, had waited　03 미래, 현재, arrives
04 진행형, belong to　05 과거 완료, 과거, started　06 현재, 현재 완료, is/has been

01 어법상 옳은 것은?

2021. 국가직 9급

① This guide book tells you where should you visit in Hong Kong.
② I was born in Taiwan, but I have lived in Korea since I started work.
③ The novel was so excited that I lost track of time and missed the bus.
④ It's not surprising that book stores don't carry newspapers any more, doesn't it?

02 우리말을 영어로 옮긴 것으로 가장 적절한 것은?

2011. 지방직 9급

> 그녀가 나한테 전화했을 때 비로소 그녀가 사무실에 없다는 것을 나는 알았다.

① I did not realize that she was in her office even when she called me.
② She called and told me that she was not in her office.
③ I had not realized she was not in her office until she called me.
④ She did call me in order to let me know that she was not in her office.

01

정답 해설

② [출제영역] 챕터 03 동사의 시제
bear는 타동사로 '(아이를) 낳다'라는 뜻으로 쓰이고 뒤에 목적어가 없을 때 'be born'의 형태로 '태어나다'라는 의미로 쓰인다. 따라서 주어진 문장에서 was born은 올바르게 쓰였다. 'since 주어 + 과거 시제 동사'는 주절에 현재완료 시제 동사와 함께 쓰이므로 주어진 문장에서 have lived 또한 올바르게 쓰였다.

오답 해설

① [출제영역] 챕터 01 문장의 이해
간접의문문의 어순은 '의문사 + (주어) + 동사'이므로 주어진 문장에서 4형식 동사인 tell의 직접목적어 자리에 쓰인 간접의문문의 어순을 where should you 대신 where you should로 써야 올바르다.
③ [출제영역] 챕터 07 분사
사물을 수식할 때 감정분사는 현재분사형으로 쓰므로 주어진 문장에서 'the novel'을 수식해 주는 감정분사는 excited 대신 exciting으로 써야 올바르다.
④ [출제영역] 챕터 01 문장의 이해
부가의문문은 평서문과 반대의 상황으로 만든다. 평서문이 부정문이기 때문에 부가의문문은 긍정으로 만들어야 한다. 또한 평서문의 동사에 맞춰서 부가의문문의 조동사를 써야 하므로 doesn't it 대신 is it으로 써야 올바르다.

선지 해석

① 이 안내서는 홍콩에서 어디를 방문해야 하는지 알려준다.
② 나는 대만에서 태어났지만, 일을 시작한 이후로 한국에 살았다.
③ 그 소설은 너무 재밌어서 시간 가는줄 몰랐고 버스를 놓쳤다.
④ 책 가게들이 더 이상 신문을 취급하지 않는 것은 놀라운 일이아니야. 그렇지 않니?

정답 ②

02

정답 해설

③ [출제영역] 챕터 03 동사의 시제
'…하고 나서야 (비로소) ~하다'의 뜻을 가진 구문은 다음과 같다.

> • 정상어순
> ┌ 주어 + not 동사 + until 명사
> └ 주어 + not 동사 + until 주어 + 동사
> • 도치구문
> ┌ Not until 명사 + 조동사 + 주어
> └ Not until 주어 + 동사 + 조동사 + 주어
> • 강조구문
> ┌ It be + not until 명사 + that 주어 + 동사
> └ It be + not until 주어 + 동사 that 주어 + 동사

따라서 ③이 올바르게 쓰였다.

오답 해설

①, ②, ④는 '…하고 나서야 (비로소) ~하다'의 뜻으로 해석되지 않으므로 적절하지 않다.

정답 ③

03 우리말을 영어로 잘못 옮긴 것을 고르시오.

2015. 국가직 9급

① 그는 자신의 정적들을 투옥시켰다.
→ He had his political enemies imprisoned.

② 경제적 자유가 없다면 진정한 자유가 있을 수 없다.
→ There can be no true liberty unless there is economic liberty.

③ 나는 가능하면 빨리 당신과 거래할 수 있기를 바란다.
→ I look forward to doing business with you as soon as possible.

④ 30년 전 고향을 떠날 때, 그는 다시는 고향을 못 볼거라고 꿈에도 생각지 않았다.
→ When he left his hometown thirty years ago, little does he dream that he could never see it again.

04 다음 글의 ㉠, ㉡에서 어법에 맞는 표현을 골라 가장 올바르게 짝지은 것은?

2014. 경찰 2차

> For the last fifty years, advances in chemistry ㉠ brought / have brought many positive changes to the American lifestyle. ㉡ Most / Almost people have simply trusted the government and corporationsto ensure the safety of the new product.

	㉠	㉡
①	brought	Almost
②	brought	Most
③	have brought	Almost
④	have brought	Most

03

정답 해설

④ [출제영역] 챕터 03 동사의 시제
'When 주어 과거동사'가 나오면 주절(접속사가 없는 주어 동사 부분)도 과거 관련 시제로 나와야 한다. 따라서 뒤에 현재동사 does 대신 과거동사 did로 써야 올바르다.

찐Tip 부정부사(little)가 문두에 나오면 '조동사+ 주어~'인 도치 구조를 취한다.

오답 해설

① [출제영역] 챕터 02 동사의 유형
사역동사 have는 목적어와 목적보어의 관계가 수동일 경우에는 목적보어 자리에 과거분사(p.p.)를 써야 한다. 목적어(his political enemies)가 투옥되는 것이므로 목적보어에 과거분사 imprisoned는 올바르게 쓰였다.

② [출제영역] 챕터 12 접속사와 전치사
조건 부사절 접속사(unless)에서 주어 + 동사 완전 구조로 써야 하고 뒤에 부정어 표현은 나올 수 없다. 따라서 주어진 문장은 올바르게 쓰였다.

③ [출제영역] 챕터 06 동명사
'~하기를 기대하다'의 뜻을 가진 구문으로 'look forward to -ing'가 있다. 따라서 주어진 문장은 올바르게 쓰였다.

정답 ④

04

정답 해설

④ [출제영역] 챕터 03 동사의 시제
㉠ 'for 기간' 시간부사는 완료시제 동사를 확인한다. 따라서 현재완료시제 형태(have p.p.)인 have brought로 써야 올바르다.
㉡ most는 '대부분'을 뜻하는 형용사이고, almost는 '거의'를 뜻하는 부사이다. 명사(people)를 수식할 수 있는 것은 부사가 아닌 형용사이므로 Most로 써야 올바르다.

지문 해석

> 지난 50년 동안 화학 분야의 발전은 미국의 생활 방식에 많은 긍정적인 변화를 가져왔다. 대부분의 사람들은 신제품의 안전성을 보장하는 데 정부와 기업을 단순히 신뢰해 왔다.

정답 ④

05 밑줄 친 부분 중 어법상 잘못된 것은? 2014. 서울시 7급

The U.S. Navy handed over to ① Libyan authorities on Saturday an oil tanker ② carrying crude that ③ was loaded at a port ④ controlled by armed rebels ⑤ in defiance of Tripoli's government.

06 우리말을 영어로 옮긴 것으로 가장 적절한 것은? 2013. 국가직 9급

① 그들이 10년간 살았던 집이 폭풍에 심하게 손상되었다.
→ The house which they have lived for 10 years badly damaged by the storm.

② 수학 시험에 실패했을 때에서야 그는 공부를 열심히 하기로 결심했다.
→ It was not until when he failed the math test that he decided to study hard.

③ 냉장고에 먹을 것이 하나도 남아있지 않아서, 어젯밤에 우리는 외식을 해야 했다.
→ We had nothing to eat left in the refrigerator, we had to eat out last night.

④ 우리는 운이 좋게도 그랜드캐넌을 방문했는데, 거기에는 경치가 아름다운 곳이 많다.
→ We were enough fortunate to visit the Grand Canyon, that has much beautiful landscape.

05

정답 해설

③ [출제영역] 챕터 03 동사의 시제
유조선을 넘긴 시점은 과거이고 유조선에 원유를 적재한 시점은 그보다 더 이전이므로 과거완료로 표시해야 한다. 따라서 was loaded 대신 had been loaded로 써야 올바르다.

오답 해설

① [출제영역] 챕터 15 기타 품사
명사(authorities)를 수식하는 것은 부사가 아닌 형용사(Libyan)이다. 따라서 밑줄 친 부분은 올바르게 쓰였다.

② [출제영역] 챕터 07 분사
타동사(carry)가 목적어(crude)를 취하고 있으면 현재분사로 수식해야 한다. 따라서 밑줄 친 부분은 올바르게 쓰였다.

④ [출제영역] 챕터 07 분사
타동사(controll)가 목적어를 취하고 있지 않으면 과거분사로 수식해야 한다. 따라서 밑줄 친 부분은 올바르게 쓰였다.

⑤ [출제영역] 챕터 12 접속사와 전치사
'in defiance of'는 '(법·명령 따위)를 무시하여, 무릅쓰고'라는 의미이다. 따라서 밑줄 친 부분은 올바르게 쓰였다.

지문 해석

미 해군은 토요일에 트리폴리 정부의 명령을 거역하는 무장 반란군에 의해 통제되는 항구에서 적재한 원유를 운송하던 유조선을 리비아 당국에 인도했다.

정답 ③

06

정답 해설

② [출제영역] 챕터 03 동사의 시제
'~하고 나서야 (비로소) ~하다'의 뜻을 가진 구문으로 'It be + not until when 주어 동사 + that 주어 동사'가 있다. 따라서 주어진 문장은 올바르게 쓰였다.

오답 해설

① [출제영역] 챕터 13 관계사
관계대명사 which 뒤에 완전 구조가 있으므로 관계대명사 which 대신 in which 또는 where로 써야 하고, 타동사 damaged 뒤에 목적어가 없으므로 수동태(be p.p.) 형태로 써야 한다. 따라서 damaged 대신 was damaged로 써야 올바르다. 주절의 동사가 was damaged로 과거이므로 종속절 내에 과거관련시제가 올바르게 쓰였는지 확인해야 한다. 따라서 have lived 대신 주절 동사와 일치시켜 had lived로 써야 올바르다.

③ [출제영역] 챕터 01 문장의 이해
절과 절은 연결하려면 접속사가 반드시 필요하다. 따라서 주어 동사와 주어 동사 사이 we had 앞에 접속사 so를 넣어야 올바르다.

④ [출제영역] 챕터 15 기타 품사
부사 enough는 형용사나 부사를 후치 수식한다. 따라서 enough fortunate 대신 fortunate enough로 써야 올바르다.

찐Tip ,(콤마) 다음 that절은 올 수 없으므로 ,that 대신 ,which로 써야 올바르다.

정답 ②

07 다음 빈칸에 들어갈 표현으로 가장 적절한 것은?

2018. 경찰 2차

> Maggie will be waiting for me when my flight _________ this evening.

① will arrive
② is arrived
③ arrives
④ will have arrived

08 우리말을 영어로 잘못 옮긴 것을 고르시오.

2011. 지방직 7급

① 말투에서 알 수 있듯이 그는 제주 출신이다.
→ He comes from Jeju province, as you can tell from his accent.

② 물가 상승에 따라서 노동자들의 임금 인상 요구도 높아졌다.
→ The higher prices rose, the more money the workers asked for.

③ 남을 돕는 데서 기쁨과 즐거움을 찾는 사람들은 행복하다.
→ Happy are those who find joy and pleasure in helping others.

④ 내가 단번에 그 시험에 합격할 수 있으리라고는 꿈에도 생각지 못했다.
→ I couldn't dream that I am able to pass the examination at the first attempt.

07

정답 해설

③ [출제영역] 챕터 03 동사의 시제
시간, 조건 부사절 접속사 다음에는 미래시제 대신 현재 동사로 쓴다. 또한 arrive는 왕래발착동사인 대표 1형식 자동사이므로 수동태로 쓸 수 없다. 따라서 arrives로 써야 올바르다.

지문 해석

> 오늘 저녁에 내 비행기가 도착할 때, Maggie는 나를 기다리고 있을 것이다.

정답 ③

08

정답 해설

④ [출제영역] 챕터 03 동사의 시제
주절의 동사가 과거시제(coudn't dream)이므로 that절의 시제도 과거를 기준으로 표현해야 한다. 따라서 현재시제 am able to pass 대신 과거시제 couldn pass로 써야 올바르다.

오답 해설

① [출제영역] 챕터 02 동사의 유형
'A와 from B를 구분하다'의 뜻을 가진 구문으로 'tell A from B'가 있다. 따라서 주어진 문장은 올바르게 쓰였다.

② [출제영역] 챕터 14 비교 구문
the 비교급 표현으로 'The 비교급 주어 동사~, the 비교급 주어 동사~'가 있다. 양쪽에 the가 있는지, 최상급이 아닌 비교급으로 잘 썼는지, 형용사와 부사가 비교급과 잘 붙어있는지를 확인해야 한다. 따라서 주어진 문장은 올바르게 쓰였다.

③ [출제영역] 챕터 10 도치 구문과 강조 구문
주격 보어(형용사/분사)를 포함한 도치 구문의 형태로 'be동사 + 주어' 수 일치를 확인해야 한다. 주어가 복수형 those이므로 복수 동사 are은 올바르게 쓰였다.

정답 ④

09 다음 밑줄 친 부분 중 어법상 가장 적절한 것은?

2018. 경찰 3차

① The game was <u>watching</u> outside the stadium on a huge screen.

② We will never get to the meeting unless the train <u>leaves</u> within five minutes.

③ With sunshine <u>streamed</u> through the window, Hugh found it impossible to sleep.

④ The water which she <u>fell</u> was freezing cold.

10 우리말을 영어로 잘못 옮긴 것은?

2018. 지방직 7급

① 내일 아침 일찍 저를 반드시 깨워주세요.
→ Be sure to wake me up early tomorrow morning.

② 사람들은 우리가 파산할 것으로 여겼으나, 우리는 그럭저럭 견뎌 나갔다.
→ People thought we would go bankrupt, but we managed to get by.

③ 수요가 공급을 초과하면 가격이 오르고 그 반대가 되면 내린다.
→ Prices go up when demand exceeds supply, and vice versa.

④ 나는 그가 그렇게 유명한 음악가가 되리라고는 전혀 생각하지 못했다.
→ Hardly did I dream before he became such a famous musician.

09

정답 해설

② [출제영역] 챕터 03 동사의 시제
unless와 같은 조건 부사절 접속사 다음에는 미래시제 대신 현재 동사로 쓴다. 따라서 밑줄 친 부분은 leaves가 올바르게 쓰였다.

오답 해설

① [출제영역] 챕터 02 동사의 유형
지각동사 watch는 목적어와 목적보어의 관계가 수동일 경우에는 목적보어 자리에 과거분사(p.p.)를 써야 한다. 주어(the game)가 보여지는 것이므로 watching 대신 watched로 써야 올바르다.

찐Tip watch 뒤에 목적어가 없으므로 수동형(be p.p.)으로 쓴다.

③ [출제영역] 챕터 07 분사
with 분사구문으로 'with + 목적어' 다음 목적보어 자리에 능동(-ing)인지 수동(p.p.)인지 확인해야 한다. stream은 자동사이므로 수동태 형태로 쓸 수 없다. 따라서 streamed 대신 streaming으로 써야 올바르다.

④ [출제영역] 챕터 05 수동태
관계대명사 which는 불완전 구조를 취한다. fall은 '떨어지다'의 의미로 쓰일 때는 1형식 자동사이므로 fell 대신 전치사 into를 삽입한 fell into로 써야 불완전한 구조가 되어 올바르다.

선지 해석

① 경기는 경기장 밖에서 거대한 화면으로 시청되었다.
② 우리는 기차가 5분 안에 떠나지 않으면 회의에 도착하지 못할 것이다.
③ 창문을 통해 햇빛이 들어온 채로, Hugh는 자는 것이 불가능하다고 생각했다.
④ 그녀가 빠졌던 물은 얼음장 같이 차가웠다.

정답 ②

10

정답 해설

④ [출제영역] 챕터 03 동사의 시제
'~하자마자 …했다'의 뜻을 가진 구문으로 'Hardly[Scarcely] + had 주어 p.p. + when[before] 주어 + 과거시제 동사'의 도치 구문 표현이 있다. 따라서 'Hardly did I dream' 대신 'Hardly had I dreamed'으로 써야 올바르다.

오답 해설

① [출제영역] 챕터 05 수동태
'반드시 ~을 하다'의 뜻을 가진 구문으로 'be sure to부정사'가 있다. 따라서 주어진 문장은 올바르게 쓰였다.

② [출제영역] 챕터 08 부정사
'간신히 ~을 하다, 해내다 '의 뜻을 가진 구문으로 'manage to부정사'가 있다. 따라서 주어진 문장은 올바르게 쓰였다.

③ [출제영역] 챕터 15 기타 품사
vice versa는 '거꾸로, 반대로'의 뜻을 가진 숙어 표현이다. 따라서 주어진 문장은 올바르게 쓰였다.

정답 ④

11 우리말을 영어로 옳게 옮긴 것은? 2018. 지방직 9급

① 그는 며칠 전에 친구를 배웅하기 위해 역으로 갔다.
→ He went to the station a few days ago to see off his friend.

② 버릇없는 그 소년은 아버지가 부르는 것을 못 들은 체했다.
→ The spoiled boy made it believe he didn't hear his father calling.

③ 나는 버팔로에 가본 적이 없어서 그곳에 가기를 고대하고 있다.
→ I have never been to Buffalo, so I am looking forward to go there.

④ 나는 아직 오늘 신문을 못 읽었어. 뭐 재미있는 것 있니?
→ I have not read today's newspaper yet. Is there anything interested in it?

12 어법상 가장 옳은 것은? 2019. 서울시 9급 2월

① Had never flown in an airplane before, the little boy was surprised and a little frightened when his ears popped.

② Scarcely had we reached there when it began to snow.

③ Despite his name, Freddie Frankenstein has a good chance of electing to the local school board.

④ I would rather to be lying on a beach in India than sitting in class right now.

11

정답 해설

① [출제영역] 챕터 03 동사의 시제
'시간 ago'라는 명백한 과거를 나타내는 과거 시간 부사가 나오면 반드시 과거동사(went)를 확인한다. 따라서 주어진 문장은 올바르게 쓰였다.

찐Tip see off는 '~를 배웅하다'의 뜻으로 쓰인다.

오답 해설

② [출제영역] 챕터 08 부정사
'~인 체하다'라는 표현은 make believe로 써야 한다. 따라서 made it believe 대신 made believe로 써야 올바르다.

찐Tip 'make it believe'는 없는 표현이다.

③ [출제영역] 챕터 06 동명사
'~하기를 기대하다'의 뜻을 가진 구문으로 'look forward to -ing'가 있다. 따라서 go 대신 going으로 써야 올바르다.

찐Tip have been to는 '~에 가본 적이 있다'의 뜻으로 쓰인다.

④ [출제영역] 챕터 07 분사
사물을 수식할 때 감정분사는 현재분사형으로 쓴다. 따라서 주어진 문장에서 'anything'을 수식해 주는 감정분사는 interested 대신 interesting으로 써야 올바르다.

정답 ①

12

정답 해설

② [출제영역] 챕터 03 동사의 시제
'~하자마자 ~했다'의 뜻을 가진 구문으로 'Hardly[Scarcely] + had 주어 p.p. + when[before] 주어 + 과거시제 동사'의 도치 구문 표현이 있다. 따라서 주어진 문장은 올바르게 쓰였다.

오답 해설

① [출제영역] 챕터 07 분사
절과 절을 연결하기 위해서는 접속사가 쓰이거나 하나의 절을 분사구문으로 써야 한다. 따라서 Had never flown 대신 Because he Had never flown 또는 Having never flown으로 써야 올바르다.

③ [출제영역] 챕터 05 수동태
문맥상 Freddie Frankenstein가 선출되는 것으로 수동의 의미이므로 electing 대신 being elected로 써야 올바르다.

④ [출제영역] 챕터 05 수동태
'B하는 것보다 A하는 게 낫다'의 뜻을 가진 구문으로는 'would rather A than B'의 표현이 있다. A, B는 주로 동사원형으로 쓴다. 따라서 to be lying 대신 lie로, sitting 대신 sit으로 써야 올바르다.

선지 해석

① 이전에 비행기를 타본 적이 없기 때문에 소년은 귀가 멍해지자 놀랐고 약간 두려웠다.
② 우리가 그곳에 도착하자마자 눈이 내리기 시작했다.
③ 그의 이름에도 불구하고, Freddie Frankenstein은 지역 학교위원으로 선출되는 좋은 기회를 가졌다.
④ 지금 당장 수업을 듣는 것보다 인도의 해변에 누워있는 편이 낫겠다.

정답 ②

CHAPTER 04 주어와 동사 수 일치

반드시 한 번에 다잡는 최빈출 개념 정리

01 **______시제 동사 또는 _______가 나오고 주어와 동사가 멀리 떨어져 있는 경우에는 수 일치에 주의한다.**

개념 적용 Another way to speed up the process ~~are~~(→   ) to make the shift to a new system.
그 과정의 속도를 올리는 또 다른 방법은 새로운 시스템으로 전환하는 것이다.

02 **주어 자리에 both A and B를 제외한 상관 접속사는 ______에 수 일치한다.**

개념 적용 Neither she nor I ~~has~~(→   ) any plan for the weekend.
그녀도 나도 주말에 아무런 계획이 없다.

03 **부분을 나타내는 명사가 나오면 _______ 뒤에 명사를 확인해서 동사와 수 일치한다.**

개념 적용 Most of the houses ~~is~~(→   ) out of our price bracket.
그 집들은 대부분이 우리의 가격대를 넘어선다.

04 **단일 개념을 의미하는 A and B는 ______ 동사와 수 일치를 확인한다.**

개념 적용 Trial and error ~~are~~(→   ) a fundamental method of problem solving.
시행착오는 문제 해결의 근본적인 방법이다.

05 **주어 자리에 _________와 many가 쓰인다면 동사의 수 일치를 주의한다.**

개념 적용 The number of accidents ~~are~~(→   ) proportionate to the increased volume of traffic.
사고 건수는 늘어나는 교통량에 비례한다.

06 **________와 ________은 단수 동사와 수 일치를 확인한다.**

개념 적용 Whether it is a good plan or not ~~are~~(→   ) a matter for argument.
그것이 좋은 계획인지 아닌지는 논쟁의 여지가 있다.

정답 01 현재, be동사, is 02 B, have 03 of, are 04 단수, is 05 number, is 06 명사구, 명사절, is

01 밑줄 친 부분 중 어법상 옳지 않은 것은?

2023. 국가직 9급

> While advances in transplant technology have made ① it possible to extend the life of individuals with end-stage organ disease, it is argued ② that the biomedical view of organ transplantation as a bounded event, which ends once a heart or kidney is successfully replaced, ③ conceal the complex and dynamic process that more ④ accurately represents the experience of receiving an organ.

02 다음 문장 중 어법상 가장 적절하지 않은 것은?

2020. 경찰 1차

① I'm feeling sick. I shouldn't have eaten so much.

② Most of the suggestions made at the meeting was not very practical.

③ Providing the room is clean, I don't mind which hotel we stay at.

④ We'd been playing tennis for about half an hour when it started to rain heavily.

01

정답 해설

③ [출제영역] 챕터 04 주어와 동사 수 일치

주어와 동사 사이에 있는 수식어는 주어와 동사 수 일치에 영향을 미치지 않는다. 따라서 주어는 단수 주어인 the biomedical view이므로 conceal 대신 단수 동사 conceals로 써야 올바르다.

찐Tip 최근에는 주어와 동사 사이에 많은 수식어를 넣어 긴 문장이 출제되므로 주어와 동사를 제대로 찾는 연습이 필요하다.

오답 해설

① [출제영역] 챕터 08 부정사

'5형식 동사(make) + 가목적어 it + 목적보어(형용사/명사) + (for 의미상 주어) + to부정사'의 구조로 to부정사를 받아주기 위한 가목적어 it이 있는지 반드시 확인해야 한다. 따라서 주어진 문장은 올바르게 쓰였다.

찐Tip 이외 5형식 동사로는 believe, consider, find, think가 있다.

② [출제영역] 챕터 05 수동태

3형식 that절 구조의 수동태로 It be p.p. that절로 가주어 It과 진주어 that절은 올바르게 쓰였고, 명사절 접속사 that은 완전 구조를 수반하므로 뒤에 완전 구조가 온 것 또한 올바르게 쓰였다.

④ [출제영역] 챕터 15 기타 품사

형용사와 부사를 구분하는 문제이다. 동사 represents를 수식하는 것은 형용사가 아닌 부사이다. 따라서 주어진 문장에서 부사인 accurately는 올바르게 쓰였다.

지문 해석

> 이식 기술의 발전으로 장기 질환 말기인 환자들의 수명을 연장하는 것을 가능하게 했지만, 장기이식을 심장이나 신장이 성공적으로 교체되면 끝나는 제한적인 사건으로 보는 생물 의학적 관점이 장기를 이식받는 경험을 더 정확하게 나타내주는 복잡하고 역동적인 과정을 숨긴다는 주장이 제기되고 있다.

정답 ③

02

정답 해설

② [출제영역] 챕터 04 주어와 동사 수 일치

'most of'는 뒤에 나오는 명사에 수 일치해야 한다. 뒤의 명사(the suggestions)가 복수 형태이므로 단수 동사 was 대신 복수 동사 were로 써야 올바르다.

찐Tip make는 명사(the suggestions)를 후치 수식하는 것으로 뒤에 목적어도 없고 문맥상 제안들이 만들어지는 것이므로 과거분사 made는 올바르게 쓰였다.

오답 해설

① [출제영역] 챕터 09 조동사

should have p.p.는 '~했어야 했다'의 뜻으로 과거에 대한 후회나 유감을 나타낸다. 따라서 문맥상 '많이 먹지말아야 했다'의 뜻이 자연스러우므로 주어진 문장은 올바르게 쓰였다.

③ [출제영역] 챕터 12 접속사와 전치사

Providing은 부사절 접속사로 S + V와 S + V를 연결해주는 역할을 한다. 따라서 주어진 문장은 올바르게 쓰였다.

④ [출제영역] 챕터 03 동사의 시제

when 주어 + 과거시제 동사로 나왔기 때문에, 주절은 과거보다 앞선 시점을 표현하는 과거완료시제(had p.p.)를 쓸 수 있다. 따라서 주어진 문장은 올바르게 쓰였다.

선지 해석

① 나 몸이 안 좋아. 그렇게 많이 먹지 말았어야 했어.
② 회의에서 제안된 대부분의 의견은 실용적이지 않았다.
③ 방이 깨끗하다면, 나는 어떤 호텔에서 머물러도 상관없다.
④ 우리는 테니스를 30분정도 치고 있었는데 비가 많이 오기 시작했다.

정답 ②

03 밑줄 친 부분에 들어갈 가장 적절한 것을 고르시오.

2014. 지방직 9급

> A tenth of the automobiles in this district ___________ alone stolen last year.

① was
② had been
③ were
④ have been

04 밑줄 친 부분 중 어법상 가장 옳지 않은 것은?

2017. 경찰 2차

> ① <u>Creating</u> the electrical energy also creates environmental problems. We can't give up electricity, but we can control the ways we use ② <u>it</u>. We can use alternative sources of energy that ③ <u>is</u> not as harmful to the environment as those which we are presently ④ <u>using</u>.

03

정답 해설

③ [출제영역] 챕터 04 주어와 동사 수 일치
부분을 나타내는 명사가 나오면 of 뒤에 명사를 확인해서 동사와 수 일치한다. 따라서 분수 of 뒤에 명사(the automobiles)가 복수 형태이므로 복수 동사를 써야 하고, 'last year'은 과거 시간 부사로 단순 과거시제 동사와 쓰이므로 were이 가장 적절하다.

지문 해석

> 작년에 이 지역의 자동차 중 10분의 1이 도난당했다.

정답 ③

04

정답 해설

③ [출제영역] 챕터 04 주어와 동사 수 일치
주격 관계대명사가 이끄는 절의 동사는 선행사와 수 일치한다. 선행사(alternative sources)가 복수 형태이므로 단수 동사 is 대신 복수 동사 are로 써야 올바르다.

오답 해설

① [출제영역] 챕터 06 동명사
동명사는 문장의 주어로 쓸 수 있다. 따라서 creating은 올바르게 쓰였다.
② [출제영역] 챕터 15 기타 품사
대명사 it은 앞 명사 electricity를 지칭하는 것으로 단수 형태이므로 단수대명사 it은 올바르게 쓰였다.
④ [출제영역] 챕터 03 동사의 시제
현재진행형(am/are/is -ing) 구조로 using은 올바르게 쓰였다.

지문 해석

> 전기 에너지를 생성하는 것은 환경 문제를 야기한다. 우리는 전기를 포기할 수는 없지만, 우리는 그것을 사용하는 방식을 통제할 수 있다. 우리는 현재 사용하고 있는 것보다 환경에 덜 해로운 대체 에너지원을 사용할 수 있다.

정답 ③

05 다음 중 어법상 옳은 것은?

2014. 지방직 9급

① Many a careless walker was killed in the street.
② Each officer must perform their duties efficient.
③ However you may try hard, you cannot carry it out.
④ German shepherd dogs are smart, alert, and loyalty.

06 어법상 옳은 것은?

2012. 지방직 9급

① Without plants to eat, animals must leave from their habitat.
② He arrived with Owen, who was weak and exhaust.
③ This team usually work late on Fridays.
④ Beside literature, we have to study history and philosophy.

05

정답 해설

① [출제영역] 챕터 04 주어와 동사 수 일치
'many a 단수 명사'는 단수 동사와 수 일치가 올바르게 쓰였고, kill은 타동사로 뒤에 목적어가 없으므로 수동태(be p.p.) 또한 올바르게 쓰였다.

오답 해설

② [출제영역] 챕터 15 기타 품사
완전한 문장 구조에서 동사를 수식해 주는 부사가 필요하므로 형용사 efficient 대신 부사 efficiently로 써야 올바르다.
③ [출제영역] 챕터 13 관계사
however는 형용사/부사와 쓰일 때는 'however + 형용사/부사 + 주어 + 동사' 구조를 쓴다. 따라서 However you may try hard 대신 However hard you may try로 써야 올바르다.

찐Tip 타동사와 부사로 구성된 이어 동사가 대명사 목적어를 취할 때 어순이 중요한데 '타동사 + 부사 + 대명사'가 아닌 '타동사 + 대명사 + 부사' 순서로 써야 하므로 'carry it out'은 올바르게 쓰였다.

④ [출제영역] 챕터 12 접속사와 전치사
주어진 문장에서 등위접속사(and)를 기준으로 '형용사, 형용사, and 형용사'의 병렬 구조가 되어야 한다. 따라서 명사 loyalty 대신 형용사 loyal로 써야 올바르다.

선지 해석

① 부주의한 보행자들 중 많은 사람들이 길에서 사망했다.
② 각 관리자는 자신의 업무를 효율적으로 수행해야 한다.
③ 어떻게 노력하든, 그것을 이행할 수 없다.
④ German shepherd 개들은 똑똑하고, 경계심이 강하며, 충성스럽다.

정답 ①

06

정답 해설

③ [출제영역] 챕터 04 주어와 동사 수 일치
team, committee, audience, family와 같은 집합명사는 해석상 집합명사에 관련된 사람들을 지칭하면 복수 동사를 써야한다. 따라서 문맥상 일을 하는 것은 팀의 구성원들, 즉 사람들이기 때문에 복수 동사 work는 올바르게 쓰였다.

찐Tip team, committee, audience, family와 같은 집합명사는 해석상 집합 전체 개념을 지칭하면 단수 동사를 쓴다.

오답 해설

① [출제영역] 챕터 02 동사의 유형
leave는 '~을/를 떠나다'라는 뜻의 3형식 타동사로 전치사 없이 바로 목적어를 취할 수 있으므로 전치사에 주의한다. 따라서 leave from 대신 전치사 from을 삭제한 leave로 써야 올바르다.
② [출제영역] 챕터 02 동사의 유형 & 챕터 12 접속사와 전치사
be 동사의 주격 보어로 형용사가 와야 한다. 따라서 등위접속사(and) 기준으로 형용사 weak와 병치구조를 맞춰서 동사 exhaust 대신 형용사 exhausted로 써야 올바르다.
④ [출제영역] 챕터 12 접속사와 전치사
문맥상 '~외에'의 뜻이 자연스러우므로 Beside 대신 Besides로 써야 올바르다.

찐Tip beside는 '~옆에'의 뜻으로 쓰인다.

선지 해석

① 먹을 식물이 없다면, 동물들은 서식지를 떠나야 한다.
② 그는 약해지고 지친 Owen과 함께 도착했다.
③ 이 팀은 일반적으로 금요일에 늦게까지 일한다.
④ 문학 외에도, 우리는 역사와 철학을 공부해야 한다.

정답 ③

07 우리말을 영어로 잘못 옮긴 것은? 2020. 지방직 7급

① 우리 지구는 끝없는 우주에서 하나의 작은 점에 불과하다.
→ Our earth is a mere speck in the boundless universe.

② 그가 말한 것의 많은 부분이 이 분야에서 사실로 여겨진다.
→ Many of what he says are considered true in this field.

③ 외국 문화와의 접촉 없이 우리 고유문화를 풍부하게 할 수 없다.
→ Without contact with foreign culture we cannot enrich our own.

④ 나는 태양이 그날 아침처럼 그렇게 멋지게 떠오르는 것을 본 적이 없다.
→ I have never seen the sun rise so gloriously as on that morning.

08 어법상 가장 옳지 않은 것은? 2018. 서울 7급 6월

① Culture shock is the mental shock of adjusting to a new country and a new culture which may be dramatically different from your own.

② A recent study finds that listening to music before and after surgery helps patients cope with related stress.

③ By brushing at least twice a day and flossing daily, you will help minimize the plaque buildup.

④ The existence of consistent rules are important if a teacher wants to run a classroom efficiently.

07

정답 해설

② [출제영역] 챕터 04 주어와 동사 수 일치
명사절은 단수 취급을 하므로 복수를 의미하는 Many 대신 Much로 써야 올바르다. 이에 따라 동사도 단수 동사로 수 일치해야 하므로 are 대신 is로 써야 올바르다.

오답 해설

① [출제영역] 챕터 03 동사의 시제
'우리 지구는 우주에서 작은 점에 불과하다'라는 일반적 사실을 의미하므로 현재시제 동사인 is가 올바르게 쓰였다.

③ [출제영역] 챕터 12 접속사와 전치사
'~없이'라는 의미를 가지는 전치사 without이 올바르게 쓰였다.

④ [출제영역] 챕터 03 동사의 시제 & 챕터 02 동사의 유형
'본 적이 없다'는 경험을 나타내기 위해 현재완료시제인 have never seen이 올바르게 쓰였다. 또한 see는 지각동사로 목적어와 목적보어 관계가 능동인 경우에는 목적보어 자리에 원형부정사나 현재분사를 쓰므로 rise가 올바르게 쓰였다.

정답 ②

08

정답 해설

④ [출제영역] 챕터 04 주어와 동사 수 일치
주어(the existence)가 단수 명사이므로 복수 동사 are 대신 단수 동사 is로 써야 올바르다.

오답 해설

① [출제영역] 챕터 13 관계사
관계대명사 which는 앞에 나온 선행사(mental shock)를 수식하고 있고 뒤의 문장 구조도 불완전 구조를 취하고 있으므로 주어진 문장은 올바르게 쓰였다.

② [출제영역] 챕터 02 동사의 유형
find는 타동사로 뒤에 목적어를 취할 수 있고 목적어 자리에 명사절 that절로 올바르게 쓰였다. 또한 help는 5형식으로 쓰일 경우 목적보어 자리에 to부정사 또는 원형부정사를 쓸 수 있으므로 주어진 문장은 올바르게 쓰였다.

③ [출제영역] 챕터 02 동사의 유형
help는 3형식으로 쓰일 경우 목적어 자리에 to부정사 또는 원형부정사를 쓸 수 있으므로 주어진 문장은 올바르게 쓰였다.

선지 해석

① 문화 충격은 새로운 나라와 문화에 적응하는 데 있어서 자신의 것과 극적으로 다른 경우가 있는 정신적인 충격이다.
② 최근의 연구는 수술 전후에 음악을 듣는 것이 환자들이 관련된 스트레스를 해소하는 데 도움이 된다고 밝혔다.
③ 하루에 적어도 두 번 이상 양치하고 매일 치실을 사용함으로써, 치아에 붙은 플라그를 최소화하는 데 도움이 될 것이다.
④ 교사가 효율적으로 교실을 운영하려면 일관된 규칙의 존재가 중요하다.

정답 ④

09 밑줄 친 부분 중 어법상 옳지 않은 것을 고르시오.

2012. 지방직 7급

> The number of people ① taking cruises ② continue to rise and ③ so does the number of complaints about cruise lines. Sufficient ④ information is still missing.

10 어법상 옳지 않은 것을 고르시오.

2015. 지방직 7급

> The immune system in our bodies ① fights the bacteria and viruses which cause diseases. Therefore, whether or not we are likely to get various diseases ② depend on how well our immune system works. Biologists used to ③ think that the immune system was a separate, independent part of our body, but recently they ④ have found that our brain can affect our immune system. This discovery indicates that there may be a connection between emotional factors and illness.

09

정답 해설

② [출제영역] 챕터 04 주어와 동사 수 일치
'the number of 복수 명사'가 주어 자리에 쓰일 때 단수 동사와 수 일치하므로 복수 동사 continue를 단수 동사 continues로 고쳐야 한다.

오답 해설

① [출제영역] 챕터 05 수동태
people이 크루즈 타는 것의 주체이므로 능동형 taking은 올바르게 쓰였다.

③ [출제영역] 챕터 10 도치 구문과 강조 구문
'S + V (긍정) ~, and so + 조동사 + 주어'의 구조는 '~도 그렇다'의 뜻으로 쓰인다. 따라서 주어진 문장은 올바르게 쓰였다.

④ [출제영역] 챕터 15 기타 품사
information은 대표적인 불가산 명사이므로 단수를 의미하는 a(n) 또는 복수(-s) 표시하지 않는다. 따라서 information은 올바르게 쓰였다.

지문 해석

> 크루즈를 타는 사람들의 수는 계속해서 증가하고 있으며, 그에 따라 크루즈 경로에 대한 불만의 수도 증가하고 있다. 충분한 정보가 아직 부족하다.

정답 ②

10

정답 해설

② [출제영역] 챕터 04 주어와 동사 수 일치
주어는 명사절인 'whether or not we are likely to get various diseases'이다. 명사절은 단수 취급하므로 복수 동사 depend 대신 단수 동사 depends로 써야 올바르다.

오답 해설

① [출제영역] 챕터 04 주어와 동사 수 일치
주어(The immune system)가 단수이므로 단수 동사 fights는 올바르게 쓰였다.

③ [출제영역] 챕터 08 부정사
used to는 '~ 하곤 했다'의 뜻으로 used to 뒤에는 동사원형을 써야 한다. 따라서 think는 올바르게 쓰였다.

④ [출제영역] 챕터 03 동사의 시제
recently의 시간 부사는 완료시제 동사와 잘 쓰인다. 따라서 have found는 올바르게 쓰였다.

지문 해석

> 우리 몸의 면역 체계는 질병을 일으키는 원인인 박테리아와 바이러스랑 싸운다. 따라서 우리가 다양한 질병에 걸릴지 말지는 우리의 면역 체계가 얼마나 잘 작동하는지에 따라 달려있다. 생물학자들은 예전에는 우리의 면역 체계가 우리 몸의 별개이고 독립된 부분인 것으로 생각했지만, 최근에 그들은 우리의 뇌가 우리의 면역 체계에 영향을 줄 수 있다는 것을 발견했다. 이 발견은 감정적 요인과 질병 간에 관계가 있을 수 있음을 보여준다.

정답 ②

11 다음 밑줄 친 부분 중 옳지 않은 것은?

2022. 국가직 9급

> To find a good starting point, one must return to the year 1800 during ① which the first modern electric battery was developed. Italian Alessandro Volta found that a combination of silver, copper, and zinc ② were ideal for producing an electrical current. The enhanced design, ③ called a Voltaic pile, was made by stacking some discs made from these metals between discs made of cardboard soaked in sea water. There was ④ such talk about Volta's work that he was requested to conduct a demonstration before the Emperor Napoleon himself.

12 밑줄 친 부분 중 어법상 가장 옳지 않은 것은?

2017. 서울시 9급

> The idea that justice ① in allocating access to a university has something to do with ② the goods that ③ universities properly pursue ④ explain why selling admission is unjust.

11

정답 해설

② [출제영역] 챕터 04 주어와 동사 수 일치
문장의 주어(a combination)가 단수 형태이므로 복수 동사 were 대신 단수 동사 was로 써야 올바르다.

오답 해설

① [출제영역] 챕터 13 관계사
during which는 '전치사 + 관계대명사'로 뒤에 주어와 동사 완전 구조를 취한다. which 뒤의 문장이 완전 구조이므로 밑줄 친 부분은 올바르게 쓰였다.

③ [출제영역] 챕터 07 분사
분사의 수식을 받는 명사가 행동을 당하는 수동의 의미인 경우에는 과거분사로 써야 한다. 따라서 주어(The enhanced design) 가 'a Voltaic pile'이라고 불리는 것이므로 과거분사 called는 올바르게 쓰였다.

④ [출제영역] 챕터 12 접속사와 전치사
'such 명사 that절'은 '너무 ~해서 …하다'라는 의미로 밑줄 친 부분은 올바르게 쓰였다.

지문 해석

> 좋은 출발점을 찾기 위해서는, 최초의 현대식 전기 건전지가 개발된 1800년으로 돌아가야 한다. 이탈리아의 알레산드로 볼타(Alessandro Volta)는 은, 구리 및 아연의 조합이 전기 전류를 생성하기에 이상적이라는 것을 발견했다. 개선된 디자인인 "볼타 전지(a Voltaic pile)"는 이러한 금속으로 만든 디스크를 바닷물에 적셔진 골판지 디스크 사이에 쌓음으로써 만들어졌다. 볼타의 연구에 대한 이야기가 많았기 때문에 그는 황제 나폴레옹 앞에서 시연을 하도록 요청받았다.

정답 ②

12

정답 해설

④ [출제영역] 챕터 04 주어와 동사 수 일치
동사 explain의 주어는 동격 that절 앞에 The idea이다. 따라서 단수형태 명사와 수 일치해야 하므로 explain 대신 단수 동사 explains로 써야 올바르다.

오답 해설

① [출제영역] 챕터 06 동명사
전치사 in 뒤에는 동명사를 써야 한다. 따라서 동명사 allocating은 올바르게 쓰였다.

② [출제영역] 챕터 15 기타 품사
'the goods'은 '가치, 선'의 뜻으로 쓰인다. 문맥상 밑줄 친 부분은 올바르게 쓰였다.

③ [출제영역] 챕터 04 주어와 동사 수 일치 & 챕터 15 기타 품사
관계대명사 that절의 동사 pursue는 명사(universities)와 수 일치해야 하므로 복수 형태로 올바르게 쓰였다. 또한 동사 pursue를 수식하는 부사 properly 또한 올바르게 쓰였다.

지문 해석

> 대학에 대한 접근을 배분하는 데 있어서 정의(공평)라는 표현이 대학들이 올바르게 추구하는 가치와 관련이 있다는 생각은 대학 입학증을 판매하는 것이 왜 불공평한지를 설명할 수 있다.

정답 ④

13 어법상 가장 옳지 않은 것은?

2019. 서울시 7급 2월

① For years, cosmetic companies have been telling women that beauty is a secret to success.

② You can spend an afternoon or an entire day driving on a racetrack in a genuine race car.

③ Although it survived the war, the Jules Rimet trophy was stolen from a display case in England just before the World Cup of 1966.

④ Young children's capability of recognizing and discussing these issues are important because those who do so have reduced levels of prejudice.

14 밑줄 친 부분 중 어법상 가장 적절하지 않은 것은?

2018. 경찰 3차

If properly stored, broccoli will stay ① fresh for up to four days. The best way to store fresh bunches is to refrigerate them in an open plastic bag in the vegetable compartment, ② which will give them the right balance of humidity and air, and help preserve the vitamin C content. Don't wash the broccoli before ③ storing it since moisture on its surface ④ encourage the growth of mold.

13

정답 해설

④ [출제영역] 챕터 04 주어와 동사 수 일치
문장의 주어(Young children's capability)가 단수이므로 복수 동사 are 대신 단수 동사 is로 써야 올바르다.

오답 해설

① [출제영역] 챕터 03 동사의 시제
'for 기간'이 있으므로 현재완료시제(have p.p.)는 올바르게 쓰였다.

② [출제영역] 챕터 06 동명사
'spend 시간 (in) -ing'는 '~하는 데 시간을 쓰다'의 뜻으로 쓰인다. 따라서 주어진 문장은 올바르게 쓰였다.

③ [출제영역] 챕터 12 접속사와 전치사 & 챕터 05 수동태
양보 접속사 although는 동사를 포함한 절을 이끈다. 따라서 주어진 문장은 올바르게 쓰였고, 문맥상 steal은 트로피가 도난당하는 것이므로 수동태(be p.p.) 또한 올바르게 쓰였다.

선지 해석

① 여러 해 동안, 화장품 회사들은 여성들에게 아름다움이 성공의 비밀이라고 말해왔다.
② 당신은 진정한 레이스 카를 이용하여 경주 트랙에서 오후나 하루 종일을 운전할 수 있다.
③ 비록 전쟁에서 살아남았지만, Jules Rimet 트로피는 1966년 월드컵 직전 영국의 진열장에서 도난당했다.
④ 이러한 문제들을 인식하고 토론하는 어린 아이들의 능력이 중요한데 그 이유는 그런 아이들이 편견 정도를 줄이기 때문이다.

정답 ④

14

정답 해설

④ [출제영역] 챕터 04 주어와 동사 수 일치
문장의 주어(moisture on its surface)가 단수이므로 복수 동사 encourage 대신 단수 동사 encourages로 써야 올바르다.

오답 해설

① [출제영역] 챕터 02 동사의 유형
stay는 대표 2형식 자동사로 주격 보어 자리에 형용사를 쓴다. 따라서 형용사 fresh는 올바르게 쓰였다.

② [출제영역] 챕터 13 관계사
명사(compartment) 뒤에 which는 관계대명사로 뒤의 문장 구조가 불완전 구조인지 확인해야 한다. 주어진 문장은 which 뒤에 주어가 빠진 불완전 문장으로 올바르게 쓰였다.

③ [출제영역] 챕터 07 분사
접속사 before 뒤에 동사 store에 -ing가 붙은 형태로 분사구문이 되었다. 뒤에 목적어(it)가 있는 것으로 보아 능동 형태 storing은 올바르게 쓰였다.

지문 해석

적절하게 보관한다면, 브로콜리는 최대 4일 동안 신선하게 유지될 것이다. 신선한 송이들을 보관하는 가장 좋은 방법은 채소 칸에 개봉된 플라스틱 봉지에 넣어 냉장 보관하는 것이고 이렇게 하면 적절한 습도와 공기 균형을 유지할 수 있으며 비타민 C 함량을 보존하는 데 도움이 된다. 브로콜리를 보관하기 전에 씻지 마라. 왜냐하면 표면에 있는 수분은 곰팡이의 성장을 촉진시킬 수 있기 때문이다.

정답 ④

15 다음 중 어법상 가장 옳지 않은 것을 고르면?

2016. 서울 7급 6월

① No amateur can participate in the contest except that he is recommended by a previous prize winner.
② There go the last piece of cake and the last spoonful of ice cream.
③ Such was the country's solutions that they drew international attention to the issue.
④ I wish I had studied biology when I was a college student.

16 밑줄 친 부분 중 어법상 가장 옳지 않은 것은?

2016. 서울시 9급

He acknowledged that ① <u>the number</u> of Koreans were forced ② <u>into</u> labor ③ <u>under harsh conditions</u> in some of the locations ④ <u>during the 1940's</u>.

15

정답 해설

③ [출제영역] 챕터 04 주어와 동사 수 일치
'주어 + be동사 + such that절' 구조에서 such는 be동사의 보어이고, '굉장하여서'라는 의미를 지닌다. 이때, such가 문두에 위치할 경우 'be동사 + 주어'로 도치되고 수 일치를 확인해야 한다. 동사의 주어가 복수 명사(the country's solutions)이므로 단수 동사 was 대신 복수 동사 were로 써야 올바르다.

오답 해설

① [출제영역] 챕터 12 접속사와 전치사
전치사의 목적어로 that절을 사용할 수 없지만 except that은 '~이라는 것을 제외하면'의 뜻하는 표현을 쓸 경우에는 허용되므로 주어진 문장은 올바르게 쓰였다.
② [출제영역] 챕터 04 주어와 동사 수 일치
유도부사 there가 문두에 위치하고 복수 주어인 the last piece of cake and the last spoonful of ice cream이 1형식 자동사 go와 수 일치가 올바르게 쓰였다.
④ [출제영역] 챕터 11 가정법
I wish가정법은 과거 사실에 대한 반대를 소망할 경우 '주어 + 과거완료시제'를 쓰므로 I wish I had studied가 올바르게 쓰였다.

선지 해석

① 이전의 수상자에 의해 추천받은 경우를 제외하면 어떤 아마추어도 이 대회에 참여할 수 없다.
② 마지막 남은 케이크 한 조각과 마지막 아이스크림 한 스푼이 나갑니다.
③ 그 나라의 해결책들은 너무나 대단해서 그것들은 그 문제에 대한 국제적인 관심을 끌었다.
④ 내가 대학생이었을 때 생물학을 공부했으면 좋았을 텐데.

정답 ③

16

정답 해설

① [출제영역] 챕터 04 주어와 동사 수 일치
the number of는 '명사의 수'라는 뜻으로 뒤에 단수 동사와 수 일치한다. 그러나 문장의 동사는 were인 것으로 보아 '많은 명사'를 뜻하는 a number of로 써야 한다. 따라서 the 대신 a로 써야 올바르다.

오답 해설

② [출제영역] 챕터 15 기타 품사
'~하도록 억지로 강요받다'의 뜻을 의미하는 구문으로 'be forced into'는 올바르게 쓰였다.
③ [출제영역] 챕터 15 기타 품사
'~의 조건하에서'의 뜻을 의미하는 구문으로 'under ~ conditions'은 올바르게 쓰였다.
④ [출제영역] 챕터 12 접속사와 전치사
during은 어떤 상황이 발생하고 있는 때를 가리킬 때 쓰이고 for는 어떤 상황이 얼마나 오랜기간 계속되는지를 나타낼 때 쓴다. '1940년대'라는 상황이 발생하고 있는 때를 나타내기 위해 during the 1940's은 올바르게 쓰였다.

지문 해석

그는 1940년대 일부 지역에서 많은 한국인들이 억압적인 조건에서 강제로 일을 하도록 강요받았다는 것을 인정했다.

정답 ①

17 밑줄 친 부분 중 어법상 가장 옳지 않은 것은?

2019. 서울시 9급 6월

> Squid, octopuses, and cuttlefish are all ① types of cephalopods. ② Each of these animals has special cells under its skin that ③ contains pigment, a colored liquid. A cephalopod can move these cells toward or away from its skin. This allows it ④ to change the pattern and color of its appearance.

18 밑줄 친 부분 중 어법상 가장 옳지 않은 것은?

2018. 서울시 9급 6월

> I'm ① pleased that I have enough clothes with me. American men are generally bigger than Japanese men so ② it's very difficult to find clothes in Chicago that ③ fits me. ④ What is a medium size in Japan is a small size here.

17

정답 해설

③ [출제영역] 챕터 04 주어와 동사 수 일치

주격 관계대명사 that의 선행사가 its skin이 아니고 special cells이므로 special cells와 수 일치해야 한다. 따라서 단수 동사 contains 대신 복수 동사 contain으로 써야 올바르다.

오답 해설

① [출제영역] 챕터 15 기타 품사

all과 함께 복수 형태인 types는 올바르게 쓰였다.

② [출제영역] 챕터 15 기타 품사

'each of 복수 명사'는 단수 동사와 수 일치한다. 따라사 단수 동사 has와 수 일치하는 밑줄 친 부분의 Each는 올바르게 쓰였다.

④ [출제영역] 챕터 02 동사의 유형

allow는 대표 5형식의 타동사로서 목적보어 자리에는 원형부정사가 아닌 to부정사 또는 과거분사를 취해야 한다. 따라서 to change는 올바르게 쓰였다.

지문 해석

> 오징어, 문어, 갑오징어는 모두 두족류의 유형이다. 이 동물 각각은 피부 아래에 색소를 포함하는 특별한 세포를 가지고 있다. 두족류는 이러한 세포들을 피부로부터 또는 피부로부터 멀어지게 할 수 있다. 이를 통해 그것의 모양과 색상의 패턴을 변화시킬 수 있다.

정답 ③

18

정답 해설

③ [출제영역] 챕터 04 주어와 동사 수 일치

'시카고에서 나에게 맞는 옷'이라는 해석이 맥락성 적절하므로 단수 동사 fits의 주어는 복수 명사인 clothes이다. 따라서 단수 동사 fits 대신 복수 동사 fit으로 써야 올바르다.

오답 해설

① [출제영역] 챕터 07 분사

please는 감정 동사로 주어인 I가 감정을 느낄 때는 과거분사로 써야 한다. 따라서 밑줄 친 pleased는 올바르게 쓰였다.

② [출제영역] 챕터 08 부정사

난이 형용사(difiicult) 구문은 'It be동사 + 난이 형용사 + (for 목적어) + to부정사'의 구조로 쓰인다. 따라서 밑줄 친 it's는 올바르게 쓰였다.

④ [출제영역] 챕터 12 접속사와 전치사

명사절 접속사 what은 뒤에 불완전 구조를 취한다. 따라서 뒤에 주어가 빠진 불완전 구조가 나오므로 what은 올바르게 쓰였다.

지문 해석

> 나는 내가 충분한 옷을 가지고 있는 것에 만족하고 있다. 미국 남성들은 일반적으로 일본 남성들보다 크기 때문에 시카고에서 나에게 맞는 옷을 찾는 것은 매우 어렵다. 일본에서의 중간 크기는 여기에서는 작은 크기이다.

정답 ③

19 우리말을 영어로 잘못 옮긴 것은? 2013. 지방직 9급

① 그들은 지구상에서 진화한 가장 큰 동물인데, 공룡보다 훨씬 크다.
→ They are the largest animals ever to evolve on Earth, larger by far than the dinosaurs.

② 그녀는 나의 엄마가 그랬던 것만큼이나 아메리카 원주민이라는 용어를 좋아하지 않았다.
→ She didn't like the term Native American any more than my mother did.

③ 우리가 자연에 대해 정보로 받아들이는 것의 4분의 3은 눈을 통해 우리 뇌로 들어온다.
→ Three-quarters of what we absorb in the way of information about nature comes into our brains via our eyes.

④ 많은 의사들이 의학에서의 모든 최신의 발전에 뒤떨어지지 않기 위해서 열심히 공부한다.
→ The number of doctors study hard in order that they can keep abreast of all the latest developments in medicine.

19

정답 해설

④ [출제영역] 챕터 04 주어와 동사 수 일치
'많은 명사'의 뜻을 가진 구문으로는 'A number of + 복수 명사 + 복수 동사'의 표현이 있다. 따라서 The number of 대신 A number of로 써야 올바르다.

찐Tip 'The number of + 복수 명사 + 단수 동사'는 '명사의 수'의 뜻으로 쓰인다.

오답 해설

① [출제영역] 챕터 14 비교 구문
최상급 구문인 the largest와 강조 부사인 by far가 비교급 larger를 수식하고 있다. 따라서 주어진 문장은 올바르게 쓰였다.

② [출제영역] 챕터 14 비교 구문
'~만큼 ~않다'의 뜻을 가진 구문으로 'not ~ any more than'의 양자부정 표현이 있다. 따라서 주어진 문장은 올바르게 쓰였다.

찐Tip 양자부정 구문 than 뒤에 부정 표현(not)은 금지한다.

③ [출제영역] 챕터 04 주어와 동사 수 일치
Three-quarters 표현은 분수로 전치사 of를 취하면 뒤에 나오는 명사를 확인해서 동사와 수 일치한다. 따라서 전치사 of 뒤에 나오는 what절은 단수 취급하므로 동사도 단수 형태인 comes가 올바르게 쓰였다.

정답 ④

20 밑줄 친 부분 중 어법상 옳지 않은 것은?

2020. 지방직 9급

Elizabeth Taylor had an eye for beautiful jewels and over the years amassed some amazing pieces, once ① <u>declaring</u> "a girl can always have more diamonds." In 2011, her finest jewels were sold by Christie's at an evening auction ② <u>that</u> brought in $115.9 million. Among her most prized possessions sold during the evening sale ③ <u>were</u> a 1961 bejeweled timepiece by Bulgari. Designed as a serpent to coil around the wrist, with its head and tail ④ <u>covered</u> with diamonds and having two hypnotic emerald eyes, a discreet mechanism opens its fierce jaws to reveal a tiny quartz watch.

20

정답 해설

③ [출제영역] 챕터 04 주어와 동사 수 일치

Among her most prized possessions라는 장소 부사가 나오고 be동사 + 주어가 도치되어 있으므로 be동사와 주어 수 일치를 확인한다. a 1961 bejeweled timepiece가 단수 주어이므로 복수 동사 were 대신 단수 동사 was로 써야 올바르다.

오답 해설

① [출제영역] 챕터 07 분사

동사 + -ing가 문법 문제에 나오면 동명사 또는 분사 문제인지 먼저 확인한다. 문장에는 이미 동사가 있고 일반적으로 동명사는 콤마를 수반하지 않으므로 declaring은 분사 자리이고 declare 뒤에 목적어가 있으므로 능동형 분사 declaring이 올바르게 쓰였다.

② [출제영역] 챕터 13 관계사

관계대명사는 선행사가 올바르게 쓰였는지 그리고 뒤의 문장 구조가 불완전한지 확인해야 한다. 앞에 나온 명사를 수식하고 있고 뒤에 주어가 없는 불완전 구조로 쓰였기 때문에 관계대명사 that은 올바르게 쓰였다.

④ [출제영역] 챕터 07 분사

with 분사구문으로 자동사면 -ing, 타동사 뒤에 목적어가 있으면 -ing, 타동사 뒤에 목적어가 없으면 p.p.로 쓴다. 타동사 cover 뒤에 목적가 없으므로 covered는 올바르게 쓰였다.

지문 해석

Elizabeth Taylor는 아름다운 보석들에 대한 안목을 가졌으며, 몇 년 동안 놀라운 보석들을 모으다가 한번은 "여자는 항상 더 많은 다이아몬드를 가질 수 있다"고 선언하기도 했다. 2011년에 그녀의 최고급 보석들이 1억 1590만 달러를 벌어들인 저녁 경매에서 Christie's에 의해 팔렸다. 저녁 경매 중 판매된 그녀의 가장 소중한 소유물 중 하나는 Bulgari가 1961년에 보석으로 만든 시계였다. 이 시계는 손목 주위로 감기는 뱀 모양으로 디자인되었으며, 머리와 꼬리가 다이아몬드로 덮여 있고 두 개의 매혹적인 에메랄드 눈이 있었고, 정교한 메커니즘으로 사나운 턱을 열어 작은 쿼츠 시계를 드러낸다.

정답 ③

CHAPTER 05 수동태

반드시 한 번에 다잡는 최빈출 개념 정리

01 사물이 주어 자리에 나오는 경우 ______________ 구조로 잘 쓰인다.

개념 적용 This conference ~~holds~~(→) to stimulate student's interests in global warming.
이 학회는 지구온난화에 대한 학생들의 관심을 고취시키기 위해 열린다.

02 _____, _____ 자동사는 능동의 의미만 가능하고 수동태 구조는 불가능하므로 능동태 구조로 쓰였는지 확인한다.

개념 적용 The plane ~~was disappeared~~(→) behind a cloud.
비행기는 구름 뒤로 사라졌다.

03 3형식 타동사구의 수동태 구조에서는 ___________에 주의한다.

개념 적용 She ~~was run~~(→) and killed by a truck.
그녀는 트럭에 치여 숨졌다.

04 5형식 타동사의 수동태 구조 be p.p. 뒤에는 _________가 올바른 형태로 남아있는지 확인한다.

개념 적용 All children should be encouraged ~~realizing~~(→) their full potential.
모든 아동들이 자신의 잠재력을 충분히 발휘할 수 있도록 격려해야 한다.

05 지각동사와 사역동사가 수동태가 될 때 목적보어였던 원형부정사를 __________로 쓴다.

개념 적용 He was seen ~~enter~~(→) the building.
그가 그 건물에 들어가는 것이 목격되었다.

06 ________에 주의할 수동태 표현들이 있으므로 ________를 확인한다.

개념 적용 She was known ~~as~~(→) the quickness of her wit.
그녀는 두뇌 회전이 빠른 것으로 유명했다.

정답
01 수동태(be + p.p.), is held 02 1형식, 2형식, disappeared 03 전치사, was run over
04 목적보어, to realize 05 to부정사, to enter 06 전치사, 전치사, for

01 어법상 옳지 않은 것을 고르시오. 2022. 지방직 9급

① He asked me why I kept coming back day after day.

② Toys children wanted all year long has recently discarded.

③ She is someone who is always ready to lend a helping hand.

④ Insects are often attracted by scents that aren't obvious to us.

02 밑줄 친 부분 중 어법상 옳지 않은 것은? 2019. 지방직 9급

Each year, more than 270,000 pedestrians ① lose their lives on the world's roads. Many leave their homes as they would on any given day never ② to return. Globally, pedestrians constitute 22% of all road traffic fatalities, and in some countries this proportion is ③ as high as two thirds of all road traffic deaths. Millions of pedestrians are non-fatally ④ injuring — some of whom are left with permanent disabilities. These incidents cause much suffering and grief as well as economic hardship.

01

정답 해설

② [출제영역] 챕터 05 수동태

목적격 관계대명사절의 수식을 받는 주어(Toys)가 복수이고 '버리는 행위'를 받는 입장이므로 수동태로 표현해야 한다. 따라서 'has recently discarded' 대신 'have recently been discarded'로 써야 올바르다.

오답 해설

① [출제영역] 챕터 01 문장의 이해

간접의문문에 대한 문제로, asked가 목적어 두 개를 취하고 있으며, why 다음의 어순이 '주어 동사'의 어순으로 올바르게 쓰였고, 과거 시제도 일치하므로 주어진 문장은 올바르게 쓰였다.

③ [출제영역] 챕터 04 주어와 동사 수 일치

문장의 주격 보어를 주격 관계대명사절(who is always ready to lend a helping hand)이 수식하는 구조로, 문장의 동사와 주격 관계대명사절의 동사가 각각 단수 명사를 수식하므로 단수 동사 is는 올바르게 쓰였다.

④ [출제영역] 챕터 04 주어와 동사 수 일치

전치사 by의 목적어(scents)를 주격 관계대명사절이 수식하는 문장의 구조로, 수식받는 명사가 복수 명사이므로 주격 관계대명사절의 동사는 복수 동사 are로 올바르게 쓰였다.

찐Tip attract는 타동사인데 뒤에 목적어가 없으므로 수동태 구조(be p.p.) 또한 올바르게 쓰였다.

선지 해석

① 그는 나에게 왜 매일 매일 돌아오는지를 물었다.

② 아이들이 일 년 내내 원했던 장난감들이 최근 버려졌다.

③ 그녀는 언제나 도움을 줄 준비가 되어 있는 사람이다.

④ 곤충들은 종종 우리에게 분명하지 않은 냄새에 이끌린다.

정답 ②

02

정답 해설

④ [출제영역] 챕터 05 수동태

injure은 타동사인데 뒤에 목적어가 없으므로 수동태 구조(be p.p.)로 써야 한다. 따라서 injurig 대신 injured로 써야 올바르다.

오답 해설

① [출제영역] 챕터 04 주어와 동사 수 일치

현재 동사는 주어와 수 일치를 해야한다. 문장의 주어(more than 270,000 pedestrians)가 복수이므로 복수 동사 lose는 올바르게 쓰였다.

② [출제영역] 챕터 08 부정사

'결국 ~하지 않게 되다'의 뜻을 가진 구문으로 'never to부정사'가 있다. 따라서 to return은 올바르게 쓰였다.

③ [출제영역] 챕터 14 비교 구문

'as 원급 as 비교 구문'으로 형용사/부사의 원급이 들어가야 한다. be동사의 보어 자리이므로 형용사 high는 올바르게 쓰였다.

지문 해석

매년, 전 세계 도로에서 270,000명 이상의 보행자가 목숨을 잃는다. 많은 사람들은 그들이 어떤 날이든 다시는 돌아오지 않을 것처럼 집을 떠난다. 전 세계적으로, 보행자는 전체 도로 교통 사망사고의 22%를 차지하며, 일부 국가에서는 이 비율이 도로 교통 사망사고의 3분의 2에 달하기도 한다. 수백만 명의 보행자가 치명적이지 않은 부상을 입었고, 일부는 영구적 장애를 가지기도 한다. 이러한 사건들은 경제적 어려움뿐만 아니라 고통과 슬픔을 초래한다.

정답 ④

03 밑줄 친 부분 중 어법상 옳지 않은 것은?

2018. 국가직 9급

It would be difficult ① to imagine life without the beauty and richness of forests. But scientists warn we cannot take our forest for ② granted. By some estimates, deforestation ③ has been resulted in the loss of as much as eighty percent of the natural forests of the world. Currently, deforestation is a global problem, ④ affecting wilderness regions such as the temperate rainforests of the Pacific.

04 다음 문장 중 어법상 옳은 것은?

2022. 국가직 9급

① A horse should be fed according to its individual needs and the nature of its work.

② My hat was blown off by the wind while walking down a narrow street.

③ She has known primarily as a political cartoonist throughout her career.

④ Even young children like to be complimented for a job done good.

03

정답 해설

③ [출제영역] 챕터 05 수동태

result in은 수동태 구조(be p.p.)로 쓰지 않는다. 따라서 'has been resulted in' 대신 'has resulted in'으로 써야 올바르다.

오답 해설

① [출제영역] 챕터 08 부정사

난이형용사(difficult) 구문은 'It be + 난이형용사 + to부정사'의 구조로 쓴다. 따라서 to imagine은 올바르게 쓰였다.

② [출제영역] 챕터 15 기타 품사

'take 목적어 for granted'는 '목적어를 당연시 여기다'의 뜻으로 쓰인다. 따라서 밑줄 친 부분은 올바르게 쓰였다.

④ [출제영역] 챕터 07 분사

문장에 이미 주어 동사가 있고 동사원형에 -ing나 ed가 나온다면 분사 문제이고, 이때 타동사 뒤에 목적어가 나오면 능동형인 현재분사를 쓴다. 따라서 affecting은 올바르게 쓰였다.

지문 해석

숲의 아름다움과 풍부함이 없는 삶을 상상하는 것은 어려울 것이다. 하지만 과학자들은 우리가 숲을 당연한 것으로 생각해서는 안 된다고 경고한다. 어떤 추정에 따르면, 산림 벌채로 인해 세계의 자연 산림의 80%까지 손실되었다고 한다. 현재 산림 벌채는 태평양의 온대 우림과 같은 야생 지역에 영향을 미치는 전 세계적인 문제이다.

정답 ③

04

정답 해설

① [출제영역] 챕터 05 수동태

feed는 타동사로도 쓰일 수 있는데 뒤에 목적어가 없으므로 수동태 구조(be p.p.)가 올바르게 쓰였다. 또한 its도 앞에 나온 단수 명사(a horse)를 받고 있으므로 올바르게 쓰였다.

오답 해설

② [출제영역] 챕터 07 분사

분사구문의 주어가 따로 표시되지 않을 경우 분사구문의 주어는 문장의 주어와 일치한다. 주어진 문장은 문장의 분사 walking의 주어가 따로 표시되어있지 않으므로 분사의 주어는 문장의 주어인 my hat이 되는데 해석상 '모자가 걷는'이라는 어색한 문장이 된다. 따라서 while walking 대신 while I was walking으로 써야 올바르다.

③ [출제영역] 챕터 05 수동태

know는 '~으로 알려지다'라는 뜻으로 쓰일 경우에는 'be known as'의 수동태 형태로 써야 한다. 따라서 has known 대신 has been known으로 써야 올바르다.

찐Tip 'be known for'은 '~로 알려져 있다'의 뜻으로, 'be known to'는 '~에게 알려져 있다'의 뜻으로 쓰인다. 전치사에 따라 의미가 달라지는 수동태이므로 주의가 필요하다

④ [출제영역] 챕터 15 기타 품사

형용사인 good은 명사를 수식하거나 보어 자리에 쓰인다. done인 분사를 수식할 경우에는 부사를 써야 한다. 따라서 형용사 good 대신 부사 well로 써야 올바르다.

선지 해석

① 말은 개별적인 욕구와 하는 일의 성질에 따라 먹이가 주어져야 한다.

② 나는 좁은 길을 걷고 있을 때 바람에 내 모자가 날려갔다.

③ 그녀는 자신의 경력 동안 쭉 주로 정치 만화가로 알려져 왔다.

④ 심지어 어린 아이들도 잘한 일에 대해 칭찬받는 것을 좋아한다.

정답 ①

05 우리말을 영어로 잘못 옮긴 것을 고르시오.

2015. 국가직 9급

① 가능한 모든 일자리를 알아보았음에도 불구하고, 그는 적당한 일자리를 찾지 못했다.
→ Despite searching for every job opening possible, he could not find a suitable job.

② 당신이 누군가를 믿을 수 있는지 알아보는 최선책은 그 사람을 믿는 것이다.
→ The best way to find out if you can trust somebody is to trust that person.

③ 미각의 민감성은 개인의 음식 섭취와 체중에 크게 영향을 미친다.
→ Taste sensitivity is largely influenced by food intake and body weight of individuals.

④ 부모는 그들의 자녀가 성장하고 학습하는 데 알맞은 환경을 제공할 책임이 있다.
→ Parents are responsible for providing the right environment for their children to grow and learn in.

06 우리말을 영어로 잘못 옮긴 것은?

2011. 지방직 9급

① 비가 그치면 나는 외출할 것이다.
→ I will go out if the rain stops.

② 네가 집에 오면 나는 그것을 이미 끝냈을 것이다.
→ I will be finished it if you come home.

③ 내가 기다린 지 한 시간 만에 그가 나타났다.
→ I had waited for an hour before he appeared.

④ 그는 3년 후에 대학을 졸업할 것이다.
→ He will graduate from college in three years.

05

정답 해설

③ [출제영역] 챕터 05 수동태
'be influenced by'는 '~에 의해 영향을 받다'의 뜻이고, 'influence + 목적어'는 '~에 영향을 미치다'의 뜻으로 쓰인다. 따라서 우리말이 '~에 의해 영향을 받다'가 아니라 '~에 영향을 미치다'이므로 is largely influenced by 대신 largely influences로 써야 올바르다.

오답 해설

① [출제영역] 챕터 12 접속사와 전치사
despite는 전치사로 뒤에 명사 또는 동명사를 목적어로 취할 수 있다. 또한 every 다음 단수 명사 또한 올바르게 쓰였다.

② [출제영역] 챕터 08 부정사
추상 명사를 to부정사가 수식할 때 to부정사는 동격의 의미를 지닌다. 따라서 to find out은 올바르게 쓰였다.

찐Tip if절은 find out의 목적어 역할을 하는 명사절이다.

④ [출제영역] 챕터 08 부정사
명사인 the right environment를 to부정사의 형용사 용법으로 수식하고 있고, to부정사 앞에 'for + 목적격'은 의미상의 주어로 쓰이고 있다. 따라서 주어진 문장은 올바르게 쓰였다.

정답 ③

06

정답 해설

② [출제영역] 챕터 05 수동태
수동태 구조(be p.p.)는 뒤에 목적어가 없어야 한다. 목적어 it이 있는 것으로 보아 수동태 구조로는 올 수 없다. 문맥상 미래완료의 의미이므로 will be finished 대신 will have finished로 써야 올바르다.

오답 해설

① [출제영역] 챕터 03 동사의 시제
조건 부사절에서는 의미상 미래일지라도 현재시제가 미래를 대신한다. 따라서 현재시제 stops는 올바르게 쓰였다.

찐Tip 주절에는 미래면 미래시제를 그대로 쓴다.

③ [출제영역] 챕터 03 동사의 시제
그가 나타난 시점은 과거이고 그 전에 내가 기다렸다는 내용이므로 과거시제(appeared)와 과거완료시제(had waited)로 주어진 문장은 올바르게 쓰였다.

④ [출제영역] 챕터 12 접속사와 전치사
'~을 졸업하다'의 뜻을 가진 구문으로 'graduate from'의 표현이 있다. 전치사 in은 월, 년, 계절, 세기 등 길거나 일정한 기간의 시간표현과 함께 쓰일 수 있으므로 주어진 문장은 올바르게 쓰였다.

찐Tip 'graduate from'은 '1형식 자동사 + 특정 전치사'의 형태로 쓰였다.

정답 ②

07 밑줄 친 부분 중 어법상 옳지 않은 것은?

2015. 서울시 7급

> Innovation, business is now learning, is likely ① <u>to find</u> ② <u>wherever</u> bright and eager ③ <u>people think</u> ④ <u>they</u> can find it.

08 어법상 옳지 않은 것은?

2015. 국가직 9급

① The main reason I stopped smoking was that all my friends had already stopped smoking.

② That a husband understands a wife does not mean they are necessarily compatible.

③ The package, having wrong addressed, reached him late and damaged.

④ She wants her husband to buy two dozen eggs on his way home.

07

정답 해설

① [출제영역] 챕터 05 수동태
주어(innovation)는 발견의 주체가 아닌 객체(대상)이므로 부정사 부분은 수동태로 써야 한다. 따라서 to find 대신 수동 형태인 to be found으로 써야 올바르다.

오답 해설

② [출제영역] 챕터 13 관계사
복합관계부사 wherever가 이끄는 양보의 부사절이다. 복합관계부사(wherever) 뒤에 완전 구조를 취하고 있으므로 올바르게 쓰였다.

③ [출제영역] 챕터 04 주어와 동사의 수 일치
주어(people)가 복수이므로 복수 동사 think는 올바르게 쓰였다.

④ [출제영역] 챕터 15 기타 품사
대명사가 나오면 앞명사를 확인해야 한다. they는 앞에 나온 bright and eager people을 가리키고 있다. 따라서 복수 형태 they는 올바르게 쓰였다.

지문 해석

> 기업에서 현재 배우고 있는 혁신은 밝고 열정적인 사람들이 그것을 찾을 수 있다고 생각하는 어디에서든 그것을 발견할 가능성이 높다.

정답 ①

08

정답 해설

③ [출제영역] 챕터 05 수동태
having addressed 뒤에 목적어가 없으므로 having addressed 대신 수동 형태인 having been addressed로 써야 올바르다. 또한 타동사 damage 뒤에 목적어가 없으므로 damaged 대신 수동 형태인 was damaged로 써야 올바르다.

찐Tip wrong은 부사로도 사용될 수 있으나 형용사나 분사의 앞에서는 wrongly의 형태가 더 흔하게 사용된다.

오답 해설

① [출제영역] 챕터 03 동사의 시제
그가 담배를 끊은 시점은 과거이고 그 전에 그의 친구들이 이미 담배를 끊었다는 내용이므로 과거시제(stopped)와 과거완료시제(had stopped)로 주어진 문장은 올바르게 쓰였다.

② [출제영역] 챕터 01 문장의 이해
that 앞에 명사가 없고 'that + 주어 + 동사'인 완전 구조는 주어, 목적어, 보어 자리에서 명사 역할을 하고, 주어 자리에 that절이 오면 단수 취급한다. 따라서 주어진 문장은 올바르게 쓰였다.

④ [출제영역] 챕터 02 동사의 유형 & 챕터 15 기타 품사
want는 to부정사를 목적보어로 취하는 대표 5형식 타동사로 올바르게 쓰였고, 막연한 수는 '복수 단위 명사(dozens) of + 복수 명사'로 표현할 수 있다. 따라서 주어진 문장은 올바르게 쓰였다.

찐Tip 구체적인 수는 '수사 + 단수 단위 명사 + 복수 명사'로 표현한다.

선지 해석

① 내가 담배를 끊은 주된 이유는 내 모든 친구들이 이미 담배를 끊은 상태였기 때문이었다.
② 남편이 아내를 이해한다는 것은 반드시 그들이 사이좋게 지낸다는 것을 의미하는 것은 아니다.
③ 잘못된 주소가 붙어있어서 소포가 늦게 도착하고 손상되었다.
④ 그녀는 남편이 집에 오는 길에 달걀 2다스를 사오기를 원한다.

정답 ③

09 다음 문장 중 어법상 옳지 않은 것은? 2010. 지방직 9급

① 이 가방은 가짜다. 비쌀 리가 없어.
→ This handbag is fake. It can't be expensive.

② 한국에서는 대통령 선거가 5년에 한 번씩 치러진다.
→ In Korea, a presidential election held every five years.

③ 이 표면은 쉽게 닦인다.
→ This surface cleans easily.

④ 내일까지 논문을 제출하는 것은 불가능하다고 생각한다.
→ I think it impossible to hand in the paper by tomorrow.

10 어법상 옳은 것은? 2017. 지방직 9급 하반기

① Top software companies are finding increasingly challenging to stay ahead.

② A small town seems to be preferable than a big city for raising children.

③ She destined to live a life of serving others.

④ A week's holiday has been promised to all the office workers.

09

정답 해설

② [출제영역] 챕터 05 수동태
사물이 주어로 나오는 경우 수동태 구조(be p.p.)로 잘 쓰인다. 따라서 held 대신 is held로 써야 올바르다.

찐Tip be held는 '개최되다'의 뜻으로 쓰인다.

오답 해설

① [출제영역] 챕터 15 기타 품사
'~ 할 리가 없다'의 뜻을 가진 구문으로 'cannot 동사원형'의 표현은 올바르게 쓰였다.

③ [출제영역] 챕터 02 동사의 유형
clean은 타동사로 잘 쓰이지만, 자동사로 쓰이면 수동의 의미(닦이다)로 쓰이는 동사이다. 따라서 주어진 문장은 올바르게 쓰였다.

④ [출제영역] 챕터 08 부정사
'think + it + 형용사/명사 + (for 목적어) to부정사'의 구조로 think 동사 뒤에는 it 이라는 가목적어를 쓰고 진목적어를 대신한다. 따라서 주어진 문장은 올바르게 쓰였다.

정답 ②

10

정답 해설

④ [출제영역] 챕터 05 수동태
promise는 타동사로 뒤에 목적어가 없으면 수동태(be p.p.) 구조로 쓴다. 따라서 주어진 문장은 올바르게 쓰였다.

찐Tip 사물이 주어 자리에 나오는 경우 수동태(be p.p.) 구조로 잘 쓰인다.

오답 해설

① [출제영역] 챕터 08 부정사
'find + 형용사(목적보어) + to부정사(진목적어)'의 구조로는 쓸 수 없으므로 형용사 앞에 가목적어 it을 넣어 가목적어-진목적어 구문으로 써야 한다. 따라서 finding increasingly challenging to stay 대신 it을 넣은 finding it increasingly challenging to stay로 써야 올바르다.

찐Tip increasingly는 형용사(challenging)를 수식하는 역할로 부사로 올바르게 쓰였다.

② [출제영역] 챕터 14 비교 구문
'be preferable to'의 구조로 써야 한다. to를 than으로 쓰면 안된다. 따라서 than 대신 to로 써야 올바르다.

③ [출제영역] 챕터 05 수동태
destine은 '운명짓다'의 뜻으로 쓰이지만, '~할 운명이다'의 뜻으로 쓰일 때는 수동형인 'be destined to'의 형태로 주로 쓴다. 따라서 destined to 대신 is/was destined to로 써야 올바르다.

선지 해석

① 최고의 소프트웨어 회사들은 앞서 나가기가 점점 더 어려워지고 있다.
② 아이들을 키우기에는 대도시보다 작은 도시가 더 선호되는 것 같다.
③ 그녀는 다른 사람들을 돕는 삶을 살 운명이다.
④ 모든 직장인들에게 일주일의 휴가가 약속되었다.

정답 ④

11 밑줄 친 부분 중 어법상 옳지 않은 것을 고르시오.

2017. 지방직 7급

> In countries where religion ① has been closely identified with ② a people's culture, as in Hinduism and Islam, religious education has been essential ③ to be maintained the society and ④ its traditions.

12 밑줄 친 부분 중 어법상 옳지 않은 것을 고르시오.

2017. 지방직 7급

> A graph of monthly climatological data ① shows the warmest, coolest, wettest and driest times. Also, weekends are ② highlighting on the graph to help you quickly locate the weekend weather ③ should you have activities ④ planned.

11

정답 해설

③ [출제영역] 챕터 05 수동태

to be maintained 뒤에 목적어(the society and its traditions)가 있으므로 수동태가 아닌 능동태로 써야한다. 따라서 to be maintained 대신 to maintain으로 써야 올바르다.

오답 해설

① [출제영역] 챕터 05 수동태 & 챕터 15 기타 품사

identify 뒤에 목적어가 없으므로 수동태 형태로 올바르게 쓰였고, 과거분사(identified)를 수식하고 있으므로 부사(closely) 또한 올바르게 쓰였다.

② [출제영역] 챕터 15 기타 품사

부정관사 a는 people's가 아닌 culture와 연결되므로 올바르게 쓰였다.

④ [출제영역] 챕터 15 기타 품사

its는 단수 명사 the society를 받아주고 있으므로 올바르게 쓰였다.

지문 해석

> 힌두교와 이슬람교처럼 종교가 한 민족의 문화와 밀접하게 연결된 나라들에서 종교 교육은 사회와 그 전통을 유지하는 데 필수적이었다.

정답 ③

12

정답 해설

② [출제영역] 챕터 05 수동태

현재분사 뒤에 목적어가 없을뿐더러 weekends는 '강조하는 행위의 대상'이 되므로 highlighting 대신 수동의 의미를 전달하는 과거분사 highlighted로 써야 올바르다.

오답 해설

① [출제영역] 챕터 04 주어와 동사 수 일치

동사 show의 주어(A graph)는 단수 형태이므로 단수 동사 shows는 올바르게 쓰였다.

③ [출제영역] 챕터 11 가정법

'if 주어 should 동사원형'에서 if 생략 후 도치된 가정법으로 'should 주어 동사원형' 형태로 올바르게 쓰였다.

④ [출제영역] 챕터 02 동사의 유형

사역동사 have는 목적어와 목적보어의 관계가 수동일 경우에는 과거분사를 목적보어로 취한다. 따라서 목적어(activities)가 계획되어지는 것이고, planned 뒤에 목적어도 없으므로 수동 형태는 올바르게 쓰였다.

지문 해석

> 월별 기후학적 데이터의 그래프는 가장 따뜻하고 추운 시기, 가장 비가 많이 오는 시기와 가장 건조한 시기를 보여준다. 또한, 주말은 그래프 상에 강조되어 있어 주말에 활동이 계획되어 있다면 빠르게 주말 날씨를 찾을 수 있다.

정답 ②

13 밑줄 친 부분 중 어법상 가장 옳지 않은 것은?

2017. 서울시 7급 6월

Plastics ① are artificial, or human-made materials ② that consist of polymers — long molecules ③ made of smaller molecules joined in chains. Not all polymers are artificial — wood and cotton are types of a natural polymer called cellulose, but they are not considered plastics because they cannot ④ melt and mold.

14 밑줄 친 부분 중 어법상 옳지 않은 것을 고르시오.

2014. 국가직 7급

The Netherlands now ① becomes the only country in the world to allow the mercy killing of patients, though there are some strict conditions. ② Those who want medical assistance to die ③ must be undergone unbearable suffering. Doctor and patient must also agree there is no hope of remission. And ④ a second physician must be consulted.

13

정답 해설

④ [출제영역] 챕터 05 수동태

melt와 mold의 주어인 they는 wood와 cotton을 가리키는데 해석상 주어와 동사의 관계가 능동이 아닌 수동의 관계이므로 melt and mold 대신 be melted and molded로 써야 올바르다.

오답 해설

① [출제영역] 챕터 04 주어와 동사 수 일치

문장의 주어(plastics)가 복수 형태이므로 복수 동사 are은 올바르게 쓰였다.

② [출제영역] 챕터 13 관계사

관계대명사 that 앞에 사물명사(materials)는 올바르게 쓰였고, 뒤에는 주어가 없는 불완전한 구조를 취하고 있으므로 that은 올바르게 쓰였다.

③ [출제영역] 챕터 07 분사

명사를 수식하는 형용사 역할을 하는 과거분사 made는 뒤에 목적어가 없으므로 올바르게 쓰였다.

지문 해석

플라스틱은 작은 분자들이 연쇄로 결합해서 만들어진 고분자로 구성된 인공적이고 인간이 만든 물질이다. 모든 고분자가 인공적인 것은 아니다 – 나무와 면은 섬유소라는 자연 고분자의 일종이지만, 그것들은 녹이고 주조할 수 없기 때문에 플라스틱으로 간주되지 않는다.

정답 ④

14

정답 해설

③ [출제영역] 챕터 05 수동태

동사(undergo) 다음에 목적어(unbearable suffering)가 있으므로 수동 형태인 must be undergone 대신 능동 형태인 must undergo로 써야 올바르다.

오답 해설

① [출제영역] 챕터 15 기타 품사

국가명에 -s가 붙더라도 고유명사(불가산 명사)로 본다. 불가산 명사는 단수 취급하고 단수 동사로 일치시켜야 하므로 단수 동사 becomes는 올바르게 쓰였다.

② [출제영역] 챕터 04 주어와 동사의 수 일치

those who는 '~하는 사람들'의 뜻하며 those는 복수를 가리키는 대명사로 복수 동사 want는 올바르게 쓰였다.

④ [출제영역] 챕터 15 기타 품사

second 앞에 정관사 the를 붙일 경우 '(순서상으로) 두 번째의[둘째의]'라는 의미로 쓰이고 부정관사 a가 붙을 경우에는 '또 하나의, 다른'이라는 의미로 쓰이므로 주어진 문장은 올바르게 쓰였다.

지문 해석

비록 몇가지 엄격한 조건이 있긴 하지만 네덜란드는 세계에서 안락사를 허용하는 유일한 국가이다. 죽기 위해 의료 지원을 원하는 사람들은 견딜 수 없는 고통을 겪는 것이 틀림없다. 의사와 환자는 회복에 희망이 없다는 데 동의해야 한다. 그리고 다른 의사와 상담을 해야한다.

정답 ③

15 우리말을 영어로 잘못 옮긴 것은? 2014. 지방직 7급

① 이 법률은 6월 1일부터 시행된다.
→ This law shall be come into force on the 1st of June.

② 나는 그의 재능을 너무 중요하게 생각하였다.
→ I thought too much of his talent.

③ 그들 모두는 그를 그들의 지도자로서 우러러 보았다.
→ They all looked up to him as their leader.

④ 나는 지난 학기의 시험 결과를 만회하기 위해서 더 열심히 공부해야 한다.
→ I must work harder to make up for the results of my last term examination.

16 다음 빈칸에 들어갈 표현으로 가장 적절한 것은? 2018. 경찰 2차

Usually, people who have been adopted __________ have access to their files.

① do not allow
② are not allowed to
③ has not been allowed
④ is not allowed to

15

정답 해설

① [출제영역] 챕터 05 수동태
come은 자동사로 능동태로만 표현해야 한다. 따라서 be come 대신 come으로 써야 올바르다.

오답 해설

② [출제영역] 챕터 15 기타 품사
'~을 중요시 여기다'의 뜻을 가진 구문으로 'think much of'의 표현은 올바르게 쓰였다.

③ [출제영역] 챕터 15 기타 품사
'~을 존경하다, 우러러 보다'의 뜻을 가진 구문으로 'look up to'의 표현은 올바르게 쓰였다.

④ [출제영역] 챕터 15 기타 품사
'~을 만회하다, 보상하다'의 뜻을 가진 구문으로 'make up for'의 표현은 올바르게 쓰였다.

정답 ①

16

정답 해설

② [출제영역] 챕터 05 수동태
allow는 to부정사를 목적보어로 취하는 대표 5형식 타동사로 수동태로 쓰일 경우 '목적어 be allowed to 부정사'로 표현한다. 주어진 문장에서 allow 뒤에 목적어가 없으므로 수동태로 써야 하고, 주어(people)가 복수 형태이므로 복수 동사로 써야 한다. 따라서 are not allowed to로 써야 올바르다.

오답 해설

① [출제영역] 챕터 05 수동태
allow 뒤에 목적어가 없으므로 능동태 표현은 올바르지 못하다.

③,④ [출제영역] 챕터 04 주어와 동사 수 일치
빈칸은 동사 자리로 복수 주어인 people과 수 일치하여 복수 동사를 써야 한다. 따라서 단수 동사인 has와 is 표현은 올바르지 못하다.

지문 해석

일반적으로, 입양된 사람들은 그들의 파일(정보)에 접근하도록 허용되지 않는다.

정답 ②

PART 01 02 03 04 05

17 어법상 옳지 않은 것은?

2013. 서울시 7급

① Maria was awarded first prize.
② 250 dollars was fined to him.
③ English wasn't taught there.
④ Our solutions were explained to him.
⑤ Nash was considered a genius.

18 밑줄 친 부분 중 어법상 옳지 않은 것을 고르시오.

2014. 국가직 7급

① Unable to do anything or go anywhere while my car ② was repairing at my mechanic's garage, I suddenly ③ came to the realization that I had become ④ overly dependent on machines and gadgets.

17

정답 해설

② [출제영역] 챕터 05 수동태
fine(벌금을 부과하다)은 '주어 + fine + 사람 + 돈'으로 표현하며 수동태로는 '사람 be fined + 돈'의 구조로 표현한다. 따라서 250 dollars was fined to him 대신 He was fined 250 dollars로 써야 올바르다.

오답 해설

① [출제영역] 챕터 02 동사의 유형
'award + 간접목적어 + 직접목적어'의 능동태 구조가 수동태 구조로 전환되면 '간접목적어 + be awarded + 직접목적어' 또는 '직접목적어 + be awarded + to 간접목적어'로 쓸 수 있으므로 주어진 문장은 올바르게 쓰였다.

③ [출제영역] 챕터 05 수동태
사물이 주어 자리에 나오는 경우 수동태(be p.p.) 구조로 잘 쓰인다. 주어진 문장에서 사물 주어인 English가 가르치는 행동을 하는 주체가 아닌, 행동을 당하는 대상이므로 수동태 구조로 올바르게 쓰였다.

④ [출제영역] 챕터 05 수동태
사물이 주어 자리에 나오는 경우 수동태(be p.p.) 구조로 잘 쓰인다. 주어진 문장에서 사물 주어인 our solutions가 설명하는 행동을 하는 주체가 아닌, 행동을 당하는 대상이므로 수동태 구조가 올바르게 쓰였다.

⑤ [출제영역] 챕터 05 수동태
consider는 5형식 타동사이고 타동사 뒤에 목적어가 없으면 수동태(be p.p.) 구조로 쓴다. 따라서 주어진 문장은 올바르게 쓰였다.

선지 해석

① Maria가 1등상을 수상했다.
② 그에게 250달러의 벌금이 부과되었다.
③ 영어는 거기서 가르쳐지지 않았다.
④ 우리의 해결책이 그에게 설명되었다.
⑤ Nash는 천재로 여겨졌다.

정답 ②

18

정답 해설

② [출제영역] 챕터 05 수동태
동사(repair)의 주어(my car)는 수리되는 것이므로 수동태로 표현해야 한다. 따라서 was repairing 대신 was being repaired로 써야 올바르다.

오답 해설

① [출제영역] 챕터 07 분사
분사구문으로 앞에 Being이 생략된 상태로 형용사 주격 보어인 unable이 올바르게 쓰였고, 'be unable to부정사'는 '~을 할 수 없다'라는 의미의 표현이다.

③ [출제영역] 챕터 15 기타 품사
'깨닫게 되다'의 뜻을 가진 구문으로 'come to the realization'의 표현은 올바르게 쓰였다.

④ [출제영역] 챕터 02 동사의 유형
become은 2형식 동사로 주격 보어에 형용사를 쓴다. 따라서 형용사(dependent)와 형용사를 수식하는 부사(overly)가 올바르게 쓰였다.

지문 해석

자동차가 정비소에서 수리되는 동안 아무것도 할 수 없거나 어디에도 갈 수 없자, 나는 내가 기계와 장비에 지나치게 의존하고 있다는 것을 갑자기 깨닫게 되었다.

정답 ②

19 어법상 가장 옳지 않은 문장은? 2018. 서울시 7급 3월

① Born in Genoa, Italy, Piccolo Paganini was one of the greatest composers of the nineteenth century. ② While he widely acclaimed as a violinist, Paganini had other musical talents which included tuning, arranging, and composing. ③ More often than not, he turned to the viola and the piano, and in his last years began to practice as an orchestra conductor. ④ But above all he left many beautiful scores for the violin concerto.

19

정답 해설

② [출제영역] 챕터 05 수동태
acclaime은 타동사인데 뒤에 목적어가 없고 해석상으로도 그가 칭송받는 것이므로 he widely acclaimed 대신 he was widely acclaimed로 써야 올바르다.

오답 해설

① [출제영역] 챕터 15 기타 품사
one of 뒤는 복수 명사를 써야 한다. 따라서 복수 명사 composers는 올바르게 쓰였다.

③ [출제영역] 챕터 13 접속사
'more often than not'은 '자주'라는 의미로 올바르게 쓰였고, 병치 구조를 이루는 등위접속사(and)를 기준으로 turned to와 begun이 올바르게 쓰였다.

④ [출제영역] 챕터 15 기타 품사
many 뒤에는 복수 가산 명사를 써야 하므로 복수 명사 scores는 올바르게 쓰였다.

지문 해석

이탈리아 제노바에서 태어난 Piccolo Paganini는 19세기의 가장 위대한 작곡가 중 한 명이었다. 그는 바이올리니스트로 널리 인정받는 동안 조율, 편곡, 작곡을 포함한 다른 음악적 재능도 가지고 있었다. 그는 자주 비올라와 피아노를 연주했고, 마지막 몇 년 동안은 오케스트라 지휘자로도 연습하기 시작했다. 하지만 그 중에서도 가장 중요한 것은 그가 바이올린 협주곡을 위한 많은 아름다운 악보들을 남겼다는 것이다.

정답 ②

20 밑줄 친 부분 중 어법상 옳지 않은 것을 고르시오.

2019. 국가직 9급

> A myth is a narrative that embodies — and in some cases ① helps to explain — the religious, philosophical, moral, and political values of a culture. Through tales of gods and supernatural beings, myths ② try to make sense of occurrences in the natural world. Contrary to popular usage, myth does not mean "falsehood." In the broadest sense, myths are stories — usually whole groups of stories — ③ that can be true or partly true as well as false; regardless of their degree of accuracy, however, myths frequently express the deepest beliefs of a culture. According to this definition, the Iliad and the Odyssey, the Koran, and the Old and New Testaments can all ④ refer to as myths.

20

정답 해설

④ [출제영역] 챕터 05 수동태
'refer to A as B'는 'A를 B로 언급[지칭]하다'의 뜻으로 쓰인다. the Old and New Testaments는 언급되는 것이고, refer to 뒤에 목적어가 없으므로 수동태 구조(be p.p.)로 써야 한다. 따라서 refer to as 대신 be referred to as로 써야 올바르다.

오답 해설

① [출제영역] 챕터 04 주어와 동사 수 일치 & 챕터 02 동사의 유형
문장의 주어(a narrative)는 단수 형태이므로 단수 동사 helps는 올바르게 쓰였고, help는 to부정사를 목적어로 취할 수 있으므로 to explain 또한 올바르게 쓰였다.

② [출제영역] 챕터 04 주어와 동사 수 일치
문장의 주어(myths)는 복수 형태이므로 복수 동사 try는 올바르게 쓰였고, 'try to부정사'는 '~ 하려고 노력하다'의 뜻으로 쓰이므로 to make 또한 올바르게 쓰였다.

③ [출제영역] 챕터 13 관계사
관계대명사 that이 나오면 앞에 선행사를 확인하고 뒤는 불완전 구조인지 확인한다. that 뒤에 주어가 빠진 불완전 구조를 취하고 있으므로 밑줄 친 부분은 올바르게 쓰였다.

지문 해석

> 신화는 어떤 문화의 종교적, 철학적, 도덕적 그리고 정치적 가치를 — 경우에 따라 설명을 돕기 위해 — 담은 이야기다. 신들과 초자연적인 존재에 관한 이야기를 통해 신화는 자연 세계에서의 사건들을 이해하려고 노력한다. 일반적인 관례와는 반대로, 신화는 "거짓"을 의미하지 않는다. 가장 넓은 의미에서, 신화는 보통 진실이거나 부분적으로 진실이거나 거짓이 될 수 있는 이야기들 – 보통 여러 이야기들의 집합체 – 이다. 그러나 그들의 정확성 정도에 관계없이 신화는 종종 어떤 문화의 가장 깊은 신념을 표현한다. 이 정의에 따르면, 일리아드와 오디세이, 코란, 그리고 구약과 신약 성경은 모두 신화로 볼 수 있다.

정답 ④

준동사

출제 경향 분석

출제 내용 점검

CHAPTER 06 동명사

37	동명사의 명사 역할	
38	동명사의 동사적 성질	
39	암기해야 할 동명사 관용 구문	

CHAPTER 07 분사

40	분사 판별법 [현재분사 VS 과거분사]	
41	감정 분사와 분사형 형용사	
42	여러 가지 분사구문	
43	분사의 동사적 성질	
44	분사를 활용한 표현 및 구문	

CHAPTER 08 부정사

45	원형부정사의 용법과 관용 구문	
46	to부정사의 명사적 역할	
47	to부정사의 형용사적 역할	
48	to부정사의 부사 역할	
49	to부정사의 동사적 성질	
50	to부정사의 관용 구문	

나의 약점 확인

영역	점수
Chapter 06 동명사	/ 6문항
Chapter 07 분사	/ 14문항
Chapter 08 부정사	/ 12문항

나의 약점 보완

문제 풀이 전략

Q 우리말을 영어로 잘못 옮긴 것은? 2023. 지방직 9급

① 우리는 그의 연설에 감동하게 되었다.
→ We were made touching with his speech.

② 비용은 차치하고 그 계획은 훌륭한 것이었다.
→ Apart from its cost, the plan was a good one.

③ 그들은 뜨거운 차를 마시는 동안에 일몰을 보았다.
→ They watched the sunset while drinking hot tea.

④ 과거 경력 덕분에 그는 그 프로젝트에 적합하였다.
→ His past experience made him suited for the project.

정답 해설

① [출제영역] 챕터7 분사

감정동사의 현재분사형은 감정을 유발한다는 의미를 전달할 경우에 쓰이고, 과거분사형은 감정을 느낀다는 의미를 전달할 경우에 쓰인다. 따라서 주어(We)가 '감동을 받는, 감정을 느끼는'이라는 의미를 전달할 때는 현재분사 touching 대신 과거분사 touched로 써야 올바르다.

찐Tip 앞에 5형식 동사 make가 수동태(be made) 구조로 쓰였다.

오답 해설

챕터 07 분사 01번 문제 참고

Step 1 영작 먼저 보고 출제 포인트 확인하기

Step 2 우리말 해석 확인하기

Step 3 소거법으로 정답 고르기

Ⓥ 우리는 그의 연설에 감동하게 되었다.
→ We were made ~~touching~~(→ touched) with his speech.

② 비용은 차치하고 그 계획은 훌륭한 것이었다.
→ Apart from its cost, the plan was a good one.

③ 그들은 뜨거운 차를 마시는 동안에 일몰을 보았다.
→ They watched the sunset while drinking hot tea.

④ 과거 경력 덕분에 그는 그 프로젝트에 적합하였다.
→ His past experience made him suited for the project.

CHAPTER 06 동명사

반드시 한 번에 다잡는 최빈출 개념 정리

01 **동명사 주어는 ________ 취급하므로 ________ 동사와 수 일치한다.**

개념 적용 Creating the electrical energy ~~create~~(→) environmental problems.
전기에너지를 만드는 것은 환경 문제를 야기한다.

02 **동명사는 특정 타동사 뒤에서 ________ 역할을 한다.**

개념 적용 I successfully completed to ~~write~~(→) the book.
나는 성공적으로 그 책을 쓰는 것을 끝마쳤다.

03 **________ 뒤에는 to부정사가 아닌 동명사가 목적어 역할을 한다.**

개념 적용 We shared warmth by ~~to help~~(→) the neighbors in need.
우리는 불우이웃을 도우며 훈훈한 정을 나눴다.

04 **동명사의 주어는 ________ 또는 ________으로 동명사 앞에 쓴다.**

개념 적용 ~~She~~(→) being honest is known to everybody.

05 **본동사의 시제보다 동명사의 시제가 더 앞설 때는 단순형 동명사가 아닌 ______ 동명사로 쓴다.**

개념 적용 I'm sure of her ~~being~~(→) honest when young.
나는 그녀가 젊었을 때 정착했다고 확신한다.

06 **________ 표현은 해석이 중요한 영작 문제로 자주 출제되므로 반드시 암기한다.**

개념 적용 They are on the verge ~~to sign~~(→) a new contract.
그들은 새로운 계약서에 서명을 하기 직전에 있다.

정답
01 단수, 단수, creates 02 목적어, writing 03 전치사, helping 04 소유격, 목적격, Her
05 완료형, having been 06 동명사 관용, of signing

01 어법상 옳은 것을 고르시오. 2016. 지방직 9급

① That place is fantastic whether you like swimming or to walk.
② She suggested going out for dinner after the meeting.
③ The dancer that I told you about her is coming to town.
④ If she took the medicine last night, she would have been better today.

02 다음 우리말을 영어로 가장 잘 옮긴 것은? 2012. 지방직 9급

그 회사의 마케팅 전략은 대금을 신용카드로 지불하는 것에 익숙한 소비자들을 겨냥하고 있다.

① The company's marketing strategy appeals to the consumers who are accustomed to pay bills by credit cards.
② Company's marketing strategy points toward the consumers who accustom to paying bills by credit cards.
③ The company's marketing strategy appeals to the consumers who are accustomed to paying bills by credit cards.
④ Company's marketing strategy point toward the consumers who accustom to pay bills by credit cards.

01

정답 해설

② [출제영역] 챕터 06 동명사
suggest는 동명사만을 목적어로 취하는 3형식 타동사이다. 따라서 going은 올바르게 쓰였다.

오답 해설

① [출제영역] 챕터 06 동명사 & 챕터 12 접속사와 전치사
like의 목적어로 '~하기를 좋아한다'를 의미할 때는 동명사를 취한다. 'whether A or B'의 구조로 등위접속사(or)를 기준으로 병치구조를 이뤄야 하므로 to walk 대신 walking으로 써야 올바르다.
③ [출제영역] 챕터 13 관계사
that 앞에 선행사가 있다면 that절은 주어나 목적어가 없는 불완전 구조로 써야 한다. her를 삭제하면 전치사(about) 뒤에 목적어가 없어서 불완전 구조가 되므로 I told you about her is 대신 I told you about is로 써야 올바르다.
④ [출제영역] 챕터 11 가정법
if절에 과거 시간 부사와 주절에 현재 시간 부사가 쓰였다면 혼합가정법 공식을 확인해야 한다. 혼합 가정법은 'if 주어 had p.p. 과거시간부사, 주어 + would/should/could/might 동사원형 now(today)'의 공식으로 쓴다. 문장의 last night과 today에 근거하여 혼합 가정법의 형태로 써야하므로 took 대신 had taken으로, would have been 대신 would be로 써야 올바르다.

선지 해석

① 그 장소는 수영을 좋아하든 걷기를 좋아하든 멋진 곳이다.
② 그녀는 회의 후 저녁에 외식하자고 제안했다.
③ 내가 당신에게 말한 그 댄서는 시내로 오고 있는 중이다.
④ 만약 그녀가 어젯밤 약을 먹었더라면, 오늘 더 좋아졌을텐데.

정답 ②

02

정답 해설

③ [출제영역] 챕터 06 동명사
'~에 익숙하다'의 뜻을 가진 구문으로 '사람 주어 + be accustomed to 명사/동명사'의 표현으로 쓸 수 있다.

찐Tip appeal to는 '~에 호소하다, 간청하다'의 뜻으로 쓰인다.

오답 해설

① [출제영역] 챕터 06 동명사
who are accustomed to pay 대신 who are accustomed to paying으로 써야 올바르다.
② [출제영역] 챕터 06 동명사
who accustom to paying 대신 who are accustomed to paying으로 써야 올바르다.
④ [출제영역] 챕터 06 동명사
who accustom to pay 대신 who are accustomed to paying으로 써야 올바르다.

정답 ③

03 밑줄 친 부분 중 어법상 옳지 않은 것은?

2012. 지방직 9급

A mutual aid group is a place ① <u>where</u> an individual brings a problem and asks for assistance. As the group members offer help to the individual with the problem, they are also helping ② <u>themselves</u>. Each group member can make associations to a similar ③ <u>concern</u>. This is one of the important ways in which ④ <u>give</u> help in a mutual aid group is a form of self-help.

04 다음 우리말을 영작한 것 중 가장 적절한 것은?

2018. 경찰 3차

① 유수는 그 회사에 지원하는 것을 고려하고 있다.
→ Yusoo is considering applying for the company.

② 그 경찰서는 난민들에게 생활필수품을 제공했다.
→ The police station provided commodities with refugees.

③ 판사는 죄수가 재구속되어야 한다고 명령했다.
→ The judge ordered that the prisoner was remanded.

④ 그는 물속으로 깊이 잠수했다.
→ He dived deeply into the water.

03

정답 해설

④ [출제영역] 챕터 06 동명사
in which(전치사 + 관계대명사) 뒤는 완전 구조를 취해야하므로 주어 자리의 동사는 명사 역할을 할 수 있는 동명사 또는 to부정사로 써야 한다. 따라서 give 대신 giving 또는 to give로 써야 올바르다.

오답 해설

① [출제영역] 챕터 13 관계사
where은 선행사(a place)를 수식하는 관계부사로 뒤는 완전 구조를 취하고 있으므로 올바르게 쓰였다.

② [출제영역] 챕터 15 기타 품사
주어와 동일한 목적어는 인칭대명사가 아니라 재귀대명사로 써야 한다. 따라서 주어가 they이므로 재귀대명사 themselves는 올바르게 쓰였다.

③ [출제영역] 챕터 15 기타 품사
concern은 동사로는 '영향을 미치다, 관련되다'의 뜻으로, 명사로는 '걱정, 염려 / 관심사, 일' 뜻으로 쓰인다. 문맥상 '걱정, 염려'의 뜻이 자연스러우므로 concern은 올바르게 쓰였다.

지문 해석

상호 원조 그룹은 한 개인이 문제를 가져오고 도움을 요청하는 곳이다. 그룹 구성원들이 문제를 가진 개인에게 도움을 제공함으로써 그들 역시 자신들을 돕는 것이다. 각 그룹 구성원은 비슷한 걱정으로 유대감을 형성할 수 있다. 이것은 상호 원조 그룹에서 도움을 주는 것이 일종의 자신을 돕는 형태가 되는 중요한 방법 중 하나이다.

정답 ④

04

정답 해설

① [출제영역] 챕터 06 동명사
'고려하다'를 의미하는 cosider은 동명사를 목적어로 취하는 특정 타동사이다. 따라서 동명사 형태인 applying for은 올바르게 쓰였다.

찐Tip apply for은 '~에 지원하다'의 뜻으로 쓰인다.

오답 해설

② [출제영역] 챕터 02 동사의 유형
공급 동사 provide는 'A에게 B를 제공하다'의 뜻으로 쓰일 때는 'provide A with B'로 표현한다. 따라서 '난민들(A)에게 생활필수품(B)을 제공했다'의 뜻으로 쓰이려면 'provided commodities with refugees' 대신 'provided refugees with commodities'로 써야 올바르다.

찐Tip 위와 같은 구문은 A와 B를 바꿔쓰는 것에 주의가 필요하다.

③ [출제영역] 챕터 09 조동사
명령 동사 order 뒤에서 that절의 동사는 (should) 동사원형으로 쓴다. 따라서 was remanded 대신 (should) be remanded로 써야 올바르다.

④ [출제영역] 챕터 15 기타 품사
deeply는 '대단히, 몹시'를 의미하고, deep은 '깊은, 깊게'를 의미한다. 따라서 높낮이를 표현하는 깊이의 뜻으로 쓰이려면 deeply 대신 deep으로 써야 올바르다.

정답 ①

05 **밑줄 친 부분에 주어진 동사의 올바른 형태들로 묶인 것은?** 2013. 국가직 7급

> The moral wisdom of the Black community is extremely useful in ㉠ <u>defy</u> oppressive rules or standards of "law and order" that degrade Blacks. It helps Blacks purge themselves of self-hate, thus ㉡ <u>assert</u> their own validity.

	㉠	㉡
①	defying	asserted
②	defying	asserting
③	defied	asserting
④	defied	asserted

06 **다음 중 어법상 가장 적절한 것은?** 2021. 경찰 2차

① All the vehicles need repairing.

② The immediate security threat has been disappeared.

③ You must enter the password to gain an access to the network.

④ Seohee agreed to accompany with her ather on a trip to France.

05

정답 해설

② [출제영역] 챕터 06 동명사 + 챕터 07 분사

㉠은 전치사(in) 다음에 동사가 오려면 동명사가 와야 한다. 따라서 defied 대신 defying으로 써야 올바르다.

㉡은 완전한 문장 다음에 부사구를 만드는 분사 구문 문제로 내용상 뒤에 오는 명사를 목적어로 취해야 하므로 능동을 의미하는 현재분사가 와야 한다. 따라서 asserted 대신 asserting으로 써야 올바르다.

지문 해석

> 흑인 사회의 도덕적 지혜는 흑인을 비하하는 억압적인 규칙이나 "법과 질서"의 기준에 저항하는 데 매우 유용하다. 이것은 흑인들이 그들 자신들의 자기혐오감을 없애주며, 이에 따라 자신의 정당성을 주장하는 데 도움이 된다.

정답 ②

06

정답 해설

① [출제영역] 챕터06 동명사

need, want, deserve의 목적어가 수동의 의미로 해석될 경우에는 능동형 동명사(-ing)로 쓸 수 있다. 따라서 주어진 문장은 올바르게 쓰였다.

오답 해설

② [출제영역] 챕터02 동사의 유형

disappear은 대표 1형식 자동사로 수동태 구조인 'be p.p.'로 쓸 수 없다. 따라서 has been disappeared 대신 has disappeared로 써야 올바르다.

③ [출제영역] 챕터15 기타 품사

access는 불가산 명사로 부정관사 a(n)와 복수를 의미하는 '-s'를 쓰지 않는다. 따라서 gain an access 대신 an을 삭제한 gain access로 써야 올바르다.

④ [출제영역] 챕터02 동사의 유형

accompany는 전치사가 필요 없는 대표 3형식 타동사로 전치사 없이 바로 목적어(her fahter)를 취할 수 있다. 따라서 accompany with 대신 전치사 with을 삭제한 accompany로 써야 올바르다.

지문 해석

① 모든 차량들은 수리될 필요가 있다.

② 즉각적인 보안 위협은 사라졌다.

③ 네트워크에 접근하려면 비밀번호를 입력해야 한다.

④ Seohee는 아버지와 함께 프랑스 여행을 가기로 동의했다.

정답 ①

CHAPTER 07 분사

반드시 한 번에 다잡는 최빈출 개념 정리

01 ________나 _____ 역할을 하는 현재분사 또는 과거분사가 나오면 어떤 분사가 적절한지 분사 판별법을 통해 확인한다.

개념 적용 The man ~~run~~(→) with a dog is my uncle.
개와 함께 달리고 있는 남자는 나의 삼촌이다.

02 분사의 수식을 받는 명사가 __________ 현재분사로 수식하고 분사의 수식을 받는 명사가 ______________ 과거분사로 수식한다.

개념 적용 ~~Seeing~~(→) from a distance, it is indistinguishable from its environment.
먼 거리에서 보여질 때, 그것은 주변환경과 구별이 안 된다.

03 ___________는 현재분사로 쓸지 과거분사로 쓸지 판단한다.

개념 적용 In summary, this was a ~~disappointed~~(→) performance.
요컨대 이것은 실망스러운 공연이었다.

04 분사구문이 나오면 분사의 _______________를 올바르게 썼는지 먼저 확인한다.

개념 적용 ~~Being~~(→) out of order, we sent for a mechanic.
기계가 고장 나서 우리는 기계공을 부르러 보냈다.

05 '시간 · 조건 · 양보 접속사 + 분사구문'에서는 ____가 올바르게 쓰였는지 확인한다.

개념 적용 Although ~~made~~(→) a mistake, he could be respected as a good teacher.
비록 실수했지만, 그는 좋은 선생님으로 존경받을 수 있었다.

06 _________의 다양한 표현을 암기하고 올바르게 썼는지 판단한다.

개념 적용 We'll have the party outside, weather ~~permitted~~(→)
날씨가 괜찮으면, 우리는 밖에서 파티할 것이다.

정답
01 형용사, 부사, running
02 행동하면, 행동을 당하면, Seen
03 감정동사, disappointing
04 의미상 주어, The machine being
05 분사, making
06 분사구문, permitting

01 우리말을 영어로 잘못 옮긴 것은? 2023. 지방직 9급

① 우리는 그의 연설에 감동하게 되었다.
→ We were made touching with his speech.

② 비용은 차치하고 그 계획은 훌륭한 것이었다.
→ Apart from its cost, the plan was a good one.

③ 그들은 뜨거운 차를 마시는 동안에 일몰을 보았다.
→ They watched the sunset while drinking hot tea.

④ 과거 경력 덕분에 그는 그 프로젝트에 적합하였다.
→ His past experience made him suited for the project.

02 밑줄 친 부분 중 어법상 옳지 않은 것은? 2011. 국가직 9급

The Aztecs believed that chocolate ① made people intelligent. Today, we do not believe this. But chocolate has a special chemical ② calling phenylethylamine. This is the same chemical ③ the body makes when a person is in love. Which do you prefer – ④ eating chocolate or being in love?

01

정답 해설

① [출제영역] 챕터 07 분사
감정동사의 현재분사형은 감정을 유발하는 의미를 전달할 경우에 쓰이고, 과거분사형은 감정을 느끼는 의미를 전달할 경우에 쓰인다. 따라서 주어(We)가 '감동을 받는' 감정을 느끼는 의미이므로 현재분사 touching 대신 과거분사 touched로 써야 올바르다.

찐Tip 앞에 5형식 동사 make가 수동태(be made) 구조로 쓰였다.

오답 해설

② [출제영역] 챕터 12 접속사와 전치사
전치사구 apart from은 '~은 차치하고, ~을 제외하고'의 의미로 문맥상 우리말에 올바르게 쓰였고, 전치사(from) 뒤에 명사(its cost)가 온 것 또한 올바르게 쓰였다.

③ [출제영역] 챕터 07 분사
시간 접속사(while)가 이끄는 분사구문인데, 분사구문의 의미상 주어인 They가 '차를 마시는 것'이므로 능동의 현재분사 drinking은 올바르게 쓰였다.

찐Tip while 뒤에 'they were'이 생략되고 분사구문만 남은 형태이다.

④ [출제영역] 챕터 02 동사의 유형
사역동사(make)는 목적어와 목적보어의 관계가 능동일 때는 원형부정사를 수동일 때는 과거분사를 목적보어로 취한다. 그가 그 프로젝트에 적합하게 여겨졌다는 수동의 의미이므로 과거분사 suited는 올바르게 쓰였다.

정답 ①

02

정답 해설

② [출제영역] 챕터 07 분사
문장에 이미 동사가 있고 '동사 + ing'가 나온다면 분사 문제이다. call은 5형식 동사로 뒤에 목적가 없고 목적보어만 있으므로 수동관계임을 알 수 있다. 따라서 현재분사 calling 대신 과거분사 called로 써야 올바르다.

찐Tip 분사 자리에서 'called + 명사'는 '~라고 불리는'의 뜻으로 쓰인다.

오답 해설

① [출제영역] 챕터 02 동사의 유형
make는 5형식 동사로 'make + 명사 + 형용사 목적보어'로 쓸 수있다. 따라서 밑줄 친 부분은 올바르게 쓰였다.

③ [출제영역] 챕터 13 관계사
the body 앞에 목적격 관계대명사(which)가 생략된 구조로 'the body makes'가 앞 명사(the same chemical)를 꾸며주고 있다. 따라서 밑줄 친 부분은 올바르게 쓰였다.

④ [출제영역] 챕터 12 접속사와 전치사
등위접속사(or) 기준으로 동명사 eating과 being은 병렬구조로 올바르게 쓰였다.

찐Tip prefer 뒤에서는 명사/동명사/to부정사 모두 쓸 수 있다.

지문 해석

아즈텍인들은 초콜릿이 사람들을 똑똑하게 만든다고 믿었다. 오늘날, 우리는 이것을 믿지 않는다. 그러나 초콜릿에는 페닐에틸아민이라고 불리는 특별한 화학 물질이 포함되어 있다. 이것은 사람이 사랑에 빠져있을 때 체내에서 생성되는 화학 물질과 동일하다. 당신은 어떤 것을 선호하는가 – 초콜릿을 먹는 것 아니면 사랑에 빠지는 것?

정답 ②

03 우리말을 영어로 잘못 옮긴 것을 고르시오.

2022. 국가직 9급

① 커피 세 잔을 마셨기 때문에, 그녀는 잠을 이룰 수 없다.
→ Having drunk three cups of coffee, she can't fall asleep.

② 친절한 사람이어서, 그녀는 모든 이에게 사랑받는다.
→ Being a kind person, she is loved by everyone.

③ 모든 점이 고려된다면, 그녀가 그 직위에 가장 적임인 사람이다.
→ All things considered, she is the best-qualified person for the position.

④ 다리를 꼰 채로 오랫동안 앉아 있는 것은 혈압을 상승시킬 수 있다.
→ Sitting with the legs crossing for a long period can raise blood pressure.

04 우리말을 영어로 잘못 옮긴 것은?

2014. 국가직 9급

① 그녀는 등산은 말할 것도 없고, 야외에 나가는 것을 좋아하지 않는다.
→ She does not like going outdoor, not to mention mountain climbing.

② 그녀는 학급에서 가장 예쁜 소녀이다.
→ She is more beautiful than any other girl in the class.

③ 그 나라는 국토의 3/4이 바다로 둘러싸여 있는 소국이다.
→ The country is a small one with the three quarters of the land surrounding by the sea.

④ 많은 학생들이 졸업 후 취직을 위해 열심히 공부한다.
→ A number of students are studying very hard to get a job after their graduation.

03

정답 해설

④ [출제영역] 챕터 07 분사
전치사 with는 목적어와 목적보어를 수반하여 동시 동작을 나타내어 '~한 채로, ~하면서'라는 의미로 쓰인다. '다리를 꼰 채로'라는 뜻을 표현할 때는 with the legs crossed로 쓴다. 따라서 crossing 대신 crossed로 써야 올바르다.

오답 해설

① [출제영역] 챕터 07 분사
having p.p.는 완료형 분사로서 주절보다 더 먼저 발생함을 나타낼 때 쓰고 능동형이므로 타동사인 경우에 뒤에 목적어가 있을 때 사용 가능하다. 따라서 주어진 문장은 올바르게 쓰였다.

② [출제영역] 챕터 07 분사
Being a kind person은 분사 구문이다. 문장의 주어는 she로 그녀가 친절하다는 능동의 의미로 능동형 분사 Being은 올바르게 쓰였다.

찐Tip Being은 생략할 수 있다.

③ [출제영역] 챕터 07 분사
'모든 것을 고려해볼 때'라는 의미를 가진 구문으로 'All things considered'의 분사 관용 구문표현이 있다. 따라서 주어진 문장은 올바르게 쓰였다.

정답 ④

04

정답 해설

③ [출제영역] 챕터 07 분사
'with 분사구문'의 목적보어 형태를 물어보는 문제이다. with 뒤에 목적어(the three quarters of the land)와 목적보어(surround)가 수동의 의미 관계이므로 현재분사 surrounding 대신 과거분사 surrounded로 써야 올바르다.

오답 해설

① [출제영역] 챕터 08 부정사
'~은 말할 것도 없이'의 뜻을 가진 구문으로 'not to mention = not to speak of = to say nothing of = let alone'의 표현이 있다. 따라서 주어진 문장은 올바르게 쓰였다.

② [출제영역] 챕터 14 비교 구문
비교급 than any other 단수 명사는 최상급 구문의 형태로 주어진 문장은 올바르게 쓰였다.

찐Tip 비교급 than all the other 뒤는 복수 명사를 쓴다.

④ [출제영역] 챕터 04 주어와 동사 수 일치
'A number of + 복수 명사 + 복수 동사'로 쓴다. 따라서 주어진 문장은 올바르게 쓰였다.

찐Tip 'The number of + 복수 명사 + 단수 동사'로 쓴다.

정답 ③

05 우리말을 영어로 잘못 옮긴 것은? 2018. 지방직 9급

① 모든 정보는 거짓이었다.
→ All of the information was false.

② 토마스는 더 일찍 사과했어야 했다.
→ Thomas should have apologized earlier.

③ 우리가 도착했을 때 영화는 이미 시작했었다.
→ The movie had already started when we arrived.

④ 바깥 날씨가 추웠기 때문에 나는 차를 마시려 물을 끓였다.
→ Being cold outside, I boiled some water to have tea.

06 밑줄 친 부분 중 어법상 옳지 않은 것은? 2012. 국가직 9급

A man who ① <u>shoplifted</u> from the Woolworth's store in Shanton in 1952 recently sent the shop an anonymous letter of apology. In it, he said, "I ② <u>have been guilt-ridden</u> all these days." The item he ③ <u>stole</u> was a two dollar toy. He enclosed a money order ④ <u>paid back</u> the two dollars with interest.

05

정답 해설

④ [출제영역] 챕터 07 분사
분사구문의 주어는 '날씨'이고, 주절의 주어는 'I' 이기 때문에 분사구문의 주어와 주절의 주어가 다를 때는 분사구문 앞에 따로 써야 한다. 따라서 날씨를 의미하는 it을 삽입해야 하므로 Being cold outside 대신 It being cold outside로 써야 올바르다.

오답 해설

① [출제영역] 챕터 15 기타 품사
'all of 명사'는 명사에 수 일치한다. information은 불가산 명사로 항상 단수 취급하고 단수 동사로 일치시킨다. 따라서 단수 동사 was는 올바르게 쓰였다.

찐Tip 대표적인 불가산 명사로 equipment, furniture, evidence, homework, news, advice, money, machinery, clothing, merchandise, jewelry 등이 있다.

② [출제영역] 챕터 09 조동사
'~했어야 했다'라는 뜻을 가진 구문으로 should have p.p. 또는 ought to have p.p.의 표현이 있다. 따라서 주어진 문장은 올바르게 쓰였다.

③ [출제영역] 챕터 03 동사의 시제
과거 시점을 나타내는 'when 주어 + 과거시제 동사'와 완료시제와 잘 쓰이는 already가 함께 쓰일 때 과거완료시제가 잘 쓰인다. 따라서 주어진 문장은 올바르게 쓰였다.

찐Tip 완료시제의 경우 조동사(have/has/had)와 p.p.가 결합되어 하나의 동사를 이루는데 이때 부사가 위치한다면 조동사와 과거분사(p.p.) 사이에 위치한다.

정답 ④

06

정답 해설

④ [출제영역] 챕터 07 분사
문장에 이미 '주어 + 동사'가 나와 있고 동사의 p.p.형이 나온다면 분사 문제이다. 타동사 뒤에 목적어(the two dollars)가 있으므로 현재분사로 써야 한다. 따라서 paid back 대신 paying back으로 써야 올바르다.

오답 해설

① [출제영역] 챕터 03 동사의 시제
명백한 과거를 나타내는 과거시간 부사(in 년도)가 나오면 과거시제로 쓴다. 따라서 shoplifted는 올바르게 쓰였다.

② [출제영역] 챕터 03 동사의 시제
guilt-ridden은 '죄의식에 고통받는'의 뜻으로 문맥상 과거시점부터 현재까지 행위가 계속되는 것으로 보아 현재완료시제(have p.p.)는 올바르게 쓰였다. 주어가 'I'이므로 동사 have 또한 올바르게 쓰였다.

③ [출제영역] 챕터 03 동사의 시제
he 앞에 목적격 관계대명사가 생략된 구조로 'he stole'이 앞 명사(the item)를 꾸며주고 있다. shoplifted가 과거시제로 쓰인 것으로 보아 stole 또한 과거시제로 올바르게 쓰였다.

지문 해석

1952년에 Shanton의 Woolworth's 상점에서 도둑질한 남성이 최근 익명의 사과 편지를 상점에 보냈다. 그 편지에서 그는 "나는 요즘 들어 죄책감에 고통받고 있다."라고 말했다. 그가 훔친 물건은 2달러짜리 장난감이었다. 그는 2달러에 이자까지 지불해서 우편을 보냈다.

정답 ④

07 우리말을 영어로 잘못 옮긴 것은? 2015. 지방직 7급

① 그가 혼란에 빠진 채로 회의실을 떠났다.
→ Covering with confusion, he left the conference room.

② 길을 따라 걷다가 그는 나무뿌리에 걸려 넘어졌다.
→ Walking along the road, he tripped over the root of a tree.

③ 눈을 크게 뜬 채로 그녀는 그 남자를 응시했다.
→ With her eyes wide open, she stared at the man.

④ 손을 흔들면서 그녀는 기차에 올랐다.
→ Waving goodbye, she got on the train.

08 밑줄 친 부분 중 어법상 옳지 않은 것을 고르시오. 2019. 국가직 9급

> Domesticated animals are the earliest and most effective 'machines' ① available to humans. They take the strain off the human back and arms. ② Utilizing with other techniques, animals can raise human living standards very considerably, both as supplementary foodstuffs (protein in meat and milk) and as machines ③ to carry burdens, lift water, and grind grain. Since they are so obviously ④ of great benefit, we might expect to find that over the centuries humans would increase the number and quality of the animals they kept. Surprisingly, this has not usually been the case.

07

정답 해설

① [출제영역] 챕터 07 분사
해석상 타인을 혼란에 빠뜨린 것이 아니고 그가 혼란에 빠진 것이고 cover 뒤에 목적어도 없으므로 과거분사로 써야 한다. 따라서 현재분사 covering 대신 과거분사 covered로 써야 올바르다.

오답 해설

② [출제영역] 챕터 07 분사
해석상 그가 걷는 것으로 능동의 의미인 현재분사를 써야 한다. 따라서 walking은 올바르게 쓰였다.

③ [출제영역] 챕터 07 분사
'with 분사구문'으로 'with + 목적어 + 목적보어'의 형태로 목적보어 자리에 분사/형용사/전명구/부사가 올 수 있다. 따라서 형용사 open은 '눈을 뜬 채로'의 의미가 있으므로 올바르게 쓰였다.

찐Tip wide는 부사로 형용사(open)를 수식해주고 있고 wide open은 '크게 뜬'의 뜻으로 쓰인다.

④ [출제영역] 챕터 07 분사
문맥상 그녀가 직접 손을 흔드는 것으로 능동의 의미인 현재분사를 써야 한다. 따라서 waving은 올바르게 쓰였다.

정답 ①

08

정답 해설

② [출제영역] 챕터 07 분사
문장에 이미 동사(raise)가 있고 '동사 + -ing'가 나오면 분사 문제이다. utilizing은 타동사로 뒤에 목적어가 없으므로 과거분사로 써야 한다. 따라서 Utilizing 대신 Utilized로 써야 올바르다.

오답 해설

① [출제영역] 챕터 15 기타 품사
'형용사 + 전명구'는 명사(machines)를 후치 수식할 수 있다. 따라서 주어진 문장은 올바르게 쓰였다.

③ [출제영역] 챕터 08 부정사
'명사 + to부정사'의 구조로 to carry는 앞에 나온 명사(machines)를 수식하는 형용사적 용법으로 올바르게 쓰였다.

④ [출제영역] 챕터 15 기타 품사
'of + 추상명사'는 형용사로 쓸 수 있다. 'of great benefit'는 be동사의 주격 보어 역할로 올바르게 쓰였다.

지문 해석

> 가축화된 동물들은 사람이 접근 가능한 가장 오래되고 효과적인 '기계'이다. 이들은 인간의 등과 팔에 긴장을 덜어준다. 다른 기술들과 함께 활용함으로써, 동물들은 인간의 생활 수준을 매우 크게 향상시킬 수 있다. 그것은 보조 식품으로서 (육류와 우유에서 얻는 단백질과 같은) 그리고 짐을 나르거나 물을 들거나 곡물을 갈아내는 기계로서의 역할을 한다. 이들이 아주 분명히 큰 혜택을 제공하기 때문에, 우리는 여러 세기 동안 인간들이 기르는 동물의 수와 질을 증가시킬 것으로 기대할 수 있다. 하지만 놀랍게도, 이것은 일반적으로 그렇지 않았다.

정답 ②

09 밑줄 친 부분 중 어법상 옳지 않은 것은?

2020. 지방직 7급

> Sports utility vehicles are ① more expensive and use more gas than most cars. But TV ② commercials show them ③ climbing rocky mountain roads and crossing rivers, which seems ④ excited to many people.

10 우리말을 영어로 가장 잘 옮긴 것은? 2018. 지방직 7급

> 그는 옷을 모두 입은 채 물속으로 곧장 걸어갔다.

① While putting on all of his clothes, he walked straight into the water.
② On wearing all of his clothes, he walked straight into the water.
③ He walked straight into the water, dressing all of his clothes.
④ He walked straight into the water with all of his clothes on.

09

정답 해설

④ [출제영역] 챕터 07 분사
감정 동사는 감정을 유발한다는 의미를 전달하고 사물을 수식할 경우 현재분사로 쓴다. 따라서 excited 대신 exciting으로 써야 올바르다.

오답 해설

① [출제영역] 챕터 14 비교 구문
접속사 than과 상응하는 표현은 more이므로 올바르게 쓰였고, 비교급 비교 구문 앞의 문장 구조가 보어가 없는 불완전한 구조이므로 형용사 expensive 또한 올바르게 쓰였다.

② [출제영역] 챕터 04 주어와 동사 수 일치
뒤에 show가 복수 동사이므로 명사 또한 복수 형태로 써야 한다. 따라서 commercials는 올바르게 쓰였다.

③ [출제영역] 챕터 01 문장의 이해 & 챕터 12 접속사와 전치사
등위접속사(and) 기준으로 수여동사 show의 직접목적어로 climbing은 crossing과 병렬구조로 올바르게 쓰였다.

지문 해석

> SUV는 대부분의 자동차들보다 더 비싸고 연료도 더 많이 사용한다. 그러나 TV 광고에서는 그들이 돌로 된 산길을 오르고 강을 건너는 것을 보여주며, 이는 많은 사람들에게 흥미로워 보인다.

정답 ④

10

정답 해설

④ [출제영역] 챕터 07 분사
'with 분사구문'은 '~가 …한 채로'의 뜻으로 쓰인다. 따라서 '옷을 입은 채'의 뜻을 가진 표현으로 'with + 명사 목적어 + 부사'의 구조인 'with all of his clothes on'은 올바르게 쓰였다.

오답 해설

① [출제영역] 챕터 07 분사
while은 '~하는 동안'의 뜻으로 쓰인다. 해석해보면 "그는 옷을 모두 입는 동안 물속으로 곧장 걸어갔다"로 주어진 문장과 맞지 않다.

② [출제영역] 챕터 07 분사
'On -ing'는 '~하자마자'의 뜻으로 쓰인다. 해석해보면 "그는 옷을 모두 입자마자 물속으로 곧장 걸어갔다"로 주어진 문장과 맞지 않다.

③ [출제영역] 챕터 07 분사
dress는 타동사로 '옷을 입히다'의 뜻으로 쓰인다. 해석해보면 "그의 옷을 모두 입히면서 그는 곧장 물속으로 걸어갔다"로 주어진 문장과 맞지 않다.

정답 ④

11 밑줄 친 부분 중 어법상 옳지 않은 것을 고르시오.

2010. 국가직 9급

I ① looked forward to this visit more than one ② would think, ③ considered I was flying seven hundred miles to sit alongside a ④ dying man. But I seemed to slip into a time warp when I visited Morrie, and I liked myself better when I was there.

12 어법상 옳은 것은?

2014. 지방직 7급

① All he wanted was sat with the paper until he could calm down and relax.

② Straddling the top of the world, one foot in China and the other in Nepal, I cleared the ice from my oxygen mask.

③ It is impossible to say how first entered the idea my brain; but once conceived, it haunted me day and night.

④ She was moving away from realistic copying of objects to things she perceiving with her own eyes and mind.

11

정답 해설

③ [출제영역] 챕터 07 분사

consider 뒤에 목적어가 있으므로 현재분사로 써야 한다. 따라서 considered 대신 considering으로 써야 올바르다.

찐Tip '~을 고려[감안]하면'의 뜻을 가진 구문으로 'considering (that)'의 독립 분사 구문 표현이 있다.

오답 해설

① [출제영역] 챕터 06 동명사

'look forward to'에서 to는 전치사이므로 뒤에 명사/동명사를 쓴다. 뒤에 명사(this visit)가 있는 것으로 보아 밑줄 친 부분은 올바르게 쓰였다.

② [출제영역] 챕터 09 조동사

would는 추측의 의미로 쓰인 화법 조동사로 뒤에는 동사원형이 나온다. 따라서 밑줄 친 부분은 올바르게 쓰였다.

④ [출제영역] 챕터 07 분사

dying은 '죽어가는'의 뜻으로 진행의 의미로 쓰였고, 현재분사 형태로 명사를 꾸며 주고 있으므로 올바르게 쓰였다.

지문 해석

죽어가고 있는 남자 옆에 앉아서 7백 마일을 비행기 타고 간 것을 고려한다면, 나는 사람들이 생각하는 것보다 더 많이 이 방문을 기대했다. 그러나 나는 Morrie를 방문할 때 시간의 왜곡에 빠진 것 같았고, 그곳에 있었을 때 나 자신이 더 좋았다.

정답 ③

12

정답 해설

② [출제영역] 챕터 07 분사

straddle 뒤에 목적어(the top of the world)가 있으므로 현재분사로 올바르게 쓰였고, 다리는 두 개이므로 하나는 'one foot', 또다른 하나는 'the other (foot)'으로 또한 올바르게 쓰였다.

오답 해설

① [출제영역] 챕터 01 문장의 이해

문장의 동사 was 다음에 접속사 없이 과거동사 sat은 나올 수 없다. be동사의 보어 자리는 동명사로 쓸 수 있으므로 sat 대신 sitting으로 써야 올바르다.

③ [출제영역] 챕터 01 문장의 이해

간접의문문은 '의문사(how) + 주어 + 동사'의 어순으로 써야 한다. 따라서 'how first entered the idea' 대신 'how the idea first entered'으로 써야 올바르다.

찐Tip how는 'how + 형용사/부사 + 주어 + 동사'의 어순으로 가능하다.

④ [출제영역] 챕터 01 문장의 이해

선행사 things 뒤에 목적격 관계대명사절에는 반드시 동사의 요소가 있어야 한다. 따라서 동명사 perceiving 대신 동사 perceived로 써야 올바르다.

선지 해석

① 그가 원한 것은 종이를 놓고 차분하고 편안해질 때까지 앉아 있는 것이었다.

② 세상 꼭대기에 올라가서 다리를 벌려 한쪽 발은 중국에 다른 한쪽 발을 네팔에 디딘 채, 나는 산소 마스크에 붙은 얼음을 없앴다.

③ 어떻게 처음에 그 아이디어가 내 머리에 들어왔는지 말할 수 없다. 그러나 한번 생각해 낸 후는 밤낮으로 계속 떠올랐다.

④ 그녀는 자신의 눈과 마음으로 인식하는 물체 또는 사물들을 있는 그대로 보는 것에서 벗어나고 있었다.

정답 ②

13 밑줄 친 부분 중 어법상 옳은 것은? 2014. 국가직 9급

Compared to newspapers, magazines are not necessarily up-to-the-minute, since they do not appear every day, but weekly, monthly, or even less frequently. Even externally they are different from newspapers, mainly because magazines ① resemble like a book. The paper is thicker, photos are more colorful, and most of the articles are relatively long. The reader experiences much more background information and greater detail. There are also weekly news magazines, ② which reports on a number of topics, but most of the magazines are specialized to attract various consumers. For example, there are ③ women's magazines cover fashion, cosmetics, and recipes as well as youth magazines about celebrities. Other magazines are directed toward, for example, computer users, sports fans, ④ those interested in the arts, and many other small groups.

13

정답 해설

④ [출제영역] 챕터 07 분사
interested in the arts가 those를 수식하여 '예술에 관심을 갖는 사람들'의 뜻으로 쓰인다. 감정 동사가 감정을 느낀다는 의미를 전달하고 사람을 수식할 경우 과거분사(interested)로 쓴다. 따라서 밑줄 친 부분은 올바르게 쓰였다.

오답 해설

① [출제영역] 챕터 02 동사의 유형
resemble은 대표 3형식 타동사로 전치사 없이 바로 목적어를 취한다. 따라서 resemble like a book 대신 전치사 like를 삭제한 resemble a book으로 써야 올바르다.

② [출제영역] 챕터 13 관계사
관계대명사 which가 수식하는 선행사(magazines)가 복수 형태이므로 관계대명사의 동사도 복수 형태로 써야 한다. 따라서 단수 동사 reports 대신 복수 동사 report로 써야 올바르다.

③ [출제영역] 챕터 07 분사
'there be 동사 + 주어'의 구조로 'there are women's magagzines'는 올바르게 쓰였으나, 뒤에 동사(cover)가 접속사 없이 바로 나왔으므로 동사를 앞에 나온 명사를 꾸며줄 수 있는 분사형태로 바꿔야 한다. 뒤에 목적어가 있으므로 cover 대신 covering으로 써야 올바르다.

지문 해석

신문과 비교해서 잡지는 매일이 아닌 주간, 월간, 심지어는 그보다 더 드물게 발행되기 때문에 반드시 최신 정보를 제공하지는 않는다. 잡지는 외부적으로도 주로 책과 비슷한 모습을 가지기 때문에 신문과 다르다. 종이가 두껍고, 사진은 더 다채롭고, 대부분의 기사는 비교적 길다. 독자는 훨씬 더 많은 배경 정보와 상세한 내용들을 경험한다. 다양한 주제에 관해 보도하는 주간 뉴스 잡지도 있지만, 대부분의 잡지는 다양한 소비자들을 유치하기 위해 특화되어 있다. 예를 들어, 유명인사에 관한 젊은이들 잡지뿐만 아니라 패션, 화장품, 레시피를 다루는 여성 잡지들도 있다. 또다른 잡지는 예를 들면 컴퓨터 사용자, 스포츠 팬, 예술에 관심이 있는 사람들과 같은 작은 그룹들을 대상으로 만들기도 한다.

정답 ④

14 밑줄 친 부분 중 어법상 옳지 않은 것은?

2018. 국가직 9급

Focus means ① getting stuff done. A lot of people have great ideas but don't act on them. For me, the definition of an entrepreneur, for instance, is someone who can combine innovation and ingenuity with the ability to execute that new idea. Some people think that the central dichotomy in life is whether you're positive or negative about the issues ② that interest or concern you. There's a lot of attention ③ paying to this question of whether it's better to have an optimistic or pessimistic lens. I think the better question to ask is whether you are going to do something about it or just ④ let life pass you by.

14

정답 해설

③ [출제영역] 챕터 07 분사

문장에 이미 주어 동사가 있고 '동사 + ing'가 나온다면 분사 문제이다. pay는 타동사로 뒤에 목적어가 없으므로 과거분사로 써야 한다. 따라서 paying 대신 paid로 써야 올바르다.

오답 해설

① [출제영역] 챕터 07 분사

get은 목적어와 목적보어가 수동의 의미 관계를 갖는 경우에는 과거분사로 써야 한다. 문맥상 stuff가 완성되는 것으로 수동의 의미이므로 과거분사(done)로 쓴다. 따라서 밑줄 친 부분은 올바르게 쓰였다.

찐Tip mean은 동명사를 목적어로 취하는 타동사이다.

② [출제영역] 챕터 04 주어와 동사 수 일치

관계대명사 that 뒤에 현재동사가 나오면 선행사와 수 일치를 확인해야 한다. 선행사(issues)는 복수이므로 interest와 concern은 복수동사로 올바르게 쓰였다.

④ [출제영역] 챕터 02 동사의 유형

등위접속사(or) 기준으로 to do와 let은 병렬구조로 올바르게 쓰였고, let은 사역동사로 목적어와 목적보어가 능동의 의미 관계를 갖는 경우에는 원형부정사로 써야 한다. 문맥상 life가 스쳐지나가는 것으로 능동의 의미이므로 원형부정사(paas by)로 쓴다. 따라서 밑줄 친 부분은 올바르게 쓰였다.

찐Tip pass by와 같은 이어동사에 부사는 타동사 + 대명사 + 부사(타대부) 순서로 쓴다.

찐Tip 사역동사 let은 목적어와 목적보어가 수동의 의미 관계를 갖는 경우에는 반드시 목적보어를 과거분사가 아닌 be p.p.의 수동태 형태로 쓴다.

지문 해석

집중은 일을 해내는 것을 의미한다. 많은 사람들은 훌륭한 아이디어를 갖고 있지만 그것을 행동하지는 않는다. 예를 들어, 나에게 있어서 기업가의 정의는 혁신과 창의성을 새로운 아이디어를 실행하는 능력과 결합할 수 있는 사람이다. 어떤 사람들은 인생에서 가장 중요한 이분법은 자신이 관심이 있거나 걱정하는 문제에 대해 긍정적인지 부정적인지에 따라 나뉜다고 생각한다. 낙관적인 시각과 비관적인 시각 둘 중 어떤 것을 가지는 게 더 나은지에 대한 이 질문에 많은 관심이 있다. 나는 물어 봐야할 더 나은 질문은 그것에 관한 어떤 것을 할 것인지 아니면 인생이 그냥 흘러가게 할 것인지라고 생각한다.

정답 ③

CHAPTER 08 부정사

반드시 한 번에 다잡는 최빈출 개념 정리

01 to부정사는 특정 타동사 뒤에서 __________ 역할을 한다.

개념 적용 He managed ~~finishing~~(→ __________) the book before the library closed.
그는 도서관이 문을 닫기 전에 가까스로 책을 다 읽었다.

02 to부정사가 형용사 역할을 할 때 __________에 주의할 표현이 있으므로 확인한다.

개념 적용 Have you purchased a house ~~to live~~(→ __________) after you get married?
결혼해서 살 집은 마련했어요?

03 to부정사의 의미상 주어는 for 목적격으로 쓰지만 인성 형용사를 포함한 구문에서는 의미상 주어를 __________으로 쓴다.

개념 적용 It was careless ~~for her~~(→ __________) to take the wrong bus.
그녀가 버스를 잘못 탄 것은 부주의했다.

04 본동사의 시제보다 to부정사의 시제가 더 앞설 때는 단순형 to부정사를 __________으로 쓴다.

개념 적용 He claims ~~to be~~(→ __________) robbed yesterday.
그는 어제 도둑을 맞았다고 주장한다.

05 'too 형용사/부사 to부정사' 구문에서 to부정사의 목적어와 그 절의 주어가 같을 때 to부정사 뒤의 목적어는 __________.

개념 적용 This opportunity is too good for me ~~to miss it~~(→ __________).

06 'enough to부정사는' 형용사와 부사를 __________ 수식한다.

개념 적용 He's ~~enough old~~(→ __________) to take care of himself.
그는 스스로를 돌볼 만큼 나이가 들었다.

정답
01 목적어, to finish 02 전치사, to live in 03 of 목적격, of her 04 완료형, to have been
05 생략한다, to miss 06 후치, old enough

01 우리말을 영어로 잘못 옮긴 것은? 2020. 지방직 9급

① 나는 네 열쇠를 잃어버렸다고 네게 말한 것을 후회한다.
→ I regret to tell you that I lost your key.

② 그 병원에서의 그의 경험은 그녀의 경험보다 더 나빴다.
→ His experience at the hospital was worse than hers.

③ 그것은 내게 지난 24년의 기억을 상기시켜준다.
→ It reminds me of the memories of the past 24 years.

④ 나는 대화할 때 내 눈을 보는 사람들을 좋아한다.
→ I like people who look me in the eye when I have a conversation.

02 어법상 옳은 것을 고르시오. 2016. 지방직 9급

① The poor woman couldn't afford to get a smartphone.

② I am used to get up early everyday.

③ The number of fires that occur in the city are growing every year.

④ Bill supposes that Mary is married, isn't he?

01

정답 해설

① [출제영역] 챕터 08 부정사

'~을 후회하다'의 뜻을 가진 구문으로는 'regret -ing'의 표현이 있다. 따라서 to tell 대신 telling으로 써야 올바르다.

찐Tip regret to부정사는 '~하게 되어 유감이다'의 뜻으로 쓰인다.

오답 해설

② [출제영역] 챕터 14 비교 구문

worse는 bad의 비교급으로 '비교급 than'의 비교 표현으로 올바르게 쓰였고, 비교 구문에서 비교 대상이 사물과 사물일 때는 소유대명사(hers)를 써야 한다. 따라서 주어진 문장은 올바르게 쓰였다.

③ [출제영역] 챕터 02 동사의 유형

'통고, 확신' 동사 remind는 특정 전명구로 'A of 명사/A to 동사/A that절'을 쓸 수 있다. 따라서 주어진 문장은 올바르게 쓰였다.

④ [출제영역] 챕터 13 관계사 & 챕터 15 기타 품사

관계대명사 who 앞에 사람 선행사이고 뒤에는 주어가 없는 불완전 구조로 올바르게 쓰였고, 'look(보다 동사) + 사람명사 + in the 신체 일부'의 구문으로 정관사 the 또한 올바르게 쓰였다.

정답 ①

02

정답 해설

① [출제영역] 챕터 08 부정사

'~할 여유가 있다(없다)'의 뜻을 가진 구문으로는 'can(not) afford to부정사'의 표현이 있다. 따라서 주어진 문장은 올바르게 쓰였다.

오답 해설

② [출제영역] 챕터 06 동명사

'~에 익숙하다'의 뜻을 가진 구문으로는 '사람 주어 be used to 명사/동명사'의 표현이 있다. 전치사 to 뒤에는 동명사를 써야 한다. 따라서 to get up 대신 to getting up으로 써야 올바르다.

③ [출제영역] 챕터 04 주어와 동사 수 일치

the number of 복수 명사 뒤에는 단수 동사를 써야 한다. 따라서 복수 동사 are 대신 단수 동사 is로 써야 올바르다.

찐Tip a number of 복수 명사 뒤에는 복수 동사를 쓴다.

④ [출제영역] 챕터 01 문장의 이해

부가의문문의 형태를 물어보는 문제이다. 부가의문문의 동사는 평서문(주절)의 동사의 종류와 시제를 맞춘다. 주절의 동사가 일반동사(suppose)이므로 isn't 대신 doesn't로 써야 올바르다.

찐Tip 부가의문문은 평서문이 긍정이면 부정, 평서문이 부정이면 긍정의 부가의문문을 사용한다.

선지 해석

① 가난한 여성은 스마트폰을 살 여유가 없었다.
② 나는 매일 일찍 일어나는 것에 익숙하다.
③ 도시에서 발생하는 화재의 수가 매년 증가하고 있다.
④ 빌은 메리가 결혼했다고 생각하지, 그렇지 않니?

정답 ①

03 다음 우리말을 영작한 것 중 가장 적절한 것은?

2016. 경찰 1차

> 그는 위조지폐의 출처를 알아내는 데에 시간이 오래 걸렸다.

① It took him hours to find out where the counterfeited money came from.
② It took hours to find him out where the counterfeited money came from.
③ It took hours finding him out where the counterfeited money came from.
④ It took him hours to finding out where the counterfeited money came from.

04 우리말을 영어로 잘못 옮긴 것을 고르시오.

2017. 국가직 9급

① 그 회의 후에야 그는 금융 위기의 심각성을 알아차렸다.
→ Only after the meeting did he recognize the seriousness of the financial crisis.
② 장관은 교통문제를 해결하기 위해 강 위에 다리를 건설해야 한다고 주장했다.
→ The minister insisted that a bridge be constructed over the river to solve the traffic problem.
③ 비록 그 일이 어려운 것이었지만, Linda는 그것을 끝내기 위해 최선을 다했다.
→ As difficult a task as it was, Linda did her best to complete it.
④ 그는 문자 메시지에 너무 정신이 팔려서 제한속도보다 빠르게 달리고 있다는 것을 몰랐다.
→ He was so distracted by a text message to know that he was going over the speed limit.

01 PART 02 03 04 05

03

정답 해설

① [출제영역] 챕터 08 부정사
'~하는 데 시간이 걸리다'의 뜻을 가진 구문으로는 'It takes + (사람) + 시간 + to부정사 = It takes + 시간 + (for사람) + to부정사'의 표현이 있다. 따라서 'It took him hours to find out~'으로 쓰는 것이 가장 적절하다.

오답 해설

② [출제영역] 챕터 08 부정사
took hours to find him out 대신 took hours for him to find out으로 써야 올바르다.

③ [출제영역] 챕터 08 부정사
took hours finding him out 대신 took hours for him to find out으로 써야 올바르다.

④ [출제영역] 챕터 08 부정사
took him hours to finding out 대신 took him hours to find out으로 써야 올바르다.

정답 ①

04

정답 해설

④ [출제영역] 챕터 08 부정사
'너무 ~해서 ~할 수 없다'의 뜻을 가진 구문으로는 'too 형용사/부사 to부정사 = so 형용사/부사 that 주어 cannot 동사원형'의 표현이 있다. 따라서 to부정사와 호응되기 위해서는 so distracted 대신 too distracted로 써야 올바르다.

찐Tip know 뒤에 that은 know의 목적어 역할을 하는 명사절 that이다.

오답 해설

① [출제영역] 챕터 10 도치 구문
Only 부사(부사구, 부사절)를 포함한 도치구문으로 'only + 전치사 + 명사' 뒤에 '조동사 + 주어 + 동사원형'의 형태로 쓸 수 있다. 따라서 did he recognize는 올바르게 쓰였다.

② [출제영역] 챕터 09 조동사
주장동사(insist)의 that절의 동사는 '(should) 동사원형'으로 쓴다. 따라서 should가 생략된 be constructed는 올바르게 쓰였다.

③ [출제영역] 챕터 10 도치 구문
as 양도 도치 구문은 '비록 ~라도'라는 양보의 의미로 쓰인다. as 양보 부사절에는 'As 형용사 a 명사 + as 주어 + 2형식 동사'의 형태로 쓸 수 있다. 따라서 주어진 문장은 올바르게 쓰였다.

정답 ④

05 밑줄 친 부분 중 어법상 옳지 않은 것을 고르시오.

2013. 지방직 7급

> Wisdom enables us to take information and knowledge and ① <u>use</u> them to make good decisions. On a personal level, my mother finished only the fifth grade, ② <u>was widowed</u> in the heart of the depression and had six children ③ <u>very young</u> to work. Obviously she needed wisdom to use the knowledge she had ④ <u>to make</u> the right decisions to raise her family successfully.

06 우리말을 영어로 잘못 옮긴 것은?

2014. 지방직 7급

① 그 가방은 너무 무거워서 내가 들어 올릴 수 없었다.
→ The bag was too heavy for me to lift it.

② 그녀가 너무 꼴불견이어서 모든 사람들이 갑자기 웃기 시작했다.
→ So ridiculous did she look that everybody burst out laughing.

③ 그가 집 밖으로 나오는 것이 목격되었다.
→ He was seen to come out of the house.

④ 나는 저 아이를 재울 수가 없다.
→ I can't get that child to go to bed.

05

정답 해설

③ [출제영역] 챕터 08 부정사
to 부정사와 같이 쓰여, 강조 부정의 의미를 가지는 부사는 very가 아니라 too를 써야 한다. 따라서 very 대신 too로 써야 올바르다.

오답 해설

① [출제영역] 챕터 08 부정사 & 챕터 12 접속사와 전치사
enable은 to부정사를 목적보어로 취하는 5형식 타동사이다. 등위접속사(and) 기준으로 to take와 to use는 병렬구조로 올바르게 쓰였다.

찐Tip 'to use'에서 to는 생략된 상태로 쓰였다.

② [출제영역] 챕터 05 수동태
수동태 구조에서 p.p.자리에 위치하는 동사가 타동사인지 뒤에 목적어가 없는지 확인해야 한다. widow는 타동사로 뒤에 목적어가 없으므로 수동태로 쓴다. 따라서 was widowed는 올바르게 쓰였다.

④ [출제영역] 챕터 08 부정사
to make는 목적(~하기 위해서)에 해당하는 to부정사의 부사적 용법으로 올바르게 쓰였다.

지문 해석

> 지혜는 우리가 정보와 지식을 받아들여 그것들을 활용하여 좋은 결정을 내릴 수 있게 해준다. 개인적으로, 나의 어머니는 오직 5학년까지만 마쳤고, 우울한 가운데 남편을 잃고 일을 하기에는 너무 어린 6명의 아이들이 있었다. 분명히 그녀는 자식들을 성공적으로 키우기 위해 올바른 결정을 내리기 위한 지식을 활용할 줄 아는 지혜가 필요했다.

정답 ③

06

정답 해설

① [출제영역] 챕터 08 부정사
'too 형용사/부사 to부정사'구문에서 to부정사의 목적어와 그 절의 주어가 같을 때 to부정사 뒤의 목적어는 생략한다. the bag이 주어에 제시되어 있으므로 it을 쓴다면 중복 사용이 된다. 따라서 to lift it 대신 it을 삭제한 to lift로 써야 올바르다.

오답 해설

② [출제영역] 챕터 10 도치 구문과 강조 구문
문장 처음에 so 형용사로 시작되면 뒤는 도치 구조로 쓰였는지 확인한다. 'so 형용사 + 조동사 + 주어 + that절'의 형태로 쓴다. 따라서 did she look은 올바르게 쓰였다.

③ [출제영역] 챕터 05 수동태
지각동사가 수동태(be p.p.)로 쓰일 때는 목적보어였던 원형부정사는 to부정사로 전환해야 한다. 따라서 to come은 올바르게 쓰였다.

찐Tip 'be seen + 동사원형'으로는 쓸 수 없다.

④ [출제영역] 챕터 02 동사의 유형
get은 대표 5형식 타동사로 원형부정사가 아닌 to부정사 또는 과거분사를 목적보어로 취한다. 따라서 to go는 올바르게 쓰였다.

정답 ①

07 다음 빈칸에 들어갈 말로 가장 적절한 것은?

2011. 경찰 2차

> Living in the buildings on his construction site, over 1000 workers ___________ in one basement.

① used to sleep
② are used to sleep
③ to be sleeping
④ sleeping

08 우리말을 영어로 가장 잘 옮긴 것은? 2016. 국가직 7급

① 어떤 교수의 스타일에 적응하는 데는 항상 시간이 좀 걸린다.
→ Time always takes little to tune in on a professor's style.

② 나는 마지막 순간까지 기다렸다가 밤을 새우는 데 익숙해있다.
→ I'm used to waiting until the last minute and staying up all night.

③ 그 수학 문제는 너무 어려워서 그 학생이 답을 할 수 없었다.
→ The math question was too tough for the student to answer it.

④ 나는 너무 많은 시간의 힘든 일로 정말 지쳤다.
→ Too many hours of hard work really tired of me.

07

정답 해설

① [출제영역] 챕터 08 부정사
Living으로 시작하는 절은 주절과 같은 주어와 접속사가 생략된 분사구문 형태이다. 빈칸 앞은 주어(over 1000 workers)이고 빈칸 뒤는 전치사구가 나왔으므로 빈칸은 동사 자리이다. 문맥상 과거의 반복된 습관을 나타내는 '~하곤 했다'의 뜻이 자연스러우므로 '사람 주어 + used to 동사원형'으로 써야 한다. 따라서 'used to sleep'로 써야 올바르다.

오답 해설

② [출제영역] 챕터 08 부정사
'be used to부정사'는 '~하기 위해서 사용되다'의 뜻으로 쓰이고, 사람 주어는 올 수 없으므로 올바르지 못하다.

③,④ [출제영역] 챕터 01 문장의 이해
빈칸은 동사 자리이므로 동사 형태가 아닌 'to be slepping'은 올바르지 못하다.

지문 해석

> 건설 현장의 건물에서 살면서, 1000명 이상의 노동자들이 한 지하실에서 잠을 자곤 했다.

정답 ①

08

정답 해설

② [출제영역] 챕터 08 부정사
'~에 익숙하다'의 뜻을 가진 구문으로는 '사람 주어 be used to 명사/동명사'의 표현이 있다. 따라서 전치사 to 뒤에는 동명사를 써야 하고, 등위접속사(and) 기준으로 waiting과 staying은 병렬구조로 올바르게 쓰였다.

오답 해설

① [출제영역] 챕터 08 부정사
'~하는 데 시간이 걸리다'의 뜻을 가진 구문으로는 'It takes + (사람) + 시간 + to부정사 = It takes + 시간 + (for사람) + to부정사'의 표현이 있다. 따라서 Time always takes little to tune in~ 대신 It always takes a little time to tune in~으로 써야 올바르다.

찐Tip 가주어(it) 대신에 that이나 time을 주어로 쓰지 않는다.

③ [출제영역] 챕터 08 부정사
'too 형용사/부사 to부정사'구문에서 to부정사의 목적어와 그 절의 주어가 같을 때 to부정사 뒤의 목적어는 생략한다. 따라서 to answer it 대신 it을 삭제한 to answer로 써야 올바르다.

④ [출제영역] 챕터 02 동사의 유형
tire는 타동사로 전치사 없이 바로 목적어를 취한다. 따라서 tired of me 대신 전치사 of를 삭제한 tired me로 써야 올바르다.

정답 ②

09 어법상 옳지 않은 것은? 2014. 지방직 7급

① Although there was no indication that either side planned to resume full-scale hostilities, the killings escalated tensions.
② The Islamist movement has vowed to resume rocket fire if Israel does not fully open the border crossings.
③ Egypt has also reacted coolly to suggestions that European troops be stationed on the border between Gaza and Egypt to monitor activity in smugglers' tunnels.
④ Hamas also agreed that day temporarily stop firing rockets into Israel.

10 다음 중 우리말을 영어로 잘못 옮긴 것은? 2011. 국가직 9급

① 그는 결코 당신을 속일 사람이 아니다.
→ He is the last person to deceive you.
② 그는 주먹다짐을 할 바에야 타협하는 것이 낫다고 생각한다.
→ He would much rather make a compromise than fight with his fists.
③ 프레스코는 이태리 교회의 익숙한 요소이기 때문에 이것을 당연하게 생각하기 쉽다.
→ Frescoes are so familiar a feature of Italian churches that they are easy to take it for granted.
④ 그는 대학에 다니지 않았지만 아는 것이 아주 많은 사람이다.
→ Even though he didn't go to college, he is a very knowledgeable man.

09

정답 해설

④ [출제영역] 챕터 08 부정사
agree는 to부정사를 목적어로 취하는 특정 3형식 타동사이다. 따라서 stop 대신 to stop으로 써야 올바르다.

찐Tip that day(그 날)와 temporarily(일시적으로)는 부사로 쓰였다.

오답 해설

① [출제영역] 챕터 08 부정사
plan은 to부정사를 목적어로 취하는 특정 3형식 타동사이다. 따라서 to resume은 올바르게 쓰였다.
② [출제영역] 챕터 08 부정사
vow는 to부정사를 목적어로 취하는 특정 3형식 타동사이다. 따라서 to resume은 올바르게 쓰였다.
③ [출제영역] 챕터 09 조동사
명사 suggestion의 동격 that절의 동사는 '(should) 동사원형'으로 써야 한다. 따라서 should가 생략된 be stationed은 올바르게 쓰였다.

선지 해석

① 양쪽 모두 대규모의 적대 행위를 재개할 계획이 없었지만, 살인 사건들은 긴장감을 고조시켰다.
② 이슬람 운동단체는 이스라엘이 국경 통로를 완전히 개방하지 않으면 로켓 공격을 재개할 것을 맹세했다.
③ 이집트 또한 밀수 터널에서의 활동 감시를 위해 Gaza와 이집트 사이의 국경에 유럽군이 배치되어야 한다는 제안에 대해 차가운 반응을 보였다.
④ Hamas 또한 이스라엘로 로켓을 발사하는 것을 중단하기로 한 그 날 일시적으로 동의했다.

정답 ④

10

정답 해설

③ [출제영역] 챕터 08 부정사
easy는 난이형용사로서 주어가 it이 아닌 것이 나오면 to부정사의 목적어가 주어 자리로 상승한 구문으로 난이형용사 다음에 나오는 to부정사 뒤에 목적어가 없어야 한다. 따라서 take it for granted 대신 it을 삭제한 take for granted로 써야 올바르다.

오답 해설

① [출제영역] 챕터 08 부정사
'~할 사람이 아니다'의 뜻을 가진 구문으로는 'the last man(person) to부정사 = know better than to부정사 = be above -ing = be far from -ing'의 표현이 있다. 따라서 주어진 문장은 올바르게 쓰였다.
② [출제영역] 챕터 09 조동사
'B하는 것보다 A하는 게 낫다'의 뜻을 가진 구문으로는 'would rather A than B'의 표현이 있다. A, B는 주로 동사원형으로 쓴다. 따라서 make와 fight는 동사원형으로 올바르게 쓰였다.
④ [출제영역] 챕터 12 접속사와 전치사
Even though는 양보 부사절 접속사로 뒤에 '주어 + 동사'의 완전 구조를 취한다. 따라서 주어진 문장은 올바르게 쓰였고 very는 원급을 수식하는 부사로 형용사의 원급인 knowledgeable을 수식하므로 올바르게 쓰였다.

정답 ③

11 다음 중 우리말을 영어로 잘못 옮긴 것은?

2011. 국가직 9급

① 시간이 부족해서 시험을 끝낼 수 없었다.
→ I couldn't finish the exam because I ran out of time.

② 습관을 깨기란 예상보다 훨씬 어렵다.
→ It is much more difficult than you'd expect to break a habit.

③ 대부분의 사람들은 TV에서 지나친 폭력을 매우 싫어한다.
→ Most people have a strong dislike to excessive violence on TV.

④ 낮에는 너무 바빠 걱정할 틈도 없고, 밤에는 너무 피곤해서 깨어있을 수 없는 사람은 복 받은 사람이다.
→ Blessed is the man who is too busy to worry in the day and too tired of lying awake at night.

12 밑줄 친 부분 중 어법상 옳지 않은 것은?

2013. 국가직 7급

A final way to organize an essay is to ① proceeding from relatively simple concepts to more complex ones. By starting with generally ② accepted evidence, you establish rapport with your readers and assure them that the essay is ③ firmly grounded in shared experience. In contrast, if you open with difficult material, you risk ④ confusing your audience.

11

정답 해설

④ [출제영역] 챕터 08 부정사
'너무 ~해서 ~할 수 없다'의 뜻을 가진 구문으로는 'too 형용사/부사 to부정사 = so 형/부 that 주어 can't 동사원형'의 표현이 있다. 따라서 too tired of lying 대신 too tired to lie로 써야 올바르다.

찐Tip '분사(p.p.) + be동사 + 명사주어'와 '사람 주어 + who + 동사'의 구조일 때는 주어와 동사 수 일치를 확인해야 한다. 따라서 단수 동사 is는 올바르게 쓰였다.

오답 해설

① [출제영역] 챕터 12 접속사와 전치사
접속사(because)는 동사를 포함한 절을 이끈다. 따라서 because 뒤에 '주어 + 동사'는 올바르게 쓰였다.

② [출제영역] 챕터 08 부정사
difficult와 같은 난이형용사는 'It(가주어) + be동사 + 난이형용사 + (for 목적어) + to부정사(진주어)'의 구조로 쓴다. 따라서 주어진 문장은 올바르게 쓰였다.

③ [출제영역] 챕터 04 주어와 동사 수 일치 & 챕터 12 접속사와 전치사
주어(people)는 복수명사이므로 복수 동사 have는 올바르게 쓰였고, 'TV에서'의 표현으로 전치사 on 또한 올바르게 쓰였다.

정답 ④

12

정답 해설

① [출제영역] 챕터 08 부정사
to는 be동사의 보어 자리로 to부정사의 명사적 용법이다. 따라서 to는 전치사가 아니므로 뒤에 동명사를 쓰면 안 된다. proceeding 대신 proceed로 써야 올바르다.

오답 해설

② [출제영역] 챕터 07 분사
수식받는 명사(evidence) 입장에서 행위를 받는 입장으로 수동의 의미이므로 과거분사 accepted는 올바르게 쓰였다.

③ [출제영역] 챕터 15 기타 품사
firmly는 과거분사(grounded)를 수식하므로 부사로 올바르게 쓰였다.

④ [출제영역] 챕터 02 동사의 유형
risk는 동명사를 목적어로 취하는 특정 타동사이다. 따라서 confusing은 올바르게 쓰였다.

지문 해석

에세이를 체계화하는 마지막 방법은 비교적 단순한 개념에서 더 복잡한 개념들로 나아가는 것이다. 일반적으로 받아들여지는 증거로 시작함으로써, 독자와의 유대감을 형성하고 에세이가 공유된 경험에 근거를 두고 있음에 확신을 준다. 그에 반해 어려운 자료로 시작하면, 독자를 혼란스럽게 할 위험이 있다.

정답 ①

PART 03

조동사와 조동사를 활용한 구문

출제 경향 분석

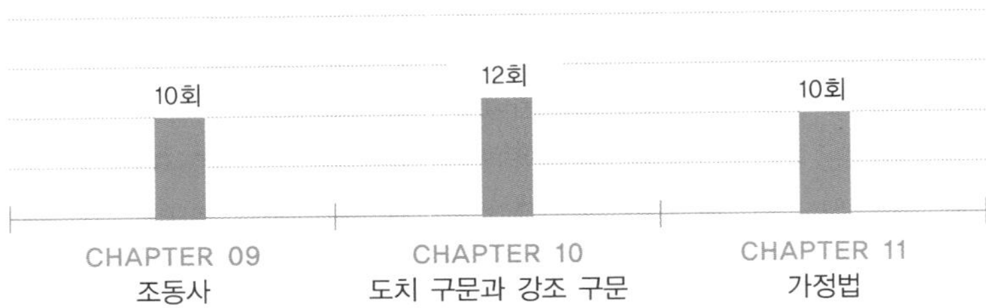

출제 내용 점검

CHAPTER 09 조동사

51	조동사 뒤의 동사원형과 조동사의 부정형	
52	조동사 should의 3가지 용법과 생략구조	
53	주의해야 할 조동사와 조동사 관용 표현	

CHAPTER 10 도치 구문과 강조 구문

54	부정부사와 도치 구문	
55	다양한 도치 구문	
56	양보 도치 구문과 장소 방향 도치 구문	
57	강조 구문과 강조를 위한 표현	

CHAPTER 11 가정법

58	가정법 미래 공식	
59	가정법 과거 공식	
60	가정법 과거완료 공식	
61	혼합 가정법 공식	
62	if 생략 후 도치된 가정법	
63	기타 가정법(if 이외의 가정법)	

나의 약점 확인

영역	점수
Chapter 09 조동사	/ 10문항
Chapter 10 도치 구문과 강조 구문	/ 12문항
Chapter 11 가정법	/ 10문항

나의 약점 보완

문제 풀이 전략

Q 우리말을 영어로 잘못 옮긴 것을 고르시오. 2022. 지방직 9급

① 식사를 마치자마자 나는 다시 배고프기 시작했다.
→ No sooner I have finishing the meal than I started feeling hungry again.

② 그녀는 조만간 요금을 내야만 할 것이다.
→ She will have to pay the bill sooner or later.

③ 독서와 정신의 관계는 운동과 신체의 관계와 같다.
→ Reading is to the mind what exercise is to the body.

④ 그는 대학에서 의학을 공부했으나 결국 회계 회사에서 일하게 되었다.
→ He studied medicine at university but ended up working for an accounting firm.

정답 해설

① [출제영역] 챕터10 도치 구문과 강조 구문

'~하자마자 ~했다'의 뜻을 가진 구문으로는 'No sooner had 주어 p.p. than 주어+과거동사'의 도치 표현이 있다. 따라서 'No sooner I have finishing' 대신 'No sooner had I finished'로 써야 올바르다.

찐Tip 이와 같은 뜻을 가진 구문으로 '주어 had no sooner p.p. than 주어+과거동사'의 정치 표현이 있다.

오답 해설

챕터 10 도치 구문과 강조 구문 01번 문제 참고

Step 1 영작 먼저 보고 출제 포인트 확인하기

Step 2 우리말 해석 확인하기

Step 3 소거법으로 정답 고르기

Ⓥ 식사를 마치자마자 나는 다시 배고프기 시작했다.
→ No sooner ~~I have finishing~~(→ had I finished) the meal than I started feeling hungry again.

② 그녀는 조만간 요금을 내야만 할 것이다.
→ She will have to pay the bill sooner or later.

③ 독서와 정신의 관계는 운동과 신체의 관계와 같다.
→ Reading is to the mind what exercise is to the body.

④ 그는 대학에서 의학을 공부했으나 결국 회계 회사에서 일하게 되었다.
→ He studied medicine at university but ended up working for an accounting firm.

CHAPTER 09 조동사

반드시 한 번에 다잡는 최빈출 개념 정리

01 **주장 · 요구 · 명령 · 제안 · 충고 동사의 목적어로 that절이 쓰일 때 that절의 동사는 '____________'으로 쓴다.**

개념 적용 He ordered that the work ~~was~~(→ ____________) done.
그는 그 일을 해내라고 명령했다.

02 **It be 이성적 판단 형용사 that절 구조에서는 that절의 동사는 '____________'으로 쓴다.**

개념 적용 It is important that he ~~attends~~(→ ____________) every day.
그가 매일 출석하는 것이 중요하다.

03 **「조동사 have p.p.」 구조는 ________을 올바르게 썼는지 확인해야 한다.**

개념 적용 It ~~should~~(→ ________) have rained last night.
어젯밤에 틀림없이 비가 왔을 것이다.

04 **'need not'에서 need는 조동사이므로 'need not' 뒤에는 ____________을 쓴다.**

개념 적용 Business letters need not ~~to be~~(→ ________) formal and impersonal.
사업상의 편지라고 해서 딱딱하고 인간미 없게 쓸 필요는 없다.

05 **'cannot ~ too 형용사/부사'는 '____________'라는 의미이다.**

개념 적용 We cannot be ~~careful~~(→ ________) in the choice of books.
우리는 책을 선택하는 데는 아무리 주의해도 지나치지 않다.

06 **'cannot (help/choose) but 동사원형은 '____________'라는 의미이다.**

개념 적용 In the age of globalization, we cannot but ~~to study~~(→ ________) foreign languages.
세계화 시대에 우리는 외국어를 공부하지 않을 수 없다.

정답
01 (should) 동사원형, should be / be　02 (should) 동사원형, should attend / attend
03 해석, must　04 동사원형, be　05 아무리 ~해도 지나치지 않다, too careful
06 ~할 수밖에 없다, ~하지 않을 수 없다, study

01 우리말을 영어로 가장 잘 옮긴 것은? 2020. 국가직 9급

① 몇 가지 문제가 새로운 회원들 때문에 생겼다.
→ Several problems have raised due to the new members.

② 그 위원회는 그 건물의 건설을 중단하라고 명했다.
→ The committee commanded that construction of the building cease.

③ 그들은 한 시간에 40마일이 넘는 바람과 싸워야 했다.
→ They had to fight against winds that will blow over 40 miles an hour.

④ 거의 모든 식물의 씨앗은 혹독한 날씨에도 살아남는다.
→ The seeds of most plants are survived by harsh weather.

02 밑줄 친 부분 중 어법상 잘못된 것은? 2014. 서울시 7급

Thailand's constitutional court has declared the country's February 2 general election ① invalid as ② it breached a law requiring ③ that the polling process ④ is completed on the same day ⑤ nationwide.

01

정답 해설

② [출제영역] 챕터 09 조동사
명령(command)동사의 that절의 동사는 '(should) 동사원형'으로 쓴다. cease는 자동사와 타동사로 둘 다 쓸 수 있는데 '중단되다'의 뜻으로 쓰일 때는 자동사이다. 따라서 cease는 올바르게 쓰였다.

오답 해설

① [출제영역] 챕터 02 동사의 유형
'생기다'의 뜻으로 쓰일 때는 1형식 자동사인 arise(−arose−arisen)로 써야 한다. 따라서 raised 대신 arisen으로 써야 올바르다.

찐Tip raise(−raised−raised)는 타동사로 '들어올리다, 일으키다'의 뜻으로 쓰인다.

찐Tip due to는 이유를 의미하는 전치사로 명사/동명사 목적어를 수반하므로 올바르게 쓰였다.

③ [출제영역] 챕터 03 동사의 시제
주절의 동사가 과거(had)이므로 that절의 동사 또한 과거시제로 써야 한다. 따라서 will blow 대신 blew로 써야 올바르다.

④ [출제영역] 챕터 02 동사의 유형 & 챕터 15 기타 품사
우리말은 주어는 '거의 모든 식물'이라고 하고 있으므로 most 대신 almost all로 써야 올바르다. 또한 survive는 자동사와 타동사로 둘 다 쓸 수 있는데 '~에 살아남다, ~보다 오래 살다'의 뜻으로 쓰일 때는 타동사이다. 따라서 우리말을 보면 '~에도 살아남는다'라고 하고 있으므로 are survived by 대신 survive로 써야 올바르다.

찐Tip 'be survived by'는 '(~을 유족으로 남기고) 먼저 죽다'의 뜻으로 쓰인다.

정답 ②

02

정답 해설

④ [출제영역] 챕터 09 조동사
a law requiring that에서 require 다음의 내용에 당위성이 있으므로 '(should) 동사원형' 형태로 쓴다. 따라서 is completed 대신 be completed로 써야 올바르다.

오답 해설

① [출제영역] 챕터 02 동사의 유형
declare은 목적보어로 형용사를 취할 수 있다. 따라서 형용사 invalid는 올바르게 쓰였다.

② [출제영역] 챕터 15 기타 품사
선행사(election)가 단수형태이므로 it은 단수 대명사로 올바르게 쓰였다.

③ [출제영역] 챕터 12 접속사와 전치사
타동사 require은 현재분사의 형태로 쓰였다. 현재분사의 목적어로 쓰인 접속사 that 뒤에 완전 구조를 이끌고 있다. 따라서 명사절 접속사 that은 올바르게 쓰였다.

⑤ [출제영역] 챕터 15 기타 품사
nationwide는 형용사로 명사(the same day)를 후치 수식하고 있는 한정적 용법으로 올바르게 쓰였다.

지문 해석

태국 헌법재판소는 2월 2일에 치러진 총선에서 투표 과정이 전국적으로 동일한 날에 완료되어야 한다는 규정을 위반했으므로 무효라고 선언했다.

정답 ④

03 다음 중 어법상 옳은 것은? 2012. 국가직 9급

① She felt that she was good swimmer as he was, if not better.
② This phenomenon has described so often as to need no further clichés on the subject.
③ What surprised us most was the fact that he said that he had hardly never arrived at work late.
④ Even before Mr. Kay announced his movement to another company, the manager insisted that we begin advertising for a new accountant.

04 어법상 옳은 것은? 2016. 국가직 9급

① Jessica is a much careless person who makes little effort to improve her knowledge.
② But he will come or not is not certain.
③ The police demanded that she not leave the country for the time being.
④ The more a hotel is expensiver, the better its service is.

03

정답 해설

④ [출제영역] 챕터 09 조동사
주장(insist)동사의 that절의 동사는 '(should) 동사원형'으로 쓴다. 따라서 주어진 문장은 올바르게 쓰였다. before은 부사절 접속사로 동사를 포함을 절을 이끄므로 뒤에 '주어 + 동사' 형태 또한 올바르게 쓰였다.

오답 해설

① [출제영역] 챕터 14 비교 구문
원급 비교 구문으로 'as 형용사 a 명사 as~'로 표현할 수 있다. 따라서 she was good swimmer as he was 대신 she was as good a swimmer as he was로 써야 올바르다.

찐Tip as~as 사이 '형용사 + a + 명사'의 어순이 중요하다

② [출제영역] 챕터 02 동사의 유형
describe는 3형식 타동사이고 뒤에 목적어가 없으므로 수동태(be p.p.)로 써야 한다. 따라서 has described 대신 has been described로 써야 올바르다.

③ [출제영역] 챕터 15 기타 품사
hardly와 never은 부정부사로 중복해서 쓸 수 없고 단독으로 써야 한다. 문맥상 never(결코 ~않다)이 더 자연스러우므로 hardly never arrived 대신 hardly를 삭제한 never arrived로 써야 올바르다.

찐Tip 명사절 접속사 what은 불완전 구조를 이끌고 주어 자리에 오면 단수 취급해야 하므로 올바르게 쓰였다.

선지 해석

① 더 낫지는 않더라도, 그녀는 그만큼 좋은 수영선수라고 느꼈다.
② 이 현상은 그 주제와 관련해서 부연 설명을 더 하지 않아도 될 정도로 자주 묘사되었다.
③ 우리를 가장 놀라게 한 것은 그가 직장에 결코 지각하지 않았다고 말했다는 사실이다.
④ Mr. Kay가 다른 회사로 이직할 것임을 발표하기도 전에, 매니저는 우리가 새로운 회계사를 뽑기 위한 광고를 해야 한다고 주장했다.

정답 ④

04

정답 해설

③ [출제영역] 챕터 09 조동사
요구(demand)동사의 that절의 동사는 '(should) 동사원형'으로 쓴다. 부정어 not은 동사원형 앞에 써야 하므로 주어진 문장은 올바르게 쓰였다.

오답 해설

① [출제영역] 챕터 15 기타 품사
much는 형용사나 부사의 비교급을 강조하고, very는 형용사나 부사의 원급을 수식하므로 much 대신 very로 써야 올바르다.

찐Tip '사람명사 + who + 동사'일 때는 수 일치를 확인해야 한다. 따라서 명사(peson)가 단수 형태이므로 단수 동사 makes는 올바르게 쓰였다.

② [출제영역] 챕터 12 접속사와 전치사
but은 명사절 접속사 역할을 할 수 없다. 따라서 but 대신 or not과 쓰일 수 있는 명사절 접속사 whether로 써야 올바르다.

④ [출제영역] 챕터 14 비교 구문
the 비교급 표현은 'the 비교급 주어 + 동사~, the 비교급 주어 + 동사'의 구조로 쓴다. expensiver는 올바른 비교급의 형태가 아니므로 The more expensive a hotel is, the better its service is로 써야 올바르다.

선지 해석

① Jessica는 자신의 지식을 향상시키려는 노력을 거의 하지 않는 매우 부주의한 사람이다.
② 그러나 그가 올지 안 올지는 확실하지 않다.
③ 경찰은 그녀가 일시적으로 나라를 떠나지 않도록 요청했다.
④ 호텔이 더 비싸면 비쌀수록 그 서비스는 더 좋을 것이다.

정답 ③

05 우리말을 영어로 가장 잘 옮긴 것은? 2017. 지방직 7급

> 의사들은 하루 음주량이 소주 다섯 잔을 초과하지 않도록 하고, 과한 음주 후에는 2~3일 동안 알코올성 음료를 자제하라고 권고한다.

① Doctors recommend that we do not drink as much as 5 shots of soju a day and stay away from alcoholic beverages for 2~3 days after excessive drinking.
② Doctors recommend no more than 5 shots of soju a day and keep away from any kind of alcoholic beverages for 2~3 days after heavy drinking.
③ Doctors recommend drinking no more than 5 shots of soju every day and making sure that we refrain from excessive drinking for 2~3 days after a party.
④ Doctors recommend that we not drink more than 5 shots of soju a day, and that we refrain from alcoholic beverages for 2~3 days after heavy drinking.

06 다음 빈칸에 들어갈 말로 가장 적절한 것은?

2013. 경찰 1차

> Because Oriental ideas of woman's subordination to man prevailed in those days, she ________ meet with men on an equal basis.

① did dare not
② dared not
③ dared not to
④ did dare not to

01 02 PART 03 04 05

05

정답 해설

④ [출제영역] 챕터 09 조동사
제안(recommend)동사가 올 경우 that절의 동사는 '(should) 동사원형'으로 쓴다. 따라서 등위접속사(and) 기준으로 drink와 refrain은 동사원형으로 올바르게 쓰였다. 나머지도 의미상 올바르게 쓰였다.

오답 해설

① [출제영역] 챕터 09 조동사
제안(recommend)동사가 올 경우 that절의 동사는 '(should) 동사원형'으로 써야 하고 조동사 do는 쓸 수 없다. 따라서 do not drink 대신 not drink로 써야 올바르다.

② [출제영역] 챕터 01 문장의 이해
등위접속사(and) 기준으로 recommend와 keep away는 병렬구조로 동사로 쓰이고 있다. 그러나 동사 keep away의 주어로 Doctors와는 어울리지 않으므로 주어진 문장은 올바르지 못하다.

③ [출제영역] 챕터 15 기타 품사
after a party는 '파티 후에'라는 뜻으로, '과한 음주 후에'와 의미상 맞지가 않아 주어진 문장은 올바르지 못하다.

정답 ④

06

정답 해설

② [출제영역] 챕터 09 조동사
dare은 본동사와 조동사 기능 둘 다 있으며, 특히 부정문에서 조동사 역할이 가능하다. dare은 일반동사로 쓰일 때는 '부정어(not) + dare + to부정사'의 형태로, 조동사로 쓰일 때는 'dare[dared] + 부정어(not) + 동사원형'의 형태로 써야 한다. 문맥상 부정문으로 조동사의 쓰임을 묻는 것이므로 dared not meet으로 써야 올바르다.

찐Tip not의 위치에 주의해야 하는데 동사원형 앞에 not을 붙여 'dare not 동사원형'의 어순으로 써야 한다.

지문 해석

> 그 시대에 여성의 남성에 대한 순종의 동양사상이 만연했기 때문에, 그녀는 감히 남성들과 대등하게 만날 수 없었다.

정답 ②

07 **우리말을 영어로 잘못 옮긴 것을 고르시오.**

2016. 지방직 9급

① 오늘 밤 나는 영화 보러 가기보다는 집에서 쉬고 싶다.
→ I'd rather relax at home than going to the movies tonight.

② 경찰은 집안 문제에 대해서는 개입하기를 무척 꺼린다.
→ The police are very unwilling to interfere in family problems.

③ 네가 통제하지 못하는 과거의 일을 걱정해봐야 소용없다.
→ It's no use worrying about past events over which you have no control.

④ 내가 자주 열쇠를 엉뚱한 곳에 두어서 내 비서가 나를 위해 여분의 열쇠를 갖고 다닌다.
→ I misplace my keys so often that my secretary carries spare ones for me.

08 **우리말을 영어로 잘못 옮긴 것을 고르시오.**

2017. 국가직 9급

① 이 편지를 받는 대로 곧 본사로 와 주십시오.
→ Please come to the headquarters as soon as you receive this letter.

② 나는 소년 시절에 독서하는 버릇을 길러 놓았어야만 했다.
→ I ought to have formed a habit of reading in my boyhood.

③ 그는 10년 동안 외국에 있었기 때문에 영어를 매우 유창하게 말할 수 있다.
→ Having been abroad for ten years, he can speak English very fluently.

④ 내가 그때 그 계획을 포기했었다면 이렇게 훌륭한 성과를 얻지 못했을 것이다.
→ Had I given up the project at that time, I should have achieved such a splendid.

07

정답 해설

① [출제영역] 챕터 09 조동사
'B하는 것보다 A하는 게 낫다'의 뜻을 가진 구문으로는 'would rather A than B'의 표현이 있다. A, B는 주로 동사원형으로 쓴다. 따라서 going 대신 go로 써야 올바르다.

오답 해설

② [출제영역] 챕터 15 기타 품사 & 챕터 08 부정사
police는 보통 정관사 the와 함께 쓰이고 복수 취급해야 하므로 동사 are은 올바르게 쓰였고, 'be unwilling to부정사'는 '~하기를 꺼리다'의 뜻으로 쓰이고, 여기서 to는 to부정사로 뒤에 동사원형이 와야 한다. 따라서 interfere은 올바르게 쓰였다.

찐Tip interfere에 전치사 in이 붙으면 '~을 간섭하다, ~에 개입하다'의 뜻으로, 전치사 with이 붙으면 '~을 방해하다'의 뜻으로 쓰인다.

③ [출제영역] 챕터 06 동명사
'~해도 소용없다'의 뜻을 가진 구문으로는 'It's no use[good] -ing'의 동명사 관용 표현이 있다. 따라서 주어진 문장은 올바르게 쓰였다.

④ [출제영역] 챕터 15 기타 품사
'너무 ~해서 ~하다'의 뜻을 가진 구문으로는 'so + 형용사/부사 + that + 주어 동사'의 표현으로 올바르게 쓰였고, one/ones는 앞의 셀 수 있는 명사를 대신 받는데 keys가 복수형태이므로 ones 또한 올바르게 쓰였다.

정답 ①

08

정답 해설

④ [출제영역] 챕터 09 조동사
문맥상 '~얻지 못했을 것이다'라고 하고 있으므로 'would not have p.p.~'로 써야 자연스럽다. 따라서 should have achieved 대신 wouldn't have achieved로 써야 올바르다.

찐Tip if가 생략된 도치 가정법으로 'Had + 주어 + p.p.~, 주어 + would/should/could/might + have p.p.'의 형태로 올바르게 쓰였다.

오답 해설

① [출제영역] 챕터 03 동사의 시제
시간 부사절 접속사(as soon as)에서는 미래시제 대신 현재시제로 써야 한다. 따라서 현재동사 receive는 올바르게 쓰였다.

② [출제영역] 챕터 09 조동사
문맥상 '~했었야 했다'라고 하고 있으므로 'should(ought to) have p.p.'로 써야 자연스럽다. 따라서 주어진 문장은 올바르게 쓰였다.

③ [출제영역] 챕터 07 분사
분사구문이 발생한 시제는 시간부사 'for 기간'이 있는 것으로 보아 완료시제이고, 문장의 동사 시제는 can speak으로 현재시제이기 때문에 분사구문의 시제와 동사의 시제가 차이가 나므로 완료형 having been으로 올바르게 쓰였다.

정답 ④

09 어법상 옳지 않은 것을 고르시오. 2016. 국가직 7급

① I met a student yesterday in the cafeteria who said she knew you.
② Even though Tim is your friend, he isn't to be trusted with other people's money.
③ We suggest you to take a copy of the final invoice along with your travel documents.
④ Surprisingly, she didn't have any objections to make to the proposal.

10 다음 우리말을 영작한 것 중 가장 적절한 것은? 2021. 경찰 2차

① 모든 직원들이 보호 장비를 착용하는 것은 필수적이다.
→ It is essential that every employee wear protective gear.
② 누구도 그에게 늦게까지 일하도록 강요하지 않았고, 그렇게 요청하지도 않을 것이다.
→ No one would ask him to work late, much more force him to do that.
③ 회의에서 논의된 바와 같이, 새로운 정책들은 상당한 이익을 가져다줄 것이다.
→ As discussing in the meeting, the new policies will bring significant benefits.
④ CEO는 대부분의 회사 제품이 생산되는 공장에 방문했다.
→ A CEO visited the factory which most of the company's products are manufactured.

09

정답 해설

③ [출제영역] 챕터 09 조동사
제안동사(suggest)는 목적보어로 to부정사를 취하지 않는 완전 타동사이다. 'suggest + that 주어 (should) 동사원형'의 구조로 써야 한다. 따라서 suggest you to take 대신 suggest you (should) take로 써야 올바르다.

오답 해설

① [출제영역] 챕터 02 동사의 유형 & 챕터 13 관계사
met은 타동사로 뒤에 목적어를 취할 수 있고, a student를 선행사로 하는 주격 관계대명사 who 뒤에 주어가 없는 불완전 구조 또한 올바르게 쓰였다.
② [출제영역] 챕터 12 접속사와 전치사
양보 부사절 접속사(Even though) 뒤에 완전 구조로 올바르게 쓰였고, 문맥상 양보의 의미가 자연스러우므로 even though 또한 올바르게 쓰였다.
④ [출제영역] 챕터 08 부정사
to make는 명사 objections을 뒤에서 수식하는 to부정사의 형용사적 용법으로 올바르게 쓰였다.

선지 해석

① 나는 그녀가 너를 알고 있다고 말한 학생을 어제 구내식당에서 만났다.
② Tim은 너의 친구이지만, 그에게 다른 사람의 돈을 맡기기에는 신뢰할수 없는 사람이다.
③ 우리는 네가 확정 송장의 사본을 여행 서류와 함께 가지고 올 것을 제안했다.
④ 놀랍게도, 그녀는 그 제안에 대해 이의를 제기하지 않았다.

정답 ③

10

정답 해설

① [출제영역] 챕터09 조동사
주관적 판단 형용사(essential)의 that절의 동사는 '(should) 동사원형'으로 써야 하고, 'It is 주관적 판단 형용사 that 주어 (should) 동사원형'의 구조로 쓴다. 따라서 주어진 문장은 올바르게 쓰였다.

찐Tip 이외 주관적 판단 형용사로는 important, vital, desirable, imperative, natural, necessary 가 있다.

오답 해설

② [출제영역] 챕터14 비교 구문
much[still] more은 '~는 말할 것도 없이'의 뜻으로 앞 문장이 긍정문일 경우에, much[still] less는 같은 뜻으로 앞 문장이 부정문일 경우에 쓰인다. 위 문장은 앞 문장이 부정문(No one~)이기 때문에 much more 대신 much less로 써야 올바르다.
③ [출제영역] 챕터07 분사
discuss는 타동사로 영작을 보면 '논의된 바~'의 수동의 의미이고, 뒤에 목적어를 취하고 있지 않으므로 과거분사로 써야 한다. 따라서 discussing 대신 discussed로 써야 올바르다.
④ [출제영역] 챕터13 관계사
관계대명사 which는 뒤에 불완전 구조를 취한다. 위 문장은 which 뒤에 'S + be p.p.'의 형태인 완전 구조를 취하고 있으므로 관계부사 또는 '전치사 + 관계대명사'를 써야 한다. 따라서 which 대신 in which 또는 where로 써야 올바르다.

정답 ①

CHAPTER 10 도치 구문과 강조 구문

반드시 한 번에 다잡는 최빈출 개념 정리

01 부정부사가 _______ 처음이나 절 처음에 위치하면 「조동사 + 주어」 도치 구조를 확인한다.

개념 적용 No longer ~~he could~~(→) distinguish between illusion and reality.
그는 더 이상 착각과 현실을 구별할 수가 없었다.

02 부정부사는 다른 __________와 겹쳐 쓰지 않는다.

개념 적용 I ~~can't hardly~~(→) make myself understood in English.
나는 영어로 의사소통할 수 없다.

03 so와 neither를 포함한 도치 구문에서 so는 _______과 호응, neither는 부정문과 호응한다. 이때, 조동사는 앞에 나온 동사의 종류와 시제에 따라 결정되고 뒤에 나온 주어와 수 일치한다.

개념 적용 Prices have gone up, and so ~~does~~(→) the price of education.
가격은 올라가고 그로 인해 교육비도 올라가고 있다.

04 'Only+부사(부사구, 부사절)'가 문장 _____이나 절 처음에 위치하면 「조동사 + 주어」 도치 구조를 확인한다.

개념 적용 Only when he needs something ~~he looks~~(→) for me.
그는 아쉬울 때만 나를 찾는다.

05 _____ 양보 도치 구문은 여러 가지로 쓰일 수 있으므로 주의한다.

개념 적용 ~~A woman~~(→) as she was, she was brave.
그녀는 여자이지만 용감했다.

06 장소와 방향 부사구가 문장 처음에 쓰일 경우 '1형식 자동사+주어'로 도치되고 ______를 확인한다.

개념 적용 On the map ~~is~~(→) many symbols that show national boundaries.
지도에는 국경선을 보여주는 많은 기호들이 있다.

정답
01 문장, could he 02 부정부사, can't 03 긍정문, has 04 처음, does he look 05 as, Woman
06 수 일치, are

01 우리말을 영어로 잘못 옮긴 것을 고르시오.

2022. 지방직 9급

① 식사를 마치자마자 나는 다시 배고프기 시작했다.
→ No sooner I have finishing the meal than I started feeling hungry again.

② 그녀는 조만간 요금을 내야만 할 것이다.
→ She will have to pay the bill sooner or later.

③ 독서와 정신의 관계는 운동과 신체의 관계와 같다.
→ Reading is to the mind what exercise is to the body.

④ 그는 대학에서 의학을 공부했으나 결국 회계 회사에서 일하게 되었다.
→ He studied medicine at university but ended up working for an accounting firm.

02 다음 문장 중 어법상 가장 적절하지 않은 것은?

2020. 경찰 1차

① No sooner had he seen me than he ran away.

② Little I dreamed that he had told me a lie.

③ Written in plain English, the book has been read by many people.

④ When I met her for the first time, I couldn't help but fall in love with her.

01

정답 해설

① [출제영역] 챕터 10 도치 구문과 강조 구문
'~하자마자 ~했다'의 뜻을 가진 구문으로는 'No sooner had 주어 p.p. than 주어 + 과거동사'의 도치 표현이 있다. 따라서 No sooner I have finishing 대신 No sooner had I finished로 써야 올바르다.

찐Tip 이와 같은 뜻을 가진 구문으로 '주어 had no sooner p.p. than 주어 + 과거동사'의 정치 표현이 있다.

오답 해설

② [출제영역] 챕터 08 부정사
'~해야만 하다'의 뜻을 가진 구문으로는 'will have to부정사'로 표현할 수 있다. 따라서 주어진 문장은 올바르게 쓰였다.

찐Tip 'sooner or later'은 '조만간'의 뜻으로 쓰인다.

③ [출제영역] 챕터 12 접속사와 전치사
'A is to B what(as) C is to D'는 'A와 B의 관계는 C와 D의 관계와 같다'의 뜻으로 쓰인다. 따라서 주어진 문장은 올바르게 쓰였다.

④ [출제영역] 챕터 06 동명사
'결국 ~하게 되다'의 뜻을 가진 구문으로 'end up -ing'의 표현이 있다. 따라서 주어진 문장은 올바르게 쓰였다.

찐Tip 등위접속사(but)를 기준으로 studied와 ended up은 과거시제가 병렬구조로 올바르게 쓰였다.

정답 ①

02

정답 해설

② [출제영역] 챕터 10 도치 구문과 강조 구문
부정어 little이 문장 처음에 나오면 뒤에 이어지는 문장의 어순은 '조동사 + 주어'로 도치된다. 일반 동사 dreamed는 바로 주어 앞에 위치하는 것이 아니라 '조동사(do, does, did) + 주어 + 동사원형'의 도치된 형태로 쓰인다. 따라서 Little I dreamed 대신 Little did I dream으로 써야 올바르다.

오답 해설

① [출제영역] 챕터 03 동사의 시제 & 챕터 10 도치 구문과 강조 구문
'~하자마자 ~했다'의 뜻을 가진 구문으로는 'No sooner had 주어 p.p. than 주어 + 과거시제 동사'의 도치 표현이 있다. 따라서 주어진 문장은 올바르게 쓰였다.

③ [출제영역] 챕터 07 분사
문장 처음에 Written in~은 분사구문으로 의미상의 주어가 주절의 주어 book이다. 책이 쓰여졌다는 것으로 수동의 의미이므로 과거분사 written은 올바르게 쓰였다.

④ [출제영역] 챕터 06 동명사
'~하지 않을 수 없다'의 뜻을 가진 구문으로는 'cannot help but 동사원형 = cannot help -ing'의 동명사 관용 표현이 있다. 따라서 but 뒤에 동사원형 fall은 올바르게 쓰였다.

선지 해석

① 그가 나를 보자마자 그는 도망갔다.
② 그가 나에게 거짓말을 했다는 것을 나는 꿈도 꾸지 못했다.
③ 간단한 영어로 쓰여져서, 이 책은 많은 사람들에 읽혀졌다.
④ 처음으로 그녀를 만났을 때, 나는 그녀에게 반하지 않을 수 없었다.

정답 ②

03 우리말을 영어로 가장 잘 옮긴 것은? 2019. 지방직 7급

> 문화를 연결해 주는 교차로 중 하나인 하와이에서는 그 어느 곳보다 퓨전 요리가 더욱 눈에 띈다.

① Nowhere are fusion dishes more apparent than in Hawaii which is one of the crossroad places that bridge cultures.
② Nowhere are fusion dishes more apparent than in Hawaii where is one of the crossroad places that bridges cultures.
③ Nowhere fusion dishes are more apparent than in Hawaii where is one of the crossroad places that bridge cultures.
④ Nowhere fusion dishes are more apparent than in Hawaii which is one of the crossroad places that bridges cultures.

04 어법상 옳은 것은? 2017. 지방직 9급

① The oceans contain many forms of life that has not yet been discovered.
② The rings of Saturn are so distant to be seen from Earth without a telescope.
③ The Aswan High Dam has been protected Egypt from the famines of its neighboring countries.
④ Included in this series is “The Enchanted Horse,” among other famous children's stories.

03

정답 해설

① [출제영역] 챕터 10 도치 구문과 강조 구문
부정어 nowhere이 문장 처음에 나오면 뒤에 이어지는 문장의 어순은 '조동사 + 주어'로 도치된다. 동사가 be동사이므로 동사 are을 먼저 쓰고 주어 fusion dishes를 쓰면 된다. 선행사(Hawaii) 뒤에 관계대명사 which가 있으며 그 뒤에는 주어가 없는 불완전 구조로 올바르게 쓰였다.

오답 해설

② [출제영역] 챕터 13 관계사
부정어 도치는 올바르게 쓰였다. 그러나 관계부사 where 뒤에는 완전 구조를 취해야 하는데 주어가 없는 불완전 구조를 취했으므로 올바르지 못하다.
③,④ [출제영역] 챕터 10 도치 구문과 강조 구문
부정어 도치가 '주어 + 동사'의 어순으로 쓰였기 때문에 올바르지 못하다. fusion dishes are 대신 are fusion dishes로 써야 올바르다.

정답 ①

04

정답 해설

④ [출제영역] 챕터 10 도치 구문과 강조 구문
주격 보어(Included)가 문장 처음에 위치하면 '주격 보어 + be동사 + 주어'의 어순이 된다. 주어는 'The Enchanted Horse'는 작품 이름으로 단수 취급을 한다. 따라서 단수 동사 is는 올바르게 쓰였다.

오답 해설

① [출제영역] 챕터 04 주어와 동사 수 일치
문맥상 주격 관계대명사 that에 대한 선행사는 life가 아닌 many forms of life로 복수 형태이다. 따라서 단수 동사 has 대신 복수 동사 have로 써야 올바르다.
② [출제영역] 챕터 08 부정사
'너무 ~해서 ~할 수 없다'의 뜻을 가진 구문으로는 'too 형용사/부사 to부정사 = so 형용사/부사 that 주어 cannot'의 표현이 있다. so와 to부정사는 호응하지 못하므로 so 대신 too로 써야 올바르다.
③ [출제영역] 챕터 05 수동태
수여동사를 제외하고 수동태(be p.p.) 뒤에 목적어는 올 수 없다. 동사 protect 뒤에 목적어(Egypt)가 있는 것을 보아 능동의 의미로 볼 수 있다. 따라서 has been protected 대신 능동의 현재완료 has protected로 써야 올바르다.

선지 해석

① 바다는 아직 발견되지 않은 많은 종류의 생물을 함유하고 있다.
② 토성의 고리는 지구에서 망원경 없이는 볼 수 없을 만큼 아주 멀리 떨어져 있다.
③ Aswan High Dam은 이집트를 이웃 국가들의 기근으로부터 보호해 왔다.
④ "마법의 말"은 다른 유명한 동화들 중 이 시리즈에 포함되어 있다.

정답 ④

05 다음 우리말을 영작한 것 중 가장 적절한 것은?

2017. 경찰 2차

> 나는 그런 관대한 인물을 아직 본 적이 없다.

① Never I have met such generous a man before.
② Never I have met such a generous man before.
③ Never have I met such generous a man before.
④ Never have I met such a generous man before.

06 어법상 옳은 것은?

2017. 국가직 9급

① They didn't believe his story, and neither did I.
② The sport in that I am most interested is soccer.
③ Jamie learned from the book that World War I had broken out in 1914.
④ Two factors have made scientists difficult to determine the number of species on Earth.

05

정답 해설

④ [출제영역] 챕터 10 도치 구문과 강조 구문
부정어 never이 문장 처음에 나오면 뒤에 이어지는 문장의 어순은 '조동사 + 주어'의 도치 구조로 쓴다. 주어진 문장은 '조동사(have, has, had) + 주어 + 동사원형'의 어순으로 올바르게 쓰였고, 'such + a + 형용사 + 명사'의 어순 또한 올바르게 쓰였다.

찐Tip 부정부사는 다른 부정부사와 겹쳐 쓰지 않으므로 같은 절에 부정부사 2개를 쓸 수 없다.

찐Tip 어순에 주의해야 할 형용사나 부사가 나오면 각각의 어순을 확인해야 한다. 'such(what/quite/rather) + a + 형용사 + 명사'의 어순으로 쓴다.

오답 해설

①,② [출제영역] 챕터 10 도치 구문과 강조 구문
부정어 다음 도치 구조로 쓰이지 않고, '주어 + 동사'의 어순으로 쓰였다. 따라서 I have met 대신 have I met으로 써야 하므로 주어진 문장은 올바르지 못하다.
③ [출제영역] 챕터 10 도치 구문과 강조 구문
부정어 다음 도치 구조는 올바르게 쓰였으나, such 다음 'such + 형용사 + a + 명사'의 어순으로 쓰였다. 따라서 such generous a man 대신 such a generous man으로 써야 하므로 주어진 문장은 올바르지 못하다.

정답 ④

06

정답 해설

① [출제영역] 챕터 10 도치 구문과 강조 구문
neither를 포함한 도치 구문으로 '주어+동사(부정)~, and neither + 조동사 + 주어'의 표현이 있다. 조동사는 앞에 나온 동사의 종류와 시제에 따라 결정되고 뒤에 나온 주어와 수 일치해야 한다. 따라서 앞 동사 believe와 뒤에 주어 I에 맞춰 did로 올바르게 쓰였다.

찐Tip and neither은 nor로 쓸 수 있다.

오답 해설

② [출제영역] 챕터 13 관계사
전치사 in은 관계대명사 앞에 올 수 있지만 관계대명사 that 앞에는 올 수 없다. 따라서 관계대명사 that 대신 which로 써야 올바르다.
③ [출제영역] 챕터 03 동사의 시제
종속절의 내용이 과거에 발생한 역사적 사실(1,2차 세계대전 등등..)이면 항상 과거 시제를 사용한다. 따라서 had broken out 대신 broke out으로 써야 올바르다.
④ [출제영역] 챕터 08 부정사
make는 5형식 동사로 to부정사가 목적어 역할을 할 경우 '가목적어(it)–진목적어(to부정사)' 구문으로 쓸 수 있다. 다음 구문으로 '5형식 동사 + 가목적어(it) + 형용사/명사 + (for목적어) + 진목적어(to부정사)'의 형식이 있다. 따라서 made scientists difficult to determine 대신 made it difficult for scientists to determine으로 써야 올바르다.

찐Tip 위 구조로 쓸 수 있는 5형식은 동사는 make, believe, consider, find, think가 있다.

선지 해석

① 그들은 그의 이야기를 믿지 않았고, 나도 마찬가지였다.
② 내가 가장 관심 있는 스포츠는 축구이다.
③ Jamie는 그 책에서 제1차 세계 대전이 1914년에 발발했다는 것을 배웠다.
④ 두 가지 요인으로 인해 과학자들이 지구 상의 종의 수를 결정하는 것을 어렵게 만들었다.

정답 ①

07 어법상 옳은 것은?

2019. 지방직 7급

① Little did we think three months ago that we'd be working together.
② I would love to see you tonight if you will have finished your work.
③ When I had a problem with my new apartment, I wondered who should I go and talk to.
④ This book has been the best seller for weeks, but it hasn't come in any paperback yet, is it?

08 우리말을 영어로 옮긴 것 중 가장 어색한 것은?

2015. 지방직 9급

① 그녀는 젊었을 때 더 열심히 일하지 않았던 것을 후회한다.
→ She regrets not having worked harder in her youth.
② 그는 경험과 지식을 둘 다 겸비한 사람이다.
→ He is a man of both experience and knowledge.
③ 분노는 정상적이고 건강한 감정이다.
→ Anger is a normal and healthy emotion.
④ 어떤 상황에서도 너는 이곳을 떠나면 안 된다.
→ Under no circumstances you should not leave here.

07

정답 해설

① [출제영역] 챕터 10 도치 구문과 강조 구문
부정어 little이 문장 처음에 나오면 뒤에 이어지는 문장의 어순은 '조동사 + 주어'로 도치된다. 일반 동사 think는 바로 주어 앞에 위치하는 것이 아니라 '조동사(do, does, did) + 주어 + 동사원형'의 도치된 형태로 쓰인다. 따라서 주어진 문장은 올바르게 쓰였다.

오답 해설

② [출제영역] 챕터 03 동사의 시제
조건 부사절에서는 의미상 미래일지라도 현재(완료)시제가 미래(완료)시제를 대신한다. 따라서 will have finished 대신 have finished로 써야 올바르다.

③ [출제영역] 챕터 01 문장의 이해
간접의문문은 '조동사 + 주어'의 도치 구조가 아닌 '의문사 + 주어 + 동사'의 평서문 어순으로 써야 한다. 따라서 who should I go 대신 who I should로 써야 올바르다.

④ [출제영역] 챕터 01 문장의 이해
부가의문문의 동사는 평서문(주절)의 동사 종류와 시제를 맞춘다. 주절의 동사가 현재완료시제(hasn't come)이므로 부가의의문의 동사는 is it 대신 has it으로 써야 올바르다.

찐Tip 평서문이 긍정이면 부정, 평서문이 부정이면 긍정의 부가의문문을 사용한다.

선지 해석

① 세 달 전에 우리가 함께 일하게 될 줄은 생각도 못했다.
② 만약 네가 일을 끝낸다면, 오늘 밤에 너를 만나고 싶다.
③ 새 아파트에 문제가 생겼을 때, 내가 누구에게 가서 얘기해야 할지 궁금했다.
④ 이 책은 몇 주 동안 베스트셀러가 되었지만, 아직 페이퍼백은 나오지는 않았어요. 그렇죠?

정답 ①

08

정답 해설

④ [출제영역] 챕터 10 도치 구문과 강조 구문
부정부사 under no circumstances가 문장 처음에 나오면 뒤에 이어지는 문장의 어순은 '조동사 + 주어'로 도치된다. 따라서 you should 대신 should you로 써야 올바르다. 또한 부정부사는 다른 부정부사와 겹쳐 쓰지 않기 때문에 주어진 문장에서 not을 삭제해야 한다.

오답 해설

① [출제영역] 챕터 06 동명사
regret은 동명사 목적어를 수반할 때 '~을 후회한다'의 뜻으로 쓰인다. 동명사의 완료형은 본동사의 시제보다 동명사가 발생한 시제가 더 이전에 일어났을 경우를 의미한다. 주어진 문장에서 본동사는 현재 시제(regrets)이고, 동명사는 과거(in her youth)에 발생했고, work는 1형식 자동사이므로 능동 완료형 동명사인 having worked는 올바르게 쓰였다.

② [출제영역] 챕터 12 접속사와 전치사
'both A and B'는 'A와 B 둘 다' 라는 의미의 상관접속사로 A와 B는 병렬 구조를 이룬다. 따라서 전치사의 목적어로 명사 experience와 knowledge가 병렬구조로 올바르게 쓰였다.

③ [출제영역] 챕터 12 접속사와 전치사
등위접속사(and) 기준으로 병렬구조를 이룬다. 주어진 문장에서 and를 기준으로 형용사 normal과 healthy가 병렬구조로 올바르게 쓰였다.

정답 ④

09 우리말을 영어로 가장 잘 옮긴 것을 고르시오.

2021. 국가직 9급

① 나는 너의 답장을 가능한 한 빨리 받기를 고대한다.
→ I look forward to receive your reply as soon as possible.

② 그는 내가 일을 열심히 했기 때문에 월급을 올려 주겠다고 말했다.
→ He said he would rise my salary because I worked hard.

③ 그의 스마트 도시 계획은 고려할 만했다.
→ His plan for the smart city was worth considered.

④ Cindy는 피아노 치는 것을 매우 좋아했고 그녀의 아들도 그랬다.
→ Cindy loved playing the piano, and so did her son.

10 다음 우리말을 영작한 것 중 가장 적절한 것은?

2017. 경찰 1차

> 경찰작용은 더 이상 법 집행에만 초점이 맞춰지지 않았으며, 다양한 활동에 관여될 것이 요구되었다.

① No longer were solely focused police actions on law enforcement but were required to involve in a variety of activities.

② No longer police actions were solely focused on law enforcement but to be required involve in a variety of activities.

③ No longer police actions solely focused on were law enforcement but required to be involved in a variety of activities.

④ No longer were police actions solely focused on law enforcement but were required to be involved in a variety of activities.

01 02 PART 03 04 05

09

정답 해설

④ [출제영역] 챕터 10 도치 구문과 강조 구문

so를 포함한 도치 구문으로 '주어+동사(긍정)~, and so + 조동사 + 주어'의 표현이 있다. 조동사는 앞에 나온 동사의 종류와 시제에 따라 결정되고 뒤에 나온 주어와 수 일치해야 한다. 따라서 앞 동사 loved와 뒤의 주어 her son에 맞춰 did로 올바르게 쓰였다.

찐 Tip and neither는 부정문과 호응한다.

오답 해설

① [출제영역] 챕터 06 동명사

'~을 기대하다'의 뜻을 가진 구문으로는 'look forward to 명사/동명사'의 표현이 있다. 여기서 to는 전치사로 to receive 대신 to receiving으로 써야 올바르다.

② [출제영역] 챕터 02 동사의 유형

rise는 1형식 자동사로 '일어나다, 떠오르다, 상승하다'의 뜻으로 쓰이고, 명사 목적어를 취할 수 없다. raise는 타동사로 '~을 올리다, ~을 일으키다'의 뜻으로 쓰이고, 목적어(명사)를 취할 수 있다. 따라서 목적어(my salary)가 있으므로 rise 대신 raise로 써야 올바르다.

③ [출제영역] 챕터 06 동명사

'~할 가치가 있다'의 뜻을 가진 구문으로는 'be worth -ing = be worthy of -ing'의 동명사 관용 표현이 있다. 따라서 considered 대신 considering으로 써야 올바르다.

정답 ④

10

정답 해설

④ [출제영역] 챕터 10 도치 구문과 강조 구문

부정어 no longer이 문장 처음에 나오면 뒤에 이어지는 문장의 어순은 '조동사 + 주어'로 도치된다. '조동사 + 주어 + 동사원형'의 어순으로 올바르게 쓰였고, 문장의 주어(police actions)가 요구되었다는 의미이므로 수동태 were required 또한 올바르게 쓰였다.

오답 해설

① [출제영역] 챕터 10 도치 구문과 강조 구문

부정어 도치가 쓰이긴 하였다. 그러나 조동사 기능이 있는 were만 도치시켜야 하는데 were solely focused가 전체 도치된 형태이다. 따라서 주어진 문장은 올바르지 못하다.

②,③ [출제영역] 챕터 10 도치 구문과 강조 구문

부정어 도치가 '주어 + 동사'의 어순으로 쓰였다. 따라서 주어진 문장은 올바르지 못하다.

정답 ④

11 어법상 옳지 않은 것은? 2017. 국가직 9급

① A few words caught in passing set me thinking.

② Hardly did she enter the house when someone turned on the light.

③ We drove on to the hotel, from whose balcony we could look down at the town.

④ The homeless usually have great difficulty getting a job, so they are losing their hope.

11

정답 해설

② [출제영역] 챕터 10 도치 구문과 강조 구문

'~하자마자 ~했다'의 뜻을 가진 구문으로는 'Hardly[Scarcely] + had 주어 p.p. + when[before] 주어 + 과거시제 동사'의 도치 표현이 있다. 따라서 did she enter 대신 had she entered로 써야 올바르다.

오답 해설

① [출제영역] 챕터 07 분사

문장에서 이미 동사 set이 있는데 동사의 p.p.형인 caught가 나와있으므로 분사 문제이다. 과거분사 caught가 앞에 있는 명사(words)를 꾸며주는데 뒤에 목적어가 없고, words가 붙잡혀진 것이므로 과거분사 caught는 올바르게 쓰였다.

찐Tip 'set + 목적어 -ing'는 '~하게 만들다'의 뜻으로 쓰인다.

③ [출제영역] 챕터 13 관계사

관계대명사 whose는 뒤에 완전 구조를 취한다. whose는 뒤에 나오는 명사 balcony를 수식해주고 있고 여기서 balcony는 전치사 from의 목적어 역할을 하므로 'from whose balcony'는 '전치사 + 명사구'의 형태로 쓰였고, 뒤는 완전 구조로 올바르게 쓰였다.

④ [출제영역] 챕터 15 기타 품사

'the 형용사'가 '~인(한) 사람들'이라는 의미로 해석될 때 복수 취급하고 복수 동사와 수 일치한다. 따라서 복수 동사 have는 올바르게 쓰였다.

찐Tip 'have difficulty -ing'는 '~하는 데 어려움을 겪다'의 뜻으로 쓰인다.

선지 해석

① 지나가면서 들린 몇 마디가 나를 생각하게 만들었다.
② 그녀가 집에 들어가자마자 누군가가 불을 켰다.
③ 우리는 호텔로 차를 타고 갔고, 그 호텔의 발코니에서 마을을 내려다볼 수 있었다.
④ 노숙자들은 보통 일자리를 구하는 데 큰 어려움을 겪으므로 그들은 희망을 잃어가고 있다.

정답 ②

12 밑줄 친 부분 중 어법상 옳지 않은 것은?

2011. 국가직 7급

A few weeks earlier I had awoken just after dawn to find the bed beside me ① <u>empty</u>. I got up and found Jenny sitting in her bathrobe at the glass table on the screened porch of our little bungalow, bent over the newspaper with a pen in her hand. There was ② <u>nothing unusual</u> about the scene. Not only ③ <u>were</u> the Palm Beach Post our local paper, it was also the source of half of our household income. We were a two-newspaper-career couple. Jenny worked as a feature writer in the Post's "Accent" section; I was a news reporter at the ④ <u>competing</u> paper in the area, the South Florida Sun-Sentinel, based an hour south in Fort Lauderdale.

12

정답 해설

③ [출제영역] 챕터 10 도치 구문과 강조 구문
부정부사 not only가 문장 처음에 나오면 '조동사 + 주어' 도치 구조를 확인해야 한다. 'be + 주어 + 명사(동사원형×)'의 도치 구조로는 올바르게 쓰였다. 그러나 도치가 될 때 주어와 동사 수 일치도 확인해야 한다. 따라서 주어(the Palm Beach Post)가 단수 형태이므로 복수 동사 were 대신 단수 동사 was로 써야 올바르다.

오답 해설

① [출제영역] 챕터 02 동사의 유형
find의 목적어와 목적보어의 관계가 상태를 나타낼 때는 형용사를 취할 수 있다. 따라서 형용사 empty는 올바르게 쓰였다.

② [출제영역] 챕터 15 기타 품사 & 챕터 04 주어와 동사 수 일치
앞에 단수 동사 was가 있는 것으로 보아 주어도 단수 형태로 올바르게 쓰였고, 형용사(unusual)가 명사(nothing)를 후치 수식해주는 한정적 용법으로도 올바르게 쓰였다.

④ [출제영역] 챕터 07 분사
compete는 타동사로 뒤에 목적어(paper)를 취하고 있으므로 현재분사로 수식한다. 따라서 현재분사형 competing은 올바르게 쓰였다.

지문 해석

몇 주 전에 나는 동이 튼 직후에 일어나보니 내 옆 침대가 비어 있는 것을 발견했다. 나는 일어나서 우리의 작은 방갈로의 그물망을 쳐 놓은 베란다의 유리 테이블에 목욕가운을 입은 채로 앉아있는 Jenny를 발견했는데 그녀는 신문 위에 숙인 채로 손에 펜을 들고 있었다. 이 장면에는 특별한 점은 없었다. Palm Beach Post는 우리 지역 신문일 뿐만 아니라, 우리 가계 수입의 절반을 이루는 주요한 수입원이었다. 우리는 신문 기자를 하는 커플이었다. Jenny는 "Accent" 섹션에서 특별기사 전문기고가로서 일하고 있으며, 나는 포트로더데일에서 남쪽으로 한 시간 정도 떨어진 곳에 위치해 있는 'South Florida Sun-Sentinel'의 지역 내 경쟁 신문사에서 뉴스 기자로 일하고 있었다.

정답 ③

01 02 PART 03 04 05

CHAPTER 11 가정법

반드시 한 번에 다잡는 최빈출 개념 정리

01 「if + 주어 + should 동사원형」 또는 「if + 주어 + were to부정사」가 나오면 가정법 ______를 의미하므로 주절의 동사가 올바르게 쓰였는지 확인해야 한다.

개념 적용 If you were to ever see it, you ~~will~~(→ __________) think you were in heaven.
만일 여러분이 그것을 언젠가 보시게 되면, 아마 천국에 와있는 느낌일 거예요.

02 「if + 주어 + 과거 동사」가 나오면 가정법 _____를 의미하고 「주어 + would/should/could/might 동사원형」이 올바르게 쓰였는지 확인해야 한다.

개념 적용 If I were in your shoes, I would ~~have resigned~~(→ __________) immediately.
내가 당신이라면, 즉시 사임하겠어요.

03 「if + 주어 + had p.p.」가 나오면 가정법 __________를 의미하고 「주어 + would/should/could/might have p.p.」가 올바르게 쓰였는지 확인해야 한다.

개념 적용 If I ~~have~~(→ __________) the advertisement in time, I would have applied for the job.
만약에 내가 그 광고를 제때 봤더라면, 그 직장에 지원을 했을 것이다.

04 if절에 과거 시간 부사와 주절에 __________ 부사가 쓰였다면 혼합 가정법 공식을 확인해야 한다

개념 적용 If she had started earlier, he would ~~have been~~(→ __________) here now.
만약 그녀가 더 일찍 출발했더라면, 지금 여기에 있을 텐데.

05 「__________ 주어 ~」, 「__________ + 주어」, 「__________ + 주어」로 시작한다면 if가 생략된 가정법이므로 가정법 공식을 확인해야 한다.

개념 적용 Had education ~~focus~~(→ __________) on creativity, they could have become great artists.
교육이 창의력에 초점을 맞추었더라면, 그들은 훌륭한 예술가가 될 수도 있었을 것이다.

06 _____를 사용하지 않는 여러 가지 가정법 표현의 형태가 올바르게 쓰였는지 확인한다.

개념 적용 It is high time that we ~~start~~(→ __________) a campaign for the environment.
이제는 우리가 환경 운동을 시작해야 할 때입니다.

정답
01 미래, would　02 과거, resign　03 과거 완료, had seen　04 현재 시간, be
05 Were, Should, Had, focused　06 if, started / should start

01 어법상 옳은 것은?

2018. 지방직 9급

① Please contact to me at the email address I gave you last week.
② Were it not for water, all living creatures on earth would be extinct.
③ The laptop allows people who is away from their offices to continue to work.
④ The more they attempted to explain their mistakes, the worst their story sounded.

02 다음 중 어법상 옳은 것은?

2011. 국가직 9급

① She objects to be asked out by people at work.
② I have no idea where is the nearest bank around here.
③ Tom, one of my best friends, were born in April 4th, 1985.
④ Had they followed my order, they would not have been punished.

01

정답 해설

② [출제영역] 챕터 11 가정법
'명사가 없다면 ~ 할 것이다'의 뜻을 가진 구문으로는 'Were it not for 명사 + 주어 would/shoud/could/might 동사원형'의 가정법 과거 표현이 있다. 따라서 주어진 문장은 올바르게 쓰였다.

오답 해설

① [출제영역] 챕터 02 동사의 유형
contact는 3형식 타동사로 전치사 없이 바로 목적어를 취할 수 있다. 따라서 contact to me 대신 전치사 to를 삭제한 contact me로 써야 올바르다.

③ [출제영역] 챕터 04 주어와 동사 수 일치
'사람명사 + who + 동사' 구조가 나오면 주어와 동사 수 일치를 확인해야 한다. 선행사가 people로 복수 형태이므로 단수 동사 is 대신 복수 동사 are로 써야 올바르다.

찐Tip allow는 목적어와 목적보어가 능동의 의미관계를 갖는 경우에 목적보어를 to부정사로 써야 한다.

④ [출제영역] 챕터 14 비교 구문
'~할수록 더 ~하다'라는 뜻의 비교 구문은 'the 비교급 주어 + 동사~, the 비교급 주어 + 동사'의 구조로 쓴다. 따라서 최상급 the worst 대신 비교급 the worse로 써야 올바르다.

선지 해석

① 저번 주에 제가 드렸던 이메일 주소로 저에게 연락해 주세요.
② 물이 없었다면 지구상의 모든 생물은 멸종했을 것이다.
③ 노트북은 사무실 밖에 있는 사람들이 작업을 계속할 수 있게 해준다.
④ 그들이 실수를 설명하려고 노력할수록, 그들의 이야기는 더욱 나쁘게 들렸다.

정답 ②

02

정답 해설

④ [출제영역] 챕터 11 가정법
'Had + 주어'로 시작한다면 if가 생략된 가정법이므로 가정법 공식을 확인해야 한다. 'Had + 주어 + p.p.~, 주어 + would/should/could/might have p.p.'의 가정법 과거 완료 공식으로 주어진 문장은 올바르게 쓰였다.

오답 해설

① [출제영역] 챕터 06 동명사 & 챕터 05 수동태
object to에서 to는 전치사로 뒤에 동명사를 취한다. ask out 뒤에 목적어가 없으므로 수동태(be p.p.)로 써야 한다. 따라서 objects to be asked 대신 objects to being asked로 써야 올바르다.

② [출제영역] 챕터 01 문장의 이해
주어, 목적어, 보어 자리에 where로 시작하면 간접의문문이다. 간접의문문은 '조동사 + 주어'의 도치 구조가 아닌 평서문의 어순인 '주어 + 동사'의 구조로 써야 한다. 따라서 where is the nearest back 대신 where the nearest bank is로 써야 올바르다.

③ [출제영역] 챕터 04 주어와 동사 수 일치
문장의 주어(Tom)가 단수 형태이므로 복수 동사 were 대신 단수 동사 was로 써야 올바르다.

선지 해석

① 그녀는 직장 동료들에게 데이트 신청을 받는 것을 반대한다.
② 주변에 가장 가까운 은행이 어디에 있는지 모르겠다.
③ 나의 가장 친한 친구 중 한 명인 Tom은 1985년 4월 4일에 태어났다.
④ 그들이 내 지시를 따랐더라면, 그들은 처벌받지 않았을 것이다.

정답 ④

03 어법상 옳지 않은 것을 고르시오. 2016. 국가직 7급

① Hardly had the new recruits started training when they were sent into battle.
② Disagreements over the treaty arose among the indigenous peoples of Africa.
③ If I had enough money, I would have bought a fancy yacht.
④ Do you want me to come with you, or do you want to go alone?

04 우리말을 영어로 옮긴 것으로 가장 옳은 것은? 2010. 국가직 9급

우리가 작년에 그 아파트를 구입했었더라면 얼마나 좋을까.

① I wish we purchased the apartment last year.
② I wished we purchased the apartment last year.
③ I wish we had purchased the apartment last year.
④ I wished we had purchased the apartment last year.

03

정답 해설

③ [출제영역] 챕터 11 가정법
가정법 구문인데, if절은 가정법 과거이고, 주절은 가정법 과거완료로 쓰였으므로 올바른 공식이 아니다. 과거 사실에 대한 반대를 가정하는 것으로 가정법 과거완료 공식으로 쓴다. 가정법 과거완료는 'If 주어 had p.p.~, 주어 + would/should/could/might have p.p.'로 If I had 대신 If I have had로 써야 올바르다.
현재 사실과 반대로 가정해서 현재 결과에 반대를 가정하는 것으로 가정법 과거 공식으로도 쓸 수 있다. 'If 주어 과거시제 동사~, 주어 + would/should/could/might 동사원형'으로 'I would have bought' 대신 'I would buy'로 써야 올바르다. "만약 충분한 돈이 있다면, 화려한 요트를 살텐데"로 해석할 수 있다.

오답 해설

① [출제영역] 챕터 03 동사의 시제 & 챕터 10 도치 구문과 강조 구문
'~하자마자 ~했다'의 뜻을 가진 구문으로는 'Hardly[Scarcely] + had 주어 p.p. + when[before] 주어 + 과거시제 동사'의 도치 표현이 있다. 따라서 주어진 문장은 올바르게 쓰였다.
② [출제영역] 챕터 02 동사의 유형
arise는 1형식 자동사로 뒤에 명사 목적어를 취할 수 없으나 전치사(among)와 함께 쓰이면 명사 목적어를 쓸 수 있다. 따라서 주어진 문장은 올바르게 쓰였다.
④ [출제영역] 챕터 12 접속사와 전치사
등위접속사(or)를 기준으로 일반동사(do 동사)의 의문문의 절이 병렬구조로 올바르게 쓰였다.

선지 해석

① 새로운 신병들이 훈련을 시작한 뒤 얼마 지나지 않아 그들은 전투에 파견되었다.
② 아프리카의 원주민들 사이에서 조약에 대한 의견 차이가 생겼다.
③ 내가 충분한 돈이 있었더라면, 화려한 요트를 샀을 텐데.
④ 너는 나랑 함께 가길 원하니, 아니면 너 혼자 가길 원하니?

정답 ③

04

정답 해설

③ [출제영역] 챕터 11 가정법
우리말의 '구입했었더라면'의 뜻을 보아 과거에 이루지 못한 것에 대한 아쉬움을 표현하는 I wish 가정법을 써야 하고, 이는 'I wish + 주어 + 과거완료(had p.p.)'의 구조로 쓸 수 있다. 따라서 'I wish we had purchased~'로 써야 올바르다.

찐Tip 현재에 이룰 수 없는 것에 대한 아쉬움을 표현하는 I wish 가정법으로는 'I wish + 주어 + 과거 동사'의 구조로 쓸 수 있다.

오답 해설

① [출제영역] 챕터 11 가정법
I wish we purchased 대신 I wish we had purchased로 써야 올바르다.
② [출제영역] 챕터 11 가정법
I wished we purchased 대신 I wish we had purchased로 써야 올바르다.
④ [출제영역] 챕터 11 가정법
I wished we had purchased 대신 I wish we had purchased로 써야 올바르다.

정답 ③

05 우리말을 영어로 잘못 옮긴 것은? 2012. 지방직 9급

① 그는 마치 자신이 미국 사람인 것처럼 유창하게 영어로 말한다.
→ He speaks English fluently as if he were an American.

② 우리 실패하면 어떻게 하지?
→ What if we should fail?

③ 만일 내일 비가 온다면, 나는 그냥 집에 있겠다.
→ If it rains tomorrow, I'll just stay at home.

④ 뉴턴이 없었다면 중력 법칙은 발견되지 않았을 것이다.
→ If it was not for Newton, the law of gravitation would not be discovered.

06 우리말을 영어로 옮긴 것으로 어법상 가장 적절한 것은? 2021. 경찰 1차

① 만약 질문이 있다면 자유롭게 나에게 연락하세요.
→ Should you have any questions, please feel free to contact me.

② 너는 그녀와 함께 가느니 차라리 집에 머무는 것이 낫겠다.
→ You would rather stay at home than to go with her.

③ 팀장은 그 계획을 좋아하지 않았고 나머지 직원들도 마찬가지였다.
→ The team manager didn't like the plan, so did the rest of the staff.

④ 그는 여행 중에 많은 사람을 만났고 그들 중 일부는 그의 친구가되었다.
→ He met many people during his trip, some of them became his friends.

05

정답 해설

④ [출제영역] 챕터 11 가정법

'명사가 없었다면, ~했을 것이다'의 뜻을 가진 구문으로는 'if it had not been for 명사 + 주어 + would/should/could/might have p.p.'의 가정법 과거완료 표현이 있다. 따라서 'If had not been for Newton, the law of gravitation would not have been discovered'로 써야 올바르다.

찐Tip 가정법 과거완료는 현재 사실과 반대로 가정해서 현재 결과에 반대로 예측하는 구문이다.

오답 해설

① [출제영역] 챕터 11 가정법

as if 가정법으로 주절의 동사와 같은 시제의 반대로 가정할 때는 '주어 + 동사(현재, 과거) + as if + 주어 + 과거시제 동사'의 구조로 쓸 수 있다. 따라서 과거 동사 were는 올바르게 쓰였다.

찐Tip 'speak + 언어명'은 '~을 구사하다'의 뜻으로 쓰인다.

② [출제영역] 챕터 03 동사의 시제

'what if 주어 + should 동사원형'의 형태로 '만일 ~하면 어떻게 하지'의 뜻으로 쓰인다. 따라서 주어진 문장은 올바르게 쓰였다.

③ [출제영역] 챕터 03 동사의 시제

시간, 조건 부사절에서는 의미상 미래일지라도 현재시제가 미래를 대신한다. 따라서 현재동사 rains는 올바르게 쓰였다.

찐Tip 주절에는 미래면 미래시제를 그대로 쓴다.

정답 ④

06

정답 해설

① [출제영역] 챕터 11 가정법

if 생략 후 도치된 가정법 미래의 주절에는 '(please) 명령문'을 쓸 수 있다. 'Should + 주어 + 동사원형, (please) 명령문'의 공식으로 주어진 문장은 올바르게 쓰였다.

오답 해설

② [출제영역] 챕터 09 조동사

'(B보다) A가 낫다'의 뜻을 가진 구문으로는 'would rather A (than B)'의 조동사 관용 표현이 있다. A와 B는 주로 동사원형이 쓰인다. 따라서 to go 대신 go로 써야 올바르다.

③ [출제영역] 챕터 10 도치 구문과 강조 구문

so와 neither를 이용한 도치 구조로 앞 문장이 부정문일 경우에는 앞 문장에 대한 부정 동의는 'and neither 조동사 + 주어'로 써야 한다. neither은 부사이므로 반드시 절과 절을 이어주는 and가 필요하고, 일반동사는 do/does/did로 써야 한다. 따라서 so 대신 and neither로 써야 올바르다.

찐Tip and neither은 nor로 쓸 수 있다.

④ [출제영역] 챕터 13 관계사

문장과 문장을 연결하는 부분에 접속가 없으므로 등위접속사(and)를 추가하거나 일반대명사 them을 접속사 기능이 있는 관계대명사(whom)로 써야 한다. 따라서 some of them 대신 and some of them 또는 some of whom으로 써야 올바르다.

정답 ①

07 밑줄 친 부분 중 어법상 옳지 않은 것은?

2010. 지방직 9급

Many studies ① have shown the life-saving value of safety belts. When accidents ② occur, most serious injuries and deaths are ③ caused by people being thrown from their seats. About 40 percent of those killed in bygone accidents ④ would be saved if wearing safety belts.

08 빈 칸에 순서대로 들어갈 말로 가장 옳은 것은?

2012. 경찰 3차

내가 학교 다닐 때 중국어를 배웠더라면, 이 문장이 무슨 뜻인지 이해할 수 있을 텐데.
→ If I ____________ Chinese when I _______ at school, I _____________ what this sentence means now.

① had studied / had been / could have understood
② studied / was / could have understood
③ had studied / was / could understand
④ studied / had been / could understand

07

정답 해설

④ [출제영역] 챕터 11 가정법
문맥상 과거 사실에 대한 반대를 가정하는 것으로 가정법 과거완료로 써야 한다. 가정법 과거완료는 'If 주어 had p.p.~, 주어 + would/should/could/might have p.p.'로 would be saved 대신 would have been saved로 써야 올바르다.

찐Tip if wearing safety belts는 if they had been wearing safety belts를 분사구문으로 전환한 표현으로 쓰였다.

오답 해설

① [출제영역] 챕터 03 동사의 시제
과거 어느 시점부터 현재까지 행위와 동작 등의 완료의 의미를 나타내는 현재완료시제(have p.p.)로 쓸 수 있다. 따라서 have shown은 올바르게 쓰였다.

② [출제영역] 챕터 04 주어와 동사 수 일치
문장의 주어(accidens)가 복수 형태이므로 복수 동사 occur은 올바르게 쓰였다.

찐Tip occur은 대표 1형식 자동사로 수동태(be p,p) 구조로 쓸 수 없다.

③ [출제영역] 챕터 05 수동태
cause는 타동사로 사람들에 의해 야기되어지는 것의 수동의 의미로 수동태(be p.p.) 구조로 올바르게 쓰였다.

지문 해석

많은 연구들이 안전벨트의 생명을 구하는 가치를 보여줬다. 사고가 발생할 때, 대부분의 부상과 사망은 안전벨트를 하지 않은 사람들에 의해 발생한다. 지난 사고에서 사망한 사람들 중 약 40%가 안전벨트를 착용했었다면, 살았었을 것이다.

정답 ④

08

정답 해설

③ [출제영역] 챕터 11 가정법
우리말의 '만일 ~했더라면, ~할 텐데'의 뜻을 보아 혼합 가정법으로 쓰는 것이 자연스럽다. 혼합 가정법은 'If 주어 had p.p. + 과거 시간 부사, 주어 + would/should/could/might 동사원형 now [today]'로 had studied / was / could have understand로 써야 올바르다.

찐Tip if절에 과거 시간 부사와 주절에 현재 시간 부사가 쓰였다면 혼합 가정법 공식을 확인해야 한다.

오답 해설

① [출제영역] 챕터 11 가정법
had been 대신 was로, could have understood 대신 could have understand로 써야 올바르다.

② [출제영역] 챕터 11 가정법
studied 대신 had studied로, could have understood 대신 could have understand로 써야 올바르다.

④ [출제영역] 챕터 11 가정법
studied 대신 had studied로, had been 대신 was로 써야 올바르다.

정답 ③

09 어법상 가장 옳은 것은?

2018. 서울시 9급 3월

① If the item should not be delivered tomorrow, they would complain about it.
② He was more skillful than any other baseball players in his class.
③ Hardly has the violinist finished his performance before the audience stood up and applauded.
④ Bakers have been made come out, asking for promoting wheat consumption.

10 다음 중 어법상 옳은 것은?

2015. 지방직 9급

① She supposed to phone me last night, but she didn't.
② I have been knowing Jose until I was seven.
③ You'd better to go now or you'll be late.
④ Sarah would be offended if I didn't go to her party.

09

정답 해설

① [출제영역] 챕터 11 가정법
'If+주어+should 동사원형'이 나오면 가정법 미래를 의미하므로 주절의 동사가 올바르게 쓰였는지 확인해야 한다. 불확신한 미래를 가정할 경우 'If+주어+should 동사원형~, 주어 + would/should/could/might 동사원형'의 공식으로 주어진 문장은 올바르게 쓰였다.

오답 해설

② [출제영역] 챕터 14 비교 구문
비교급을 이용한 최상급 구문으로 '비교급 than any other' 뒤에는 단수 명사를 쓴다. 따라서 baseball players 대신 baseball player로 써야 올바르다.

찐Tip '비교급 than all the other' 뒤에는 복수 명사를 쓴다.

③ [출제영역] 챕터 03 동사의 시제
'~하자마자 ~했다'의 뜻을 가진 구문으로는 'Hardly[Scarcely] + had 주어 p.p. + when[before] 주어 + 과거시제 동사'의 도치 표현이 있다. 따라서 has 대신 had로 써야 올바르다.

④ [출제영역] 챕터 05 수동태
사역동사 make는 수동태로 쓰일 경우 'be made to부정사/과거분사'로 써야 하고 'be made 동사원형'로는 쓸 수 없다. 따라서 come 대신 to come으로 써야 올바르다.

선지 해석

① 만약 물건이 내일 배송되지 않는다면, 그들은 그것에 대해 불평할 것이다.
② 그는 반에서 다른 어떤 야구 선수보다 더 능숙하다.
③ 바이올리니스트의 연주가 끝나자마자 관객들은 일어나서 박수갈채를 보냈다.
④ 제빵사들이 밀 소비 증진을 요구하면서 밖으로 나오도록 되어 왔다.

정답 ①

10

정답 해설

④ [출제영역] 챕터 11 가정법
'if + 주어 + 과거 동사'가 나오면 가정법 과거를 의미하고 주절에 '주어 + would/should/could/might 동사원형'이 올바르게 쓰였는지 확인해야 한다. 따라서 주절에 동사원형 be는 올바르게 쓰였다. offend는 타동사로 뒤에 목적어가 없고 수동의 의미이므로 수동태(be p.p.)형태 또한 올바르게 쓰였다.

오답 해설

① [출제영역] 챕터 05 수동태
suppose는 타동사로 뒤에 목적어 없이 to부정사(to phone)만 있는 것으로 보아 수동태 형태로 되어야 하는 것을 짐작할 수 있다. 따라서 supposed 대신 be supposed로 써야 올바르다.

② [출제영역] 챕터 02 동사의 유형
know는 인식동사로 진행형(be -ing)으로는 쓸 수 없다. 따라서 have been knowing 대신 have known으로 써야 올바르다.

찐Tip until은 '~(때)까지'의 뜻으로 특정 기간의 끝점을 의미하고, since는 '~한 이후로'의 뜻으로 시작점을 의미하므로 문맥상 still보다 since로 써야 자연스럽다.

③ [출제영역] 챕터 09 조동사
had better 뒤에는 동사원형을 써야 한다. 따라서 to go 대신 go로 써야 올바르다.

찐Tip '명령문, or 주어 + 동사'의 구조는 '~해라 그렇지 않으면 주어 + 동사할 것이다'의 뜻으로 쓰인다.

선지 해석

① 그녀가 지난밤에 나에게 전화할 예정이었는데, 하지 않았다.
② 일곱 살 이후로 나는 Jose와 알고 지냈다.
③ 너는 지금 가는 편이 좋겠어, 그렇지 않으면 늦을 거야.
④ 내가 파티에 가지 않으면 Sarah는 화낼텐데.

정답 ④

연결어

출제 경향 분석

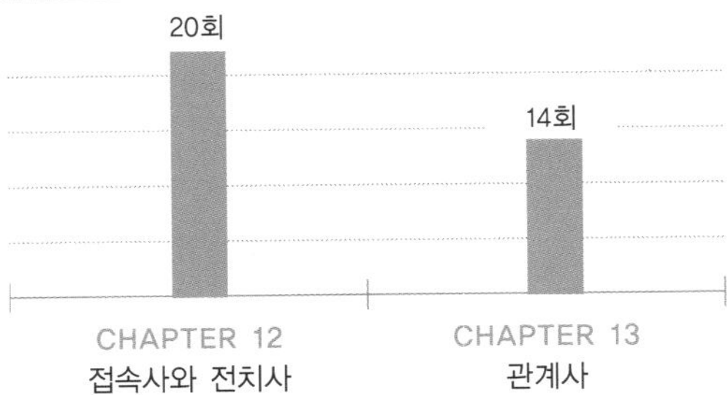

출제 내용 점검

CHAPTER 12 접속사와 전치사

64	등위접속사와 병치 구조	
65	명사절 접속사의 구분과 특징	
66	부사절 접속사의 구분과 특징	
67	주의해야 할 부사절 접속사	
74	전치사와 명사 목적어	
75	주의해야 할 전치사	

CHAPTER 13 관계사

68	선행사와 관계대명사 뒤의 문장 구조	
69	「전치사 + 관계대명사」 완전 구조	
70	관계대명사 주의 사항	
71	유사관계대명사 as, but, than	
72	관계부사의 선행사와 완전 구조	
73	관계사, 의문사, 복합관계사의 구분	

나의 약점 확인

영역	점수
CHAPTER 12 접속사와 전치사	/ 20문항
CHAPTER 13 관계사	/ 14문항

나의 약점 보완

문제 풀이 전략

Q 우리말을 영어로 잘못 옮긴 것은? 2023. 국가직 9급

① 내 고양이 나이는 그의 고양이 나이의 세 배이다.
→ My cat is three times as old as his.
② 우리는 그 일을 이번 달 말까지 끝내야 한다.
→ We have to finish the work until the end of this month.
③ 그녀는 이틀에 한 번 머리를 감는다.
→ She washes her hair every other day.
④ 너는 비가 올 경우에 대비하여 우산을 갖고 가는 게 낫겠다.
→ You had better take an umbrella in case it rains.

정답 해설
② [출제영역] 챕터12 접속사와 전치사
until은 상태의 지속, by는 동작의 완료를 나타내는 동사들과 함께 사용된다. finish는 동작의 완료를 나타내는 동사이므로, until 대신 by로 써야 올바르다.

찐Tip 이외 by를 써야하는 동사들로는 complete, submit, hand in이 있다.

오답 해설
챕터 12 접속사와 전치사 01번 문제 참고

Step 1 영작 먼저 보고 출제 포인트 확인하기

Step 2 우리말 해석 확인하기

Step 3 소거법으로 정답 고르기

① 내 고양이 나이는 그의 고양이 나이의 세 배이다.
→ My cat is three times as old as his.
② 우리는 그 일을 이번 달 말까지 끝내야 한다.
→ We have to finish the work ~~until~~(→ by) the end of this month.
③ 그녀는 이틀에 한 번 머리를 감는다.
→ She washes her hair every other day.
④ 너는 비가 올 경우에 대비하여 우산을 갖고 가는 게 낫겠다.
→ You had better take an umbrella in case it rains.

CHAPTER 12 접속사와 전치사

반드시 한 번에 다잡는 최빈출 개념 정리

01 등위접속사(and, but, or)가 나오면 ________ 구조를 확인해야 한다.

개념 적용 He packed up their possessions slowly and ~~deliberate~~(→).
그는 그들의 소지품들을 천천히 신중하게 꾸렸다.

02 명사절 접속사 ______은 완전 구조를 취하고 명사절 접속사 ______은 불완전 구조를 취한다.

개념 적용 ~~That~~(→) you say doesn't make any sense to me.
네가 하는 말을 나는 이해할 수가 없다.

03 주의해야 할 ________ 접속사가 나오면 올바르게 쓰였는지 확인한다.

개념 적용 He was on full alert lest similar problems ~~are~~(→) posed again.
그는 또 다시 비슷한 문제가 생기지 않도록 촉각을 곤두세웠다.

04 ________는 동사를 포함한 절을 이끌고 __________는 명사를 추가한다.

개념 적용 Her voice was shaking ~~though~~(→) all her efforts to control it.
목소리가 떨리지 않게 하려고 무진 애를 썼는데도 불구하고 그녀는 목소리가 떨렸다.

05 전치사는 ____ 또는 _____를 목적어로 취하며 동사나 형용사는 전치사의 목적어가 될 수 없다.

개념 적용 The bank violated its policy by giving loans to ~~unemployed~~(→ the unemployed).
그 은행은 실업자들에게 대출을 해줌으로써 정책을 위반했다.

06 주의해야 할 ________가 나오면 올바르게 쓰였는지 확인한다.

개념 적용 ~~Beside~~(→) working as a doctor, he also writes novels in his spare time.
그는 의사로 일하는 외에 여가 시간에 소설도 쓴다.

정답
01 병치, deliberately 02 that, what, What 03 부사절, should be / be 04 접속사, 전치사, despite
05 명사, 동명사, the unemployed 06 전치사, Besides

01 우리말을 영어로 잘못 옮긴 것은? 2023. 국가직 9급

① 내 고양이 나이는 그의 고양이 나이의 세 배이다.
→ My cat is three times as old as his.
② 우리는 그 일을 이번 달 말까지 끝내야 한다.
→ We have to finish the work until the end of this month.
③ 그녀는 이틀에 한 번 머리를 감는다.
→ She washes her hair every other day.
④ 너는 비가 올 경우에 대비하여 우산을 갖고 가는 게 낫겠다.
→ You had better take an umbrella in case it rains.

02 우리말을 영어로 잘못 옮긴 것을 고르시오. 2014. 국가직 7급

① 누가 엿들을까봐 그는 목소리를 낮추었다.
→ He lowered his voice for fear he should not be overheard.
② 그녀는 그 계획을 계속 따라 갈 사람이 결코 아닐 것이다.
→ She would be the last person to go along with the plan.
③ 고위 간부들은 일등석으로 여행할 자격이 있다.
→ Top executives are entitled to first class travel.
④ 일하는 것과 돈 버는 것은 별개의 것이다.
→ To work is one thing, and to make money is another.

01

정답 해설

② [출제영역] 챕터 12 접속사와 전치사
until은 상태의 지속, by는 동작의 완료를 나타내는 동사들과 함께 사용된다. finish는 동작의 완료를 나타내는 동사이므로, until 대신 by로 써야 올바르다.

찐Tip 이외에 by를 써야하는 동사들로는 complete, submit, hand in이 있다.

오답 해설

① [출제영역] 챕터 14 비교 구문
'~보다 몇 배 더 …한'의 의미의 배수 비교 구문은 '배수사 + as + 형용사/부사의 원급 + as'로 쓴다. 특히 배수사 다음에 비교 표현이 나와야 하는 어순에 주의가 필요하다. 그리고 비교되는 대상이 'My cat(내 고양이)'과 '그의 고양이'이므로, his cat을 소유대명사로 쓴 his 또한 올바르게 쓰였다.

③ [출제영역] 챕터 03 동사의 시제
습관을 나타낼 때는 현재시제를 쓴다. 따라서 주어진 문장에서 washes는 올바르게 쓰였다.

찐Tip every other day는 '이틀에 한 번, 하루 걸러'라는 뜻으로 쓰인다.

④ [출제영역] 챕터 09 조동사 & 챕터 12 접속사와 전치사
had better은 '~하는 편이 낫다'의 의미의 구조동사로 뒤에 to 부정사 대신 동사원형이 와야 한다. 따라서 주어진 문장에서 take는 올바르게 쓰였다.

찐Tip in case는 '~할 경우에 (대비하여)'라는 의미의 조건 부사절 접속사로 미래시제를 현재시제 동사로 대신하므로 rains 또한 올바르게 쓰였다.

정답 ②

02

정답 해설

① [출제영역] 챕터 12 접속사와 전치사
'for fear (that)'은 부사절 접속사로 '~하지 않을까 두려워서, ~할까봐'의 근본적인 의미를 가지고 있으며, '~하지 않도록, ~하지 않기 위해서'로 뜻으로 쓰인다. 그 자체로 부정적인 의미가 포함되어 있으므로 that절에 부정어를 중복하지 않는다. 따라서 'should not be overheard' 대신 not을 삭제한 'should be overheard'로 써야 올바르다.

찐Tip 부정 목적 접속사(lest, for fear)의 that절의 동사는 '(should) 동사원형'으로 쓴다. 여기서 that은 생략이 가능하다.

오답 해설

② [출제영역] 챕터 08 부정사
'결코 ~할 사람이 아니다'의 뜻을 가진 구문으로는 'be the last man(person) to부정사'의 관용 표현이 있다. 따라서 주어진 문장은 올바르게 쓰였다.

찐Tip 같은 뜻을 가진 구문으로는 'know better than to부정사'의 관용 표현이 있다.

③ [출제영역] 챕터 12 접속사와 전치사
'be entitled to'에서 to는 전치사로 뒤에 명사 또는 동명사를 쓸 수 있다. 따라서 to의 목적어로 명사(first class travel)는 올바르게 쓰였다.

④ [출제영역] 챕터 15 기타 품사
'A와 B는 별개의 것이다'의 뜻을 가진 구문으로는 'A is one thing, and B is another'의 관용 표현이 있다. 따라서 주어진 문장은 올바르게 쓰였다.

정답 ①

03 밑줄 친 부분 중 어법상 옳지 않은 것은?

2021. 국가직 9급

Urban agriculture (UA) has long been dismissed as a fringe activity that has no place in cities; however, its potential is beginning to ① be realized. In fact, UA is about food self-reliance: it involves ② creating work and is a reaction to food insecurity, particularly for the poor. Contrary to ③ which many believe, UA is found in every city, where it is sometimes hidden, sometimes obvious. If one looks carefully, few spaces in a major city are unused. Valuable vacant land rarely sits idle and is often taken over—either formally, or informally—and made ④ productive.

04 우리말을 영어로 잘못 옮긴 것은?

2015. 국가직 7급

① 남에게 의존하지 말고 너 자신이 직접 그것을 하는 것이 중요하다.
→ It is important that you do it yourself rather than rely on others.

② 은행 앞에 주차된 내 차가 불법 주차로 인해 견인되었다.
→ My car, parked in front of the bank, was towed away for illegal parking.

③ 토요일까지 돈을 갚을 수 있다면, 돈을 빌려줄게.
→ I'll lend you with money provided you will pay me back by Saturday.

④ 만약 태풍이 접근해오지 않았었더라면 그 경기가 열렸을 텐데.
→ The game might have been played if the typhoon had not been approaching.

03

정답 해설

③ [출제영역] 챕터 12 접속사와 전치사
전치사 to의 목적어로 명사절이 쓰였다. 뒤에 목적어가 없는 불완전 구조로 명사절 접속사 what이 와야한다. 따라서 which 대신 what으로 써야 올바르다.

오답 해설

① [출제영역] 챕터 05 수동태
realize는 타동사로 뒤에 목적어가 없고 문맥상 '실현되는 것'의 수동의 의미로 수동태(be p.p.) 구조로 쓴다. 따라서 밑줄 친 부분은 올바르게 쓰였다.

② [출제영역] 챕터 06 동명사
involve는 동명사를 목적어로 취하는 특정 타동사이다. 따라서 creating은 올바르게 쓰였다.

④ [출제영역] 챕터 05 수동태
make는 5형식으로 'make + 목적어 + 명사/형용사'의 형태로 쓸 수 있다. 수동태로 전환되면 'be made + 형용사'의 형태가 된다. 따라서 형용사 productive는 올바르게 쓰였다.

지문 해석

도시 농업(UA)은 오랫동안 도시에서 자리가 없는 변두리 활동이라고 일축되어 왔으나, 그 잠재력이 점차 실현되고 있다. 사실, UA는 식량 자립에 관한 것이다. 이것은 일자리 창출을 포함하며, 특히 가난한 이들을 위한 식량 불안정에 대한 대응이다. 많은 사람들이 믿는 것과는 반대로, UA는 모든 도시에서 발견되며, 때로는 숨어있고 때로는 분명하게 나타난다. 주의 깊게 살펴보면, 대도시는 사용되지 않는 공간이 거의 없다. 가치 있는 빈 땅은 거의 방치되지 않으며, 종종 공식적이든 비공식적이든 점유되어 생산적으로 활용되고 있다.

정답 ③

04

정답 해설

③ [출제영역] 챕터 12 접속사와 전치사
시간, 조건 부사절에서는 의미상 미래일지라도 현재시제가 미래를 대신한다. provided는 조건 부사절 접속사이므로 will pay 대신 현재시제 pay로 써야 올바르다.

찐Tip lend는 4형식 수여동사로 목적어 2개(간접목적어 + 직접목적어)를 취할 수 있다. 따라서 목적어 사이에 전치사는 불필요하다.

오답 해설

① [출제영역] 챕터 09 조동사
이성적 판단의 형용사(important)의 that절의 동사는 당위의 의미일 때 '(should) 동사원형'으로 쓴다. 따라서 동사원형 do는 올바르게 쓰였다.

찐Tip 이성적 판단 형용사로는 imperative, vital, natural, necessary 등이 있다.

② [출제영역] 챕터 07 분사
분사구문이 (,)콤마사이에 삽입된 형태로 쓰였다. '차는 주차된 것'으로 수동의 의미이므로 과거분사 parked는 올바르게 쓰였다.

④ [출제영역] 챕터 11 가정법
'if + 주어 + had p.p.'가 나오면 가정법 과거 완료를 의미하고 '주어 + would/should/could/might have p.p.'의 형태가 올바르게 쓰였는지 확인해야 한다. 따라서 주어진 문장은 올바르게 쓰였다.

정답 ③

05 어법상 옳은 것은? 2020. 지방직 9급

① Of the billions of stars in the galaxy, how much are able to hatch life?
② The Christmas party was really excited and I totally lost track of time.
③ I must leave right now because I am starting work at noon today.
④ They used to loving books much more when they were younger.

06 다음 문장 중 어법상 옳지 않은 것은? 2010. 지방직 9급

① Everything changed afterwards we left home.
② At the moment, she's working as an assistant in a bookstore.
③ I'm going to train hard until the marathon and then I'll relax.
④ This beautiful photo album is the perfect gift for a newly-married couple.

05

정답 해설

③ [출제영역] 챕터 12 접속사와 전치사
because는 접속사로 동사를 포함한 절을 이끄므로 올바르게 쓰였고, start는 왕래발착동사로 현재진행형(be -ing)으로 쓰이면 미래시제를 나타낼 수 있다. 따라서 주어진 문장은 올바르게 쓰였다.

오답 해설

① [출제영역] 챕터 15 기타 품사
much는 셀 수 없는 명사를 수식하고 단수 동사를 써야 한다. 뒤에 복수 동사 are이 쓰인 것으로 보아 much 대신 many로 써야 올바르다.

찐Tip many는 셀 수 있는 명사를 수식하고 복수 동사를 쓴다.

② [출제영역] 챕터 07 분사
감정동사가 감정을 유발한다는 의미를 전달하고 사물을 수식하는 경우에는 현재분사형으로 쓴다. 따라서 크리스마스 파티가 흥미를 유발하는 것의 의미이므로 과거분사 excited 대신 현재분사 exciting으로 써야 올바르다.

④ [출제영역] 챕터 08 부정사
'~하곤 했다'의 뜻을 가진 구문으로는 'used to 동사원형'의 표현이 있다. 따라서 문맥상 '과거에 ~하곤 했다'의 의미가 자연스러우므로 loving 대신 love로 써야 올바르다.

찐Tip '사물 주어 + be used to부정사'는 '~하기 위해서 사용되다'의 뜻으로, '사람 주어 + be used to -ing'는 '~하는 데 익숙하다'의 뜻으로 쓰인다.

선지 해석

① 은하수 안의 수십억 개의 별 중에서 얼마나 많은 별이 생명을 탄생시킬 수 있을까?
② 크리스마스 파티는 정말 재미있어서, 나는 전혀 시간 가는줄 몰랐다.
③ 나는 오늘 정오에 일을 시작해야하기 때문에 지금 바로 떠나야 한다.
④ 그들은 젊었을 때 책을 훨씬 더 사랑했었다.

정답 ③

06

정답 해설

① [출제영역] 챕터 12 접속사와 전치사
afterwards는 부사로 '나중에, 이후에'의 뜻으로 쓰인다. 부사는 접속사가 아니므로 주어와 동사를 추가할 수 있는 기능이 없다. 따라서 절과 절을 연결시켜주는 접속사가 필요하다. 따라서 부사 afterwards 대신 접속사 after로 써야 올바르다.

오답 해설

② [출제영역] 챕터 03 동사의 시제
'at the moment'는 '바로 지금(= now)'의 뜻으로 현재와 관련된 시제를 나타낸다. 따라서 현재진행형 시제(be -ing)는 올바르게 쓰였다.

찐Tip 'as + 명사'는 '명사로서'의 뜻으로 쓰인다.

③ [출제영역] 챕터 12 접속사와 전치사
until은 접속사와 전치사 모두 가능하다. 뒤에 명사(the marathon)가 나온 것으로 보아 전치사로 쓰였음을 알 수 있다. 따라서 주어진 문장은 올바르게 쓰였다.

찐Tip until과 같은 의미인 by는 전치사로만 가능하므로 동사를 포함한 절을 이끌 수 없다.

④ [출제영역] 챕터 15 기타 품사
동사, 형용사, 다른 부사 또는 문장 전체를 수식하는 것은 형용사가 아니라 부사이다. 따라서 형용사 married를 수식하는 부사 newly는 올바르게 쓰였다.

찐Tip 'newly-married couple'은 '신혼부부'의 뜻으로 쓰인다.

선지 해석

① 우리가 집을 떠난 후에 모든 것이 변했다.
② 현재, 그녀는 서점에서 점원으로 일하고 있다.
③ 나는 마라톤하기 전까지 열심히 훈련하고 그 후에 휴식할 것이다.
④ 이 아름다운 사진 앨범은 신혼 부부들을 위한 완벽한 선물이다.

정답 ①

07 **어법상 옳은 것은?** 2015. 국가직 9급

① China's imports of Russian oil skyrocketed by 36 percent in 2014.

② Sleeping has long been tied to improve memory among humans.

③ Last night, she nearly escaped from running over by a car.

④ The failure is reminiscent of the problems surrounded the causes of the fatal space shuttle disasters.

08 **다음 중 어법상 가장 옳지 않은 것은?** 2017. 서울시 7급

① What personality studies have shown is that openness to change declines with age.

② A collaborative space program could build greater understanding, promote world peace, and improving scientific knowledge.

③ More people may start buying reusable tote bags if they become cheaper.

④ Today, more people are using smart phones and tablet computers for business.

07

정답 해설

① [출제영역] 챕터 12 접속사와 전치사
skyrocket는 증가동사로 '~만큼'의 차이를 나타낼 때는 전치사 by와 함께 쓰이므로 올바르게 쓰였다. 과거 시간 부사(in 과거 연도)가 쓰인 것으로 보아 과거시제 skyrocketed 또한 올바르게 쓰였다.

오답 해설

② [출제영역] 챕터 06 동명사
tie가 수동태인 be tied to~형태로 쓰였다. to는 to부정사가 아닌 전치사이므로 to 뒤에는 동명사가 와야 한다. 따라서 to improve 대신 to improving으로 써야 올바르다.

③ [출제영역] 챕터 06 동명사
run over는 타동사이므로 뒤에 목적어가 없으면 being p.p. 구조로 써야 한다. 따라서 running over 대신 being run over로 써야 올바르다.

찐Tip 'escape (from) -ing'는 '~하마터면 (거의) ~할 뻔하다'의 뜻으로 쓰인다.

④ [출제영역] 챕터 07 분사
문장에 이미 동사가 있고 동사 + ed가 나오면 분사를 물어 보는 문제이다. 분사는 뒤에 목적어가 있는 경우에는 능동형인 -ing로 쓰고, 목적어가 없는 경우에는 수동형인 ed로 쓴다. 따라서 목적어가 있으므로 surrounded 대신 surrounding으로 써야 올바르다.

선지 해석

① 2014년에 중국의 러시아산 석유 수입은 36% 급증했다.
② 잠자는 것은 오랫동안 인간들의 기억력 향상과 연관되어 왔다.
③ 지난 밤, 그녀는 거의 자동차에 치일뻔 했다.
④ 이 실패는 치명적인 우주 셔틀 사고의 원인을 둘러싼 문제들과 연상되는 것이다.

정답 ①

08

정답 해설

② [출제영역] 챕터 12 접속사와 전치사
조동사 could에 이어지는 3개의 동사 원형들(build, promote, improve)이 and에 의해서 병치되는 구조가 되어야 한다. 따라서 improving 대신 improve로 써야 올바르다.

오답 해설

① [출제영역] 챕터 13 관계사
관계대명사 what 다음에 목적어가 없는 불완전한 구조로 올바르게 쓰였고, 명사절 what절은 단수 취급하므로 단수 동사 is 또한 올바르게 쓰였다. 보어자리의 명사절 접속사 that은 완전 구조를 취하므로 주어진 문장은 올바르게 쓰였다.

③ [출제영역] 챕터 02 동사의 유형
start는 목적어로 to부정사 또는 동명사 모두 가능하다. 따라서 동명사(buying) 형태로 올바르게 쓰였고, become의 주격 보어의 자리에 형용사(cheaper) 형태 또한 올바르게 쓰였다.

찐Tip 목적어로 to부정사 또는 동명사 모두 가능한 동사로는 begin, like, love, hate 등이 있다.

④ [출제영역] 챕터 04 주어와 동사 수 일치 & 챕터 12 접속사와 전치사
주어(People)가 복수 형태이므로 복수 동사 are는 올바르게 쓰였고 등위접속사(and)를 기준으로 smart phones와 tablet computers가 명사끼리 병렬구조로 올바르게 쓰였다.

선지 해석

① 성격 연구에서 밝혀진 것은 나이가 들면서 변화에 대한 개방성이 감소한다는 것이다.
② 공동 우주 프로그램은 더 큰 이해를 형성하고, 세계 평화를 촉진하며, 과학적 지식을 향상시킬 수 있다.
③ 재사용 가능한 토트백을 더 싸게 한다면 더 많은 사람들이 그 가방을 구입할 가능성이 있다.
④ 오늘날, 더 많은 사람들이 사업상 스마트폰과 태블릿 컴퓨터를 사용하고 있다.

정답 ②

09 밑줄 친 부분 중 어법상 옳지 않은 것은?

2023. 지방직 9급

> One reason for upsets in sports – ① <u>in which</u> the team ② <u>predicted</u> to win and supposedly superior to their opponents surprisingly loses the contest – is ③ <u>what</u> the superior team may not have perceived their opponents as ④ <u>threatening</u> to their continued success.

10 밑줄 친 부분 중 어법상 옳지 않은 것을 고르시오.

2010. 국가직 9급

> New York's Christmas is featured in many movies ① <u>while</u> this time of year, ② <u>which</u> means that this holiday is the most romantic and special in the Big Apple. ③ <u>The colder</u> it gets, the brighter the city becomes ④ <u>with</u> colorful lights and decorations.

09

정답 해설

③ [출제영역] 챕터 12 접속사와 전치사
선행사를 포함한 관계대명사 what 뒤에는 불완전 구조가 와야 하는데 주어진 문장에서는 완전한 구조(주어 + 동사 + 목적어)로 쓰였기 때문에 what 대신 접속사 that을 써야 올바르다.

오답 해설

① [출제영역] 챕터 13 관계사
'전치사 + 관계대명사' 뒤에는 완전한 구조와 함께 쓰인다. 주어진 문장에서는 완전한 구조(주어 + 동사 + 목적어)로 쓰였기 때문에 in(전치사) + which(관계대명사)는 올바르게 쓰였다.

② [출제영역] 챕터 07 분사
문맥상 동사는 loses가 되어야 하므로 predicted는 the team을 수식하는 분사에 해당한다. 수식받는 명사(the team)가 '행동을 하는' 능동의 의미를 나타낼 경우는 현재분사가 쓰이고, '행동을 당한다' 수동의 의미를 나타낼 경우는 과거분사로 쓰인다. 따라서 수식받는 명사(the team)가 '이길 것으로 예상되는 것'이므로 과거분사 predicted는 올바르게 쓰였다.

④ [출제영역] 챕터 07 분사
감정동사의 현재분사형은 감정을 유발하는 의미를 전달할 경우에 쓰이고, 과거분사형은 감정을 느끼는 의미를 전달할 경우에 쓰인다. 따라서 수식받는 명사(their opponents)가 '위협적'이라는 감정을 유발하는 의미이므로 현재분사 threatening은 올바르게 쓰였다.

지문 해석

> 스포츠에서 이길 것으로 예상되고 추정상 상대방보다 우세한 팀이 뜻밖에 경기에서 지는 역전이 생기는 한 가지 이유는 우세한 팀이 상대방을 그들의 계속된 성공에 위협이 되는것이라고 인식하지 않았을 수도 있기 때문이다.

정답 ③

10

정답 해설

① [출제영역] 챕터 12 접속사와 전치사
while은 접속사로 동사를 포함한 절을 이끈다. 그러나 뒤에 명사(this time of year)가 있으므로 앞에 전치사를 써야 한다. 따라서 접속사 while 대신 전치사 during으로 써야 올바르다.

오답 해설

② [출제영역] 챕터 13 관계사
앞에 나온 구, 절, 문장을 대신할 때는 관계대명사 which를 쓴다. 계속적 용법으로 '선행사 + 콤마(,) + 관계대명사'의 형태로 올바르게 쓰였다.

③ [출제영역] 챕터 14 비교 구문
'the 비교급' 구문을 물어보는 문제이다. '~할수록, 더 ~하다'의 뜻을 가진 구문으로는 'the 비교급 주어 + 동사~, the 비교급 주어 + 동사'의 관용 표현이 있다. 따라서 The colder은 올바르게 쓰였다.

④ [출제영역] 챕터 12 접속사와 전치사
전치사 with는 외적으로 드러나는 '도구, 원인, 이유'의 부사구를 이끈다. 따라서 전치사 with은 올바르게 쓰였다.

지문 해석

> 해마다 이 시기동안 뉴욕의 크리스마스는 많은 영화들에 등장하는데, 이는 이 휴일이 뉴욕시(the Big Apple)에서 가장 로맨틱하고 특별한 것을 의미한다. 날씨가 더 추워질수록 도시는 다채로운 조명과 장식으로 더욱 밝아진다.

정답 ①

11 어법상 옳은 것은?

2019. 지방직 9급

① The paper charged her with use the company's money for her own purposes.
② The investigation had to be handled with the utmost care lest suspicion be aroused.
③ Another way to speed up the process would be made the shift to a new system.
④ Burning fossil fuels is one of the lead cause of climate change.

12 밑줄 친 부분 중 어법상 옳지 않은 것은?

2013. 국가직 9급

> Noise pollution ① <u>is different from</u> other forms of pollution in ② <u>a number of ways</u>. Noise is transient: once the pollution stops, the environment is free of it. This is not the case with air pollution, for example. We can measure the amount of chemicals ③ <u>introduced into</u> the air, ④ <u>whereas is</u> extremely difficult to monitor cumulative exposure to noise.

11

정답 해설

② [출제영역] 챕터 12 접속사와 전치사

lest는 뒤에 '주어 + (should) 동사원형'을 쓴다. lest는 이미 부정의 의미가 있으므로 중복으로 not을 쓰지 않는다. 그리고 문장의 주어 자리에 쓰인 investigation과 suspicion이 행동하는 것이 아닌 동작을 당하는 대상이고, handle과 arouse는 타동사인데 뒤에 목적어가 없으므로 수동의 의미를 전달하는 수동태 구조인 be handled와 be aroused 또한 올바르게 쓰였다.

찐Tip lest는 'for fear (that)'으로 바꿔쓸 수 있고, '~하지 않도록'의 뜻으로 쓰인다.

오답 해설

① [출제영역] 챕터 06 동명사

전치사(with) 뒤에는 명사 또는 동명사를 써야 하므로 use 대신 using으로 써야 올바르다.

찐Tip 'charge A with B'는 'A를 B로 비난하다, 고소하다'의 뜻을 가진 구문 표현으로 특정 전치사 with는 올바르게 쓰였다.

③ [출제영역] 챕터 05 수동태

make가 3형식 타동사로 쓰이고 목적어를 취할 때 수동태가 아닌 능동태로 써야 한다. 따라서 be made 대신 make로 써야 올바르다.

④ [출제영역] 챕터 04 주어와 동사 수 일치

lead는 동사로 명사를 수식할 수 없으므로, lead 대신 leading으로 써야 올바르다. 그리고 'one of 복수 명사는 단수 취급한다. 따라서 cause 대신 causes로 써야 올바르다.

찐Tip 동명사구 주어는 단수 취급하므로 단수 동사 is가 올바르게 쓰였다.

선지 해석

① 그 신문은 자신의 목적을 위해 회사의 돈을 사용한 행위로 그녀를 비난했다.
② 조사는 의심을 불러일으키지 않도록 극도로 주의를 기울여야 했다.
③ 공정을 가속화하는 또 다른 방법은 새로운 시스템으로 전환하는 것이다.
④ 화석 연료를 태우는 것은 기후 변화의 주요 원인들 중 하나이다.

정답 ②

12

정답 해설

④ [출제영역] 챕터 12 접속사와 전치사

whereas는 부사절 접속사로 완전 구조를 취한다. 완전 구조는 '주어 + 동사'가 필요하므로 whereas is 대신 whereas it is로 써야 올바르다.

오답 해설

① [출제영역] 챕터 04 주어와 동사 수 일치

문장의 주어(Noise pollution)가 단수 형태이므로 단수 동사 is는 올바르게 쓰였다.

② [출제영역] 챕터 15 기타 품사

'a number of' 뒤에 복수 명사를 써야 한다. 따라서 복수 형태인 ways는 올바르게 쓰였다.

③ [출제영역] 챕터 07 분사

문장에 이미 주어 동사가 있고 '동사 + ed'가 나온다면 분사 문제이다. introduce 뒤에 목적어가 없고 앞에 수식받는 명사(chemicals)입장에서 행위를 받는 입장이므로 수동의 의미인 과거분사 introduced는 올바르게 쓰였다.

지문 해석

> 소음 공해는 다른 종류의 공해들과는 여러 가지 면에서 다르다. 소음은 일시적이다. 일단 공해가 멈추면 그 환경은 그로부터 자유로워진다. 예를 들어, 대기 오염의 경우에는 이와 같은 상황이 아니다. 우리는 공기에 투입된 화학 물질의 양을 측정할 수 있는 반면에 소음에 대한 누적된 노출을 감시하는 것은 극도로 어렵다.

정답 ④

13 우리말을 영어로 잘못 옮긴 것을 고르시오.

2016. 지방직 7급

① 당신이 그것을 더 잘 이해할 수 있게 제가 도표를 만들었습니다.
→ I made a chart so that you can understand it better.

② 제가 사무실에 없을지도 모르니까 제 휴대전화 번호를 알려드릴게요.
→ In case I'm not in my office, I'll let you know my mobile phone number.

③ 선거에 대해서 말하자면 아직까지 누구에게 투표할지 못 정했어.
→ Speaking of the election, I haven't decided who I'll vote for yet.

④ 네가 여기에 오나 내가 거기에 가나 마찬가지다.
→ It's the same that you come here or I go there.

14 어법상 옳지 않은 것은?

2017. 지방직 9급

① You might think that just eating a lot of vegetables will keep you perfectly healthy.

② Academic knowledge isn't always that leads you to make right decisions.

③ The fear of getting hurt didn't prevent him from engaging in reckless behaviors.

④ Julie's doctor told her to stop eating so many processed foods.

01 02 03 PART 04 05

13

정답 해설

④ [출제영역] 챕터 12 접속사와 전치사
'네가 여기에 오나 내가 거기에 가나'의 선택적인 의미로 쓰일 때는 주로 접속사 whether을 쓴다. 접속사 that은 확정적인 사실을 전할 때 사용하는 반면에, 불확정적인 사실이나 의심을 표현하는 경우에는 whether를 사용한다. 따라서 that 대신 whether로 써야 올바르다.

찐Tip whether은 or (not)을 수반하여 함께 쓰일 수 있다.

오답 해설

① [출제영역] 챕터 12 접속사와 전치사
'~하도록, ~하기 위해서'의 뜻을 가진 부사절 접속사 so that은 올바르게 쓰였다.

② [출제영역] 챕터 03 동사의 시제 & 챕터 02 동사의 유형
In case는 조건 부사절 접속사로 조건 부사절에서는 미래시제가 아닌 현재시제로 대신한다. 사역동사 let은 목적어와 목적보어가 능동의 의미 관계를 갖는 경우에는 원형부정사를 쓴다. 따라서 주어진 문장은 올바르게 쓰였다.

찐Tip let은 목적어와 목적보어가 수동의 의미 관계를 갖는 경우에는 반드시 목적보어를 과거분사가 아닌 'be p.p.'의 형태로 쓴다.

③ [출제영역] 챕터 07 분사
'~에 관해서 말하자면'의 뜻을 가진 구문으로는 'speaking of~'의 분사구문 표현이 있다. 따라서 주어진 문장은 올바르게 쓰였다.

정답 ④

14

정답 해설

② [출제영역] 챕터 12 접속사와 전치사
명사절 접속사 that은 앞에 명사가 없으면 뒤에 완전 구조를 취한다. 그러나 that 뒤에 주어가 빠진 불완전한 구조이므로 that 대신 명사절 접속사 what으로 써야 올바르다.

찐Tip 'not always'는 부분부정을 나타내고 '항상 ~하는 것은 아니다'의 뜻으로 쓰인다.

오답 해설

① [출제영역] 챕터 02 동사의 유형 & 챕터 15 기타 품사
keep은 목적보어로 분사나 형용사를 취할 수 있다. 따라서 목적보어 자리에 형용사 healthy는 올바르게 쓰였다. 형용사 healthy를 수식해주는 부사 perfectly 또한 올바르게 쓰였다.

③ [출제영역] 챕터 02 동사의 유형
'~하는 것을 막다'의 뜻을 가진 구문으로는 'prevent + 목적어 + from -ing'의 특정 전명구를 수반하는 표현이 있다. 따라서 주어진 문장은 올바르게 쓰였다.

찐Tip 금지, 방해동사로는 keep, stop, prohibit, inhibit, deter, dissuade, discourage, protect 등이 있다.

④ [출제영역] 챕터 02 동사의 유형
tell은 목적어와 목적보어가 능동의 의미 관계를 갖는 경우에는 to부정사를 목적보어로 취하는 5형식 타동사이다. 따라서 주어진 문장은 올바르게 쓰였다.

찐Tip 'stop -ing'는 '~하는 것을 멈추다'의 뜻으로 쓰인다.

선지 해석

① 당신은 아마도 많은 채소를 먹는 것만으로도 완벽하게 건강을 유지할 수 있다고 생각할지도 모른다.
② 학문적 지식이 항상 올바른 결정을 하도록 이끌어 주는 것은 아니다.
③ 다칠까하는 두려움이 그가 무모한 행동에 가담하는 것을 막지 못했다.
④ Julie의 의사는 그녀에게 가공식품을 많이 먹는 것을 멈추라고 했다.

정답 ②

15 우리말을 영어로 가장 잘 옮긴 것을 고르시오.

2021. 국가직 9급

① 당신이 부자일지라도 당신은 진실한 친구들을 살 수는 없다.
→ Rich as if you may be, you can't buy sincere friends.

② 그것은 너무나 아름다운 유성 폭풍이어서 우리는 밤새 그것을 보았다.
→ It was such a beautiful meteor storm that we watched it all night.

③ 학위가 없는 것이 그녀의 성공을 방해했다.
→ Her lack of a degree kept her advancing.

④ 그는 사형이 폐지되어야 하는지 아닌지에 대한 에세이를 써야 한다.
→ He has to write an essay on if or not the death penalty should be abolished.

16 어법상 옳은 것은?

2021. 지방직 9급

① My sweet-natured daughter suddenly became unpredictably.

② She attempted a new method, and needless to say had different results.

③ Upon arrived, he took full advantage of the new environment.

④ He felt enough comfortable to tell me about something he wanted to do.

15

정답 해설

② [출제영역] 챕터 12 접속사와 전치사
'너무 ~해서 ~하다'의 뜻을 가진 구문으로는 'such[so] ~ that'의 결과 부사절 접속사 구문 표현이 있다. such는 'such + a + 형용사 + 명사'의 어순으로 주어진 문장은 올바르게 쓰였다.

찐Tip so는 'so + 형용사 + a + 명사'의 어순으로 쓴다.

오답 해설

① [출제영역] 챕터 10 도치 구문과 강조 구문
as if는 가정법 구문에서 쓰이는 접속사로 쓰이고 형용사 주격 보어를 문장 처음으로 두는 도치 구조를 만들 때는 사용되지 않는다. 따라서 as 양보 도치구문으로 써야 하므로 as if 대신 as로 써야 올바르다.

찐Tip 주어진 문장은 '형용사 + as 주어 + 2형식 동사, 주어 + 동사'의 as 양보 도치 구문으로 쓰였다.

③ [출제영역] 챕터 02 동사의 유형
keep은 '~을 방해하다'라는 의미로 쓰이기 위해서는 'keep + 목적어 + from -ing'의 구조로 쓴다. 따라서 advancing 대신 from advancing으로 써야 올바르다.

④ [출제영역] 챕터 12 접속사와 전치사
주어진 문장에서 전치사 뒤에 나온 명사절 접속사 자리에는 if와 같은 의미를 지닌 명사절 접속사 whether을 써야 한다. 따라서 if or not 대신 whether or not으로 써야 올바르다.

찐Tip 명사절 if는 타동사 뒤의 목적어 자리에만 쓸 수 있다.

정답 ②

16

정답 해설

② [출제영역] 챕터 12 접속사와 전치사
등위접속사(and)를 기준으로 attempted와 had는 과거동사로 병렬 구조는 올바르게 쓰였다.

찐Tip 'needless to say'는 독립부정사로 '말할 필요도 없이'의 뜻으로 쓰인다.

오답 해설

① [출제영역] 챕터 02 동사의 유형
become은 2형식 동사로 주격 보어 자리에 부사가 아닌 형용사를 써야 한다. 따라서 부사 unpredictably 대신 형용사 unpredictable로 써야 올바르다.

③ [출제영역] 챕터 06 동명사
'~하자마자 ~했다'의 뜻을 가진 구문으로는 'Upon[On] -ing, 주어 + 과거시제 동사'의 동명사 관용 표현이 있다. 따라서 Upon arrived 대신 Upon arriving으로 써야 올바르다.

④ [출제영역] 챕터 15 기타 품사
부사 enough는 형용사나 부사를 후치 수식한다. 따라서 부사 enough는 형용사 comfortable을 수식하는 것이므로 enough comfortable 대신 comfortable enough로 써야 올바르다.

찐Tip '형용사/부사 enough to부정사'는 '~하기에 충분히 형용사/부사하다'의 뜻으로 쓰인다.

선지 해석

① 내 상냥한 딸이 갑자기 예측할 수 없이 변했다.
② 그녀는 새로운 방법을 시도했고, 말할 필요도 없이 다른 결과를 얻었다.
③ 도착하자마자, 그는 새로운 환경을 충분히 이용했다.
④ 그는 나에게 뭔가 하고 싶은 일에 대해 얘기할 만큼 충분히 편안함을 느꼈다.

정답 ②

17 어법상 옳지 않은 것을 고르시오. 2022. 지방직 9급

① You can write on both sides of the paper.
② My home offers me a feeling of security, warm, and love.
③ The number of car accidents is on the rise.
④ Had I realized what you were intending to do, I would have stopped you.

18 우리말을 영어로 잘못 옮긴 것은? 2016. 국가직 9급

① 나의 이모는 파티에서 그녀를 만난 것을 기억하지 못했다.
→ My aunt didn't remember meeting her at the party.
② 나의 첫 책을 쓰는 데 40년이 걸렸다.
→ It took me 40 years to write my first book.
③ 학교에서 집으로 걸어오고 있을 때 강풍에 내 우산이 뒤집혔다.
→ A strong wind blew my umbrella inside out as I was walking home from school.
④ 끝까지 생존하는 생물은 가장 강한 생물도, 가장 지적인 생물도 아니고, 변화에 가장 잘 반응하는 생물이다.
→ It is not the strongest of the species, nor the most intelligent, or the one most responsive to change that survives to the end.

17

정답 해설

② [출제영역] 챕터 12 접속사와 전치사
전치사 of의 목적어 3개가 명사 'A, B, and C'의 병렬이 된 구조로 형용사 warm 대신 명사 warmth로 써야 올바르다.

오답 해설

① [출제영역] 챕터 15 기타 품사
both 뒤에 복수 가산 명사를 쓴다. 따라서 sides는 올바르게 쓰였다.
③ [출제영역] 챕터 04 주어와 동사 수 일치
'The number of' 뒤에 복수 명사 + 단수 동사를 쓰고, '명사의 수'의 뜻으로 쓰인다. 따라서 주어진 문장은 올바르게 쓰였다.

찐Tip 'A number of' 뒤에 복수 명사 + 복수 동사를 쓰고, '많은 명사'의 뜻으로 쓰인다.

④ [출제영역] 챕터 11 가정법
'Had + 주어'로 시작한다면 if가 생략된 가정법 과거완료이다. 가정법 과거완료는 'Had + 주어 + 과거분사, 주어 + would/should/could/might + have p.p.'의 공식으로 쓴다. 따라서 주어진 문장은 올바르게 쓰였다.

선지 해석

① 당신은 종이의 양면에 글을 쓸 수 있다.
② 나의 집은 나에게 안정감, 따뜻함, 그리고 사랑의 느낌을 준다.
③ 자동차 사고의 수가 증가하고 있다.
④ 네가 뭘 하려는지 알았더라면, 내가 너를 말렸을 텐데.

정답 ②

18

정답 해설

④ [출제영역] 챕터 12 접속사와 전치사
'A가 아니고 B다'의 뜻을 가진 구문으로는 'not A but B'의 표현이 있다. 따라서 not 뒤에 the strongest of the species(가장 강한 생물도), nor 뒤에 the most intelligent(가장 지적인 생물도 아니고), or 뒤에 the one most responsive to change(변화에 가장 잘 반응하는 생물이다)으로 표현하고 있다. 따라서 or 대신 but으로 써야 올바르다.

찐Tip 'not A nor B but C'는 'A도 (아니고) B도 아니고 C이다'의 뜻으로 쓰인다.

오답 해설

① [출제영역] 챕터 06 동명사
remember은 to부정사와 동명사를 모두 목적어로 취할 수 있다. '(이미) 했던 것을 기억하다'의 의미로 쓰일 경우는 동명사를 쓰고, '~할 것을 기억하다'의 의미로 쓰일 경우는 to부정사를 쓴다. 따라서 '과거에 (이미) 만난 것을 기억하지 못했다'의 우리말로 보아 remember meeting은 올바르게 쓰였다.
② [출제영역] 챕터 08 부정사
'~하는 데 시간이 걸리다'의 뜻을 가진 구문으로는 'It takes + (사람) + 시간 + to부정사 = It takes + 시간 + (for 사람) + to부정사'의 표현이 있다. 따라서 주어진 문장은 올바르게 쓰였다.
③ [출제영역] 챕터 12 접속사와 전치사 & 챕터 02 동사의 유형
as는 부사절 접속사로 '~할 때'의 뜻으로 쓰인다. blow는 5형식 타동사로 뒤에 '목적어 + 목적보어'의 구조로 쓰였고, walk는 1형식 자동사로 뒤에 부사 home도 올바르게 쓰였다.

찐Tip 'inside out'은 '(안팎을) 뒤집어'의 뜻으로 쓰인다.

정답 ④

19 밑줄 친 부분 중 어법상 옳지 않은 것을 고르시오.

2011. 지방직 9급

Yesterday at the swimming pool everything seemed ① to go wrong. Soon after I arrived, I sat on my sunglasses and broke them. But my worst moment came when I decided to climb up to the high diving tower to see ② how the view was like. ③ Once I was up there, I realized that my friends were looking at me because they thought I was going to dive. I decided I was too afraid to dive from that height. So I climbed down the ladder, feeling very ④ embarrassed.

20 우리말을 영어로 잘못 옮긴 것을 고르시오.

2012. 국가직 9급

① 예산이 빡빡해서 나는 15달러밖에 쓸 수가 없다.
→ I am on a tight budget so that I have only fifteen dollars to spend.

② 그의 최근 영화는 이전 작품들보다 훨씬 더 지루하다.
→ His latest film is far more boring than his previous ones.

③ 우리 회사 모든 구성원의 이름을 기억하다니 그는 생각이 깊군요.
→ It's thoughtful of him to remember the names of every member in our firm.

④ 현관 열쇠를 잃어버려서 안으로 들어가기 위해 나는 벽돌로 유리창을 깼다.
→ I'd lost my front door key, and I had to smash a window by a brick to get in.

19

정답 해설

② [출제영역] 챕터 12 접속사와 전치사
how는 의문부사로 완전 구조를 취한다. how 뒤에 전치사 like의 목적어가 없는 불완전 구조이므로 how 대신 의문대명사 what으로 써야 올바르다.

찐Tip 'what 주어 be 동사'는 주어의 인격을 표현할 때 쓸 수 있다.

오답 해설

① [출제영역] 챕터 02 동사의 유형
seem은 2형식 동사로 주격 보어 자리에 형용사/명사/to부정사를 쓸 수 있다. 따라서 to go는 올바르게 쓰였다.

③ [출제영역] 챕터 12 접속사와 전치사
Once는 접속사와 부사 모두 가능하다. 접속사로 쓰일 경우 '만약(일단) ~하면, ~하자마자'의 뜻으로, 동사를 포함한 절을 이끈다. 따라서 밑줄 친 부분은 올바르게 쓰였다.

④ [출제영역] 챕터 07 분사
감정동사가 감정을 느낀다는 의미를 전달하고 주로 사람을 수식할 경우 과거분사형으로 쓴다. 내가 당황스러운 감정을 느끼는 것으로 수동의 의미인 과거분사 embarrassed는 올바르게 쓰였다.

지문 해석

어제 수영장에서 모든 것이 잘못되어가는 것처럼 보였다. 내가 도착하자마자 나는 선글라스 위에 앉아서 그것을 부쉈다. 하지만 나의 가장 최악의 순간은 전경이 어떤지 보기 위해 높은 다이빙 타워로 올라가기로 결정한 때였다. 내가 그곳에 올라가자마자, 내 친구들이 내가 다이빙을 할 것이라고 생각해서 나를 바라보고 있음을 깨달았다. 나는 그 높이에서 다이빙하기에는 너무 두렵다고 생각했다. 그래서 사다리를 타고 내려왔고, 매우 당황스러웠다.

정답 ②

20

정답 해설

④ [출제영역] 챕터 12 접속사와 전치사
'벽돌로 유리창을 깼다'에서 벽돌이라는 도구, 수단을 나타낼 때는 전치사 by 대신 with으로 써야 올바르다.

오답 해설

① [출제영역] 챕터 08 부정사
to부정사의 수식을 받는 명사가 to부정사의 의미상의 목적어일 때 to부정사 뒤의 목적어는 생략한다. 따라서 주어진 문장은 올바르게 쓰였다.

찐Tip '너무 ~해서 ~하다'의 뜻을 가진 부사절 접속사 so that은 보통 '~, so that'으로 '콤마'표시가 필요하다. 그러나 구어체에서는 '콤마'표시 없이 so that을 결과적인 의미의 부사절 접속사로 사용하기도 한다.

② [출제영역] 챕터 07 분사
감정동사가 감정을 유발하는 의미를 전달하고 사물을 수식할 경우 현재분사형으로 쓴다. film이 지루함을 유발하는 것으로 능동의 의미로 현재분사 boring은 올바르게 쓰였다.

③ [출제영역] 챕터 08 부정사
인성 형용사(thoughtful)는 to부정사 앞에 의미상의 주어를 따로 표시할 때 'of 목적격'으로 표시하고, 'It be + 인성 형용사 + of 목적격 + to부정사'의 구조로 쓴다. 따라서 주어진 문장은 올바르게 쓰였다.

찐Tip 인성 형용사로는 kind, wise, good, considerate, prudent, foolish, stupid, cruel, sensible, careful, generous 등이 있다.

정답 ④

CHAPTER 13 관계사

반드시 한 번에 다잡는 최빈출 개념 정리

01 관계대명사는 ____가 올바르게 쓰였는지 그리고 뒤의 문장 구조가 _____한지 확인해야 한다. 단, 소유격 관계대명사 whose는 ______ 절을 이끌기 때문에 주의해야 한다.

개념 적용 I don't like to speak ill of friends whom you are close ~~to them~~(→).
당신이 가까이 하고 있는 친구들을 나쁘게 말하고 싶지 않다.

02 관계대명사 that은 _____ 용법으로 쓰일 수 없고 _____ 뒤에 쓸 수 없으므로 주의해야 한다.

개념 적용 My sister, ~~that~~(→) lives in Chicago, has two sons.
누이는 시카고에서 사는데, 아들이 둘 있다.

03 「전치사 + 관계대명사」가 나오면 ________에 유의하고 뒤에 _____ 구조인지 확인해야 한다.

개념 적용 The position ~~in which~~(→) you have applied has already been filled.
당신이 지원한 자리는 이미 채용되었다.

04 _________ 관계대명사 뒤에 동사는 선행사와 _____________한다.

개념 적용 These planets are found near stars that ~~is~~(→) similar to our Sun.
이 행성들은 우리의 태양과 유사한 별 가까이에서 발견된다.

05 유사관계대명사 but은 ______의 의미를 포함하고 있으므로 뒤에 ______ 표현을 쓰지 않는다.

개념 적용 There is no one but ~~doesn't have~~(→) some faults.
실수를 하지 않는 사람은 아무도 없다.

06 관계부사는 _________에 따라 다르고 뒤에 ________ 구조를 이끈다.

개념 적용 We visited the house ~~which~~(→) Shakespeare was born.
우리는 셰익스피어의 생가를 방문했다.

정답
01 선행사, 불완전, 완전한, to　02 계속적, 전치사, who　03 전치사, 완전, for which　04 주격, 수 일치, are
05 부정, 부정, has　06 선행사, 완전, where

01 우리말을 영어로 잘못 옮긴 것은? 2020. 지방직 9급

① 보증이 만료되어서 수리는 무료가 아니었다.
→ Since the warranty had expired, the repairs were not free of charge.

② 설문지를 완성하는 누구에게나 선물카드가 주어질 예정이다.
→ A gift card will be given to whomever completes the questionnaire.

③ 지난달 내가 휴가를 요청했더라면 지금 하와이에 있을 텐데.
→ If I had asked for a vacation last month, I would be in Hawaii now.

④ 그의 아버지가 갑자기 작년에 돌아가셨고, 설상가상으로 그의 어머니도 병에 걸리셨다.
→ His father suddenly passed away last year, and, what was worse, his mother became sick.

02 우리말을 영어로 잘못 옮긴 것은? 2019. 지방직 7급

① 옆집에 사는 여자는 의사이다.
→ The woman who lives next door is a doctor.

② 당신은 런던에 가본 적이 있나요?
→ Have you ever been to London?

③ 내가 명령한 것만 하시오.
→ Please just do which I ordered.

④ 그가 사랑에 빠졌던 여자는 한 달 뒤에 그를 떠났다.
→ The woman he fell in love with left him after a month.

01

정답 해설

② [출제영역] 챕터 13 관계사
복합관계대명사는 뒤에 불완전 구조를 취한다. whomever 뒤에 주어가 없는 불완전한 구조가 나왔으므로 목적격 whomever 대신 주격 whoever로 써야 올바르다.

찐Tip whomever는 목적어가 없는 불완전한 구조를 이끈다.

오답 해설

① [출제영역] 챕터 03 동사의 시제 & 챕터 05 수동태
문맥상 보증이 만료된 것이 먼저 일어난 일로 과거완료(had p.p.)로 써야 하고, expire는 자동사로 수동태가 될 수 없으므로 능동형태로 쓴 had expired는 올바르게 쓰였다.

찐Tip free of charge는 '무료로, 무료의'의 뜻으로 쓰인다.

③ [출제영역] 챕터 11 가정법
if절에 과거 시간 부사와 주절에 현재 시간 부사가 쓰였다면 혼합 가정법 공식을 확인해야 한다. 혼합 가정법은 'If 주어 had p.p. 과거시간부사, 주어 + would/should/could/might 동사원형 now'의 공식으로 쓴다. 따라서 주어진 문장은 올바르게 쓰였다.

④ [출제영역] 챕터 03 동사의 시제 & 챕터 02 동사의 유형
과거 시간 부사(last year)가 나오면 반드시 과거 동사를 확인한다. 과거시제 passed away는 올바르게 쓰였고, become은 2형식 동사로 주격 보어 자리에 형용사를 취하므로 형용사 sick 또한 올바르게 쓰였다.

찐Tip what is worse는 '설상가상으로, 엎친 데 덮친 격으로'의 뜻으로 쓰인다.

정답 ②

02

정답 해설

③ [출제영역] 챕터 13 관계사
'명령한 것'이라는 해석에 맞는 영작은 'what I ordered'이다. 따라서 which 대신 what으로 써야 올바르다.

찐Tip 선행사를 포함한 관계대명사 what은 '-것'이라는 의미이다.

오답 해설

① [출제영역] 챕터 13 관계사
관계대명사 who 앞에 선행사(The woman)가 있고 뒤에 주어가 없는 불완전 구조를 취하고 있다. 따라서 주어진 문장은 올바르게 쓰였다.

찐Tip 선행사(The woman)는 단수 형태이므로 단수 동사 lives는 올바르게 쓰였다. woman의 복수형은 women이다.

② [출제영역] 챕터 03 동사의 시제
'have been to 장소'는 '~에 가본 적이 있다'의 뜻으로 쓰인다. 완료시제 동사가 있는 의문문은 'Have/Has/Had S p.p.~' 어순으로 쓴다. 따라서 주어진 문장은 올바르게 쓰였다.

찐Tip 'have gone to 장소'는 '~에 가버렸다'의 뜻으로 쓰인다.

④ [출제영역] 챕터 13 관계사
The woman 다음에 목적격 관계대명사 whom 또는 that이 생략된 형태로 쓰였고, 동사 fell과 left는 시제, 태 또한 올바르게 쓰였다.

찐Tip 'fall in love with'는 '~와 사랑에 빠지다'의 뜻으로 쓰인다.

정답 ③

03 어법상 빈칸에 들어갈 가장 적절한 것을 고르면?

2016. 서울시 7급 6월

The population of Easter Island is now around 5,000, nearly double ________ it was twenty years ago.

① as
② what
③ than
④ that

04 밑줄 친 부분 중 어법상 옳지 않은 것을 고르시오.

2012. 국가직 7급

When the Dalai Lama fled across ① the Himalayas into exile in the face of ② advancing Chinese troops, ③ little did the youthful spiritual leader know ④ what he might never see his Tibetan homeland again.

03

정답 해설

② [출제영역] 챕터 13 관계사

밑줄 친 부분은 동사(double)의 목적어 부분에 해당한다. 앞에 선행사가 없고, 뒤에 보어가 빠진 불완전 구조를 취하고 있으므로 선행사를 포함한 관계대명사 what을 써야 올바르다.

찐Tip 선행사가 필요 없는 명사절 접속사 that은 뒤에 완전 구조를 취해야하고, 선행사가 필요한 관계대명사 that은 뒤에 불완전 구조를 취해야 한다.

지문 해석

이스터 섬의 인구는 현재 약 5,000명으로, 20년 전에 비해 거의 두 배로 증가했다.

정답 ②

04

정답 해설

④ [출제영역] 챕터 13 관계사

관계대명사 what 앞에 선행사가 없고, 뒤에는 불완전 구조를 취해야 한다. 그러나 뒤에 완전 구조(주어 + 동사 + 목적어)를 취하고 있으므로 what 대신 명사절 접속사 that으로 써야 올바르다.

오답 해설

① [출제영역] 챕터 15 기타 품사

유일무이한 명사를 쓸 경우 정관사 the를 붙여 쓸 수 있다. 따라서 밑줄 친 부분은 올바르게 쓰였다.

찐Tip the Himalayas는 '히말라야 산맥'의 뜻으로 쓰인다.

② [출제영역] 챕터 06 동명사

전치사(of) 뒤에 동명사를 취할 수 있다. 따라서 동명사 advancing은 올바르게 쓰였다.

③ [출제영역] 챕터 10 도치 구문과 강조 구문

부정부사(little)가 절 처음에 위치하면 '조동사 + 주어'의 도치 구조로 와야 한다. 도치 구조는 'do/does/did + 주어 + 동사원형'의 형태로 쓴다. 따라서 밑줄 친 부분은 올바르게 쓰였다.

찐Tip 도치를 발생 시키는 부정부사로는 In no way, On no account, By no means, Under no circumstance, Not only, No longer, Nowhere, Never, Little, Hardly, Scarcely, Rarely, Seldom 등이 있다.

찐Tip 부정부사는 다른 부정부사와 같은 절에 겹쳐 쓰지 않는다.

지문 해석

Dalai Lama가 중국군의 진군에 직면하여 히말라야 산맥을 가로질러 달아나 망명을 하게 될 때, 그 젊은 정신적 지도자는 자신의 티베트 고향을 다시는 볼 수 없을지도 모른다는 것을 거의 알지 못했다.

정답 ④

05 어법상 옳지 않은 것은?

2014. 국가직 7급

① Two hours from now, the hall will be empty. The concert will have ended.

② The lab test helps identify problems that might otherwise go unnoticed.

③ The police found an old coin which date had become worn and illegible.

④ Tom made so firm a decision that it was no good trying to persuade him.

06 밑줄 친 부분 중 어법상 옳지 않은 것을 고르시오.

2011. 지방직 9급

> Chile is a Latin American country ① where throughout most of the twentieth century ② was marked by a relatively advanced liberal democracy on the one hand and only moderate economic growth, ③ which forced it to become a food importer, ④ on the other.

05

정답 해설

③ [출제영역] 챕터 13 관계사

선행사 뒤에 있는 관계사는 선행사(an old coin)를 수식하면서 관계사절의 명사(date)도 수식해야 하므로 which 대신 사물 선행사(date)를 수식하는 소유격 관계대명사 whose로 써야 올바르다.

오답 해설

① [출제영역] 챕터 03 동사의 시제

문맥상 미래에 시작한 일이 특정한 미래까지 상태나 동작의 '완료, 경험, 계속, 결과'를 나타낼 때는 미래완료시제(will have p.p.)를 쓴다. 따라서 주어진 문장은 올바르게 쓰였다.

② [출제영역] 챕터 02 동사의 유형

동사 help가 3형식으로 쓰일 때 뒤에 동사원형을 쓸 수 있다. 따라서 identify는 올바르게 쓰였다. go는 2형식 동사로 주격 보어 자리에 형용사 unnoticed 또한 올바르게 쓰였다.

④ [출제영역] 챕터 15 기타 품사

so가 나오면 어순을 확인해야 한다. 'so + 형용사 + a + 명사'의 어순으로 주어진 문장은 올바르게 쓰였다.

찐Tip such는 'such + a + 형용사 + 명사'의 어순으로 쓴다.

찐Tip 'It is no use[good] -ing'는 '~해도 소용없다'의 뜻으로 쓰인다.

선지 해석

① 지금부터 2시간 후에 홀은 비게 될 것이다. 콘서트는 곧 끝날 것이다.

② 실험실 검사는 그렇지 않았으면 눈치채지 못할 수 있는 문제를 확인하는 데 도움이 된다.

③ 경찰은 동전의 날짜는 닳아서 읽을 수 없게 된 오래된 동전을 찾았다.

④ Tom은 너무 단호한 결정을 내려서 그를 설득하는 것은 소용이 없었다.

정답 ③

06

정답 해설

① [출제영역] 챕터 13 관계사

선행사(a Latin American country) 뒤에 주어 없이 동사(was maked)로 불완전 구조를 취하고 있다. 따라서 관계부사 where 대신 주격 관계대명사 which 또는 that으로 써야 올바르다.

찐Tip 관계부사는 선행사에 따라 다르고 뒤에 완전 구조를 취한다.

찐Tip 'throughout most of the twentieth century'는 부사구로 사이에 삽입된 형태로 쓰였다.

오답 해설

② [출제영역] 챕터 04 주어와 동사 수 일치

문장의 주어(a Latin American country)가 단수 형태이므로 단수 동사 was는 올바르게 쓰였다.

③ [출제영역] 챕터 13 관계사

사물 선행사가 있고 뒤에 불완전 구조를 취할 수 있는 것은 관계대명사이다. 따라서 관계대명사 which는 올바르게 쓰였다.

④ [출제영역] 챕터 15 기타 품사

둘 중에서 하나는 one, 나머지 하나는 the other로 쓴다. 따라서 밑줄 친 부분을 올바르게 쓰였다.

찐Tip 셋 중에서 하나는 one, 다른 하나는 another, 마지막 하나는 the other 또는 the third로 쓴다.

지문 해석

> 칠레는 20세기 대부분 동안 비교적 진보된 자유 민주주의가 특징이었고 다른 한편으로는 식량을 수입해야 하는 중간정도의 경제 성장을 이룬 남미 국가다.

정답 ①

07 밑줄 친 부분 중 어법상 옳지 않은 것은?

2018. 지방직 7급

Officials in the UAE, responding to an incident ① which an Emirati tourist was arrested in Ohio, cautioned Sunday that travelers from the Arab country should "refrain from ② wearing the national dress" in public places ③ while visiting the West "to ensure their safety" and said that women should abide by bans ④ on face veils in European countries, according to news reports from Dubai.

08 밑줄 친 부분 중 어법상 옳지 않은 것을 고르시오.

2016. 지방직 7급

Jazz originated from styles of popular music that ① were blended to satisfy social dancers. It began developing during the 1890s in New Orleans, and it was fully formed by the early 1920s when it was recorded in New York, Los Angeles, and Chicago. Several different trends led to the birth of jazz. ② One was the practice of taking liberties with the melodies and accompaniments of tunes. This led to ③ that we today call improvisation. Another was black Americans ④ creating new kinds of music such as ragtimeand blues.

07

정답 해설

① [출제영역] 챕터 13 관계사
관계대명사 which는 뒤에 불완전 구조를 취해야 한다. 그러나 which 뒤에 동사가 수동태(be p.p.) 형태로 쓰여 완전 구조를 취하고 있으므로 관계부사를 써야 한다. 따라서 which 대신 장소 선행사에 맞게 where로 써야 올바르다.

오답 해설

② [출제영역] 챕터 06 동명사
전치사(from) 뒤에 명사 또는 동명사를 취할 수 있다. 목적어(the national dress)를 취할 수 있는 것은 동명사이므로 wearing은 올바르게 쓰였다.

③ [출제영역] 챕터 07 분사
시간 접속사(while)가 이끄는 부사절의 주어와 주절의 주어가 같고 부사절의 동사가 be동사인 경우에는 '주어 + be동사'를 생략할 수 있고 생략된 후에는 분사/형용사/전명구가 남게 된다. 따라서 while visiting은 올바르게 쓰였다.

찐Tip 'while -ing'는 '~하는 동안'의 뜻으로 쓰인다.

④ [출제영역] 챕터 12 접속사와 전치사
명사 ban이 '금지(법)'의 뜻으로 쓰일 때 전치사 on과 함께 쓸 수 있다. 따라서 전치사 on은 올바르게 쓰였다.

지문 해석

오하이오에서 에미리트 관광객이 체포된 사건에 대응하여 UAE 관리자들은 아랍 국가에서 온 여행객들은 "자신들의 안전을 보장하기 위해서" 서양을 방문할 동안 공공장소에서 국가의 옷을 착용하는 것을 자제하는 것이 좋겠다고 일요일에 경고했다. 그리고 두바이 뉴스 보도에 따르면 유럽 국가에서 얼굴 가리는 베일을 착용하는 것을 금지시키는 사항들을 여성들이 준수해야 한다고 말했다.

정답 ①

08

정답 해설

③ [출제영역] 챕터 13 관계사
전치사 to의 목적어 자리로 관계대명사 that은 전치사와 함께 쓸 수 없다. 앞에 선행사가 없고 뒤에는 목적어가 빠진 불완전한 구조를 취하고 있으므로 that 대신 관계대명사 what으로 써야 올바르다.

오답 해설

① [출제영역] 챕터 04 주어와 동사 수 일치
문장의 주어(styles)가 복수 형태이므로 복수 동사 were은 올바르게 쓰였다.

② [출제영역] 챕터 15 기타 품사
one은 'Several different trends' 중 하나를 의미한다. 뒤에 여러 개 중 또 다른 하나를 의미하는 another이 쓰인 것으로 보아 one은 올바르게 쓰였다.

④ [출제영역] 챕터 07 분사
create는 앞 명사(black Americans)를 수식하고 있고, 뒤에 목적어(new kind of music)가 있고, 문맥상 '흑인들이 창조했다'는 능동의 의미이므로 현재분사 creating은 올바르게 쓰였다.

지문 해석

재즈는 사교 댄서들을 만족시키기 위해 혼합된 대중 음악 스타일에서 유래되었다. 이것은 1890년대에 뉴 올리언스에서 개발되었으며, 1920년대 초에 뉴욕, 로스앤젤레스 및 시카고에서 녹음될 때 완전히 형성되었다. 여러 가지 다른 유행이 재즈의 탄생을 이끌었다. 하나는 곡의 멜로디와 반주에 변화를 주는 방법이었다. 이것이 오늘날 우리가 '즉흥 연주'라고 부르는 것으로 이어졌다. 또 다른 하나는 래그타임과 블루스와 같은 새로운 종류의 음악을 창조한 흑인 미국인들이었다.

정답 ③

09 어법상 옳은 것은?

2014. 국가직 9급

① While worked at a hospital, she saw her first air show.

② However weary you may be, you must do the project.

③ One of the exciting games I saw were the World Cup final in 2010.

④ It was the main entrance for that she was looking.

10 밑줄 친 부분 중 어법상 옳지 않은 것은?

2014. 지방직 7급

> The United States national debt was relatively small ① until the Second World War, during ② when it grew ③ from $43 billion to $259 billion ④ in just five years.

09

정답 해설

② [출제영역] 챕터 13 관계사

복합관계부사인 however가 형용사와 부사를 수식할 때 'however + 형용사/부사 + 주어 + 동사'의 구조로 쓴다. 따라서 주어진 문장은 올바르게 쓰였다.

오답 해설

① [출제영역] 챕터 07 분사

접속사 while이 쓰인 분사구문으로 문장의 주어(she)가 병원에서 일하는 것으로 능동의 의미이므로 현재분사로 써야 한다. 따라서 과거분사 worked 대신 현재분사 working으로 써야 올바르다.

찐Tip work는 1형식 자동사로 항상 능동의 의미이므로 현재분사로 쓴다.

③ [출제영역] 챕터 04 주어와 동사 수 일치

One of 복수 명사는 단수 동사를 쓴다. 따라서 복수 동사 were 대신 단수 동사 was로 써야 올바르다.

찐Tip games와 I saw 사이에 목적격 관계대명사 that이 생략된 상태로 쓰였다.

④ [출제영역] 챕터 13 관계사

전치사(for) 뒤에는 관계대명사 that을 쓸 수 없다. 따라서 선행사가 사물이므로 전치사 뒤에 관계대명사 that 대신 which로 써야 올바르다.

찐Tip '전치사 + 관계대명사'가 나오면 전치사에 유의하고 뒤는 완전 구조인지 확인해야 한다.

선지 해석

① 병원에서 일하면서, 그녀는 처음으로 비행기 공중 곡예를 보았다.
② 아무리 피곤하더라도, 당신은 그 프로젝트를 수행해야 한다.
③ 내가 본 흥미로운 경기들 중 하나는 2010년 월드컵 결승전이었다.
④ 그녀가 찾고 있던 것은 중앙 출입구였다.

정답 ②

10

정답 해설

② [출제영역] 챕터 13 관계사

전치사(during)와 관계부사(when)가 같이 쓰이는 것은 어색하다는 것을 알 수 있다. 따라서 when 대신 앞의 '2차 세계대전'을 가리키는 것으로 판단하고, 이를 선행사로 하는 관계대명사 which로 써야 올바르다.

찐Tip '전치사 + 관계대명사'는 뒤에 완전 구조를 취한다.

오답 해설

① [출제영역] 챕터 12 접속사와 전치사

until은 접속사와 전치사 모두 가능하다. 뒤에 명사(the Second World War)가 쓰인 것으로 보아 전치사임을 알 수 있다. 시간(상태의 지속, 계속)명사와 어울리는 전치사 until은 올바르게 쓰였다.

③ [출제영역] 챕터 12 접속사와 전치사

'from A to B'의 구조로 'A부터 B까지'의 뜻으로 쓰인다. 따라서 전치사 from과 to는 올바르게 쓰였다.

④ [출제영역] 챕터 12 접속사와 전치사

전치사 in은 월, 년, 계절, 세기 등(길거나 일정한 기간)을 나타내는 명사와 어울린다. 따라서 전치사 in은 올바르게 쓰였다.

지문 해석

> 미국의 국채는 제2차 세계대전까지만 해도 비교적 적었으나, 제2차 세계대전 동안 단지 5년 만에 430억 달러에서 2590억 달러로 증가했다.

정답 ②

11 다음 문장 중 어법상 가장 적절하지 않은 것은?

2021. 경찰1차

① They saw a house which windows were all broken.
② What do you say to playing basketball on Sunday morning?
③ Despite her poor health, she tries to live a happy life every day.
④ If it had not rained last night, the road wouldn't be muddy now.

12 밑줄 친 부분 중 어법상 옳지 않은 것은?

2018. 지방직 9급

I am writing in response to your request for a reference for Mrs. Ferrer. She has worked as my secretary ① for the last three years and has been an excellent employee. I believe that she meets all the requirements ② mentioned in your job description and indeed exceeds them in many ways. I have never had reason ③ to doubt her complete integrity. I would, therefore, recommend Mrs. Ferrer for the post ④ what you advertise.

01 02 03 PART 04 05

11

정답 해설

① [출제영역] 챕터 13 관계사
관계대명사 which 뒤에는 불완전 구조를 취해야 한다. 그러나 뒤에 완전 구조(주어 + be동사)를 취하고 있기 때문에 which 대신 소유격 관계대명사 whose를 써야 올바르다.

오답 해설

② [출제영역] 챕터 06 동명사
'~하는 게 어때'의 뜻을 가진 구문으로는 'what do you say to -ing'의 동명사 관용 표현이 있다. 따라서 주어진 문장은 올바르게 쓰였다.
③ [출제영역] 챕터 12 접속사와 전치사
전치사(despite) 뒤는 항상 명사(her poor health)를 쓴다. 따라서 주어진 문장은 올바르게 쓰였다.
④ [출제영역] 챕터 11 가정법
if절에 과거시간 부사와 주절에 현재시간 부사가 쓰였다면 혼합 가정법 공식을 확인해야 한다. 혼합 가정법은 'If 주어 had p.p. 과거시간 부사, 주어 + would/should/could/might 동사원형 now'의 공식으로 쓴다. 따라서 주어진 문장은 올바르게 쓰였다.

선지 해석

① 그들은 창문이 모두 깨진 집을 보았다.
② 일요일 아침에 농구 하는 게 어때?
③ 그녀는 허약한 건강상태에도 불구하고 매일 행복한 삶을 살려고 노력한다.
④ 만약 어젯밤에 비가 오지 않았다면, 지금 도로가 진흙투성이지 않을텐데.

정답 ①

12

정답 해설

④ [출제영역] 챕터 13 관계사
what은 명사절 접속사로 선행사를 이미 포함하고 있으므로 앞에 선행사를 수식하지 못한다. 선행사(post)를 수식해줄 수 있는 것은 관계대명사이다. 따라서 선행사가 사물이므로 what 대신 which 또는 that으로 써야 올바르다.

찐Tip 관계대명사 which 또는 that 뒤는 불완전 구조를 취한다.

오답 해설

① [출제영역] 챕터 03 동사의 시제
완료시제와 잘 쓰이는 시간 부사는 완료시제 동사를 확인한다. 문장의 동사 시제가 현재완료(has p.p.)로 쓰인 것으로 보아 'for 기간' 시간 부사는 올바르게 쓰였다.

찐Tip 완료 시제를 나타내는 시간 부사가 쓰이면 꼭 완료시제만 써야 하는 것은 아니고, 과거보다 더 과거에 발생한 일은 had p.p.로 쓰니 주의가 필요하다.

② [출제영역] 챕터 07 분사
문장에 이미 주어 + 동사가 있고 '동사 + ed'가 나온다면 분사 문제이다. mention은 타동사로 뒤에 목적어가 없고, '요구사항이 언급되는 것'으로 수동의 의미인 과거분사 mentioned은 올바르게 쓰였다.
③ [출제영역] 챕터 08 부정사
추상 명사를 to부정사가 수식할 때 to부정사는 동격의 의미를 지닌다. 따라서 reason to doubt는 '의심할 이유'의 뜻으로 올바르게 쓰였다.

찐Tip 위와 같이 쓰이는 추상 명사로는 chance, plan, attempt, effort, opportunity, way, ability 등이 있다.

지문 해석

저는 Ferrer부인에 대한 추천서를 요청하신 것에 대한 답변으로 글을 쓰고 있습니다. 그녀는 지난 3년 동안 저의 비서로 일해왔으며, 정말 훌륭한 직원이었습니다. 저는 그녀가 귀하의 채용 공고에 언급된 모든 요구 사항을 충족시키며 실제로 여러 측면에서 그것들을 뛰어넘는다고 생각합니다. 저는 그녀의 완전한 정직성을 의심할 이유를 결코 가져 본 적이 없었습니다. 따라서 저는 당신이 광고한 직책에 Ferrer부인을 추천드립니다.

정답 ④

13 다음 글의 (A), (B), (C)에서 어법상 옳은 것을 모두 고른 것은?

2015. 지방직 9급

Pattern books contain stories that make use of repeated phrases, refrains, and sometimes rhymes. In addition, pattern books frequently contain pictures (A) that/what may facilitate story comprehension. The predictable patterns allow beginning second language readers to become involved (B) immediate/immediately in a literacy event in their second language. Moreover, the use of pattern books (C) meet/meets the criteria for literacy scaffolds by modeling reading, by challenging students' current level of linguistic competence, and by assisting comprehension through the repetition of a simple sentence pattern.

	(A)	(B)	(C)
①	that	immediate	meet
②	what	immediately	meets
③	that	immediately	meets
④	what	immediate	meet

13

정답 해설

③ [출제영역] 챕터 13 관계사 & 챕터 15 기타 품사 & 챕터 04 주어와 동사 수 일치

(A) [출제영역] 챕터 13 관계사
앞에 선행사(pictures)가 있는 것으로 보아 선행사를 수식할 수 있는 관계대명사를 써야 한다. 따라서 명사절 접속사 what 대신 관계대명사 that으로 써야 올바르다.

찐Tip 관계대명사 that 뒤는 불완전 구조를 취한다.

(B) [출제영역] 챕터 15 기타 품사
앞에 과거분사 involved를 수식할 수 있는 것은 형용사가 아닌 부사이다. 따라서 형용사 immediate 대신 부사 immediately로 써야 올바르다.

(C) [출제영역] 챕터 04 주어와 동사 수 일치
문장의 주어('A of B'의 형태인 the use of pattern book)는 단수 형태이므로 단수 동사를 써야 한다. 따라서 복수 동사 meet 대신 단수 동사 meets로 써야 올바르다.

찐Tip 'A of B'가 주어일 경우 'of B'는 A를 수식해주는 역할로 동사는 A와 수 일치한다. 단, 부분을 나타내는 명사가 나오면 of 뒤에 명사를 확인해서 수 일치한다.

지문 해석

패턴 책들은 반복되는 구문, 후렴구 및 때로는 운율을 반복적으로 활용한 이야기들을 포함한다. 게다가, 패턴 책은 스토리 이해를 용이하게 해주는 그림들을 종종 포함한다. 예측 가능한 패턴들은 제2언어 독자들이 그들의 제2언어에서 즉각 글을 읽고 쓰는 것을 시작할 수 있게 허용한다. 게다가, 패턴 책의 사용은 읽기 모형을 만들고, 학생들의 현재 언어 능력의 수준을 도전하고, 단순한 문장 패턴의 반복을 통해 이해를 도와주면서, 읽고 쓰는 것의 비계기준을 충족시킨다.

정답 ③

14 밑줄 친 부분 중 어법상 옳지 않은 것은?

2013. 지방직 9급

A Caucasian territory ① whose inhabitants have resisted Russian rule almost since its beginnings in the late 18th century has been the center of the incessant political turmoil. It was eventually pacified by the Russians only in 1859, ② though sporadic uprisings continued until the collapse of Tsarist Russia in 1917. Together with Ingushnya, it formed part of the Soviet Union as an Autonomous Soviet Republic within Russian from 1936. Continuing uprising against Russian/Soviet rule, ③ the last was in 1934, caused the anger of Stalin. In retaliation, he dissolved Chechnyan autonomy in 1944, and ordered the deportation of the ethnic Chechnyan population to Central Asia, in which half of the population died. They were not allowed ④ to return to their homeland until 1957, when Khrushchev restored an autonomous status for Chechnya.

14

정답 해설

③ [출제영역] 챕터 13 관계사
문장의 주어(Continuing uprising against Russian/Soviet rule)와 동사(caused) 사이에 명사를 수식하는 절인 'the last was in 1934'가 올바르게 쓰이기 위해서는 절과 절을 연결하는 적절한 관계대명사가 필요하다. 따라서 the last 대신 the last of which로 써야 올바르다.

오답 해설

① [출제영역] 챕터 13 관계사
선행사(A Caucasian territory)와 관계절의 주어(inhabitants)의 관계는 소유격으로 표현해야 가장 자연스럽고 소유격 관계대명사 whose 뒤에 완전 구조를 취하고 있으므로 밑줄 친 부분은 올바르게 쓰였다.

② [출제영역] 챕터 12 접속사와 전치사
부사절 접속사 앞 주절이 완전 구조이고 부사절 접속사 though는 완전한 구조의 문장을 이끈다.

④ [출제영역] 챕터 05 수동태
allow의 수동태 형태로 'be allowed to부정사'의 구조가 쓰여야 하므로 to return은 올바르게 쓰였다.

찐Tip allow는 to부정사를 목적보어로 취하는 대표 5형식 타동사이다.

지문 해석

거주민들이 러시아의 지배에 저항해 온 코카서스 영토는 거의 18세기 말부터 저항이 시작된 이래로 끊임없는 정치적 격동의 중심이었다. 그곳은 1859년에 러시아인들에 의해 결국 진압되었으나, 1917년 제정 러시아 정권이 붕괴될 때까지 산발적인 반란이 계속되었다. Ingushnya와 함께 그곳은 1936년부터 러시아 내에 있는 소비에트 자치 공화국으로서 소련 연합의 일부를 형성했다. 러시아/소비에트 지배에 저항한 지속적인 반란은, 마지막으로 1934년에 있었는데, 스탈린의 분노를 불러일으켰다. 보복으로 그는 1944년에 체첸 공화국의 자치를 해제하고, 소수 민족인 체첸 공화국의 사람들을 중앙 아시아로 추방하도록 명령했고, 그 결과 인구의 반 이상이 사망했다. 그들은 Khrushchev가 체첸 공화국의 자치적 지위를 복원시켜 준 1957년까지 조국으로 돌아가는 것을 허용하지 않았다.

정답 ③

비교 & 기타 품사

출제 경향 분석

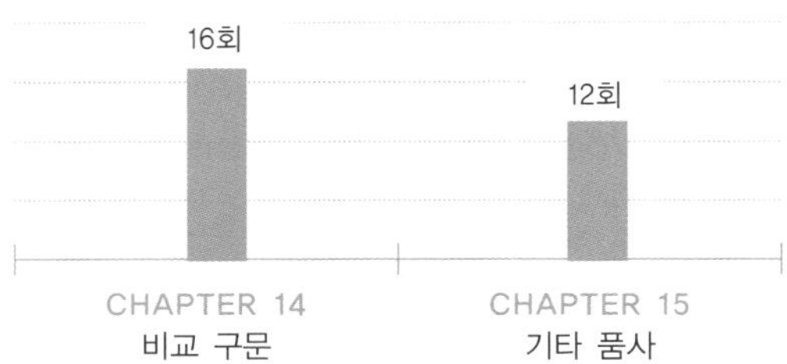

출제 내용 점검

CHAPTER 14 비교 구문

78	비교 대상 일치	
79	원급, 비교급, 최상급 강조 부사	
80	「The 비교급 ~, the 비교급」 구문	
81	라틴어 비교 구문과 전치사 to	
82	배수 비교 구문에서 배수사의 위치	
83	원급을 이용한 구문	
84	비교급을 이용한 구문	
85	비교급을 이용한 양자 부정, 양자 긍정	
86	최상급 구문	
87	원급과 비교급을 이용한 최상급 대용 표현	

CHAPTER 15 기타 품사

88	형용사와 부사의 차이	
89	주의해야 할 형용사	
90	수량 형용사와 명사의 수 일치	
91	어순에 주의해야 할 형용사와 부사	
92	혼동하기 쉬운 부사	
93	가산 명사의 종류와 특징	
94	불가산 명사의 종류와 특징	
95	주의해야 할 명사의 복수 명사	
96	관사의 종류와 생략	
97	격에 따른 인칭대명사	
98	재귀대명사의 2가지 용법	
99	지시대명사 this와 that	
100	부정대명사의 활용	

나의 약점 확인

영역	점수
CHAPTER 14 비교 구문	/ 16문항
CHAPTER 15 기타 품사	/ 12문항

나의 약점 보완

문제 풀이 전략

Q 밑줄 친 부분이 어법상 옳지 않은 것은? 2023. 지방직 9급

① I should have gone this morning, but I was feeling a bit ill.
② These days we do not save as much money as we used to.
③ The rescue squad was happy to discover an alive man.
④ The picture was looked at carefully by the art critic.

정답 해설

③ [출제영역] 챕터15 기타 품사

alive는 서술적 용법으로만 쓰이는 형용사로 보어 자리만 가능하고 뒤에 명사는 올 수 없다. 따라서 뒤에 man이라는 명사가 나오고 있으므로, alive 대신 명사를 앞에서 수식할 수 있는 형용사 live 또는 living으로 써야 올바르다.

오답 해설

챕터 15 기타 품사 01번 문제 참고

Step 1 밑줄 친 부분 출제 영역 확인하기

Step 2 출제 포인트에 따른 선지 O, X 확인하기

Step 3 소거법으로 정답 고르기

① I should have gone this morning, but I was feeling a bit ill.
② These days we do not save as much money as we used to.
③ The rescue squad was happy to discover an alive(→ living) man.
④ The picture was looked at carefully by the art critic.

CHAPTER 14 비교 구문

반드시 한 번에 다잡는 최빈출 개념 정리

01 원급 비교 구문은 '________________'로 쓰고 비교급 비교 구문은 '____________'으로 쓴다.

개념 적용 She was not as beautiful ~~than~~(→) I had imagined.
그녀는 내가 상상했었던 것만큼 아름답지는 않았다.

02 비교 표현 뒤에 that과 those가 나오면 앞에 나온 비교 대상의 수에 따라 ________ 명사면 that을 쓰고, ________ 명사면 those를 쓴다.

개념 적용 The lives of dogs are much shorter than ~~that~~(→) of humans.
개의 삶은 인간의 삶보다 훨씬 더 짧다.

03 원급, 비교급, 최상급을 강조하는 ______가 올바르게 쓰였는지 확인한다.

개념 적용 Jobs nowadays are ~~very~~(→) insecure than they were ten years ago.
오늘날에는 일자리가 십년 전보다 훨씬 더 불안정하다.

04 ______로 끝나는 라틴어 비교 표현은 접속사 than 대신 전치사 to를 쓴다.

개념 적용 Modern music is often considered inferior ~~than~~(→) that of the past.
현대 음악은 흔히 과거의 음악보다 못한 것으로 여겨진다.

05 「The 비교급 ~, the 비교급」 구문에서는 양쪽에 _____와 어순 그리고 최상급이나 원급이 아닌 비교급이 올바르게 쓰였는지 확인한다.

개념 적용 The more she thought about it, ~~more~~(→) depressed she became.
그녀는 그것에 대해 생각을 할수록 점점 더 우울해졌다.

06 최상급 표현은 ______해서 쓰지 않는다.

개념 적용 The ~~most easiest~~(→) way to prevent a cold is washing your hands often.
감기를 예방하는 가장 쉬운 방법은 손을 자주 씻는 것입니다.

정답
01 as 형용사/부사 원급 as, 비교급 than, as
02 단수, 복수, those
03 부사, more
04 -or, to
05 the, the more
06 중복, easiest

01 우리말을 영어로 잘못 옮긴 것을 고르시오.

2022. 국가직 9급

① 우리가 영어를 단시간에 배우는 것은 결코 쉬운 일이 아니다.
→ It is by no means easy for us to learn English in a short time.

② 우리 인생에서 시간보다 더 소중한 것은 없다.
→ Nothing is more precious as time in our life.

③ 아이들은 길을 건널 때 아무리 조심해도 지나치지 않다.
→ Children cannot be too careful when crossing the street.

④ 그녀는 남들이 말하는 것을 쉽게 믿는다.
→ She easily believes what others say.

02 밑줄 친 부분 중 어법상 옳지 않은 것은?

2014. 서울시 9급

My ①art history professors prefer Michelangelo's painting ②to viewing his sculpture, although Michelangelo ③himself was ④more proud of the ⑤latter.

01

정답 해설

② [출제영역] 챕터 14 비교 구문
부정주어(nothing) + 비교급 비교 구문에서 more를 as로 쓰거나 than을 as로 쓰면 안된다. 따라서 as 대신 than으로 써야 올바르다.

찐Tip 비교급 비교 구문 앞의 문장 구조가 보어가 없는 불완전한 구조면 형용사를 쓴다.

오답 해설

① [출제영역] 챕터 08 부정사
easy와 같은 난이형용사는 'It(가주어) + be동사 + 난이형용사 + (for 목적어) + to부정사(진주어)'의 구조로 쓴다. 따라서 주어진 문장은 올바르게 쓰였다.

찐Tip 'by no means'는 '결코 ~이 아닌'의 뜻으로 쓰인다.

③ [출제영역] 챕터 09 조동사
'아무리 ~해도 지나치지 않다'의 뜻을 가진 구문으로는 'cannot ~ too 형용사/부사'의 조동사 관용 표현이 있다. 따라서 주어진 문장은 올바르게 쓰였다.

찐Tip 같은 뜻을 가진 구문으로는 'cannot ~ enough = cannot ~ over동사'의 조동사 관용 표현이 있다.

④ [출제영역] 챕터 12 접속사와 전치사
명사절 접속사 what은 불완전 구조를 취하고, 문장 안에서 주어, 목적어, 보어 역할을 한다. 따라서 주어진 문장에서 believe의 목적어로 what은 올바르게 쓰였다.

정답 ②

02

정답 해설

② [출제영역] 챕터 14 비교 구문
'prefer A to B'의 비교 구문에서 A와 B는 비교대상이 일치가 되어야 한다. 따라서 명사(Michelangelo's painting)와 명사(his sculpture)가 비교되어야 하므로 to viewing his sculpture 대신 viewing을 삭제한 to his sculpture로 써야 올바르다.

오답 해설

① [출제영역] 챕터04 주어와 동사 수 일치
복수 동사 prefer와 수 일치를 하기 위해서는 복수 주어가 필요하므로 art history professors는 올바르게 쓰였다.

③ [출제영역] 챕터 15 기타 품사
주어(Michelangelo) 바로 다음에 재귀대명사를 사용하여 강조하는 용법으로 쓸 수 있으므로 재귀대명사 himself는 올바르게 쓰였다.

④ [출제영역] 챕터 14 비교 구문
형용사나 부사 앞에 more을 써서 비교급을 나타내므로 올바르게 쓰였다.

⑤ [출제영역] 챕터
'the latter'은 '후자'의 뜻으로, 문맥상 his sculpture를 가리키는 것으로 올바르게 쓰였다.

지문 해석

미켈란젤로 자신은 후자(자신의 조각품)를 더 자랑스러워했지만, 나의 미술 역사 교수들은 그의 조각품보다 미켈란젤로의 그림을 더 좋아한다.

정답 ②

03 우리말을 영어로 잘못 옮긴 것은? 2016. 국가직 7급

① 많은 사람들이 아파서 회의가 취소되었다.
→ With many people ill, the meeting was cancelled.

② 이것은 우리가 예상했던 것만큼 그렇게 간단한 문제는 아니다.
→ It is not so straightforward a problem as we expected.

③ 학생들이 몇 개의 가방을 가지고 탑승할 건가요?
→ How many bags are the students carrying on board with them?

④ 아무런 해명도 없었다. 사과는 말할 것도 없고.
→ No explanation was offered, still more an apology.

04 우리말을 영어로 잘못 옮긴 것을 고르시오. 2017. 지방직 9급

① 나는 매달 두세 번 그에게 전화하기로 규칙을 세웠다.
→ I made it a rule to call him two or three times a month.

② 그는 나의 팔을 붙잡고 도움을 요청했다.
→ He grabbed me by the arm and asked for help.

③ 폭우로 인해 그 강은 120cm 상승했다.
→ Owing to the heavy rain, the river has risen by 120cm.

④ 나는 눈 오는 날 밖에 나가는 것보다 집에 있는 것을 더 좋아한다.
→ I prefer to staying home than to going out on a snowy day.

03

정답 해설

④ [출제영역] 챕터 14 비교 구문
'~은 말할 것도 없이'의 뜻을 가진 구문으로는 'still[much] more, still[much] less'의 비교급을 이용한 표현이 있다. 두 표현은 의미상은 차이가 없지만 부정문과 어울리는 표현은 'still[much] less'이다. 따라서 still more 대신 still less로 써야 올바르다.

찐Tip 긍정문과 어울리는 표현은 'still[much] more'이다.

오답 해설

① [출제영역] 챕터 07 분사
with 분사구문으로 'with + 명사 목적어 + 형용사'의 구조로 '목적어가 형용사할 때/하면서'의 뜻으로 쓰인다. 따라서 주어진 문장은 올바르게 쓰였다.

② [출제영역] 챕터 15 기타 품사
so는 어순에 주의해야 할 부사이다. 'so + 형용사 + a + 명사'의 어순으로 써야 한다. 따라서 주어진 문장은 올바르게 쓰였다.

찐Tip 원급 비교 구문 'as ~ as'에서 부정문일때는 앞 부사 as를 so로 대신 쓸 수 있다.

③ [출제영역] 챕터 15 기타 품사
'How many 명사 + 동사 + 주어~'의 어순으로 올바르게 쓰였고, with 다음에 대명사는 the student를 지칭하는 것이므로 them 또한 올바르게 쓰였다.

찐Tip 인칭대명사는 앞에 나온 명사와 성과 수 일치를 확인하고 격에 따라 올바른 형태를 써야 한다.

찐Tip 가산명사(bags)는 How many로 시작하는 의문문을 만들 수 있다.

정답 ④

04

정답 해설

④ [출제영역] 챕터 14 비교 구문
'~보다 ~를 더 좋아하다'의 뜻을 가진 구문으로는 'prefer to부정사 (rather) than to부정사'의 비교 표현이 있다. 따라서 to staying 대신 to stay로, to going 대신 to go로 써야 올바르다.

찐Tip 이와 같은 뜻을 가진 구문으로는 'prefer (동)명사 to (동)명사'의 비교 표현이 있다.

오답 해설

① [출제영역] 챕터 08 부정사
'~하는 것을 규칙으로 삼다'의 뜻을 가진 구문으로는 'make it a rule to부정사 = make a point of -ing = be in the habit of -ing'의 동명사 관용 표현이 있다. 따라서 주어진 문장은 올바르게 쓰였다.

② [출제영역] 챕터 15 기타 품사
'붙잡다(grab)동사 + 사람명사 + by the 신체 일부'의 특정 구문으로 정관사 the는 올바르게 쓰였다.

③ [출제영역] 챕터 12 접속사와 전치사
'owing to'는 전치사로 명사구(the heavy rain)는 올바르게 쓰였고, 차이를 의미하는 전치사 by 또한 올바르게 쓰였다.

정답 ④

05 우리말을 영어로 잘못 옮긴 것을 고르시오.

2016. 지방직 9급

① 그녀가 어리석은 계획을 포기하도록 설득해 줄래요?
→ Can you talk her out of her foolish plan?

② 그녀의 어머니에 대해서는 나도 너만큼 아는 것이 없다.
→ I know no more than you don't about her mother.

③ 그의 군대는 거의 2대 1로 수적 열세였다.
→ His army was outnumbered almost two to one.

④ 같은 나이의 두 소녀라고 해서 반드시 생각이 같은 것은 아니다.
→ Two girls of an age are not always of a mind.

06 밑줄 친 부분 중 어법상 가장 옳지 않은 것은?

2019. 서울시 9급 6월

There is a more serious problem than ① maintaining the cities. As people become more comfortable working alone, they may become ② less social. It's ③ easier to stay home in comfortable exercise clothes or a bathrobe than ④ getting dressed for yet another business meeting!

05

정답 해설

② [출제영역] 챕터 14 비교 구문
'C가 D가 아니듯 A도 B가 아니다'의 뜻을 가진 구문으로는 'A is no more B than C is D'의 양자 부정 표현이 있다. 양자 부정에서 than 뒤에는 부정의 의미지만 부정어 not을 쓰지 않는다. 따라서 you don't 대신 you do로 써야 올바르다.

오답 해설

① [출제영역] 챕터 02 동사의 유형
'A가 B를 단념하게 하다'의 뜻을 가진 구문으로는 'talk A out of B'의 표현이 있다. 따라서 주어진 문장은 올바르게 쓰였다.

찐Tip 'talk A into B'는 'A를 설득하여 B시키다, A에게 이야기하여 B하게 하다'의 뜻으로 쓰인다.

③ [출제영역] 챕터 05 수동태
outnumber는 완전 타동사로 수동태 형태인 'be outnumbered'로 쓰여 '~보다 열세이다'의 뜻으로 쓰인다. 따라서 주어진 문장은 올바르게 쓰였다.

④ [출제영역] 챕터 15 기타 품사
'not always'는 부분부정으로 '항상 ~하는 것은 아니다'의 뜻으로 쓰인다. 따라서 주어진 문장은 올바르게 쓰였다.

찐Tip of 뒤에 a(n)는 'the same(같은)'의 의미로 사용될 수 있다.

정답 ②

06

정답 해설

④ [출제영역] 챕터 14 비교 구문
비교 접속사(than)를 기준으로 비교대상을 일치시켜야 한다. 따라서 to stay(to부정사)와의 형태를 맞춰야 하므로 getting 대신 to get으로 써야 올바르다.

오답 해설

① [출제영역] 챕터 06 동명사
비교 접속사(than) 뒤에 비교대상을 동명사(maintaining) 형태로 쓰고 앞 명사(more serious problem)와 비교하고 있으므로 올바르게 쓰였다.

② [출제영역] 챕터 15 기타 품사
형용사 social의 비교급으로 앞에 '~더 적은[덜한]'을 뜻하는 less는 올바르게 쓰였다.

③ [출제영역] 챕터 14 비교 구문
접속사 than은 비교급과 함께 쓰이므로 easy의 비교급인 easier는 올바르게 쓰였다.

지문 해석

도시를 유지하는 것보다 더 심각한 문제가 있다. 사람들이 혼자서 일하는 것이 더 편해질수록, 그들은 덜 사교적이 될 수도 있다. 또 다른 비즈니스 미팅을 위해 옷을 차려입는 것보다 편안한 운동복이나 목욕 가운으로 집에 머무르는 것이 더 쉽다!

정답 ④

07 우리말을 영어로 옮긴 것 중 가장 어색한 것은?

2015. 지방직 9급

① 제인은 보기만큼 젊지 않다.
→ Jane is not as young as she looks.

② 전화하는 것이 편지 쓰는 것보다 더 쉽다.
→ It's easier to make a phone call than to write a letter.

③ 너는 나보다 돈이 많다.
→ You have more money than I.

④ 당신 아들 머리는 당신 머리와 같은 색깔이다.
→ Your son's hair is the same color as you.

08 다음 문장 중 어법상 가장 적절하지 않은 것은?

2021. 경찰 1차

① She didn't turn on the light lest she should wake up her baby.

② Convinced that he made a mistake, he apologized to his customers.

③ We hope Mr. Park will run his department as efficient as he can.

④ Statistics show that about 50% of new businesses fail in their first year.

07

정답 해설

④ [출제영역] 챕터 14 비교 구문
비교하는 두 대상이 Your son's hair와 your hair가 되어야 하므로 주격 대명사 you 대신 소유대명사 yours로 써야 올바르다.

오답 해설

① [출제영역] 챕터 14 비교 구문
'as 형용사/부사 원급 as'의 원급 비교 구문에서 원급 비교 구문 앞의 문장 구조가 보어가 없는 불완전한 구조면 형용사를 쓴다. 따라서 주어진 문장은 올바르게 쓰였다.

② [출제영역] 챕터 08 부정사 & 챕터 14 비교 구문
easy와 같은 난이형용사는 'It(가주어) + be동사 + 난이형용사 + (for 목적어) + to부정사(진주어)'의 구조로 주어진 문장은 올바르게 쓰였고, 비교급 than 뒤에 to부정사가 나오면 다른 비교대상도 to 부정사로 나와야 하므로 to write 또한 올바르게 쓰였다.

③ [출제영역] 챕터 14 비교 구문
'more 형용사/부사 than'의 비교급 비교 구문에서 비교급 비교 구문 앞의 문장 구조가 보어가 없는 불완전한 구조면 형용사를 쓴다. 따라서 주어진 문장은 올바르게 쓰였다.

찐Tip 'You have more money than I have much money'에서 주절과 중복된 형태인 have much money가 생략된 구조로 쓰였다.

찐Tip money는 불가산명사로 부정관사 a(n)와 복수를 의미하는 –s를 쓰지 않고, many나 few의 수식을 받을 수 없다.

정답 ④

08

정답 해설

③ [출제영역] 챕터 14 비교 구문
원급 비교 구문 'as 형용사/부사 원급 as'에 형용사를 쓸지 부사를 쓸지는 문장 구조를 통해 확인한다. 비교 구문 앞에 문장 구조(주어 + 동사 + 목적어)가 완전하면 부사를 써야 하므로 형용사 efficient 대신 부사 efficiently로 써야 올바르다.

오답 해설

① [출제영역] 챕터 12 접속사와 전치사
부정 부사절 접속사 lest는 '주어 + (should) 동사원형'을 수반한다. 따라서 주어진 문장은 올바르게 쓰였다.

찐Tip lest 뒤에 부정어 not을 중복하여 쓰지 않는다.

② [출제영역] 챕터 07 분사
주어진 문장은 분사구문이다. convinced의 주어는 (,)콤마 다음의 주어(he)로 그가 확신을 느낀다(당한다)는 수동의 의미이므로 과거분사 convinced는 올바르게 쓰였다.

④ [출제영역] 챕터 04 주어와 동사 수 일치
Statistics는 '통계학'의 뜻으로 쓰일 때는 단수 취급하고, '통계자료/수치'의 뜻으로 쓰일 때는 복수 취급한다. 문맥상 '통계자료/수치'의 뜻이 자연스러우므로 복수 동사 show도 올바르게 쓰였다. 또한 퍼센트 of 뒤에 명사(new businesses)가 복수 형태이므로 복수 동사 fail도 올바르게 쓰였다.

찐Tip 부분을 나타내는 명사가 나오면 of 뒤에 명사를 확인해서 동사와 수 일치한다.

선지 해석

① 그녀는 아기를 깨우지 않기 위해 불을 켜지 않았다.
② 그가 실수를 저질렀다고 확신하고, 그는 고객들에게 사과했다.
③ 우리는 Mr. Park이 그가 할 수 있는 만큼 부서를 최대한 효율적으로 운영할 것을 바란다.
④ 통계자료에 따르면 새로운 사업의 약 50%가 첫 해에 실패한다는 것을 보여준다.

정답 ③

09 다음 중 어법상 가장 옳지 않은 것을 고르면?

2016. 서울시 7급 6월

① Nutritionists recommended that everyone eat from three to five servings of vegetables a day.

② Their human rights record remained among the worst, with other abuses taking place in the country.

③ It has been widely known that he is more receptive to new ideas than any other men.

④ He proposed creating a space where musicians would be able to practice for free.

10 우리말을 영어로 잘못 옮긴 것은?

2018. 국가직 9급

① 그 연사는 자기 생각을 청중에게 전달하는 데 능숙하지 않았다.
→ The speaker was not good at getting his ideas across to the audience.

② 서울의 교통 체증은 세계 어느 도시보다 심각하다.
→ The traffic jams in Seoul are more serious than those in any other city in the world.

③ 네가 말하고 있는 사람과 시선을 마주치는 것은 서양 국가에서 중요하다.
→ Making eye contact with the person you are speaking to is important in western countries.

④ 그는 사람들이 생각했던 만큼 인색하지 않았다는 것이 드러났다.
→ It turns out that he was not so stingier as he was thought to be.

09

정답 해설

③ [출제영역] 챕터 14 비교 구문

'비교급 than'으로 최상급을 나타내는 표현으로는 '비교급 than any other + 단수 명사'가 있다. 따라서 복수 명사 men 대신 단수 명사 man으로 써야 올바르다.

찐Tip '비교급 than all the other' 다음은 복수 명사를 쓴다.

오답 해설

① [출제영역] 챕터 09 조동사

충고동사(recommend)의 that절의 동사는 '(should) 동사원형'으로 쓴다. 따라서 should가 생략된 eat은 올바르게 쓰였다.

② [출제영역] 챕터 07 분사 & 챕터 05 수동태

with 분사구문으로 'with + 명사목적어 + -ing'의 구조로 '목적어가 ~ 한 채로'의 뜻으로 쓰인다. take place는 1형식 자동사로 능동의 의미만 가능하므로 능동태 형태(taking place)로 올바르게 쓰였다.

④ [출제영역] 챕터 02 동사의 유형 & 챕터 13 관계사

동사 propose는 목적어로 to부정사와 동명사 형태를 취할 수 있다. 따라서 creating은 올바르게 쓰였다. 관계부사는 뒤에 완전 구조를 취해야하므로 관계부사 where 또한 올바르게 쓰였다.

선지 해석

① 영양학자들은 모든 사람들이 하루에 3~5인분의 야채를 섭취하는 것을 권장했다.
② 그들의 인권 기록은 그 나라에서 다른 학대가 일어나면서 가장 최악으로 남겨져 있었다.
③ 그가 다른 어떤 사람들보다 새로운 아이디어에 더 수용적이라는 것은 널리 알려져 있다.
④ 그는 음악가들이 무료로 연습할 수 있는 공간을 만들 것을 제안했다.

정답 ③

10

정답 해설

④ [출제영역] 챕터 14 비교 구문

원급 비교 구문인 'as 원급 as' 구문은 부정문에서는 'so 원급 as'로 쓸 수도 있다. 다만, 'so 원급 as' 구문에서 원급을 비교급으로 쓸 수 없다. 따라서 stingier 대신 stingy로 써야 올바르다.

오답 해설

① [출제영역] 챕터 06 동명사

동사가 전치사(at)의 목적어 역할을 하기 위해서는 동명사로 써야 한다. 따라서 at 뒤에 동명사 getting은 올바르게 쓰였다.

찐Tip 'be good at'는 '~을 잘하다, 능숙하다'의 뜻으로 쓰인다.

② [출제영역] 챕터 15 기타 품사

비교급 than 뒤에 that과 those가 나온다면 앞에 나온 명사와 수 일치가 중요하다. 주어(traffic jams)가 복수 형태이므로 those는 올바르게 쓰였다.

찐Tip '비교급 than any other + 단수 명사'는 최상급을 나타내는 표현이다.

③ [출제영역] 챕터 04 주어와 동사 수 일치 & 챕터 13 관계사

동명사가 주어로 쓰일 때는 단수 취급하므로 단수 동사 is는 올바르게 쓰였고, 앞에 사람 선행사(person)가 있고 뒤에 전치사 to의 목적어가 없는 불완전 구조를 취하고 있으므로 목적격 관계대명사 whom을 쓸 수 있다.

찐Tip the person과 you are speaking to 사이에 목적격 관계대명사 whom이 생략된 상태로 쓰였다.

정답 ④

11 **우리말을 영어로 잘못 옮긴 것은?** 2017. 지방직 9급 하반기

① 예산은 처음 기대했던 것보다 약 25 퍼센트 더 높다.
→ The budget is about 25 % higher than originally expecting.

② 시스템 업그레이드를 위해 해야 될 많은 일이 있다.
→ There is a lot of work to be done for the system upgrade.

③ 그 프로젝트를 완성하는데 최소 한 달, 어쩌면 더 긴 시간이 걸릴 것이다.
→ It will take at least a month, maybe longer to complete the project.

④ 월급을 두 배 받는 그 부서장이 책임을 져야 한다.
→ The head of the department, who receives twice the salary, has to take responsibility.

12 **우리말을 영어로 옮긴 것으로 옳지 않은 것은?** 2010. 국가직 9급

① 영어를 배우는 것은 결코 쉬운 일은 아니다.
→ It is by no means easy to learn English.

② 비록 가난하지만 그녀는 정직하고 부지런하다.
→ Poor as she is, she is honest and diligent.

③ 사업에서 신용만큼 중요한 것은 없다.
→ Everything in business is so important as credit.

④ 그 남자뿐만 아니라 너도 그 실패에 책임이 있다.
→ You as well as he are responsible for the failure.

11

정답 해설

① [출제영역] 챕터14 비교 구문
비교 표현(비교급 than) 기준으로 비교대상 일치 여부를 확인하는 문제이다. 처음 기대했던 예산과 지금 25% 더 높은 예산을 서로 비교하는 것으로 than 뒤에 주어(The budget)가 생략된 상태로 쓰였다. 주어(The budget)가 기대되는 것으로 수동의 의미이므로 과거분사로 써야 한다. 따라서 expecting 대신 expected로 써야 올바르다.

오답 해설

② [출제영역] 챕터08 부정사
to부정사가 work를 수식하고 있는 형태로 to부정사의 형용사적 용법으로 쓰이고 있다. 주어(work)가 '해야 될 일'의 뜻으로 수동태 형태인 'to be done'은 올바르게 쓰였다.

③ [출제영역] 챕터08 부정사
'~하는 데 ~시간이 걸리다'의 뜻으로 쓰일 때는 'It take + 시간 + (for 사람) + to부정사'의 구문 표현이 있다. 따라서 주어진 문장은 올바르게 쓰였고, '적어도, 최소한'의 뜻으로 'at least' 또한 올바르게 쓰였다.

④ [출제영역] 챕터13 관계사 & 챕터04 주어와 동사 수 일치
관계대명사 who는 앞에 나온 The head(부서장)를 선행사로 받고 뒤에 주어가 없는 불완전 구조를 취하고 있으므로 올바르게 쓰였고, who 뒤에 동사도 동작을 하는 주체(The head)가 단수 형태이므로 단수 동사 receives 또한 올바르게 쓰였다. 그리고 문장 전체의 주어(The head)가 단수 형태이므로 문장 전체의 동사 has 또한 올바르게 쓰였다.

정답 ①

12

정답 해설

③ [출제영역] 챕터 14 비교 구문
원급 비교 구문인 'as 원급 as' 구문이 최상급의 의미를 나타내기 위해서는 부정어가 필요하다. 따라서 Everything 대신 Nothing으로 써야 올바르다.

찐Tip 'as 원급 as' 구문이 부정문에서는 앞 부사 as 대신 so로 쓸 수 있다.

오답 해설

① [출제영역] 챕터 08 부정사
easy와 같은 난이형용사는 'It(가주어) + be동사 + 난이형용사 + (for 목적어) + to부정사(진주어)'의 구조로 쓴다. 따라서 주어진 문장은 올바르게 쓰였다.

찐Tip 'by no means'는 '결코 ~이 아닌'의 뜻으로 쓰인다.

② [출제영역] 챕터 10 도치 구문과 강조 구문
접속사 as는 'as + 주어 + 동사'의 구조로 쓰이면 시간이나 이유 등을 의미하는 부사절 접속사로 쓰이지만, 주어진 문장처럼 주격 보어나 부사 또는 원형동사가 문장 처음에 위치한 도치 구조에서는 '비록 ~라도'라는 양보의 의미로 쓰인다. as 양보 부사절에 '형용사 + as 주어 + 2형식 동사'의 어순으로 주어진 문장은 올바르게 쓰였다.

찐Tip as 양보 도치 구문은 여러 가지 표현으로 쓰일 수 있지만 '조동사 + 주어' 순으로 쓰지 않으므로 주의한다.

④ [출제영역] 챕터 04 주어와 동사 수 일치
'A뿐만 아니라 B도'의 뜻을 가진 구문으로는 'B as well as A = not only A but (also) B'의 표현이 있다. 여기서 동사는 A가 아닌 B에 수 일치해야 한다. 따라서 you와 일치시킨 동사 are은 올바르게 쓰였다.

정답 ③

13 어법상 옳지 않은 것은? 2020. 지방직 7급

① The grain of rye is generally longer and slender than that of rice.
② Cars and planes have made it easy and comfortable for us to travel.
③ Scarcely had we finished our project when the manager gave us another one.
④ The doctor is kind enough to treat any patient whether he or she is rich or poor.

14 어법상 옳은 것을 고르시오. 2017. 국가직 9급 하반기

① My father was in the hospital during six weeks.
② The whole family is suffered from the flu.
③ She never so much as mentioned it.
④ She would like to be financial independent

13

정답 해설

① [출제영역] 챕터 14 비교 구문
비교급 비교 구문에서 접속사 than이 보이면 '형용사/부사-er'로 쓰거나 'more 형용사/부사'로 써야한다. 등위접속사(and) 기준으로 비교급 형태인 longer과 병렬구조를 맞추는 것이 더 자연스럽다. 따라서 원급 slender 대신 비교급 형태 slenderer로 써야 올바르다.

찐Tip 비교 표현 뒤에 that과 those가 나오면 앞에 나온 비교 대상의 수에 따라 단수 명사면 that을 쓰고, 복수 명사면 those를 쓴다.

찐Tip 동일 대상의 성질을 비교할 때는 -er을 활용한 비교급을 쓰지 않고 more를 활용한 비교급을 써야 한다.

오답 해설

② [출제영역] 챕터 08 부정사
문장의 주어(Cars and planes)가 복수 형태이므로 복수 동사 have는 올바르게 쓰였고, make는 5형식 동사로 'make + it(가목적어) + 목적보어 + (for 목적어) + to부정사(진목적어)'의 구조를 쓸 수 있다. 따라서 주어진 문장은 올바르게 쓰였다.

찐Tip '가목적어(it)-진목적어(to부정사)' 구문으로 쓸 수 있는 5형식 동사로는 make, believe, consider, find, think가 있다.

③ [출제영역] 챕터 03 동사의 시제
'~하자마자 ~했다'의 뜻을 가진 구문으로는 'Hardly[Scarcely] + had 주어 p.p. + when/before 주어 + 과거시제 동사'의 도치구문 표현이 있다. 따라서 주어진 문장은 올바르게 쓰였다.

④ [출제영역] 챕터 15 기타 품사
부사 enough는 형용사나 부사를 후치 수식한다. 따라서 주어진 문장은 올바르게 쓰였다.

찐Tip '형용사/부사 enough to부정사'는 '~하기에 충분히 형용사/부사하다'의 뜻으로 쓰인다.

선지 해석

① 보통 호밀의 곡물은 쌀의 그것보다 길고 날씬하다.
② 자동차와 비행기로 우리는 여행을 쉽고 편안하게 할 수 있게 되었다.
③ 우리가 프로젝트를 끝내자마자 매니저가 우리에게 또 다른 프로젝트를 주었다.
④ 의사는 부자든 가난하든 어떤 환자든 치료해줄 만큼 충분히 친절하다.

정답 ①

14

정답 해설

③ [출제영역] 챕터14 비교 구문
'not so much as 동사'의 원급을 활용한 구문으로 '~조차 없다[않다]'의 뜻으로 쓰인다. 이때 동사의 형태인 mention은 대표 3형식 타동사로 전치사 없이 바로 목적어를 취할 수 있다. 따라서 주어진 문장은 올바르게 쓰였다.

오답 해설

① [출제영역] 챕터12 접속사와 전치사
전치사 during은 뒤에 특정한 기간을 명사로 취할 수 있고, 전치사 for은 뒤에 막연한 기간(숫자 + 명사)를 명사로 취할 수 있다. 따라서 during 대신 for로 써야 올바르다.

② [출제영역] 챕터02 동사의 유형
suffer from은 '자동사 + 전치사'의 형태로 수동태(be p.p) 형태로는 쓸 수 없다. 따라서 수동 형태 is suffered from 대신 능동 형태 suffered form으로 써야 올바르다.

④ [출제영역] 챕터15 기타 품사
financial은 형용사(independent)를 수식하고 있는 형태로, 형용사를 수식 할 수 있는 것은 형용사가 아닌 부사이다. 따라서 형용사 financial 대신 부사 financially로 써야 올바르다.

찐Tip 부사는 동사, 형용사, 다른 부사 또는 문장 전체를 수식하는 역할로 쓸 수 있고, 형용사는 명사를 수식하거나 보어 역할로 쓸 수 있다.

선지 해석

① 내 아버지는 6주 동안 병원에 있었다
② 가족 모두가 독감으로 고통받고 있다.
③ 그녀는 그것을 언급조차 하지 않았다.
④ 그녀는 재정적으로 독립하고 싶어한다.

정답 ③

15 우리말을 영어로 잘못 옮긴 것은? 2013. 국가직 7급

① 그는 빚을 갚고 나니 먹고 살아갈 수가 없게 되었다.
→ The payment of his debts left him nothing to live on.

② 사람의 가치는 재산보다도 오히려 인격에 있다.
→ A person's value lies not so much in what he is as in what he has.

③ 나이를 먹음에 따라, 이 속담의 의미를 분명히 알게 될 것이다.
→ As you grow older, you will come to realize the meaning of this saying clearly.

④ 그들은 물이 부족했으므로 가능한 적게 마셨다.
→ They were short of water, so that they drank as little as possible.

16 우리말을 영어로 잘못 옮긴 것은? 2013. 국가직 9급

① 나이가 들어가면 들어갈수록 그만큼 더 외국어 공부하기가 어려워진다.
→ The older you grow, the more difficult it becomes to learn a foreign language.

② 우리가 가지고 있는 학식이란 기껏해야 우리가 모르고 있는 것과 비교할 때 지극히 작은 것이다.
→ The learning and knowledge that we have is at the least but little compared with that of which we are ignorant.

③ 인생의 비밀은 좋아하는 것을 하는 것이 아니라 해야 할 것을 좋아하도록 시도하는 것이다.
→ The secret of life is not to do what one likes, but to try to like what one has to do.

④ 이 세상에서 당신이 소유하고 있는 것은 당신이 죽을 때 다른 누군가에게 가지만, 당신의 인격은 영원히 당신의 것일 것이다.
→ What you possess in this world will go to someone else when you die, but your personality will be yours forever.

15

정답 해설

② [출제영역] 챕터 14 비교 구문
문법적으로 옳은 문장이나, 국문의 의미와 영문의 의미가 다르다. 'A라기 보다는 B인'의 뜻을 가진 구문으로는 'not so much A as B'로 표현해야 하는데 'not so much B as A'의 형태로 쓰였다. 따라서 not so much in what he is as in what he has 대신 not so much in what he has as in what he is로 써야 올바르다.

찐Tip 'not so much A as B'에서 A, B 서로 바꾸는 경우가 있으므로 영작문제로 나온다면 주의가 필요하다

오답 해설

① [출제영역] 챕터 02 동사의 유형 & 챕터 08 부정사
leave는 수여동사로 '간접목적어 + 직접목적어'의 4형식 구조로 쓰였고, to live on에서 to는 명사(nothing)를 수식하는 to부정사의 형용사적 역할로 올바르게 쓰였다.

③ [출제영역] 챕터 12 접속사와 전치사 & 챕터 02 동사의 유형
as는 부사절 접속사로 '~함에 따라'의 뜻으로, come은 to부정사를 주격 보어로 취하는 동사로 '~하게 되다'의 뜻으로 쓰였다. 따라서 주어진 문장은 올바르게 쓰였다.

④ [출제영역] 챕터 12 접속사와 전치사
so that은 결과 부사절 접속사로 뒤에 완전 구조를 취하고 있으므로 주어진 문장은 올바르게 쓰였다.

찐Tip 'be short of~'는 '~이 부족하다'의 뜻으로 쓰인다.

정답 ②

16

정답 해설

② [출제영역] 챕터 14 비교 구문
'기껏해야, 많아야'의 뜻을 가진 구문으로는 'at (the) most = not more than'의 비교급 표현이 있다. 따라서 at the least 대신 at (the) most로 써야 올바르다.

오답 해설

① [출제영역] 챕터 14 비교 구문
'~할수록 더 ~하다'의 뜻을 가진 구문으로는 'The 비교급 주어 + 동사~, the 비교급 주어 + 동사'의 비교급 비교표현이 있다. 양쪽에 the를 써야 하고, more와 형용사/부사는 붙여서 쓰고, 비교급 대신 원급이나 최상급을 쓸 수 없다. 따라서 주어진 문장은 올바르게 쓰였다.

③ [출제영역] 챕터 12 접속사와 전치사
'A가 아니라 B'의 뜻을 가진 구문으로는 'not A but B'의 표현이 있다. what one likes와 what one has to do는 목적어 역할을 하는 명사절이며 뒤에 목적어가 없는 불완전한 구조를 취하므로 what은 올바르게 쓰였다.

④ [출제영역] 챕터 12 접속사와 전치사 & 챕터 03 동사의 시제
What you possess는 주어 역할을 하는 명사절이며 뒤에 목적어가 없는 불완전한 구조를 취하므로 what은 올바르게 쓰였다. 시간 부사절 접속사(when)이 쓰인 시간 부사절에서는 미래시제 대신 현재시제로 써야하므로 when you die 또한 올바르게 쓰였다.

정답 ②

CHAPTER 15 기타 품사

01
02
03
04
PART | 05

반드시 한 번에 다잡는 최빈출 개념 정리

01 형용사가 나오면 부사 자리인지 확인하고 완전한 문장 구조가 나온 후에는 ________가 아닌 ________로 수식한다.

개념 적용 She speaks three languages ~~fluent~~(→).
그녀는 3개 국어를 유창하게 구사한다.

02 서술적 용법으로만 쓰이는 형용사는 asleep, ________, ________, ________은 명사 앞에 쓸 수 없다.

개념 적용 Her voice awoke the ~~asleep~~(→) child.
그녀의 목소리에 자고 있던 아이가 잠이 깼다.

03 부정부사와 전체를 의미하는 표현이 쓰일 때 ________을 의미하므로 해석에 주의한다.

개념 적용 Wealth is ~~not~~(→) synonymous with happiness.
부가 행복과 반드시 아주 밀접한 것은 아니다.

04 혼동하기 쉬운 부사는 형태와 ______를 확인한다.

개념 적용 We ~~hard~~(→) know each other.
우리는 서로 거의 잘 모른다.

05 불가산 명사는 부정관사나 수사와 함께 쓰이지 않고 ______형을 만들 수 없다. 불가산 명사는 ______ 취급하고 ______ 동사로 일치시킨다.

개념 적용 New ~~equipments~~(→) ~~were~~(→) installed at the third floor of our building.
새로운 장비는 빌딩 3층에 설치되었다.

06 ________는 앞에 나온 명사와 성과 수 일치를 확인하고 격에 따라 올바른 형태로 써야한다.

개념 적용 The Earth will not be able to satisfy the food needs of all ~~their~~(→) inhabitants.
지구는 모든 주민들의 식량 수요를 충족시킬 수 없을 것이다.

정답
01 형용사, 부사, fluently
02 alike, afraid, alive, sleeping
03 부분 부정, not necessarily
04 의미, hardly
05 복수, 단수, 단수, equipment, was
06 인칭대명사, its

01 밑줄 친 부분이 어법상 옳지 않은 것은?

2023. 지방직 9급

① I should have gone this morning, but I was feeling a bit ill.
② These days we do not save as much money as we used to.
③ The rescue squad was happy to discover an alive man.
④ The picture was looked at carefully by the art critic.

02 어법상 옳은 것은?

2017. 지방직 7급

① She was noticeably upset by how indignant he responded to her final question.
② Obviously, this state of affairs is known to the ambassadors, who reacts unfavorably to it.
③ I walked on as briskly as the heat would let me until I reached the road which led to the village.
④ Although there are some similarities in the platforms of both candidates, the differences among them are wide.

01

정답 해설

③ [출제영역] 챕터 15 기타 품사
alive는 서술적 용법으로만 쓰이는 형용사로 보어 자리만 가능하고 뒤에 명사는 올 수 없다. 따라서 뒤에 man이라는 명사가 나오고 있으므로, alive 대신 명사를 앞에서 수식할 수 있는 형용사 live 또는 living으로 써야 올바르다.

오답 해설

① [출제영역] 챕터 09 조동사
should have p.p.는 '~했어야 했다'라는 의미로, but 다음에 가지 못한 이유를 보여주고 있으므로 주어진 문장은 올바르게 쓰였다.
② [출제영역] 챕터 14 비교 구문 & 챕터 08 부정사
'as ~ as' 원급 비교 구문이 쓰인 문장이다. '사람/사물 주어 + used to 동사원형'은 '~하곤 했다'의 의미로 쓰인다. 따라서 주어진 문장은 올바르게 쓰였다.

찐Tip used to 뒤에 앞에 나온 save가 생략된 형태로 쓰였다.

④ [출제영역] 챕터 05 수동태
look은 2형식 자동사로 수동태 구조가 불가능하지만 look at은 '자동사 + 전치사' 구조로, 수동태 구조가 가능하다. 그림(The picture)이 미술 평론가(the art critic)에 의해 '보이는 것'이므로 수동태 was looked at은 올바르게 쓰였다.

선지 해석

① 나는 오늘 아침에 갔어야 했는데, 몸이 좀 안 좋았다.
② 요즘 우리는 예전에 했던 것만큼 많은 돈을 모으지 않는다.
③ 구조대는 살아 있는 남자를 발견해서 기뻐했다.
④ 그 그림은 미술 평론가에 의해 주의 깊게 관찰되었다.

정답 ③

02

정답 해설

③ [출제영역] 챕터 15 기타 품사
원급 비교 구문 'as 형용사/부사 원급 as'에 형용사를 쓸지 부사를 쓸지 문장 구조를 통해 확인한다. walk는 자동사이므로 부사 briskly는 올바르게 쓰였다.

오답 해설

① [출제영역] 챕터 15 기타 품사
how가 완전한 문장을 이끌고 있으므로 indignant가 수식하는 것은 동사(responded)이므로 형용사 indignant 대신 부사 indignantly로 써야 올바르다.
② [출제영역] 챕터 04 주어와 동사 수 일치
who 선행사가 명사(ambassadors)로 복수 형태이므로 단수 동사 reacts 대신 복수 동사 react로 써야 올바르다.
④ [출제영역] 챕터 15 기타 품사
후보자 두 명에 대한 비교이므로 among 대신 between으로 써야 올바르다.

찐Tip among은 '(셋 이상이 관련된 분배 및 선택 시)~간에, ~중에서'의 뜻으로 쓰인다.

선지 해석

① 그녀는 그녀의 마지막 질문에 그가 분개한 반응을 한 것 때문에 그녀는 눈에 띄게 언짢았다.
② 분명히, 이러한 상황은 그것에 불리하게 반응하는 대사들에게 알려졌다.
③ 나는 마을로 이어지는 도로에 이르기까지 더위가 허락하는 대로 기운차게 계속 걸었다.
④ 두 후보의 플랫폼에는 몇 가지 유사점이 있지만, 그들 사이의 차이는 크다.

정답 ③

03 밑줄 친 부분 중 어법상 잘못된 것은? 2014. 서울시 7급

Previous functional ① analyses of American English inversion constructions have recognized ② that inverted sentences and ③ their canonical word order ④ counterparts are ⑤ semantic equivalent.

04 우리말을 영어로 잘못 옮긴 것을 고르시오.

2022. 지방직 9급

① 나는 단 한 푼의 돈도 낭비할 수 없다.
→ I can afford to waste even one cent.

② 그녀의 얼굴에서 미소가 곧 사라졌다.
→ The smile soon faded from her face.

③ 그녀는 사임하는 것 외에는 대안이 없었다.
→ She had no alternative but to resign.

④ 나는 5년 후에 내 사업을 시작할 작정이다.
→ I'm aiming to start my own business in five years.

03

정답 해설

⑤ [출제영역] 챕터 15 기타 품사
형용사(equivalent)를 수식하는 역할은 부사이다. 따라서 형용사 semantic 대신 부사 semantically로 써야 올바르다.

오답 해설

① [출제영역] 챕터 15 기타 품사
analyses는 analysis의 복수형으로 관사 없이 올바르게 쓰였다.

② [출제영역] 챕터 12 접속사와 전치사
recognize는 타동사로 목적어 자리에 that절을 취할 수 있다. 뒤에 완전 구조를 취하고 있으므로 접속사 that은 올바르게 쓰였다.

③ [출제영역] 챕터 15 기타 품사
their이 지칭하는 선행사(sentences)가 복수 형태이므로 복수형 소유격 their은 올바르게 쓰였다.

④ [출제영역] 챕터 15 기타 품사
word order counterparts로 명사로 나열하는 것에 문제는 없다. 따라서 주어진 문장은 올바르게 쓰였다.

지문 해석

미국 영어의 도치 구조에 대한 이전의 기능적인 분석들은 도치된 문장들과 그것들의 표준적인 단어 순서의 문장들은 의미론적으로 동등하다는 것을 인정했다.

정답 ⑤

04

정답 해설

① [출제영역] 챕터 15 기타 품사
영문(긍정문)과 우리말(부정문)의 의미 차이를 물어보는 문제로, '단 한푼의 돈도 낭비할 수 없다'의 부정문의 의미를 반영하려면 can 대신 cannot으로 써야 올바르다.

오답 해설

② [출제영역] 챕터 02 동사의 유형
fade는 '사라지다'의 뜻인 자동사로 능동태로 표현해야 한다. 따라서 주어진 문장은 올바르게 쓰였다.

③ [출제영역] 챕터 06 동명사
'~하지 않을 수 없다, ~할 수 밖에 없다'의 뜻을 가진 구문으로는 'have no choice[alternative] but to부정사'의 동명사 관용 표현이 있다. 따라서 주어진 문장은 올바르게 쓰였다.

찐Tip 또 다른 표현으로는 'cannot but 동사원형 = cannot help 동명사'가 있다.

④ [출제영역] 챕터 03 동사의 시제
aim은 타동사로 목적어에 to부정사를 취할 수 있다. 따라서 to start는 올바르게 쓰였다. 문맥상 지금 작정하고 있다는 의미로 현재진행시제(be -ing) 또한 올바르게 쓰였다.

찐Tip 동작동사는 진행시제와 잘 쓰인다.

정답 ①

05 우리말을 영어로 잘못 옮긴 것을 고르시오.

2017. 지방직 9급

① 그를 당황하게 한 것은 그녀의 거절이 아니라 그녀의 무례함이었다.
→ It was not her refusal but her rudeness that perplexed him.

② 부모는 아이들 앞에서 그들의 말과 행동에 대해 아무리 신중해도 지나치지 않다.
→ Parents cannot be too careful about their words and actions before their children.

③ 환자들과 부상자들을 돌보기 위해 더 많은 의사가 필요했다.
→ More doctors were required to tend sick and wounded.

④ 설상가상으로, 또 다른 태풍이 곧 올 것이라는 보도가 있다.
→ To make matters worse, there is a report that another typhoon will arrive soon.

06 어법상 옳지 않은 것을 고르시오.

2015. 지방직 7급

Old giant corporations such as IBM and AT&T laid off thousands of workers, ① downsizing to become more efficient and competitive. The auto industry that ② many were ready to pronounce ③ deadly has revived and is ④ flourishing.

05

정답 해설

③ [출제영역] 챕터 15 기타 품사
tend는 타동사로 목적어에 형용사를 취할 수 없다. 우리말로 봐도 '환자들과 부상자들'이므로 '~(인)한 사람들'의 표현하기 위해서는 'the 형용사'로 써야 한다. 따라서 sick and wounded 대신 the를 삽입한 the sick and the wounded로 써야 올바르다.

오답 해설

① [출제영역] 챕터 10 도치 구문과 강조 구문
'It ~ that' 강조 구문으로, 'not A but B'가 주어 자리에 위치해 있다. A와 B는 명사형으로 병렬구조도 올바르게 쓰였다.

② [출제영역] 챕터 09 조동사
'아무리 ~해도 지나치지 않다'의 뜻을 가진 구문으로는 'cannot ~ too형/부'의 조동사 관용 표현이 있다. 따라서 주어진 문장은 올바르게 쓰였다.

찐Tip 또 다른 표현으로는 'cannot ~ enough = cannot ~ over 동사'가 있다.

④ [출제영역] 챕터 04 주어와 동사 수 일치
'there + 동사 + 명사 주어'의 어순과 수 일치 확인을 해야 한다. 주어(a report)가 단수 형태이므로 단수 동사 is는 올바르게 쓰였고, that절은 동격절로 뒤에 완전 구조를 취하고 있으므로 that 또한 올바르게 쓰였다.

찐Tip to make matters worse는 '설상가상으로'의 뜻으로 쓰인다.

정답 ③

06

정답 해설

③ [출제영역] 챕터 15 기타 품사
pronounce는 5형식 동사로 'pronounce + 목적어 + 목적보어'의 구조를 갖는다. 동사 pronounce의 목적어는 주절의 주어인 The auto industry와 같아서 생략이 되었으며 따라서 목적어의 상태인 형용사만 쓰면 된다. 동사 revive(소생하다)를 보고 '죽었던 자동차 회사가 다시 살아났다'라는 문맥상 추론을 할 수 있으므로 형용사 deadly(치명적인, 극도의) 대신 형용사 dead(죽은)로 써야 올바르다.

오답 해설

① [출제영역] 챕터 07 분사
분사구문으로 바뀌면서 and가 생략되고 자동사 downsize에 -ing 형태를 붙여 올바르게 쓰였다.

② [출제영역] 챕터 04 주어와 동사 수 일치
복수 동사 were이 온 것으로 보아 복수 형태 many는 올바르게 쓰였다.

찐Tip many는 many people을 의미한다.

④ [출제영역] 챕터 02 동사의 유형
flourish는 자동사로 진행을 나타내고 있으므로 flourishing은 올바르게 쓰였다.

지문 해석

IBM과 AT&T와 같은 오래되고 거대한 기업들은 수천 명의 노동자를 해고했는데 이는 더 효율적이고 경쟁력을 갖추기 위한 몸집 줄이기에 해당했다. 많은 사람들이 이미 사망 선고를 내린 자동차 산업은 다시 부활하고 번성하고 있다.

정답 ③

07 어법상 옳지 않은 것을 고르시오. 2015. 서울시 7급

① Unless scientists discover new ways ② to increase food production, the Earth ③ will not be able to satisfy the food needs of all ④ their inhabitants.

08 어법상 옳지 않은 것은? 2013. 지방직 9급

① George has not completed the assignment yet, and Mark hasn't either.
② My sister was upset last night because she had to do too many homeworks.
③ If he had taken more money out of the bank, he could have bought the shoes.
④ It was so quiet in the room that I could hear the leaves being blown off the trees outside.

07

정답 해설

④ [출제영역] 챕터 15 기타 품사
대명사가 지칭하는 명사(the Earth)는 단수 형태이므로 대명사도 단수 형태로 써야한다. 따라서 their 대신 its로 써야 올바르다.

오답 해설

① [출제영역] 챕터 15 기타 품사
'~하지 않는 한, ~가 아니라면'의 뜻을 의미하는 표현으로는 'unless~'가 있다. 따라서 밑줄 친 부분은 올바르게 쓰였다.

② [출제영역] 챕터 08 부정사
to부정사의 형용사적 용법은 명사 way와 주로 쓰인다. 따라서 to increase는 올바르게 쓰였다.

③ [출제영역] 챕터 03 동사의 시제
조건 부사절에서 현재가 미래를, 현재완료가 미래완료를 대신하고 이때 주절은 일반적으로 미래시제로 나온다. 따라서 wii not be는 올바르게 쓰였다.

지문 해석

과학자들이 식량 생산을 증가시키기 위한 새로운 방법을 발견하지 않는 한, 지구는 모든 주민들의 식량 수요를 만족시키지 못할 것이다.

정답 ④

08

정답 해설

② [출제영역] 챕터 15 기타 품사
불가산 명사(homework)는 much 또는 little의 수식을 받고 부정관사 a(n)와 복수를 의미하는 -s를 쓰지 않는다. 따라서 many homeworks 대신 much homework로 써야 올바르다.

찐Tip 불가산 명사는 many 또는 few의 수식을 받을 수 없다.

오답 해설

① [출제영역] 챕터 15 기타 품사
부정문에서 '또한'을 의미를 나타내는 not either은 올바르게 쓰였다.

③ [출제영역] 챕터 11 가정법
'if + 주어 + had p.p.'가 나오면 가정법 과거 완료를 의미하고 '주어 + would/should/could/might have p.p.'가 올바르게 쓰였는지 확인해야 한다. 따라서 주어진 문장은 가정법 과거완료 공식으로 올바르게 쓰였다.

④ [출제영역] 챕터 07 분사
'so ~ that' 구조로 that 뒤에 완전 구조를 취해야 한다. 지각동사(hear)는 목적어와 목적보어의 관계가 수동이면 목적보어 자리에는 과거분사를 써야 한다. 따라서 being blown off는 올바르게 쓰였다.

선지 해석

① George는 아직 과제를 완료하지 못했고, Mark도 마찬가지였다.
② 내 여동생은 해야 할 숙제가 너무 많아서 어젯밤에 화가 났다.
③ 만약 그가 은행에서 더 많은 돈을 찾았더라면, 그는 신발을 살 수 있었을텐데.
④ 방 안이 너무 조용해서 나는 밖에서 나뭇잎이 떨어지는 소리도 들을 수 있었다.

정답 ②

09 우리말을 영어로 잘못 옮긴 것을 고르시오.

2019. 국가직 9급

① 개인용 컴퓨터를 가장 많이 가지고 있는 나라는 종종 바뀐다.
→ The country with the most computers per person changes from time to time.

② 지난여름 나의 사랑스러운 손자에게 일어난 일은 놀라웠다.
→ What happened to my lovely grandson last summer was amazing.

③ 나무 숟가락은 아이들에게 매우 좋은 장난감이고 플라스틱 병 또한 그렇다.
→ Wooden spoons are excellent toys for children, and so are plastic bottles.

④ 나는 은퇴 후부터 내내 이 일을 해 오고 있다.
→ I have been doing this work ever since I retired.

10 어법상 옳은 것은?

2014. 지방직 7급

① Humans share food, while monkeys fend for themselves.

② A sweat lodge is a tent which Sioux Indians take a ritual sweat bath.

③ If international trade doesn't exist, many products wouldn't be available on the market.

④ Corporations manufacturing computers with toxic materials should arrange for its disposal.

09

정답 해설

① [출제영역] 챕터 15 기타 품사
per person은 개인당의 뜻으로 쓰이고, '개인용 컴퓨터'의 뜻으로 쓰이려면 per person 대신 personal computers로 써야 올바르다.

오답 해설

② [출제영역] 챕터 12 접속사와 전치사 & 챕터 07 분사
what절 뒤에 주어가 없는 불완전 구조로 올바르게 쓰였고, what절은 단수 취급하므로 단수 동사 was도 올바르게 쓰였다. 감정동사는 감정을 유발한다는 의미를 전달하고 사물을 수식할 경우 현재분사형으로 쓴다. '손자에게 일어난 일이 놀라게 하는 것'으로 능동의 의미이므로 현재분사 amazing 또한 올바르게 쓰였다.

③ [출제영역] 챕터 10 도치 구문과 강조 구문
앞 문장이 긍정문일 경우에는 앞 문장에 대한 긍정 동의는 'and so 조동사 + 주어'를 사용한다. so는 부사이므로 반드시 절과 절을 이어주는 and가 반드시 필요하다. 앞이 be 동사면 so 뒤에도 be 동사를 사용해야 하므로 주어진 문장은 올바르게 쓰였다.

④ [출제영역] 챕터 03 동사의 시제
'since 주어 + 과거시제 동사'의 완료시제를 나타내는 부사는 완료시제 동사를 확인한다. 문맥상 은퇴 이후 지금까지 계속 일을 했다는 의미이므로 현재완료 진행형 have been doing은 올바르게 쓰였다.

정답 ①

10

정답 해설

① [출제영역] 챕터 15 기타 품사
monkeys가 주어고, 전치사 for에 대한 목적어가 주어(monkeys)를 대신하는 것이므로 재귀대명사인 themselves는 올바르게 쓰였다.

오답 해설

② [출제영역] 챕터 13 관계사
장소명사를 수식하면서 뒤에 완전 구조를 취할 수 있는 것은 관계부사이다. 따라서 관계대명사 which 대신 관계부사 where로 써야 올바르다.

③ [출제영역] 챕터 11 가정법
주절에 '주어 + would/should/could/might 동사원형'의 구조가 쓰였기 때문에 if절 내의 시제도 과거시제 동사로 써야 한다. 따라서 doesn't 대신 didn't로 써야 올바르다.

④ [출제영역] 챕터 15 기타 품사
'its disposal(그것의 처분)'에서 its가 지칭하는 단수 명사를 주어진 문장에서 찾아 볼 수 없다. 문맥상 '유해 물질들의 처리'가 자연스러우므로 its 대신 their로 써야 올바르다.

선지 해석

① 인간들은 음식을 공유하는 반면 원숭이들은 스스로 먹을 음식을 찾아 먹는다.
② sweat lodge은 Sioux부족의 인디언들이 땀 빼는 의식을 하는 천막이다.
③ 국제 무역이 존재하지 않는다면, 많은 제품들은 시장에서 이용할 수 없었을 것이다.
④ 유해 물질을 지닌 컴퓨터를 제조하는 기업은 그 처리에 대한 규정을 마련해야 한다.

정답 ①

11 우리말을 영어로 잘못 옮긴 것을 고르시오.

2019. 국가직 9급

① 제가 당신께 말씀드렸던 새로운 선생님은 원래 페루 출신입니다.
→ The new teacher I told you about is originally from Peru.

② 나는 긴급한 일로 자정이 5분이나 지난 후 그에게 전화했다.
→ I called him five minutes shy of midnight on an urgent matter.

③ 상어로 보이는 것이 산호 뒤에 숨어 있었다.
→ What appeared to be a shark was lurking behind the coral reef.

④ 그녀는 일요일에 16세의 친구와 함께 산 정상에 올랐다.
→ She reached the mountain summit with her 16-year-old friend on Sunday.

12 밑줄 친 부분 중 어법상 옳지 않은 것을 고르시오.

2012. 국가직 7급

Any manager of a group that wants to achieve a meaningful level of acceptance and commitment to ① <u>a planned</u> change must present the rationale for the contemplated change as ② <u>clear</u> as possible and provide opportunities for discussion ③ <u>to clarify</u> consequences for those who will ④ <u>be affected</u> by the change.

01 02 03 04 PART 05

11

정답 해설

② [출제영역] 챕터 15 기타 품사

'shy of + 명사'는 '명사가 부족한, 모자란'의 뜻으로 쓰인다. 따라서 '5분이 지난 후'의 뜻과는 맞지 않으므로 shy of midnight 대신 after midnight으로 써야 올바르다.

찐Tip call은 다양한 형식으로 쓰인다. 'call + 사람'의 3형식일 때는 '사람에게 전화하다'의 뜻으로, 'call + 명사 + 명사'의 5형식일 때는 '~을 ~라고 부르다'의 뜻으로 쓰인다.

오답 해설

① [출제영역] 챕터 02 동사의 유형 & 챕터 13 관계사

'A에게 B에 관해 말하다'의 뜻을 가진 구문으로는 'tell A about B'의 표현이 있다. about의 목적어 역할을 하는 목적격 관계대명사 whom이 teacher과 I told 사이에 생략된 상태로 쓰였다.

③ [출제영역] 챕터 12 접속사와 전치사

명사절 접속사 what은 앞에 명사가 없고 뒤에는 불완전 구조를 취한다. what절은 단수 취급하므로 단수동사 was도 올바르게 쓰였다.

④ [출제영역] 챕터 02 동사의 유형 & 챕터 15 기타 품사

reach는 대표 3형식 타동사로 전치사 없이 목적어를 취할 수 있다. 따라서 전치사 없이 올바르게 쓰였고, 단위를 나타내는 명사가 수사와 함께 또 다른 명사를 수식하는 형용사 역할을 할 때는 hyphen(-)을 사용하고 항상 단수형을 쓴다. 따라서 year 또한 올바르게 쓰였다.

찐Tip 명사를 수식하지 않을 때는 복수형으로 쓴다

정답 ②

12

정답 해설

② [출제영역] 챕터 15 기타 품사

동사(present)를 수식할 수 있는 것은 형용사가 아닌 부사이다. 따라서 형용사 clear 대신 부사 clearly로 써야 올바르다.

오답 해설

① [출제영역] 챕터 07 분사

관사와 명사 사이에 현재분사나 과거분사가 쓰였을 경우 수식받는 명사가 행동을 하는 경우에는 현재분사를 쓰고 명사가 행동을 당하는 경우에는 과거분사를 쓰므로 주어진 문장에서 명사 changed를 수동을 의미하는 과거분사인 planned가 '계획된'이라는 뜻으로 올바르게 쓰였다.

③ [출제영역] 챕터 08 부정사

to clarify는 to는 명사(discussion)를 수식하는 to부정사의 형용사적 역할로 올바르게 쓰였다.

④ [출제영역] 챕터 05 수동태

affect는 타동사로 뒤에 목적어가 없으므로 수동태 형태(be affected)로 올바르게 쓰였다.

지문 해석

계획된 변화에 의미심장한 수준 높은 수용과 헌신을 달성하고자 하는 그룹의 어떤 경영자라도 그 심사숙고된 변화에 대한 이유를 가능한 한 명료하게 제시해야 하고, 그 변화에 영향을 받을 사람들을 위한 결과를 명확하게 하기 위한 토론의 기회를 제공해야 한다.

정답 ②

진가영 영어
기출문제집
문법&어휘

합격까지, 반드시 한 번에 다 잡는다!

어휘 250제

PART 01 유의어 유형

PART 02 빈칸 유형

유의어 유형

출제 경향 분석

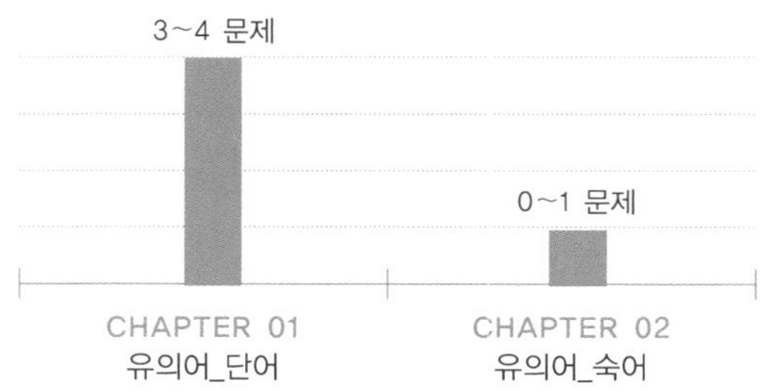

어휘 유형 문항 수

현행 9급 공무원 시험(법원직 제외)은 총 20문제로 출제되고 있다. 20문제 중에서 어휘 유형은 보통 4문항 또는 5문항 정도의 비중으로 문제들이 구성되고 있다.

출제되는 어휘

어휘의 정확한 범위를 단정 지을 수는 없지만 분명 공무원 시험에 출제되는 어휘의 범위를 예측할 수 있고 그 범위 내에서 크게 벗어나지 않는 선에서 출제되고 있다. 최근 출제되는 경향으로 종합해보면 어휘의 범위는 공무원 시험에서 기출된 어휘들과 중학교 또는 고등학교에서 다뤄지는 평이한 어휘들 위주로 출제되고 있음을 판단할 수 있다. 특히, 단기합격 VOCA 교재는 이런 최신 출제 경향을 반영하여 구성되어있기 때문에 사실상 단기합격 VOCA를 성실하게 외우고 문제 풀이 연습을 꾸준히 해준다면 시험장에서 무난하게 어휘 문제를 맞힐 수 있다.

출제되는 유형

유의어 유형은 말 그대로 밑줄 친 어휘와 뜻이 같거나 유사한 어휘를 고르는 문제이다. 이 유형의 경우 그 밑줄 친 부분의 어휘만 암기하고 있다면 빠르고 정확하게 문제를 풀 수 있다. 단, 밑줄 친 부분의 어휘 뜻을 모르면 그 밑줄 어휘를 빈칸 처리하고 제시된 지문의 맥락에 적절한 어휘를 선택해야 한다. 하지만, 이런 방식의 문제 풀이는 한계가 있을 수 있으므로 유의어 문제를 제대로 풀기 위해서는 유의어를 암기하는 것이 가장 현명한 시험 대비이다.

나의 약점 확인

영역	점수
CHAPTER 01 유의어_단어	/ 100문항
CHAPTER 02 유의어_숙어	/ 50문항

나의 약점 보완

문제 풀이 전략

Q 밑줄 친 부분 중 어법상 옳지 않은 것은? 2023. 국가직 9급

Jane wanted to have a small wedding rather than a fancy one. Thus, she planned to invite her family and a few of her <u>intimate</u> friends to eat delicious food and have some pleasant moments.

① nosy
② close
③ outgoing
④ considerate

정답 해설

intimate 친밀한, 친한, 사적인, 개인적인
= ② close 가까운, 친한

Step 1 밑줄 단어 의미 확인하기
Step 2 선지 확인하며 유의어 찾기
Step 3 소거법으로 정답 고르기

Jane은 화려한 결혼식보다는 작은 결혼식을 하고 싶었다. 그래서, 그녀는 자신의 가족과 <u>친한</u> 친구 몇 명을 초대해서 맛있는 음식을 먹고 즐거운 시간을 보내려고 계획했다.

① 참견하기 좋아하는, 꼬치꼬치 캐묻는
② 가까운, 친한
③ 외향적인, 사교적인
④ 사려 깊은, 이해심[동정심] 있는

CHAPTER 01 유의어_단어

	어휘	뜻	유의어
1	intermittent	간헐적인, 간간이 일어나는	sporadic, scattered, occasional, irregular
2	subsequent	그 다음의, 이후의	following, ensuing, succeeding, successive
3	solve	풀다, 해결하다	resolve, settle, unravel, hammer out, work out, iron out
4	opulent	호화로운, 부유한, 풍부한	rich, wealthy, affluent, luxurious, prosperous, well-to-do, made of money
5	decline	줄어들다, 감소하다, 거절하다	거절하다 refuse, reject, turn down
6	disastrous	비참한, 처참한	terrible, tragic, fatal, ruinous, devastating, calamitous, catastrophic
7	callous	냉담한, 무감각한	indifferent, uninterested, aloof, apathetic, nonchalant
8	avoid	피하다	avert, evade, shun, eschew, dodge, stave off, head off, ward off, steer clear of
9	strengthen	강하게 하다, 강화되다	reinforce, consolidate, fortify, intensify, beef up, shore up
10	compulsory	명령의, 의무적인, 강제적인	mandatory, obligatory, required, requisite, imperative, incumbent, necessary, essential
11	disclose	밝히다, 드러내다	reveal, divulge, unveil, let on
12	impoverished	빈곤한, 가난해진	poor, penniless, needy, destitute, indigent, impecunious
13	abandon	버리다, 포기하다	renounce, relinquish, discard, dispense with, do away with, forgo, give up
14	uncanny	이상한, 묘한	strange, odd, weird, bizarre, peculiar, eerie, out in left field
15	alleviate	완화시키다, 경감하다	reduce, ease, relieve, soothe, allay, assuage, pacify, placate, mitigate, mollify

반드시 한 번에 다잡는 기출 핵심 어휘

	어휘	뜻	유의어
16	brave	용감한	courageous, plucky, intrepid, bold, fearless, daring, audacious, valiant, gallant, confident, undaunted, dauntless, unflinching
17	condescending	거들먹거리는, 잘난 체하는	arrogant, haughty, pompous, supercilious, patronizing
18	transient	일시적인	momentary, temporary, transitory, fleeting, evanescent, ephemeral
19	pernicious	치명적인, 유해한	harmful, fatal, lethal, detrimental, injurious, adverse, inimical, malign, malevolent, malignant, noxious
20	paucity	결핍, 부족	lack, shortage, dearth, scarcity, deficiency
21	erase	지우다, 삭제하다	delete, remove, obliterate, efface, expunge, eliminate, wipe out, cross out, scratch out
22	corroborate	확증하다, 입증하다	confirm, prove, substantiate, verify, validate
23	plight	고난, 역경	predicament, difficulty, adversity, dilemma, quandary
24	pending	미결[미정]인, 계류 중인, 임박한	미결의 undecided, unresolved 임박한 imminent, upcoming, impending, forthcoming
25	stubborn	고집 센, 완고한	inflexible, persistent, obstinate, tenacious, headstrong
26	impromptu	즉흥적인	spontaneous, improvised, unrehearsed, unprepared, unscripted, on the spot
27	drain	배수하다, 소모시키다	deplete, exhaust, use up
28	scrupulous	양심적인, 꼼꼼한	conscientious, meticulous, punctilious, fastidious
29	unprincipled	절조 없는, 부도덕한	immoral, unethical, unscrupulous, corrupt
30	wicked	나쁜, 사악한, 부도덕한	immoral, unscrupulous, unprincipled, corrupt

01 다음 밑줄 친 부분의 의미와 가장 가까운 것은?

2023. 국가직 9급

> Jane wanted to have a small wedding rather than a fancy one. Thus, she planned to invite her family and a few of her <u>intimate</u> friends to eat delicious food and have some pleasant moments.

① nosy
② close
③ outgoing
④ considerate

02 다음 밑줄 친 부분의 의미와 가장 가까운 것은?

2023. 국가직 9급

> The <u>incessant</u> public curiosity and consumer demand due to the health benefits with lesser cost has increased the interest in functional foods.

① rapid
② constant
③ significant
④ intermittent

01

> Jane은 화려한 결혼식보다는 작은 결혼식을 하고 싶었다. 그래서, 그녀는 자신의 가족과 <u>친한</u> 친구 몇 명을 초대해서 맛있는 음식을 먹고 즐거운 시간을 보내려고 계획했다.

① 참견하기 좋아하는, 꼬치꼬치 캐묻는
② 가까운, 친한
③ 외향적인, 사교적인
④ 사려 깊은, 이해심[동정심] 있는

정답 해설

intimate는 '친밀한, 친한, 사적인, 개인적인'이라는 뜻으로 유의어는 ②이다.

지문 어휘

☐ fancy 화려한
☐ pleasant 즐거운, 기분 좋은

핵심 어휘

★ outgoing = extrovert, sociable, gregarious
★ nosy = prying, inquisitive, curious
★ considerate = thoughtful

정답 ②

02

> 더 적은 비용으로 건강상의 이점이 있기 때문에 대중의 <u>끊임없는</u> 호기심과 소비자 수요가 기능성 식품에 대한 관심을 증가시켰다.

① 빠른
② 끊임없는, 변함없는
③ 중요한, 중대한
④ 간헐적인, 간간이 일어나는

정답 해설

incessant는 '끊임없는, 변함없는'이라는 뜻으로 유의어는 ②이다.

지문 어휘

☐ curiosity 호기심
☐ functional 기능상의

핵심 어휘

★ intermittent = sporadic, scattered, occasional, irregular

정답 ②

03 다음 밑줄 친 부분의 의미와 가장 가까운 것은?

2023. 지방직 9급

> Further explanations on our project will be given in <u>subsequent</u> presentations.

① required
② following
③ advanced
④ supplementary

04 다음 밑줄 친 부분의 의미와 가장 가까운 것은?

2023. 지방직 9급

> Folkways are customs that members of a group are expected to follow to show <u>courtesy</u> to others. For example, saying "excuse me" when you sneeze is an American folkway.

① charity
② humility
③ boldness
④ politeness

03

> 우리 프로젝트에 대한 추가 설명은 그 다음의 발표에서 제공될 것이다.

① 필수의
② 그 다음의, 다음에 나오는
③ 선진의, 진보적인, 고급의
④ 보충의, 추가의

정답 해설

subsequent는 '그 다음의, 이후의'라는 뜻으로 유의어는 ②이다.

지문 어휘

☐ explanation 설명

핵심 어휘

★ supplementary = additional, extra
★ subsequent = following, ensuing, succeeding, successive

정답 ②

04

> 풍속은 한 집단의 구성원들이 다른 사람들에게 공손함을 보이기 위해 따를 것이라고 기대되는 관습이다. 예를 들어, 당신이 재채기할 때 "실례합니다"라고 말하는 것은 미국의 풍속이다.

① 자선, 구호 단체
② 겸손
③ 대담함, 무모함
④ 공손[정중]함, 우아[고상]함

정답 해설

courtesy는 '공손함, 정중함'이라는 뜻으로 유의어는 ④이다.

지문 어휘

☐ folkway 풍습, 사회적 관행
☐ custom 관습, 풍습
☐ sneeze 재채기하다

핵심 어휘

★ humility = modesty

정답 ④

05 다음 밑줄 친 부분의 의미와 가장 가까운 것은?

2022. 국가직 9급

> For years, detectives have been trying to <u>unravel</u> the mystery of the sudden disappearance of the twin brothers.

① solve
② create
③ imitate
④ publicize

06 다음 밑줄 친 부분의 의미와 가장 가까운 것은?

2022. 국가직 9급

> Before the couple experienced parenthood, their four-bedroom house seemed unnecessarily <u>opulent</u>.

① hidden
② luxurious
③ empty
④ solid

05

> 수년 동안 형사들은 쌍둥이 형제의 갑작스러운 실종에 대한 미스터리를 <u>풀려고</u> 노력해 왔다.

① 풀다, 해결하다
② 창조하다, 만들다
③ 모방하다, 흉내내다
④ 알리다, 광고하다

정답 해설

unravel은 '풀다, 해결하다'라는 뜻으로 유의어는 ①이다.

지문 어휘

☐ detective 형사
☐ sudden 갑작스러운
☐ disappearance 실종

핵심 어휘

★ solve
= resolve, settle, unravel, hammer out, work out, iron out

정답 ①

06

> 부부가 부모가 되기 전에는, 침실 4개짜리 집이 불필요하게 <u>호화로워</u> 보였다.

① 숨겨진
② 사치스러운, 호화로운
③ 비어있는
④ 단단한, 고체의

정답 해설

opulent는 '호화로운, 부유한, 풍부한'이라는 뜻으로 유의어는 ②이다.

지문 어휘

☐ parenthood 부모임

핵심 어휘

★ opulent
= rich, wealthy, affluent, luxurious, prosperous, well-to-do, made of money

07 다음 밑줄 친 부분의 의미와 가장 가까운 것은?

2022. 지방직 9급

> School teachers have to be <u>flexible</u> to cope with different ability levels of the students.

① strong
② adaptable
③ honest
④ passionate

08 다음 밑줄 친 부분의 의미와 가장 가까운 것은?

2022. 지방직 9급

> Crop yields <u>vary</u>, improving in some areas and falling in others.

① change
② decline
③ expand
④ include

07

> 학교 선생님들은 학생들의 다양한 능력 수준에 대처하기 위해 <u>융통성이 있어야</u> 한다.

① 강한
② 적응할 수 있는, 순응할 수 있는, 융통성 있는
③ 정직한, 솔직한
④ 열정적인

정답 해설

flexible은 '구부리기 쉬운, 유연한, 적응성 있는, 융통성 있는'이라는 뜻으로 유의어는 ②이다.

지문 어휘

☐ cope with 대처하다, 처리하다

핵심 어휘

★ strong = sturdy, robust

정답 ②

08

> 농작물 수확량은 <u>달라지며</u>, 일부 지역에서는 개선되고 다른 지역에서는 감소한다.

① 변하다
② 줄어들다, 감소하다, 거절하다
③ 확장하다, 팽창하다
④ 포함하다

정답 해설

vary는 '달라지다, 다르다, 바꾸다'라는 뜻으로 유의어는 ①이다.

지문 어휘

☐ crop 농작물

핵심 어휘

★ decline = refuse, reject, turn down, brush aside

정답 ①

09 밑줄 친 부분의 의미와 가장 가까운 것을 고르시오.

2021. 국가직 9급

> The influence of Jazz has been so pervasive that most popular music owes its stylistic roots to jazz.

① deceptive
② ubiquitous
③ persuasive
④ disastrous

10 밑줄 친 부분의 의미와 가장 가까운 것을 고르시오.

2021. 국가직 9급

> This novel is about the vexed parents of an unruly teenager who quits school to start a business.

① callous
② annoyed
③ reputable
④ confident

09

> 재즈의 영향은 매우 만연해서 대부분의 대중음악은 그 양식적 기원을 재즈에 둔다.

① 현혹시키는, 사기의
② 도처에 있는, 어디에나 존재하는
③ 설득력 있는
④ 비참한, 처참한

정답 해설

pervasive는 '만연한, 어디에나 있는'이라는 뜻으로 유의어는 ②이다.

지문 어휘

☐ owe A to B A를 B에게 빚지다, A를 B에 돌리다, 덕택으로 하다
☐ stylistic 양식의
☐ root 뿌리, 기초

핵심 어휘

★ disastrous
= terrible, tragic, fatal, ruinous, devastating, calamitous, catastrophic

정답 ②

10

> 이 소설은 사업을 시작하기 위해 학교를 그만 두는 다루기 힘든 한 십대의 화가 난 부모에 대한 것이다.

① 냉담한, 무감각한
② 화가 난, 짜증 난, 속타는
③ 평판이 좋은, 존경할 만한
④ 확신하는, 자신감 있는

정답 해설

vexed는 '화가 난, 곤란한'이라는 뜻으로 유의어는 ②이다.

지문 어휘

☐ unruly 다루기 힘든, 제멋대로 구는

핵심 어휘

★ callous
= indifferent, uninterested, aloof, apathetic, nonchalant

정답 ②

PART 01 | 02

11 밑줄 친 부분의 의미와 가장 가까운 것은?

2021. 지방직 9급

For many compulsive buyers, the act of purchasing, rather than what they buy, is what leads to <u>gratification</u>.

① liveliness
② confidence
③ tranquility
④ satisfaction

12 밑줄 친 부분의 의미와 가장 가까운 것은?

2021. 지방직 9급

In studying Chinese calligraphy, one must learn something of the origins of Chinese language and of how they were originally written. However, except for those brought up in the artistic traditions of the country, its aesthetic significance seems to be very difficult to <u>apprehend</u>.

① encompass
② intrude
③ inspect
④ grasp

11

많은 강박적인 구매자들에게는 그들이 사는 것보다 구매하는 행위가 <u>만족감</u>을 유발한다.

① 원기, 활기
② 자신감
③ 고요, 평온, 침착
④ 만족

정답 해설

gratification은 '만족'이라는 뜻으로 유의어는 ④이다.

지문 어휘

☐ compulsive 강박적인, 강제적인
☐ purchase 사다, 구입하다
☐ rather than ~라기보다는

핵심 어휘

★ liveliness = energy, vigor, vitality

정답 ④

12

중국 서예를 공부함에 있어서, 사람들은 중국어의 기원과 그것이 원래 어떻게 쓰였는지를 배워야 한다. 하지만, 그 나라의 예술 전통에서 자라난 사람들을 제외하면, 그 미적 의미를 <u>이해하는</u> 것은 매우 어려워 보인다.

① 포함하다, 에워싸다
② 침입하다
③ 점검하다, 조사하다
④ 잡다, 이해하다

정답 해설

apprehend는 '이해하다, 체포하다, 염려하다'라는 뜻으로 유의어는 ④이다.

지문 어휘

☐ calligraphy 서예
☐ origin 기원
☐ except for ~을 제외하고
☐ bring up 기르다, 양육하다
☐ aesthetic 미적인, 심미적인
☐ significance 중요성, 의미

핵심 어휘

★ intrude = encroach, invade, trespass
★ encompass = 포함하다 include, involve,
에워싸다 surround, enclose

정답 ④

13 밑줄 친 부분의 의미와 가장 가까운 것을 고르시오.

2020. 국가직 9급

> Extensive lists of microwave oven models and styles along with <u>candid</u> customer reviews and price ranges are available at appliance comparison websites.

① frank
② logical
③ implicit
④ passionate

14 밑줄 친 부분의 의미와 가장 가까운 것을 고르시오.

2020. 국가직 9급

> It had been known for a long time that Yellowstone was volcanic in nature and the one thing about volcanoes is that they are generally <u>conspicuous</u>.

① passive
② vaporous
③ dangerous
④ noticeable

13

> 전자레인지 모델 및 스타일에 대한 광범위한 목록들은 <u>솔직한</u> 고객 후기 및 가격대와 함께 가전제품 비교 웹사이트에서 확인할 수 있다.

① 솔직한
② 타당한, 논리적인
③ 암시된, 내포된
④ 열정적인, 열렬한

정답 해설

candid는 '솔직한'이라는 뜻으로 유의어는 ①이다.

지문 어휘

☐ extensive 광범위한
☐ along with ~와 함께
☐ price range 가격대

핵심 어휘

★ logical = reasonable, rational

정답 ①

14

> 옐로스톤이 사실상 화산이였다는 것은 오랫동안 알려져 있었고, 화산들에 대한 한 가지 사실은 화산들은 일반적으로 <u>눈에 잘 띈</u>다는 것이다.

① 수동적인, 소극적인
② 수증기 같은, 수증기가 가득한
③ 위험한
④ 뚜렷한, 분명한

정답 해설

conspicuous는 '눈에 잘 띄는, 뚜렷한'이라는 뜻으로 유의어는 ④이다.

지문 어휘

☐ volcanic 화산의, 화산에 의해 만들어진
☐ in nature 사실상

핵심 어휘

★ dangerous = risky, perilous, hazardous, precarious

정답 ④

15 밑줄 친 부분의 의미와 가장 가까운 것을 고르시오.

2020. 국가직 9급

> He's the best person to tell you how to get there because he knows the city <u>inside out</u>.

① eventually
② culturally
③ thoroughly
④ tentatively

16 밑줄 친 부분의 의미와 가장 가까운 것을 고르시오.

2020. 지방직 9급

> Strategies that a writer adopts during the writing process may <u>alleviate</u> the difficulty of attentional overload.

① complement
② accelerate
③ calculate
④ relieve

15

> 그는 도시를 <u>속속들이</u> 알고 있어서 너에게 어떻게 그곳에 가는지 알려줄 수 있는 가장 좋은 사람이다.

① 결국, 마침내
② 문화적으로, 교양으로서
③ 완전히, 철저히
④ 잠정적으로, 시험적으로

정답 해설

inside out은 '속속들이'라는 뜻으로 유의어는 ③이다.

지문 어휘

☐ know ~ inside out ~을 속속들이 알다

핵심 어휘

★ eventually = finally, ultimately, after all, in the end, at last

정답 ③

16

> 글쓰기 과정에서 작가가 채택하는 전략은 주의력 과부하의 어려움을 <u>완화</u>시킬 수 있다.

① 보완하다, 보충하다
② 가속화하다, 속도를 높이다
③ 계산하다, 산출하다
④ 완화하다, 안심시키다

정답 해설

alleviate는 '완화시키다, 경감하다'라는 뜻으로 유의어는 ④이다.

지문 어휘

☐ strategy 전략
☐ adopt 채택하다
☐ attentional 주의력의, 집중하는
☐ overload 과부하

핵심 어휘

★ calculate = compute, work out

정답 ④

17 밑줄 친 부분의 의미와 가장 가까운 것을 고르시오.

2020. 지방직 9급

> The school bully did not know what it was like to be <u>shunned</u> by the other students in the class.

① avoided
② warned
③ punished
④ imitated

18 밑줄 친 부분의 의미와 가장 가까운 것을 고르시오.

2019. 국가직 9급

> Natural Gas World subscribers will receive accurate and reliable key facts and figures about what is going on in the industry, so they are fully able to <u>discern</u> what concerns their business.

① distinguish
② strengthen
③ undermine
④ abandon

17

> 그 학교 불량배는 반에서 다른 학생들에 의해 <u>외면당하는</u> 것이 어떤 것인지 알지 못했다.

① 외면당하는
② 경고받은
③ 처벌받은
④ 모방된

정답 해설

shunned는 '피하는'이라는 뜻으로 유의어는 ①이다.

지문 어휘

☐ bully (약자를) 괴롭히는 사람
☐ avoid 피하다
☐ warn 경고하다
☐ punish 처벌하다
☐ initiate 시작하다, 개시하다

핵심 어휘

★ avoid
= avert, evade, shun, eschew, dodge, stave off, head off, ward off, steer clear of

정답 ①

18

> Natural Gas World 구독자는 업계에서 어떤 일이 벌어지고 있는지에 대한 정확하고 신뢰할 수 있는 핵심 사실과 수치를 제공받게 될 것이므로, 그들은 그들의 사업과 관련된 것을 충분히 <u>분별할</u> 수 있다.

① 구별하다, 식별하다
② 강하게 하다, 강화되다
③ 약화시키다, 손상시키다
④ 버리다, 포기하다

정답 해설

discern은 '알아차리다, 식별하다, 파악하다'라는 뜻으로 유의어는 ①이다.

지문 어휘

☐ subscriber 구독자
☐ accurate 정확한
☐ reliable 신뢰할 수 있는
☐ figure 수치

핵심 어휘

★ strengthen
= reinforce, consolidate, fortify, intensify, beef up, shore up

정답 ①

19 밑줄 친 부분의 의미와 가장 가까운 것을 고르시오.

2019. 국가직 9급

> Schooling is <u>compulsory</u> for all children in the United States, but the age range for which school attendance is required varies from state to state.

① complementary
② systematic
③ mandatory
④ innovative

20 밑줄 친 부분의 의미와 가장 가까운 것을 고르시오.

2019. 국가직 9급

> Although the actress experienced much turmoil in her career, she never <u>disclosed</u> to anyone that she was unhappy.

① let on
② let off
③ let up
④ let down

19

> 미국의 모든 아이들에게 학교 교육은 <u>의무적</u>이지만, 학교 출석이 요구되는 연령대는 주마다 다르다.

① 상호보완적인
② 체계적인, 조직적인
③ 명령의, 의무적인, 강제적인
④ 혁신적인

정답 해설

compulsory는 '의무적인, 강제적인, 필수의'라는 뜻으로 유의어는 ③이다.

지문 어휘

☐ schooling 학교 교육
☐ age range 연령대
☐ attendance 출석

핵심 어휘

★ complementary = reciprocal, interdependent
★ compulsory
= mandatory, obligatory, required, requisite, imperative, incumbent, necessary, essential

정답 ③

20

> 비록 그 여배우가 자신의 경력에서 많은 혼란을 겪었지만, 그녀는 자신이 불행하다는 것을 누구에게도 <u>밝히지</u> 않았다.

① (비밀을) 말하다[털어놓다]
② (폭탄을) 터뜨리다, (총을) 발사하다, ~을 봐주다
③ (강도가) 약해지다, 누그러지다
④ 실망시키다

정답 해설

disclose는 '밝히다, 드러내다'라는 뜻으로 유의어는 ①이다.

지문 어휘

☐ turmoil 소란, 소동, 혼란
☐ career 경력, 이력

핵심 어휘

★ disclose = reveal, divulge, unveil, let on

정답 ①

21 밑줄 친 부분의 의미와 가장 가까운 것을 고르시오.

2019. 지방직 9급

> I came to see these documents as relics of a sensibility now dead and buried, which needed to be <u>excavated</u>.

① exhumed
② packed
③ erased
④ celebrated

22 밑줄 친 부분의 의미와 가장 가까운 것을 고르시오.

2019. 지방직 9급

> Riding a roller coaster can be a joy ride of emotions: the nervous anticipation as you're strapped into your seat, the questioning and regret that comes as you go up, up, up, and the <u>sheer</u> adrenaline rush as the car takes that first dive.

① utter
② scary
③ occasional
④ manageable

21

> 나는 이러한 문서들을 현재 죽어서 묻혀있는 예술적 감성을 가진 유물들로 여기게 되었다, 그래서 이것들은 <u>발굴</u>될 필요가 있었다.

① 발굴된
② 포장된
③ 지워진
④ 축하된

정답 해설

excavated는 '발굴된'이라는 뜻으로 유의어는 ①이다.

지문 어휘

☐ relic 유물, 유적
☐ sensibility 감성, 정서
☐ dead 죽은, 생명[효력]이 없어진
☐ buried 매장된, 묻힌
☐ exhume 파내다, 발굴하다
☐ pack 싸다, 포장하다
☐ erase 지우다, 없애다
☐ celebrate 축하하다, 기념하다

핵심 어휘

★ exhume = excavate, unearth, burrow, dig up, dig out

정답 ①

22

> 롤러코스터를 타는 것은 감정의 여정이 될 수 있다: 줄(안전벨트)에 묶여 당신의 좌석에 위치하면서의 긴장된 기대감, 위로, 위로, 위로 올라갈 때 오는 의문과 후회, 그리고 차가 첫 다이빙을 할 때 <u>순수한</u> 아드레날린이 솟구침의 감정의 여정인.

① 완전한, 순전한, 소리를 내다, 말을 하다
② 무서운, 겁많은
③ 가끔의, 때때로의
④ 관리할 수 있는

정답 해설

sheer는 '순전한, 순수한, 완전한'이라는 뜻으로 유의어는 ①이다.

지문 어휘

☐ anticipation 기대
☐ strap 끈으로 묶다
☐ regret 후회
☐ rush 치밀어 오름[북받침]

핵심 어휘

★ sheer = utter, pure, downright

정답 ①

23 밑줄 친 부분의 의미와 가장 가까운 것은?

2018. 국가직 9급

> Robert J. Flaherty, a legendary documentary filmmaker, tried to show how <u>indigenous</u> people gathered food.

① itinerant
② impoverished
③ ravenous
④ native

24 밑줄 친 부분의 의미와 가장 가까운 것을 고르시오.

2018. 국가직 9급

> The police spent seven months working on the crime case but were never able to determine the identity of the <u>malefactor.</u>

① culprit
② dilettante
③ pariah
④ demagogue

23

> 전설적인 다큐멘터리 영화제작자 Robert J. Flaherty는 어떻게 <u>토착</u>민들이 음식을 모았는지를 보여주려고 노력했다.

① 떠돌아다니는, 순회하는
② 빈곤한, 가난해진
③ 몹시 굶주린
④ 원산의, 토박이의, 태어난 곳의

정답 해설

indigenous는 '원산의, 토착의'라는 뜻으로 유의어는 ④이다.

지문 어휘

☐ legendary 전설적인
☐ filmmaker 영화제작자
☐ gather 모으다

핵심 어휘

★ impoverished
= poor, penniless, needy, destitute, indigent, impecunious

정답 ④

24

> 경찰은 7개월 동안 범죄 사건을 수사했지만 결코 <u>범인</u>의 신원을 밝혀낼 수 없었다.

① 범인, 범죄자
② 딜레탕트, 호사가, 예술 애호가
③ 부랑자, 사회적으로 버림받은 자
④ 선동가, 선동 정치가

정답 해설

malefactor는 '범인'이라는 뜻으로 유의어는 ①이다.

지문 어휘

☐ crime 범죄
☐ determine 알아내다, 밝히다
☐ identity 정체, 신원

핵심 어휘

★ culprit = criminal, malefactor, offender

정답 ①

25 밑줄 친 부분의 의미와 가장 가까운 것을 고르시오.

2018. 지방직 9급

> The <u>paramount</u> duty of the physician is to do no harm. Everything else — even healing — must take second place.

① chief
② sworn
③ successful
④ mysterious

26 밑줄 친 부분의 의미와 가장 가까운 것은?

2018. 지방직 9급

> The student who finds the state-of-the-art approach <u>intimidating</u> learns less than he or she might have learned by the old methods.

① humorous
② friendly
③ convenient
④ frightening

25

> 내과 의사의 <u>가장 중요한</u> 의무는 어떠한 해로움도 끼치지 않는 것이다. 그 밖의 모든 것은 — 심지어 치료조차도 — 2순위이어야 한다.

① 주된, 중요한
② 맹세한, 욕을 한
③ 성공한, 성공적인
④ 신비한, 이해하기 힘든

정답 해설

paramount는 '가장 중요한, 최고의'라는 뜻으로 유의어는 ①이다.

지문 어휘

☐ duty 책임, 의무, 책무
☐ physician 내과 의사
☐ do(be)no harm 아무런 해가 되지 않다, 아무런 손해를 입히지 않다

핵심 어휘

★ paramount = chief, supreme, prime, principal, foremost

정답 ①

26

> 최신의 접근법이 <u>위협적</u>이라고 생각하는 학생은 오래된 방법으로 배웠을지도 모르는 학생들보다 더 적게 배운다.

① 재미있는, 유머러스한
② 친절한, 상냥한
③ 편리한, 간편한
④ 겁을 주는, 무서운

정답 해설

intimidating은 '위협적인, 겁을 주는'의 뜻으로 유의어는 ④이다.

지문 어휘

☐ state-of-the-art 최신의
☐ approach 접근(법)
☐ might have pp ~했을지도 모른다

핵심 어휘

★ frightening = scary, terrifying, alarming
★ friendly = amiable, affable, genial, congenial, cordial

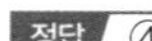

27 밑줄 친 부분과 의미가 가장 가까운 것을 고르시오.

2017. 국가직 9급

> I absolutely <u>detested</u> the idea of staying up late at night.

① defended
② abhorred
③ confirmed
④ abandoned

28 밑줄 친 부분과 의미가 가장 가까운 것을 고르시오.

2017. 국가직 9급

> I had an <u>uncanny</u> feeling that I had seen this scene somewhere before.

① odd
② ongoing
③ obvious
④ offensive

27

> 나는 밤에 늦게까지 깨어있는다는 생각을 전적으로 <u>몹시 싫어했다</u>.

① 방어했다, 수비했다
② 몹시 싫어했다, 혐오했다
③ 확인했다, 확증했다
④ 버렸다, 포기했다

정답 해설

detested는 '몹시 싫어했다'라는 뜻으로 유의어는 ②이다.

지문 어휘

☐ absolutely 전적으로, 틀림없이
☐ stay up 안 자다[깨어있다]
☐ defend 방어하다
☐ abhor 몹시 싫어하다, 혐오하다
☐ confirm 확인하다, 확증하다
☐ abandon 버리다, 포기하다

핵심 어휘

★ abandon
= renounce, relinquish, discard, dispense with, do away with, forgo, give up
★ confirm = corroborate, validate, verify, affirm

 정답 ②

28

> 나는 이 장면을 전에 어디에선가 본 적 있다는 <u>이상한</u> 느낌을 받았다.

① 이상한, 특이한
② 계속 진행 중인
③ 분명한[명백한], 확실한
④ 모욕적인, 불쾌한, 공격적인

정답 해설

uncanny는 '이상한, 묘한'이라는 뜻으로 유의어는 ①이다.

지문 어휘

☐ feeling 느낌, 기분, 생각
☐ scene 현장, 장면
☐ somewhere 어딘가에

핵심 어휘

★ uncanny
= strange, odd, weird, bizarre, peculiar, eerie, out in left field

 정답 ①

29 밑줄 친 부분의 의미와 가장 가까운 것을 고르시오.

2017. 지방직 9급

> Some of the newest laws authorize people to appoint a <u>surrogate</u> who can make medical decisions for them when necessary.

① proxy
② sentry
③ predecessor
④ plunderer

30 밑줄 친 부분과 의미가 가장 가까운 것을 고르시오.

2016. 국가직 9급

> Newton made <u>unprecedented</u> contributions to mathematics, optics, and mechanical physics.

① mediocre
② suggestive
③ unsurpassed
④ provocative

29

> 최신 법률 중 일부는 사람들에게 그들이 필요할 때 그들을 위해 의학적 결정을 내릴 수 있는 <u>대리인</u>을 임명하도록 권한을 준다.

① 대리인
② 보초, 감시인
③ 전임자
④ 약탈자

정답 해설

surrogate는 '대리인'이라는 뜻으로 유의어는 ①이다.

지문 어휘

☐ authorize ~에게 권위를[권한을] 주다
☐ appoint 임명하다
☐ medical 의학적인

핵심 어휘

★ surrogate = proxy, deputy, representative, agent

정답 ①

30

> Newton은 수학, 광학, 그리고 기계 물리학에 <u>전례 없는</u> 기여를 했다.

① 보통의, 평범한
② 암시[시사]하는, ~을 생각나게 하는(of)
③ 능가할 것이 없는, 비길 데 없는
④ 도발적인, 화나게 하는

정답 해설

unprecedented는 '전례 없는, 비길 데 없는'이라는 뜻으로 유의어는 ③이다.

지문 어휘

☐ contribution 기여, 공헌, 기부
☐ mathematics 수학
☐ optics 광학

핵심 어휘

★ unsurpassed
= unmatched, matchless, unrivalled, unparalleled

정답 ③

31 밑줄 친 부분과 의미가 가장 가까운 것은?

2015. 국가직 9급

> He took out a picture from his drawer and kissed it with deep reverence, folded it <u>meticulously</u> in a white silk kerchief, and placed it inside his shirt next to his heart.

① carefully ② hurriedly
③ decisively ④ delightfully

32 밑줄 친 부분과 의미가 가장 가까운 것을 고르시오.

2015. 지방직 9급

> Bringing presents for his children <u>alleviated</u> some of the guilt he felt for not spending enough time with them.

① relieved
② accumulated
③ provoked
④ accelerated

31

> 그는 서랍에서 사진을 꺼내 깊은 존경심을 담아 키스한 뒤 하얀 비단 손수건에 그것을 <u>조심스럽게</u> 접어 가슴 옆 셔츠 안에 넣었다.

① 조심스럽게, 신중히
② 다급하게, 허둥지둥
③ 결정적으로, 단호히
④ 기뻐서, 기꺼이

정답 해설

meticulously는 '꼼꼼하게, 조심스럽게'라는 뜻으로 유의어는 ①이다.

지문 어휘

☐ drawer 서랍
☐ reverence 존경, 경의
☐ kerchief 손수건

핵심 어휘

★ hurriedly = hastily

정답 ①

32

> 그의 아이들을 위한 선물을 가져온 것은 그가 아이들과 충분한 시간을 보내지 못해 느꼈던 죄책감을 어느 정도 <u>완화했다</u>.

① 완화했다
② 축적했다
③ 유발했다
④ 가속화했다

정답 해설

alleviated는 '완화했다'라는 뜻으로 유의어는 ①이다.

지문 어휘

☐ bring 가져오다
☐ present 선물
☐ guilt 죄, 죄책감
☐ relieve 덜다, 완화하다
☐ accumulate 모으다, 축적하다
☐ provoke 화나게 하다, 유발하다, 선동하다
☐ accelerate 가속화하다, 속도를 높이다

핵심 어휘

★ alleviate
= reduce, ease, relieve, soothe, allay, assuage, pacify, placate, mitigate, mollify

정답 ①

33 밑줄 친 부분과 의미가 가장 가까운 것을 고르시오.

2015. 지방직 9급

> Experienced salespeople claim there is a difference between being assertive and being <u>pushy</u>.

① thrilled
② brave
③ timid
④ aggressive

34 밑줄 친 부분과 의미가 가장 가까운 것을 고르시오.

2014. 국가직 9급

> Johannes Kepler believed that there would one day be "celestial ships with sails adapted to the winds of heaven" navigating the sky, filled with explorers "who would not fear the vastness" of space. And today those explorers, human and robot, employ as <u>unerring</u> guides on their voyages through the vastness of space the three laws of planetary motion that Kepler uncovered during a lifetime of personal travail and ecstatic discovery.

① faultless
② unreliable
③ gutless
④ unscientific

33

> 노련한 판매원은 자기주장이 강한 것과 <u>지나치게 밀어붙이는</u> 것 사이에는 차이가 있다고 주장한다.

① 흥분한, 감격한
② 용감한
③ 소심한, 용기가 없는
④ 공격적인

정답 해설

pushy '지나치게 밀어붙이는, 강요하려 드는'이란 뜻으로 유의어는 ④이다.

지문 어휘

☐ experienced 경험 있는, 노련한
☐ salespeople 판매원
☐ assertive 자기주장이 강한, 단정적인

핵심 어휘

★ brave = courageous, plucky, intrepid, bold, fearless, daring, audacious, valiant, gallant, confident, undaunted, dauntless, unflinching

정답 ④

34

> Johannes Kepler는 언젠가 우주의 광활함을 두려워하지 않는 탐험가들로 가득 찬 하늘을 항해하는 "하늘의 바람에 적응한 돛을 가진 천체의 배"가 있을 것이라고 믿었다. 그리고 오늘날 인간과 로봇이라는 그러한 탐험가들은 Kepler가 개인적 노고와 황홀한 발견의 생애 동안 발견했던 행성 운동의 세 가지 법칙을 광활한 우주를 항해할 때 <u>정확한</u> 지침서로 이용한다.

① 흠잡을 데 없는, 완전한
② 믿을[신뢰할] 수 없는
③ 배짱[용기] 없는
④ 비과학적인

정답 해설

unerring은 '틀림없는, 정확한'이라는 뜻으로 유의어는 ①이다.

지문 어휘

☐ celestial 천체의, 하늘의
☐ navigate 항해하다
☐ vastness 광대함
☐ voyage 항해
☐ motion 운동, 활동
☐ ecstatic 황홀한
☐ sail 돛
☐ explorer 탐험가
☐ employ 이용하다
☐ planetary 행성의
☐ travail 노고, 고생

핵심 어휘

★ faultless
= unfailing, faultless, flawless, infallible, impeccable

정답 ①

35 밑줄 친 부분과 의미가 가장 가까운 것을 고르시오.

2014. 지방직 9급

Electric cars also are a key part of China's efforts to curb its <u>unquenchable</u> appetite for imported oil and gas, which communist leaders see as a strategic weakness.

① infallible
② aesthetic
③ adolescent
④ insatiable

36 밑줄 친 부분과 의미가 가장 가까운 것을 고르시오.

2013. 지방직 9급

The most important high-tech threat to privacy is the computer, which permits <u>nimble</u> feats of data manipulation, including retrieval and matching of records that were almost impossible with paper stored in file cabinets.

① speedy
② distinctive
③ efficient
④ impressive

35

전기 자동차 또한 수입된 석유와 가스 수입에 대한 <u>채울 수 없는</u> 욕구를 억제하고자 하는 중국의 노력의 주요 일환이며, 이것을 공산주의 지도자들은 전략적 약점으로 여긴다.

① 절대 틀리지[실수하지] 않는
② 심미적인, 미학의, 미적인
③ 사춘[청년]기의, 청춘의
④ 채울[만족시킬] 수 없는

정답 해설

unquenchable은 '채울 수 없는, 충족시킬 수 없는'이라는 뜻으로 유의어는 ④이다.

지문 어휘

☐ curb 억제하다
☐ appetite 욕구
☐ import 수입하다
☐ communist 공산주의(자)의
☐ strategic 전략(상)의

핵심 어휘

★ adolescent = juvenile, teenager

정답 ④

36

사생활에 가장 중요한 첨단 기술의 위협은 컴퓨터인데, 이는 서류 캐비닛에 저장된 종이로는 거의 불가능했던 기록의 검색과 정합(整合)을 포함한 데이터 조작의 <u>빠른</u> 행동을 가능하게 한다.

① 빠른, 날렵한
② 독특한, 특색이 있는
③ 능률적인, 효율적인, 유능한
④ 인상적인, 인상 깊은

정답 해설

nimble은 '빠른, 민첩한, 영리한'이라는 뜻으로 유의어는 ①이다.

지문 어휘

☐ high-tech 첨단 기술의
☐ manipulation 조작
☐ retrieval 검색, 만회, 복구
☐ matching 맞대기, 정합(整合)

핵심 어휘

★ distinctive = characteristic

정답 ①

37 밑줄 친 부분과 의미가 가장 가까운 것은?

2012. 국가직 9급

> The winner's <u>complacent</u> smile annoyed some of the members of the audience.

① scornful
② simulated
③ self-satisfied
④ condescending

38 밑줄 친 부분과 의미가 가장 가까운 것은?

2012. 지방직 9급

> The commander of this ship ought to command the ship's course and also command the justice, peace and <u>sobriety</u> both among the seamen and all the passengers.

① concern
② anguish
③ solicitude
④ temperance

37

> 그 우승자의 <u>자기 만족적인</u> 미소가 일부 청중들을 화나게 했다.

① 경멸[멸시]하는
② 흉내 내는, ~인 체하는
③ 자기 만족적인
④ 거들먹거리는, 잘난 체하는

정답 해설

complacent는 '자기 만족적인'이라는 뜻으로 유의어는 ③이다.

지문 어휘

☐ audience 청중

핵심 어휘

★ condescending
= arrogant, haughty, pompous, supercilious, patronizing

정답 ③

38

> 이 배의 지휘관은 배의 항로를 지휘해야 하며 또한 선원과 모든 승객들 사이에서 정의, 평화, 그리고 <u>절제</u>를 명령해야 한다.

① 관계, 관심, 걱정, 우려
② (극심한) 괴로움, 비통
③ 불안, 염려, 의혹
④ 절제, 자제, 금주

정답 해설

sobriety는 '절제, 진지함, 술에 취하지 않은 상태'라는 뜻으로 유의어는 ④이다.

지문 어휘

☐ commander 지휘관, 사령관
☐ command 명령하다, 지휘[통솔]하다
☐ justice 정의
☐ peace 평화
☐ passenger 승객

핵심 어휘

★ anguish = agony, pain, torment

정답 ④

39 밑줄 친 부분과 의미가 가장 가까운 것은?

2011. 국가직 9급

> It is <u>debatable</u> whether nuclear weapons actually prevent war.

① contradictory
② reconcilable
③ augmentative
④ controversial

40 밑줄 친 부분과 의미가 가장 가까운 것을 고르시오.

2011. 지방직 9급

> One of the most beguiling aspects of cyberspace is that it offers the ability to connect with others in foreign countries while also providing <u>anonymity.</u>

① hospitality
② convenience
③ disrespect
④ namelessness

39

> 핵무기가 실제로 전쟁을 막는지에 대해서는 <u>논란의 여지가</u> 있다.

① 모순되는
② 화해[조정]할 수 있는
③ 증가[확대]하는
④ 논란이 많은, 논쟁의 여지가 있는

정답 해설

debatable은 '논란의 여지가 있는'이라는 뜻으로 유의어는 ④이다.

지문 어휘

☐ actually 실제로, 정말로
☐ nuclear 핵의, 원자력의
☐ weapon 무기

핵심 어휘

★ reconcilable
= compatible, consistent, congruous, congruent

정답 ④

40

> 사이버공간의 가장 매력적인 측면 중 하나는 <u>익명성</u>을 제공하면서 외국에 있는 다른 사람들과의 연결 능력을 제공한다는 것이다.

① 환대, 후한 대접
② 편의, 편리
③ 무례, 결례
④ 익명, 무명

정답 해설

anonymity는 '익명'이라는 뜻으로 유의어는 ④이다.

지문 어휘

☐ beguiling 매력적인, 속이는
☐ aspect 양상, 관점, 면
☐ cyberspace 사이버공간, 가상공간

핵심 어휘

★ disrespect = contempt, disregard, disdain

정답 ④

41 다음 밑줄 친 부분과 의미가 가장 가까운 것을 고르시오. 2010. 국가직 9급

> Sarah frequently hurts others when she criticizes their work because she is so <u>outspoken</u>.

① reserved
② wordy
③ retrospective
④ candid

42 밑줄 친 부분의 의미와 가장 가까운 것은? 2019. 서울시 9급

> Justifications are accounts in which one accepts responsibility for the act in question, but denies the <u>pejorative</u> quality associated with it.

① derogatory
② extrovert
③ mandatory
④ redundant

41

> Sarah는 너무 <u>솔직해서</u> 다른 사람의 작품을 비평할 때 종종 그들의 마음에 상처를 준다.

① 내성적인, 과묵한, 보류된, 예약된
② 말이 많은, 장황한
③ 회고[회상]하는, 소급 적용되는
④ 솔직한

정답 해설
outspoken은 '솔직한'이라는 뜻으로 유의어는 ④이다.

지문 어휘
☐ frequently 자주, 종종
☐ criticize 비평하다

핵심 어휘
★ wordy = talkative, verbose, loquacious, garrulous

정답 ④

42

> 정당화는 누군가 문제의 그 행동에 대한 책임은 받아들이지만 그것과 연관된 <u>경멸적인</u> 특징은 부인하는 설명이다.

① 경멸적인, 손상시키는
② 외향적인, 외향적인 사람
③ 명령의, 의무적인, 강제적인
④ 여분의, 과다한

정답 해설
pejorative는 '경멸적인'이라는 뜻으로 유의어는 ①이다.

지문 어휘
☐ justification 정당화
☐ account 설명, 이야기
☐ responsibility 책임

핵심 어휘
★ mandatory
= obligatory, compulsory, imperative, required, requisite, necessary, essential

43 밑줄 친 부분과 의미가 가장 가까운 것은?

2018. 서울시 9급

> Man has continued to be disobedient to authorities who tried to <u>muzzle</u> new thoughts and to the authority of long-established opinions which declared a change to be nonsense.

① express
② assert
③ suppress
④ spread

44 밑줄 친 부분과 의미가 가장 가까운 것은?

2018. 서울시 9급

> Don't be <u>pompous</u>. You don't want your writing to be too informal and colloquial, but you also don't want to sound like someone you're not-like your professor or boss, for instance, or the Rhodes scholar teaching assistant.

① presumptuous
② casual
③ formal
④ genuine

43

> 인간은 새로운 생각을 <u>억압하려는</u> 당국과 변화를 터무니없는 것으로 선언한 오랫동안 확립된 견해들의 권위에 계속 불복종해왔다.

① 나타내다, 표현하다
② 주장하다
③ 억압하다, 억누르다
④ 펼치다[펴다], 퍼뜨리다

정답 해설

muzzle은 '재갈을 물리다, 입막음을 하다, 억압하다'라는 뜻으로 유의어는 ③이다.

지문 어휘

☐ disobedient 불복종하는, 순종치 않는
☐ authorities 당국
☐ authority 권위, 권력, 권한
☐ established 확립된, 확정된
☐ opinion 견해, 의견
☐ declare 선언하다, 공표하다
☐ nonsense 터무니없는 생각[말], 허튼소리

핵심 어휘

★ suppress = quell, put down

 정답 ③

44

> <u>젠체하지</u> 마라. 당신은 당신의 글이 너무 비공식적이고 구어체이기를 원치 않지만, 당신은 또한 당신이 아닌 다른 누군가처럼 – 예를 들어, 당신의 교수나 사장 혹은 Rhodes 장학생 조교처럼 – 들리기를(보이기를)원치 않는다.

① 건방진, 주제넘은
② 우연한, 부주의한, 평상시의
③ 격식을 차린, 공식적인, 형식적인
④ 진짜의, 진품의, 진실한

정답 해설

pompous는 '거만한, 젠체하는'이라는 뜻으로 유의어는 ①이다.

지문 어휘

☐ informal 비공식적인, 형식[격식]을 차리지 않는
☐ colloquial 회화체의, 구어체의
☐ professor 교수
☐ teaching assistant 보조 교사, 조교
☐ Rhodes scholar 로즈 장학생 (영국 옥스퍼드 대학에서 공부하는 미국 · 독일 · 영연방 등의 출신 학생들에게 주는 Rhodes 장학금을 받는 학생)

핵심 어휘

★ genuine = authentic, real

 정답 ①

45 밑줄 친 부분과 의미가 가장 먼 것은? 2018. 서울시 9급

As a prerequisite for fertilization, pollination is <u>essential</u> to the production of fruit and seed crops and plays an important part in programs designed to improve plants by breeding.

① crucial
② indispensable
③ requisite
④ omnipresent

46 밑줄 친 부분과 의미가 가장 가까운 것은?
2017. 서울시 9급

Leadership and strength are <u>inextricably</u> bound together. We look to strong people as leaders because they can protect us from threats to our group.

① inseparably
② inanimately
③ ineffectively
④ inconsiderately

45

수정을 위한 필요조건으로 수분은 열매와 씨앗 생산에 <u>필수적이</u>며 번식을 통해 식물을 개선하기 위해 고안된 프로그램에 중요한 역할을 한다.

① 중대한, 결정적인
② 필수적인, 없어서는 안 될
③ 필요한, 필수의
④ 편재하는, 어디에나 있는

정답 해설

essential(필수적인, 본질적인)의 유의어로는 'crucial, indispensable, requisite'가 있으며 의미가 가장 먼 것은 ④이다.

지문 어휘

☐ prerequisite 전제조건, 필요조건
☐ fertilization 비옥화, 수정
☐ pollination 수분, 수분 작용
☐ seed crop 씨앗용 작물
☐ play a role in ~에서 역할을 하다
☐ breeding 번식, 사육

핵심 어휘

★ essential
= important, pivotal, critical, essential, key, major, momentous, consequential

정답 ④

46

지도력과 힘은 <u>불가분하게</u> 긴밀히 묶여 있다. 우리는 강한 사람들이 우리를 우리 집단의 위협들로부터 보호할 수 있기 때문에, 우리는 강한 사람들이 우리의 지도자가 되기를 기대한다.

① 밀접하게, 불가분하게
② 생명 없는, 무생물의
③ 효과없게, 쓸모없게
④ 경솔하게, 분별[생각]없이

정답 해설

inextricably는 '불가분하게, 뗄 수 없게'라는 뜻으로 유의어는 ①이다.

지문 어휘

☐ be bound together ~으로 긴밀하게 묶여[관련되어] 있다
☐ leadership 지도력
☐ strength 힘, 기운
☐ threat 위협, 협박
☐ protect A from B A를 B로부터 보호하다

정답 ①

47 밑줄 친 부분과 의미가 가장 가까운 것은?

2017. 서울시 9급

> Prudence indeed will dictate that governments long established should not be changed for light and <u>transient</u> causes.

① transparent
② momentary
③ memorable
④ significant

48 다음 중 밑줄 친 단어와 뜻이 가장 가까운 것은?

2016. 서울시 9급

> Parents must not give up on kids who act <u>rebellious</u> or seem socially awkward; this is a normal stage most youngsters go through and eventually outgrow.

① passive
② delirious
③ disobedient
④ sporadic

47

> 신중함은 오랫동안 확립된 정부들이 가볍고 <u>일시적인</u> 원인들 때문에 변화되어서는 안 된다는 것을 확실하게 명할 것이다.

① 투명한, 명료한
② 일시적인, 순간의
③ 기억할 만한, 현저한
④ 중요한, 중대한

정답 해설

transient는 '일시적인'이라는 뜻으로 유의어는 ②이다.

지문 어휘

☐ prudence 신중함
☐ dictate 명령하다, 지시하다
☐ establish 설립하다, 확립하다

핵심 어휘

★ transient = momentary, temporary, transitory, fleeting, evanescent, ephemeral

정답 ②

48

> 부모들은 <u>반항적이거나</u> 사회적으로 서툴러 보이는 행동을 하는 아이들을 포기해서는 안 된다. 왜냐하면 이것은 대부분의 청소년들이 경험하고 그리고 결국은 벗어나게 되는 정상적인 단계이다.

① 수동적인, 소극적인
② 기뻐 날뛰는, 의식[정신]이 혼미한
③ 반항하는
④ 산발적인, 때때로 일어나는

정답 해설

rebellious는 '반항적인'이라는 뜻으로 유의어는 ③이다.

지문 어휘

☐ give up 포기하다
☐ awkward 서투른
☐ youngster 젊은이, 청년
☐ go through ~을 겪다, 경험하다
☐ outgrow (습관 등을) 벗어나다, 보다 더 커지다

핵심 어휘

★ rebellious = defiant, disobedient, resistant

정답 ③

49 다음 중 밑줄 친 단어와 뜻이 가장 가까운 것은?

2016. 서울시 9급

He was born to a wealthy family in New York in 1800's. This circumstance allowed him to lead a <u>prodigal</u> existence for much of his life.

① perjury
② unstable
③ pernicious
④ lavish

50 다음 중 밑줄 친 단어와 뜻이 가장 가까운 것은?

2016. 서울시 9급

Perhaps the brightest spot in the contemporary landscape of American higher education is the <u>resurgence</u> of interest in engaging students in civic life beyond campus.

① comeback
② disappearance
③ motivation
④ paucity

49

그는 1800년대 뉴욕의 부유한 가정에서 태어났다. 이러한 환경은 그의 인생 대부분 동안 <u>방탕한</u> 생활을 하도록 허락했다.

① 위증(죄)
② 불안정한
③ 치명적인, 유해한
④ 호화로운, 사치스러운, 낭비하는

정답 해설

prodigal는 '낭비하는, 방탕한'이라는 뜻으로 유의어는 ④이다.

지문 어휘

☐ circumstance 상황, 환경
☐ existence 존재, 실재, 현존

핵심 어휘

★ pernicious
= harmful, fatal, lethal, detrimental, injurious, adverse, inimical, malign, malevolent, malignant, noxious

정답 ④

50

아마도 미국 고등 교육의 현대의 풍경에서 가장 괜찮은 점은 학생들을 대학 캠퍼스를 넘어선 시민 생활에 관여하게 하는 데에 있어서 관심을 <u>부활</u>시켰다는 것이다.

① 컴백, 재기, 복기
② 사라짐, 소멸
③ 자극, 유도, 동기부여
④ 결핍, 부족

정답 해설

resurgence는 '재기, 부활'이라는 뜻으로 유의어는 ①이다.

지문 어휘

☐ contemporary 현대의, 동시대의
☐ landscape 풍경, 경치
☐ higher education 고등 교육
☐ bright spot 괜찮은 점
☐ civic 시민의, 도시의
☐ engage ~에 종사[관여·몰두]하게 하다

핵심 어휘

★ paucity = lack, shortage, dearth, scarcity, deficiency

정답 ①

51 밑줄 친 부분의 의미와 가장 가까운 것은?

2015. 서울시 9급

> Lawmakers in Nevada, New Mexico, Texas and Utah are trying to pass bills that would allow the states to circumvent daylight saving time laws.

① cramp
② maintain
③ codify
④ reestablish

52 밑줄 친 부분의 의미와 가장 가까운 것은?

2015. 서울시 9급

> Moscow's annexation of Crimea last year and its meddling in the conflict in eastern Ukraine have galvanized NATO and focused particular attention on its vulnerable Baltic members.

① spurred
② disparaged
③ appeased
④ justified

51

> Nevada, New Mexico, Texas 그리고 Utah의 국회의원들은 이 주들이 일광 절약 시간제를 피할 수 있도록 하는 법안을 통과시키기 위해 노력하고 있다.

① 막다, 방해하다
② 유지하다, 주장하다
③ 성문화하다
④ 재건하다, 복구하다

정답 해설

circumvent는 '피하다, 우회하다, (계략을 써서) 포위하다'라는 뜻으로 유의어는 ①이다.

지문 어휘

☐ lawmaker 입법자
☐ bill 법안
☐ daylight saving time 일광 절약 시간, 서머 타임
(= daylight saving, summer time)

핵심 어휘

★ maintain = preserve, conserve

정답 ①

52

> 작년에 Moscow의 Crimea 합병과 그것의 동우크라이나의 갈등에 대한 간섭은 나토를 자극했고, 취약한 Baltic 멤버들에게 특별한 주의를 집중시켰다.

① 자극했다
② 폄하했다
③ 달랬다
④ 정당화했다

정답 해설

galvanize는 '자극했다'라는 뜻으로 유의어는 ①이다.

지문 어휘

☐ annexation 합병, 연합
☐ meddle 간섭하다
☐ vulnerable 취약한, 약한
☐ conflict 갈등, 충돌
☐ spur 자극하다, 격려하다
☐ disparage 폄하하다, 얕보다, 헐뜯다
☐ appease 달래다, 진정시키다
☐ justify 정당화하다, 옳음을 보여주다

핵심 어휘

★ disparage = belittle, depreciate, put down, make light of

정답 ①

53 밑줄 친 부분의 의미와 가장 가까운 것은?

2015. 서울시 9급

> The frequency and severity of <u>corporal</u> punishment varies widely. Parents who sometimes smack their children also use other positive and punitive methods.

① typical
② physical
③ physiological
④ psychological

54 밑줄 친 부분과 의미가 가장 가까운 것은?

2014. 서울시 9급

> David decided to <u>efface</u> some lines from his manuscript.

① enlighten
② appreciate
③ construe
④ recite
⑤ erase

53

> <u>신체적</u> 처벌의 빈도와 엄격함은 매우 다양하다. 아이를 가끔 때리는 부모들은 또한 다른 적극적이고 징벌적인 방법을 사용한다.

① 전형적인, 대표적인
② 신체의, 물리학의
③ 생리적인, 생리학의
④ 심리적인, 심리학의

정답 해설

corporal는 '신체의, 육체의'라는 뜻으로 유의어는 ②이다.

지문 어휘

☐ vary 다르다, 다양하다
☐ widely 널리
☐ smack 때리다
☐ frequency 횟수, 빈도
☐ severity 가혹함, 엄격함
☐ punishment 벌, 처벌

핵심 어휘

★ typical = representative

정답 ②

54

> David는 그의 원고에서 몇 줄을 <u>지우기</u>로 결정했다.

① 계몽하다, 이해시키다[깨우치다], 가르치다
② 평가하다, 인정하다, 감상하다, 감사하다
③ 이해하다, 해석하다
④ 암송하다, 낭독하다
⑤ 지우다, 삭제하다

정답 해설

efface는 '지우다'라는 뜻으로 유의어는 ⑤이다.

지문 어휘

☐ line 줄, 선
☐ manuscript 원고, 문서

핵심 어휘

★ erase
= delete, remove, obliterate, efface, expunge, eliminate, wipe out, cross out, scratch out

정답 ⑤

55 밑줄 친 부분과 의미가 가장 가까운 것은?

2014. 서울시 9급

> Including several interviews with the residents who used to mine but now suffer from asthma, the documentary <u>delves into</u> coal mining issues in the suburban area of Ontario.

① discourse
② corroborate
③ explicate
④ converse
⑤ investigate

56 밑줄 친 부분과 의미가 가장 가까운 것은?

2014. 서울시 9급

> The Polish coach admits he would love to <u>emulate</u> the Frenchman by taking charge of 1,000 matches at the same club.

① imitate
② comfort
③ excruciate
④ substantiate
⑤ announce

55

> 탄광에서 일을 했고 현재 천식으로부터 고통받는 주민들과의 몇몇 인터뷰들을 포함한, 그 다큐멘터리는 Ontario 교외 지역에서의 석탄 채굴 문제를 <u>철저하게 조사한다</u>.

① 이야기하다, 논술하다
② 확증하다, 입증하다
③ 설명하다, 해석하다
④ 대화[이야기]를 나누다
⑤ 조사하다

정답 해설

delve into는 '~을 철저하게 조사하다'라는 뜻으로 유의어는 ⑤이다.

지문 어휘

☐ mine 캐다, 채굴하다
☐ suffer from ~로 고통받다
☐ asthma 천식
☐ documentary 다큐멘터리, 기록물
☐ coal mining 탄광업
☐ suburban 교외의

핵심 어휘

★ corroborate = confirm, prove, substantiate, verify, validate

정답 ⑤

56

> 그 폴란드 코치는 그가 같은 클럽에서 1,000번의 경기를 맡음으로써 그 프랑스인을 <u>모방하고</u> 싶어 한다는 것을 인정한다.

① 모방하다, 흉내내다
② 위로하다, 위안하다
③ 몹시 괴롭히다, 고문하다
④ 입증하다, 실체화하다, 구체화하다
⑤ 발표하다, 알리다

정답 해설

emulate는 '모방하다, 경쟁하다, 겨루다'라는 뜻으로 유의어는 ①이다.

지문 어휘

☐ admit 인정하다
☐ take charge of ~을 떠맡다, ~의 책임을 지다
☐ match 경기, 시합
☐ announce 발표하다, 알리다

핵심 어휘

★ imitate = copy, mimic, emulate

정답 ①

57 밑줄 친 부분과 뜻이 가장 가까운 것은?

2013. 서울시 9급

> They didn't want to be bothered with <u>mundane</u> concerns like doing the dishes while on vacation.

① embarrassing
② everyday
③ deep
④ annoying
⑤ troublesome

58 밑줄 친 부분과 뜻이 가장 가까운 것은?

2013. 서울시 9급

> Two banks underwent <u>a merger</u> and combined into one huge operation.

① (an) amalgamation
② (an) inspection
③ (a) trial
④ (a) dissolution
⑤ (a) bankruptcy

57

> 그들은 휴가 동안에 설거지하는 것과 같은 <u>일상적인</u> 일들로 성가시게 되는 것을 원치 않았다.

① 난처한, 당혹스러운
② 일상의
③ 깊은, 깊게
④ 짜증스러운, 성가신
⑤ 골칫거리인

정답 해설

mundane은 '평범한, 일상적인, 세속적인'이라는 뜻으로 유의어는 ②이다.

지문 어휘

☐ bother ~을 성가시게 하다, ~을 귀찮게 하다
☐ concern 관계, 관심, 걱정

핵심 어휘

★ annoying
= irritating, infuriating, exasperating, vexing, troublesome, bothersome, tiresome, irksome

정답 ②

58

> 두 은행은 <u>합병</u>을 거쳐, 하나의 거대한 기업으로 통합되었다.

① 합동, 합병
② 점검, 조사
③ 재판, 시험[실험]
④ 용해, 분해, 해산
⑤ 파산(상태), 파탄

정답 해설

merger은 '합동, 합병'이라는 뜻으로 유의어는 ①이다.

지문 어휘

☐ undergo 겪다, 경험하다
☐ combine into ~로 결합하다

핵심 어휘

★ merger = amalgamation, coalition

정답 ①

59 밑줄 친 부분과 의미가 가장 가까운 것은?

2012. 서울시 9급

> The financial manager gave <u>down-to-earth</u> advice to his client.

① distinct
② profitable
③ critical
④ venturesome
⑤ practical

60 밑줄 친 부분과 의미가 가장 가까운 것은?

2012. 서울시 9급

> At a very early age, human babies show signs of a strong <u>urge</u> to master the environment.

① utility
② craving
③ understanding
④ resistance
⑤ urchin

59

> 그 재무 관리자는 그의 고객에게 <u>현실적인</u> 조언을 해주었다.

① 뚜렷한, 명백한
② 수익성이 있는, 이득이 되는
③ 중요한, 비판적인
④ 모험적인, 대담한
⑤ 실제적인, 현실적인

정답 해설

down-to-earth는 '실제적인, 현실적인'이라는 뜻으로 유의어는 ⑤이다.

지문 어휘

☐ advice 조언
☐ client 고객

핵심 어휘

★ profitable = lucrative

정답 ⑤

60

> 아주 어린 나이에, 인간 아기들은 환경을 터득하고 싶은 강한 <u>충동</u>의 징후를 보인다.

① 유용, 유익
② 욕구, 갈망, 열망
③ 이해
④ 저항, 반항
⑤ 장난꾸러기

정답 해설

urge는 '충동, 욕구'라는 뜻으로 유의어는 ②이다.

지문 어휘

☐ sign 징후
☐ master 터득하다
☐ environment 환경

핵심 어휘

★ resistance = opposition, hostility

정답 ②

61 밑줄과 가장 가까운 것을 고르시오. 2011. 서울시 9급

> How does he explain the <u>plight</u> of the oil-hungry nations?

① strange circumstance
② happy realization
③ bad situation
④ final decision
⑤ hazard decision

62 밑줄과 가장 가까운 것을 고르시오. 2011. 서울시 9급

> Desertification threatens 20 percent of the already dry Middle East and North Africa, pushing many states to invest in African farmland to feed growing populations, said Wadid Erian of the Arab Centre for the Studies of Arid Zones and Dry Lands. Dwindling arable land and mounting food insecurity could <u>exacerbate</u> existing conflicts and deter investment in a region where economic marginalisation has long driven unrest.

① aggravate
② justify
③ linger
④ proscribe
⑤ underestimate

61

> 그는 석유가 부족한 나라들의 <u>역경을</u> 어떻게 설명하는가?

① 이상한 상황
② 행복한 깨달음
③ 나쁜 상황
④ 최종 결정
⑤ 위험한 결정

정답 해설

plight는 '고난, 역경'이라는 뜻으로 유의어는 ③이다.

지문 어휘

☐ circumstance 상황, 환경
☐ realization 깨달음, 자각, 인식
☐ hazard 위험
☐ strange 이상한

핵심 어휘

★ plight
= predicament, difficulty, adversity, dilemma, quandary

정답 ③

62

> 사막화는 이미 건조한 중동과 북아프리카의 20%를 위협하고 있고 많은 국가들이 증가하는 인구를 먹여 살리기 위해 아프리카 농지에 투자하도록 한다고 아랍 건조 지역 연구 센터의 Wadid Erian이 말했다. 경작지의 감소와 식량 불안의 증가는 기존의 갈등을 <u>악화시키고</u> 경제적 소외가 오랫동안 불안을 몰고 온 지역에 대한 투자를 방해할 수 있었다.

① 악화시키다, 화나게 하다
② 정당화하다, 옳음을 보여주다
③ 남다, 꾸물거리다
④ 금지하다, 배척하다
⑤ 과소평가하다, 경시하다, 얕보다

정답 해설

exacerbate는 '악화시키다'라는 뜻으로 유의어는 ①이다.

지문 어휘

☐ desertification 사막화
☐ arable 경작에 알맞은, 경작할 수 있는
☐ insecurity 불안정, 위험
☐ dwindle 줄다
☐ mount 증가하다

핵심 어휘

★ proscribe = prohibit, forbid, ban, bar, embargo, veto
★ linger = remain, stay

정답 ①

63 다음 밑줄 친 부분의 의미와 가장 유사한 것은?

2010. 서울시 9급

> You must not think me necessarily foolish because I am <u>facetious</u>, nor will I consider you necessarily wise because you are grave.

① arrogant
② fanciful
③ bureaucratic
④ jocular
⑤ ignorant

64 다음 밑줄 친 부분의 의미와 가장 유사한 것은?

2010. 서울시 9급

> The judge told the lawyer not to <u>browbeat</u> the witness.

① punish
② delegate
③ confound
④ intimidate
⑤ uphold

63

> 내가 <u>우스꽝스럽다</u>고 해서 나를 반드시 어리석다고 생각해서는 안 되며, 네가 진지하다고 해서 내가 너를 반드시 현명하다고 여기지는 않을 것이다.

① 거만한
② 기발한, 공상적인
③ 관료적인
④ 우스꽝스러운, 우스운
⑤ 무지한, 무식한

정답 해설

facetious는 '익살스러운, 우스운, 경솔한'이라는 뜻으로 유의어는 ④이다.

지문 어휘

☐ foolish 어리석은
☐ consider 여기다, 고려하다
☐ grave 심각한

핵심 어휘

★ jocular = humorous, funny, witty, facetious

 ④

64

> 판사는 변호사에게 증인을 <u>위협하지</u> 말라고 말했다.

① 벌하다, 처벌하다
② 위임하다, 대표로 파견하다
③ 혼동하다, 당황하게 하다
④ 위협하다
⑤ 유지시키다[옹호하다], 지지하다

정답 해설

browbeat는 '위협하다, 협박하다'라는 뜻으로 유의어는 ④이다.

지문 어휘

☐ witness 목격자, 증인
☐ lawyer 변호사
☐ confound 혼동하다, 당황하게 하다

핵심 어휘

★ uphold = support, buttress, hold up, prop up

 ④

65 다음 밑줄 친 단어의 의미와 가장 가까운 것은?

2021. 경찰 2차

> The accused <u>concocted</u> the story to get a lighter sentence.

① confided
② abated
③ fabricated
④ refuted

66 다음 밑줄 친 단어의 의미와 가장 가까운 것은?

2021. 경찰 2차

> The best-selling novel was written by a <u>pseudonymous</u> author.

① antonymous
② cryptonymous
③ unanimous
④ synonymous

65

> 피고는 더 가벼운 형을 받기 위해 이야기를 <u>조작했다.</u>

① (비밀을) 털어놨다
② 약화시켰다
③ 조작했다
④ 반박했다

정답 해설

concocted는 '꾸며냈다, 조작했다'라는 뜻으로 유의어는 ③이다.

지문 어휘

☐ the accused 피고
☐ sentence 판결, 선고
☐ confine 제한하다, 감금하다
☐ abate 약화시키다, 완화시키다
☐ fabricate 조립하다, 조작하다, 꾸며내다, 위조하다
☐ refute 논박[반박]하다

핵심 어휘

★ fabricate = 조작하다, 꾸며내다 concoct, make up
위조하다 fake, forge, falsify

정답 ③

66

> 그 베스트셀러 소설은 <u>익명의</u> 작가에 의해 쓰여졌다.

① 반의어의
② 익명의
③ 만장일치의
④ 동의어의

정답 해설

pseudonymous는 '익명의'라는 뜻으로 유의어는 ②이다.

지문 어휘

☐ novel 소설
☐ author 작가

핵심 어휘

★ unanimous = in full accord

67 다음 밑줄 친 단어의 의미와 가장 가까운 것은?

2021. 경찰 1차

> She went to the office to explain her predicament.

① complacence
② exposition
③ quandary
④ sagacity

68 다음 밑줄 친 단어의 의미와 가장 가까운 것은?

2021. 경찰 1차

> After the broadcast, we were inundated with requests for more information.

① blackmailed
② nurtured
③ renounced
④ swamped

67

> 그녀는 자신의 곤경을 설명하기 위해 사무실로 갔다.

① 자기만족, 안주
② 설명, 해설, 전시회
③ 곤경, 궁지
④ 현명, 총명

정답 해설

predicament는 '곤경, 궁지'라는 뜻으로 유의어는 ③이다.

지문 어휘

☐ explain 설명하다

핵심 어휘

★ exposition = explanation, elucidation, explication

정답 ③

68

> 방송이 나간 후, 우리는 추가 정보 요청을 쇄도받았다.

① 갈취당한, 협박받는
② 양육된, 양성된
③ 포기한, 버림받은
④ 쇄도받은

정답 해설

inundated는 '감당 못할 정도로 주는[보내는]'라는 뜻으로 유의어는 ④이다.

지문 어휘

☐ broadcast 방송, 방송하다
☐ blackmail 갈취(공갈), 협박, 갈취하다, 협박하다
☐ nurture 양육하다, 양성하다
☐ renounce 버리다, 포기하다
☐ swamp 쇄도하다[넘쳐 나다]

핵심 어휘

★ blackmail = threaten, browbeat, intimidate, daunt, menace

정답 ④

69 다음 밑줄 친 단어의 의미와 가장 가까운 것은?

2020. 경찰 1차

> Although doctors struggled to <u>contain</u> the epidemic, it has swept all the world.

① include
② suffer from
③ prevent the spread of
④ transmit

70 다음 밑줄 친 단어의 의미와 가장 가까운 것은?

2019. 경찰 2차

> She was becoming <u>exasperated</u> with all the questions they were asking.

① infuriated
② imperturbable
③ oblivious
④ pompous

69

> 의사들이 전염병을 <u>막기 위해</u> 노력했지만, 전염병은 전 세계를 휩쓸었다.

① 포함하다
② ~로 고통 받다
③ 확산을 막다
④ 보내다, 발송하다

정답 해설

contain은 '~을 포함하다'의 뜻으로 많이 쓰이지만, 문맥상 '억누르다, 억제하다'의 의미로 쓰였으므로 의미상 가장 가까운 것은 ③이다.

지문 어휘

☐ struggle 노력하다, 분투하다
☐ epidemic 전염병
☐ sweep 휩쓸다

핵심 어휘

★ transmit = transfer

정답 ③

70

> 그녀는 그들이 묻고 있는 그 모든 질문에 <u>몹시 화가 나기</u> 시작했다.

① 화가 난
② 쉽게 동요하지 않는, 차분한
③ 의식하지 못하는, 알아채지 못하는
④ 젠체하는, 거만한

정답 해설

exasperate는 '몹시 화나게 하다'라는 뜻으로 유의어는 ①이다.

지문 어휘

☐ question 질문
☐ ask 묻다

핵심 어휘

★ oblivious = unaware, unconscious, ignorant

정답 ①

71 각 단어와 그 뜻풀이가 가장 적절하지 않은 것은?

2019. 경찰 2차

> ㉠ perennial : happening or done in the same period of time
> ㉡ arbitrary : not based on any principle, plan, or system
> ㉢ obscure : unknown and difficult to understand or deal with
> ㉣ plagiarize : to use another person's idea or work without any permission

① ㉠
② ㉡
③ ㉢
④ ㉣

72 다음 밑줄 친 단어의 의미와 가장 가까운 것은?

2019. 경찰 1차

> Defeat at this stage would <u>compromise</u> their chances of reaching the finals of the competition.

① rate
② fancy
③ reduce
④ squander

71

> ㉠ 영구적인 : 같은 시기에 일어나거나 행해지는
> ㉡ 임의적인 : 어떤 원리, 계획, 체계 등에 근거하지 않은
> ㉢ 모호한 : 알려지지 않고 이해하거나 다루기 어려운
> ㉣ 표절하다 : 타인의 생각이나 작품을 허락 없이 이용하는 것

정답 해설

perennial은 '지속하는, 영구적인, 다년생의'라는 뜻으로 같은 시기에 일어나거나 행해진다라는 뜻풀이는 적절하지 않다. 따라서 정답은 ①이다.

지문 어휘

☐ principle 원리, 원칙
☐ permission 허가, 허락

핵심 어휘

★ obscure = indistinct, vague, nebulous, blurred, unknown

정답 ①

72

> 이 단계에서의 패배는 대회 결승전에 진출할 그들의 가능성을 <u>위태롭게 할</u> 것이다.

① 등급[순위]를 매기다
② 원하다, 생각[상상]하다
③ 줄이다, 약화시키다
④ 낭비하다, 함부로 쓰다

정답 해설

compromise는 '타협하다, 굽히다[양보하다], ~을 위태롭게 하다'라는 뜻으로 유의어는 ③이다.

지문 어휘

☐ stage 단계
☐ competition 경쟁, 경기

핵심 어휘

★ squander = waste, fritter away

정답 ③

73 다음 밑줄 친 단어의 의미와 가장 가까운 것은?

2018. 경찰 3차

> It is <u>obligatory</u> for everyone in a car to wear a seat belt.

① clumsy
② nebulous
③ compulsory
④ mutable

74 다음 밑줄 친 단어의 의미와 가장 가까운 것은?

2018. 경찰 2차

> A theory developed by a scientist cannot be accepted as part of scientific knowledge until it has been <u>verified</u> by the studies of other researchers.

① repealed
② refuted
③ confirmed
④ neutralized

73

> 차 안의 모든 사람들이 안전벨트를 매는 것은 <u>의무적이다</u>.

① 어설픈, 서투른
② 흐릿한, 모호한, 애매한
③ 강제적인, 의무적인
④ 변하기 쉬운, 변덕스러운

정답 해설

obligatory는 '의무적인'이라는 뜻으로 유의어는 ③이다.

정답 ③

74

> 과학자가 개발한 이론은 다른 연구자들의 연구에 의해 <u>확인되기</u> 전에는 과학 지식의 일부로 받아들여질 수 없다.

① 폐지된
② 반박된
③ 확인된, 굳어있는
④ 무효화된

정답 해설

verify는 '확인하다, 입증하다'라는 뜻으로 유의어는 ③이다.

지문 어휘

☐ theory 이론
☐ repeal 무효로 하다, 폐지하다, 취소하다, 철회하다
☐ refute 논박[반박]하다
☐ confirm 확인하다, 확증하다
☐ neutralize 중립화하다, 무효로 하다

75 다음 밑줄 친 단어의 의미와 가장 가까운 것은?

2018. 경찰 2차

> One reason that energy prices are so volatile is that many consumers are extremely limited in their ability to <u>substitute</u> between fuels when the price of natural gas, for example, fluctuates.

① differentiate
② exchange
③ subdue
④ retain

76 다음 밑줄 친 단어의 의미와 가장 가까운 것은?

2018. 경찰 1차

> The woman was <u>convicted</u> and sentenced to ten years in prison for the murder case.

① indisposed
② tattered
③ condemned
④ dejected

75

> 에너지의 가격이 매우 변동하는 한 가지 이유는 많은 소비자들이, 예를 들어서 천연가스 가격이 등락을 거듭할 때 연료들 사이에서 <u>대체할 수</u> 있는 능력이 극히 제한되기 때문이다.

① 구별짓다, 식별하다
② 교환하다, 바꾸다
③ 정복하다, 진압하다, 억제하다
④ 보유하다, 유지하다

정답 해설
substitute는 '대체하다, 대신하다'라는 뜻으로 유의어는 ②이다.

지문 어휘
☐ extremely 극히, 극도로
☐ fluctuate 오르내리다, 변동[동요]하다

정답 ②

76

> 이 여성은 살인사건으로 <u>유죄 판결을 받고</u> 징역 10년을 선고받았다.

① 할 수 없는, 내키지 않는, 몸이 안 좋은
② 낡은, 누더기가 된
③ 유죄선고를 받은, 비난받은
④ 낙담한, 기가 죽은

정답 해설
convict는 '유죄 판결을 내리다'라는 뜻으로 유의어는 ③이다.

지문 어휘
☐ sentence 선고하다
☐ murder 살인
☐ case 사건

정답 ③

77 다음 밑줄 친 단어의 의미와 가장 가까운 것은?

2018. 경찰 1차

> The earthquake and the <u>subsequent</u> after shocks frightened citizens.

① opaque
② repellent
③ sanguine
④ ensuing

78 다음 밑줄 친 부분의 의미와 가장 가까운 것은?

2017. 경찰 2차

> He could not <u>efface</u> the impression from his mind.

① erase
② enlighten
③ resurrect
④ revere

77

> 지진 그리고 <u>그 다음의</u> 여진은 시민들을 겁먹게 만들었다.

① 불투명한, 불불명한
② 불쾌한, 혐오감을 주는
③ 낙관적인, 자신감이 넘치는
④ 다음의, 뒤이은

정답 해설

subsequent는 '그 다음의, 이후의'라는 뜻으로 유의어는 ④이다.

지문 어휘

☐ earthquake 지진
☐ aftershock 여진
☐ frighten 두려워하게 하다

정답 ④

78

> 그는 그의 마음속에 있는 인상을 <u>지울 수</u> 없었다.

① 지우다
② 계몽하다, 이해시키다[깨우치다], 가르치다
③ 부활시키다
④ 존경하다, 숭배하다

정답 해설

efface는 '지우다'라는 뜻으로 유의어는 ①이다.

지문 어휘

☐ impression 인상

정답 ①

79 다음 밑줄 친 부분의 의미와 가장 가까운 것은?

2017. 경찰 2차

> The drugs they gave her only <u>exacerbated</u> the pain.

① alluded
② ameliorated
③ aggravated
④ alleviated

80 다음 밑줄 친 부분의 의미와 가장 가까운 것은?

2017. 경찰 1차

> The <u>ingenuous</u> child had no problem answering the questions.

① naive
② tenacious
③ sensible
④ preliminary

79

> 그들이 그녀에게 주었던 약들은 그 고통을 <u>악화시킬</u> 뿐이었다.

① 암시했다, 시사했다
② 개선했다
③ 악화시켰다
④ 완화시켰다

정답 해설

exacerbate는 '악화시키다'라는 뜻으로 유의어는 ③이다.

지문 어휘

☐ drug 약
☐ pain 고통
☐ allude 암시하다, 시사하다, 언급하다
☐ ameliorate 개선하다
☐ aggravate 악화시키다, 화나게 하다
☐ alleviate 완화시키다, 경감하다

핵심 어휘

★ allude = refer to, suggest, imply

정답 ③

80

> <u>순진한</u> 아이는 그 질문들에 대답하는 데 어려움이 없었다.

① 순진한, 천진한
② 고집이 센, 완강한
③ 분별 있는, 현명한
④ 예비의, 준비의

정답 해설

ingenuous는 '순진한, 천진한'이라는 뜻으로 유의어는 ①이다.

지문 어휘

☐ problem 문제
☐ answer 대답하다

핵심 어휘

★ ingenuous = naive, innocent
★ tenacious = inflexible, persistent, obstinate, stubborn

정답 ①

81 밑줄 친 부분과 의미가 가장 가까운 것을 고르시오.

2016. 국가직 7급

Reforms enacted in some states have already taken effect, whereas in other states, reforms legislation is shelved.

① pending
② hasty
③ precise
④ divisible

82 밑줄 친 부분과 의미가 가장 가까운 것은?

2014. 국가직 7급

The metabolic machinery of the cell functions in a completely analogous fashion, with its own version of master plans, working blueprints, transfer agents, and all the rest.

① delicate
② weird
③ similar
④ novel

81

일부 주에서 제정된 개혁은 이미 발효된 반면, 다른 주에서는 개혁 입법이 보류되어있다.

① 미결[미정]인, 계류 중인, 임박한
② 성급한, 서두르는
③ 정확한
④ 나눌 수 있는

정답 해설

shelved는 '보류된'이라는 뜻으로 유의어는 ①이다.

지문 어휘

☐ reform 개혁
☐ enact 제정하다
☐ take effect 시행[발효/적용]되다
☐ whereas 반면에
☐ legislation 법률

핵심 어휘

★ pending = 미결의 undecided, unresolved
임박한 imminent, upcoming, impending, forthcoming

정답 ①

82

세포의 신진대사 기계장치는 그 고유의 기본 계획, 작업 청사진, 이동 물질과 나머지 모든 것과 함께 완전히 유사한 방식으로 작동한다.

① 섬세한, 연약한
② 기이한, 이상한
③ 유사한, 비슷한
④ 새로운, 참신한

정답 해설

analogous는 '유사한, 비슷한'이라는 뜻으로 유의어는 ③이다.

지문 어휘

☐ metabolic 신진대사의
☐ machinery 기계장치
☐ function 작동하다, 기능하다
☐ fashion 방식, 양식
☐ master plan 기본 계획, 종합 계획
☐ blueprint 청사진
☐ transfer 이동, 운반

핵심 어휘

★ analogous = similar, comparable, parallel

정답 ③

83 밑줄 친 부분과 의미가 가장 가까운 것은?

2011. 국가직 7급

That sort of ostentatious patriotism is the behavior of newly assembled nations that fear that the bonds that hold them together are weak and must be reinforced.

① bellicose
② stubborn
③ lukewarm
④ pretentious

84 밑줄 친 부분과 의미가 가장 가까운 것은?

2010. 국가직 7급

The wise men predicted that people's behavior would deteriorate and that unacceptable behavior would be displayed openly without remorse.

① penitence
② interference
③ remonstrance
④ hesitation

83

그러한 종류의 과시하는 애국심은 그들을 하나로 묶는 유대감이 약해서 강화되어야 한다고 염려하는 새로이 모인 국가들의 행동이다.

① 호전적인, 싸우기 좋아하는
② 고집 센, 완고한
③ 미온적인
④ 과시적인

정답 해설

ostentatious는 '잘난 체하는, 과시하는'이라는 뜻으로 유의어는 ④이다.

지문 어휘

- ☐ sort 종류
- ☐ patriotism 애국심
- ☐ assembled 모인, 결집한
- ☐ fear 염려하다, 두려워하다

핵심 어휘

★ stubborn
= inflexible, persistent, obstinate, tenacious, headstrong
★ ostentatious = pretentious, showy, boastful

정답 ④

84

현자들은 사람들의 행동이 나빠질 것이고 용납할 수 없는 행동은 양심의 가책 없이 공공연하게 드러나리라 예측했다.

① 참회
② 간섭, 참견
③ 항의
④ 망설임, 주저

정답 해설

remorse는 '후회, 양심의 가책'이라는 뜻으로 유의어는 ①이다.

지문 어휘

- ☐ predict 예측하다
- ☐ deteriorate 나빠지다, 악화하다
- ☐ unacceptable 받아들일 수 없는
- ☐ display 보여주다, 드러내다

핵심 어휘

★ interference = intrusion, intervention, meddling

정답 ①

85 밑줄 친 부분과 의미가 가장 가까운 것은?

2010. 국가직 7급

I was ready to take a relaxing nap, but the <u>incessant</u> noise from outside began to bother me.

① unbearable
② constant
③ loud
④ bizarre

86 밑줄 친 부분과 의미가 가장 가까운 것은?

2020. 지방직 7급

A recurring knee injury may have <u>impaired</u> his chance of winning the tournament.

① damaged
② enhanced
③ regulated
④ influenced

85

느긋하게 낮잠을 잘 준비를 하고 있었는데, 밖에서 들려오는 <u>끊임없는</u> 소음이 나를 괴롭히기 시작했다.

① 참을 수 없는, 견딜 수 없는
② 끊임없는, 지속적인
③ 시끄러운
④ 이상한, 기괴한

정답 해설

incessant는 '끊임없는'이라는 뜻으로 유의어는 ②이다.

지문 어휘

☐ nap 낮잠
☐ bother 괴롭히다, 성가시게 하다

핵심 어휘

★ bizarre
= odd, strange, weird, peculiar, uncanny, eccentric, eerie

정답 ②

86

재발하는 무릎 부상이 그가 토너먼트에서 우승할 가능성을 <u>손상시켰을</u> 수도 있다.

① 손상시키다, 망치다
② 높이다, 향상시키다
③ 규제하다, 조정[조절]하다
④ ~에 영향을 미치다

정답 해설

impaired는 '손상시키다, 악화시키다'라는 뜻으로 유의어는 ①이다

지문 어휘

☐ recurring 되풀이하여 발생하는

핵심 어휘

★ regulate = control, adjust

정답 ①

87 밑줄 친 부분과 의미가 가장 가까운 것은?

2020. 지방직 7급

> We love an <u>impromptu</u> party, so let's make sure we have everything should we suddenly find ourselves in the mood for friends and fun.

① informal
② luxurious
③ rehearsed
④ spontaneous

88 밑줄 친 부분과 의미가 가장 가까운 것은?

2019. 지방직 7급

> No one is very comfortable making a large investment while the currency values <u>fluctuate</u> almost daily.

① sway
② linger
③ duplicate
④ depreciate

87

> 우리는 <u>즉흥적인</u> 파티를 매우 좋아하기 때문에, 만약 우리가 갑자기 친구들과 즐거운 시간을 보낼 기분이 든다면, 우리가 모든 것을 가질 수 있도록 준비하자.

① 비공식의, 격식을 차리지 않는
② 사치스러운, 호화로운
③ 연습하다, 반복하다
④ 즉흥적인, 자발적인

정답 해설

impromptu는 '즉흥적인'이라는 뜻으로 유의어는 ④이다.

지문 어휘

□ make sure 확실하게 하다
□ mood 기분
□ suddenly 갑자기

핵심 어휘

★ impromptu
= spontaneous, improvised, unrehearsed, unprepared, unscripted, on the spot

정답 ④

88

> 통화가치가 거의 매일 <u>변동하는</u> 동안에는 어떤 사람도 대규모 투자를 하는 것이 매우 편하지 않다.

① 변동하다, 오르내리다
② 남다, 꾸물거리다
③ 복사하다, 복제하다
④ 가치를 떨어뜨리다, 얕보다, 경시하다

정답 해설

fluctuate는 '변동하다'라는 뜻으로 유의어는 ①이다.

지문 어휘

□ investment 투자
□ currency value 통화 가치

핵심 어휘

★ depreciate
= make little of, disparage, degrade, demean

정답 ①

89 밑줄 친 부분과 의미가 가장 가까운 것은?

2019. 지방직 7급

Knowing the odds of side effects and making sure to get periodic checkups that would pick up an <u>adverse</u> reaction, I chose to focus on the drugs' potential benefits.

① harmful
② favorable
③ addictive
④ mild

90 밑줄 친 부분과 의미가 가장 가까운 것을 고르시오.

2018. 지방직 7급

An <u>enduring</u> impression was left on the mind of Rome by the appalling series of wars with Carthage known as the Punic Wars.

① temporary
② delicate
③ persistent
④ disgraceful

89

부작용의 가능성을 아는 것과 <u>해로운</u> 반응을 찾아내는 정기 검진을 받는 것을 확실히 하면서, 나는 약의 잠재적인 혜택에 집중하기로 했다.

① 해로운, 해가 되는
② 호의적인, 유리한
③ 중독적인
④ 가벼운, 온화한

정답 해설

adverse는 '해로운, 부정적인, 반대의'라는 뜻으로 유의어는 ①이다.

지문 어휘

☐ the odds 가능성
☐ periodic 정기적인, 주기적인
☐ potential 잠재적인

핵심 어휘

★ mild = gentle, temperate, amiable

정답 ①

90

Punic 전쟁이라고 알려진 Carthage와의 끔찍한 일련의 전쟁들에 의해 <u>영속적인</u> 인상은 로마의 정신 속에 남겨졌다.

① 일시적인
② 섬세한, 연약한
③ 지속적인, 영속하는
④ 수치스러운, 불명예스러운

정답 해설

enduring은 '지속적인, 영속하는'이라는 뜻으로 유의어는 ③이다.

지문 어휘

☐ impression 인상
☐ appalling 끔찍한, 소름끼치는

핵심 어휘

★ disgraceful = shameful

정답 ③

91 밑줄 친 부분과 의미가 가장 가까운 것을 고르시오.

2018. 지방직 7급

> If these explanations seem too <u>frivolous</u> for the reader, I can only think of one other alternative.

① complex
② polite
③ shallow
④ inclusive

92 밑줄 친 부분과 의미가 가장 가까운 것은?

2017. 지방직 7급

> In the first decades of its existence, photography was dubbed 'sun painting,' a phrase often intended to be derisive, and one which <u>epitomized</u> the seemingly inescapable confrontation of photography's mechanical character to the painter's artistic freedom.

① encapsulated
② compared
③ attributed
④ idealized

91

> 만약 이 설명들이 독자들에게 너무 <u>하찮게</u> 느껴진다면, 나는 다른 대안 하나를 생각할 수 밖에 없다.

① 복잡한
② 예의 바른, 공손한, 정중한
③ 피상적인, 시시한
④ 포괄적인

정답 해설

frivolous는 '경솔한, 하찮은, 시시한'이라는 뜻으로 유의어는 ③이다.

지문 어휘

☐ explanation 설명
☐ alternative 대안

핵심 어휘

★ frivolous = flippant, facetious, superficial, shallow

정답 ③

92

> 그것이 생겨난 초기 수십 년 동안, 사진은 '선 페인팅'이라고 칭해졌는데 이는 종종 조롱하는 의도를 가진 표현이었고 겉으로는 피할 수 없어 보이는 화가의 예술적인 자유와 사진술의 기계적인 특성의 대립을 <u>요약했던</u> 표현이었다.

① 요약했다
② 비교했다
③ ~ 탓으로 했다
④ 이상화했다

정답 해설

epitomize는 '전형이다, 요약하다'라는 뜻으로 유의어는 ①이다.

지문 어휘

☐ dub ~라고 칭하다
☐ derisive 조롱하는
☐ seemingly 겉보기에
☐ inescapable 피할 수 없는, 불가피한
☐ confrontation 대립, 대결
☐ encapsulate 요약하다, 압축하다
☐ compare 비교하다
☐ attribute 속성, 특질, ~탓으로 하다, (원인을) ~에 돌리다
☐ idealize 이상화하다

 정답 ①

93 밑줄 친 부분과 의미가 가장 가까운 것을 고르시오.

2016. 지방직 7급

> With grace and courage and an <u>unabashed</u> willingness to be his own man, Tim Duncan has pushed his business to unimaginable profitability—and greater social responsibility.

① self-disciplined
② unprincipled
③ audacious
④ genuine

94 밑줄 친 부분과 의미가 가장 가까운 것을 고르시오.

2015. 지방직 7급

> One of the <u>immutable</u> laws of television is that low ratings inevitably lead to cancellation.

① unchanging
② provisional
③ drastic
④ irresponsible

93

> 우아함과 용기, 그리고 자신의 사람이 되려는 <u>겁먹지 않는</u> 의지로, Tim Duncan은 상상할 수 없는 수익성 그리고 보다 큰 사회적 책임을 향해서 자신의 사업을 추진해나갔다.

① 자기 훈련이 된
② 절조 없는, 부도덕한
③ 대담한
④ 진짜의

정답 해설

unabashed는 '부끄러워하지 않는, 겁먹지 않는'이라는 뜻으로 유의어는 ③이다.

지문 어휘

☐ grace 우아함
☐ courage 용기
☐ profitability 수익성
☐ responsibility 책임감

핵심 어휘

★ unprincipled = immoral, unethical, unscrupulous, corrupt
★ genuine = authentic, real

정답 ③

94

> 텔레비전의 <u>불변의</u> 법칙 중 하나는 시청률이 낮으면 필연적으로 취소된다는 것이다.

① 불변의
② 임시의, 잠정적인, 일시적인
③ 급격한, 격렬한
④ 무책임한

정답 해설

immutable은 '불변의'라는 뜻으로 유의어는 ①이다.

지문 어휘

☐ inevitably 필연적으로
☐ cancellation 취소

핵심 어휘

★ immutable = unchanging, unchangeable, unalterable
★ provisional = temporary, interim

정답 ①

95 밑줄 친 부분과 의미가 가장 가까운 것을 고르시오.

2015. 지방직 7급

> Canny investors are starting to worry that the stock market might be due for a sharp fall.

① shrewd
② prestigious
③ impudent
④ curious

96 밑줄 친 부분과 뜻이 가장 가까운 것은?

2013. 지방직 7급

> The thieves plotted their immoral schemes at a series of secret meetings in an abandoned warehouse.

① impeccable
② drastic
③ scrupulous
④ wicked

95

> 영리한 투자자들은 주식 시장이 폭락할지도 모른다고 걱정하기 시작했다.

① 영리한, 민첩한
② 명성 있는
③ 무례한
④ 호기심 있는

정답 해설

canny는 '영리한, 민첩한'이라는 뜻으로 유의어는 ①이다.

지문 어휘

☐ investor 투자자
☐ stock market 주식 시장
☐ sharp 급격한

핵심 어휘

★ canny = shrewd, agile, nimble

 ①

96

> 그 도둑들은 버려진 창고에서의 일련의 비밀 회의에서 부도덕한 계획을 꾸몄다.

① 완벽한, 무결점의
② 급격한, 격렬한
③ 양심적인, 꼼꼼한
④ 나쁜, 사악한, 부도덕한

정답 해설

immoral은 '부도덕한'이라는 뜻으로 유의어는 ④이다.

지문 어휘

☐ plot 음모를 꾸미다
☐ abandoned 버려진
☐ a series of 일련의

핵심 어휘

★ scrupulous = 양심적인 conscientious
꼼꼼한 meticulous, punctilious, fastidious

 ④

97 밑줄 친 부분과 뜻이 가장 가까운 것은?

2013. 지방직 7급

On the whole, we are currently growing at a rate that is using up the Earth's resources far faster than they can be sustainably replenished, so we are eating into the future.

① allocated
② filled up again
③ laid over
④ drained

98 밑줄 친 부분과 의미가 가장 가까운 것은?

2012. 지방직 7급

What's more amazing is that the gnarled trees sprout from rocks.

① tenacious
② cracked
③ twisted
④ wicked

97

전반적으로, 우리는 현재 지구의 자원들이 유지가능하게 보충될 수 있는 것보다 훨씬 더 빠르게 소진하는 속도로 성장하고 있어서, 우리는 미래를 잠식하고 있다.

① 할당되는
② 다시 채워지는
③ 연기되는
④ 고갈되는

정답 해설

replenish는 '다시 채우다, 보충하다'라는 뜻으로 유의어는 ②이다.

지문 어휘

☐ on the whole 전반적으로
☐ sustainably 지속 가능하게, 환경 파괴 없이 지속될 수 있게
☐ allocate 할당하다, 배치하다
☐ fill up again 다시 채우다
☐ lay over 들르다, 연기하다

핵심 어휘

★ allocate = allot, assign
★ drain = 배수하다, 소모시키다 deplete, exhaust, use up

정답 ②

98

더 놀라운 것은 비틀린 나무들이 바위에서 싹을 틔운다는 것이다.

① 고집 센, 완고한
② 갈라진, 깨진
③ 비틀린
④ 나쁜, 사악한, 부도덕한

정답 해설

gnarled는 '비틀린'이라는 뜻으로 유의어는 ③이다.

지문 어휘

☐ sprout 싹이 나다

핵심 어휘

★ wicked = immoral, unscrupulous, unprincipled, corrupt

정답 ③

99 밑줄 친 부분과 의미가 가장 가까운 것을 고르시오.

2010. 지방직 7급

> Because of his <u>somnolent</u> voice, the students find it difficult to concentrate in his classes.

① creaky
② drowsy
③ husky
④ rough

100 다음 글의 밑줄 친 부분과 뜻이 가장 비슷한 것은?

2008. 지방직 7급

> The local government has <u>officially appointed</u> a group of investigators to help solve the city's traffic problems.

① commissioned
② condescended
③ complemented
④ commenced

99

> 그의 <u>졸리게 하는</u> 목소리 때문에 학생들은 그의 수업에서 집중하는 것이 어렵다고 생각한다.

① 삐걱거리는
② 졸음이 오는, 졸리게 하는
③ 목소리가 쉰, 허스키한
④ 거친, 사나운

정답 해설

somnolent는 '졸리게 하는'이라는 뜻으로 유의어는 ②이다.

지문 어휘

☐ concentrate 집중하다

핵심 어휘

★ rough = violent, turbulent

정답 ②

100

> 지방 정부는 시의 교통 문제 해결을 돕기 위해 한 무리의 조사관들을 <u>공식적으로 임명했다</u>.

① 임명했다
② 잘난 체했다
③ 보충했다
④ 시작했다

정답 해설

appoint는 '임명하다, 지명하다'라는 뜻으로 유의어는 ①이다.

지문 어휘

☐ local government 지방 정부
☐ officially 공식적으로
☐ investigator 조사관
☐ appoint 임명하다, 지명하다
☐ commission 임명하다, 위임하다, 임관시키다
☐ condescend 자신을 낮추다, 잘난 체하다, 거들먹거리다
☐ complement 보완하다, 보충하다
☐ commence 시작하다, 개시하다

핵심 어휘

★ condescend = patronize

CHAPTER 02 유의어_숙어

반드시 한 번에 다잡는 기출 핵심 어휘

	어휘	뜻	유의어
1	hold off	미루다, 연기하다	delay, postpone, defer, shelve, suspend, put off, hold over
2	abide by	준수하다, 지키다	accept, obey, observe, stick to, cling to, adhere to, conform to, comply with
3	with respect to	~에 관하여	regarding, concerning, when it comes to, with regard to, as to, as for, in terms of
4	touch off	~을 촉발하다, ~을 유발하다	cause, trigger, bring about, lead to, give rise to
5	be engrossed in	~에 몰두하다	be preoccupied with, be absorbed in, be immersed in, be up to one's eyes in
6	put up with	참다, 견디다	tolerate, endure, bear, stand
7	from time to time	때때로, 가끔	occasionally, sometimes, at times, now and then, once in a while
8	at the drop of a hat	즉시	immediately, instantly, at once
9	pore over	~을 자세히 보다, ~을 조사하다	examine, inspect, investigate, scrutinize, go over, look into, delve into, probe into
10	made of money	부유한	rich, wealthy, affluent, opulent, luxurious, prosperous, well-to-do
11	iron out	해결하다	solve, resolve, settle, unravel, hammer out, work out
12	delve into	~을 (철저하게) 조사하다	examine, inspect, investigate, scrutinize, go over, pore over, look into, probe into
13	wet behind the ears	경험이 없는, 미숙한	not dry behind the ears, inexperienced
14	wind up	결국 ~ 되다/하다	end up, wrap up
15	make do with	~으로 임시변통 하다, 때우다	manage with

01 밑줄 친 부분의 의미와 가장 가까운 것을 고르시오.

2023. 국가직 9급

> Because of the pandemic, the company had to <u>hold off</u> the plan to provide the workers with various training programs.

① elaborate
② release
③ modify
④ suspend

02 밑줄 친 부분의 의미와 가장 가까운 것을 고르시오.

2023. 국가직 9급

> The new Regional Governor said he would <u>abide by</u> the decision of the High Court to release the prisoner.

① accept
② report
③ postpone
④ announce

01

> 전국적인 유행병으로 인해 회사는 직원들에게 다양한 교육 프로그램을 제공하는 계획을 <u>연기해야</u> 했다.

① 자세히 말하다, 정교하게 만들어 내다, 정교한, 복잡한
② 풀어 주다, 방출하다, 개봉하다, 석방, 개봉
③ 수정[변경]하다, 바꾸다
④ 매달다, 유예[중단]하다, 연기하다

정답 해설

hold off는 '미루다, 연기하다'라는 뜻으로 유의어는 ④이다.

지문 어휘

☐ pandemic 전국적인 유행병

핵심 어휘

★ hold off
= delay, postpone, defer, shelve, suspend, put off, hold over

정답 ④

02

> 신임 지역 주지사는 그 수감자를 석방하라는 고등법원의 결정을 <u>따를</u> 것이라고 말했다.

① 받아들이다, 수락하다
② 보도하다, 전하다, 보도
③ 연기하다, 미루다
④ 발표하다, 알리다

정답 해설

abide by는 '준수하다, 지키다, 따르다'라는 뜻으로 유의어는 ①이다.

지문 어휘

☐ release 풀어 주다, 방출하다, 개봉하다, 석방, 개봉

핵심 어휘

★ abide by
= accept, obey, observe, stick to, cling to, adhere to, conform to, comply with
★ announce = publicize, broadcast, advertise, inform, notify

정답 ①

03 밑줄 친 부분의 의미와 가장 가까운 것을 고르시오.

2023. 지방직 9급

> These children have been <u>brought up</u> on a diet of healthy food.

① raised
② advised
③ observed
④ controlled

04 밑줄 친 부분의 의미와 가장 가까운 것을 고르시오.

2023. 지방직 9급

> Slavery was not <u>done away with</u> until the nineteenth century in the U.S.

① abolished
② consented
③ criticized
④ justified

03

> 이 아이들은 건강에 좋은 음식을 주식으로 하여 <u>길러져</u> 왔다.

① 길러져
② 조언받아
③ 관찰되어
④ 통제되어

정답 해설

bring up은 '~를 기르다[양육하다]'라는 뜻으로 유의어는 ①이다.

지문 어휘

- ☐ on a diet of ~을 주식으로
- ☐ healthy 건강한, 건강에 좋은
- ☐ raise 올리다, 양육하다, 제기하다
- ☐ advise 조언하다, 충고하다
- ☐ observe 보다, 관찰하다, 준수하다
- ☐ control 지배하다, 통제하다

핵심 어휘

★ bring up = (화제를) 꺼내다 raise
~을 기르다, 양육하다 = raise, nurture
★ control = dominate, rule, govern

정답 ①

04

> 노예제도는 미국에서 19세기까지 <u>폐지되지</u> 않았다.

① 폐지되지
② 합의되지
③ 비판되지
④ 정당화되지

정답 해설

do away with는 '버리다, 없애다, 폐지하다'라는 뜻으로 유의어는 ①이다.

지문 어휘

- ☐ slavery 노예, 노예제도
- ☐ consent 동의, 허락, 동의하다
- ☐ criticize 비난하다, 비평하다
- ☐ justify 정당화하다

핵심 어휘

★ consent = agree, aseent

정답 ①

05 밑줄 친 부분의 의미와 가장 가까운 것을 고르시오.

2022. 국가직 9급

> The boss <u>hit the roof</u> when he saw that we had already spent the entire budget in such a short period of time.

① was very satisfied
② was very surprised
③ became extremely calm
④ became extremely angry

06 밑줄 친 부분의 의미와 가장 가까운 것을 고르시오.

2022. 지방직 9급

> I don't feel inferior to anyone <u>with respect to</u> my education.

① in danger of
② in spite of
③ in favor of
④ in terms of

05

> 사장님은 우리가 이미 그렇게 짧은 기간에 예산을 다 써버린 것을 보고 <u>화를 냈다</u>.

① 매우 만족했다
② 매우 놀랐다
③ 매우 침착해졌다
④ 매우 화나게 되었다

정답 해설

hit the roof는 '몹시 화를 내다'라는 뜻으로 유의어는 ④이다.

지문 어휘

☐ entire 전체의, 전부의
☐ budget 예산

핵심 어휘

★ with respect to
= regarding, concerning, when it comes to, with regard to, as to, as for, in terms of
★ hit the roof = hit the ceiling, go through the roof

정답 ④

06

> 나는 내 교육<u>에 관하여</u> 누구에게도 열등감을 느끼지 않는다.

① ~의 위기에 처한
② ~임에도 불구하고
③ ~을 찬성하여, ~을 위해
④ ~한 측면에서, ~에 관해

정답 해설

with respect to는 '~에 관하여'라는 뜻으로 유의어는 ④이다.

지문 어휘

☐ inferior 열등한

핵심 어휘

★ in spite of = despite

정답 ④

07 밑줄 친 부분의 의미와 가장 가까운 것을 고르시오.

2021. 국가직 9급

> Privacy as a social practice shapes individual behavior <u>in conjunction with</u> other social practices and is therefore central to social life.

① in combination with
② in comparison with
③ in place of
④ in case of

08 밑줄 친 부분의 의미와 가장 가까운 것을 고르시오.

2020. 국가직 9급

> All along the route were thousands of homespun attempts to <u>pay tribute to</u> the team, including messages etched in cardboard, snow and construction paper.

① honor
② compose
③ publicize
④ join

07

> 사회 관습으로서의 사생활은 다른 사회적 <u>관습과 함께</u> 개인의 행동을 형성하고 그러므로 사회생활의 중심이 된다.

① ~와 결합하여
② ~와 비교하여
③ ~대신에
④ ~의 경우에

정답 해설

in conjunction with는 '~와 함께'라는 뜻으로 유의어는 ①이다.

지문 어휘

☐ privacy 사생활
☐ practice 관행, 관습
☐ central 중심의, 중심적인

핵심 어휘

★ in conjunction with = in combination with, along with
★ in place of = instead (of)

정답 ①

08

> 그 길 내내 골판지, 눈, 그리고 공작용 판지에 새겨진 메시지를 포함하여, 그 팀에 <u>경의를 표하고자</u> 하는 수천 개의 손으로 만든 시도들이 있었다.

① 존경하다, 명예를 주다
② 구성하다
③ 알리다, 광고하다
④ 가입하다, 연결하다

정답 해설

pay tribute to는 '~에 경의를 표하다'라는 뜻으로 유의어는 ①이다.

지문 어휘

☐ homespun 손수 만든, 손으로 짠, 소박한
☐ attempt 시도, 노력
☐ etch 에칭[식각(蝕刻)]을 하다, 뚜렷이 새기다
☐ cardboard 판지, 마분지
☐ construction paper 공작용 판지

핵심 어휘

★ compose = constitute, comprise

정답 ①

09 밑줄 친 부분의 의미와 가장 가까운 것을 고르시오.

2020. 지방직 9급

> The cruel sights <u>touched off</u> thoughts that otherwise wouldn't have entered her mind.

① looked after
② gave rise to
③ made up for
④ kept in contact with

10 밑줄 친 부분의 의미와 가장 가까운 것은?

2020. 지방직 9급

> After Francesca <u>made a case for</u> staying at home during the summer holidays, an uncomfortable silence fell on the dinner table. Robert was not sure if it was the right time for him to tell her about his grandiose plan.

① objected to
② dreamed about
③ completely excluded
④ strongly suggested

09

> 그 잔인한 광경은 그렇게 하지 않았다면 그녀의 마음속에 떠오르지 않았을 생각들을 <u>불러일으켰다</u>.

① 돌봤다
② 일으켰다
③ 보상했다
④ ~와 접촉을 유지했다

정답 해설

touched off는 '유발했다'라는 뜻으로 유의어는 ②이다.

지문 어휘

☐ cruel 잔인한, 혹독한
☐ otherwise (만약) 그렇지 않으면[않았다면]
☐ look after ~을 돌보다, 보살피다
☐ give rise to 일으키다, 생기게 하다
☐ make up for 보상하다, 벌충[만회]하다, 보상하다
☐ keep in contact with ~와 접촉을 유지하다, ~와 연락하고 지내다

핵심 어휘

★ touch off = cause, trigger, bring about, lead to, give rise to
★ make up for = compensate for, reimburse

정답 ②

10

> Francesca가 여름휴가 동안 집에서 머무르겠다는 것에 <u>옹호하는 의견을 낸</u> 후, 저녁 식탁엔 불편한 침묵이 흘렀다. Robert는 그가 그녀에게 그의 웅장한 계획을 말 할 수 있는 적절한 시기인지의 여부를 확신하지 못했다.

① ~에 반대했다
② ~을 꿈꿨다
③ 완전히 배제했다
④ 강하게 제안했다

정답 해설

made a case for은 '~에 옹호하는 의견을 냈다'라는 뜻으로 유의어는 ④이다.

지문 어휘

☐ uncomfortable 불편한, 편하지 않은
☐ grandiose 웅장한, 거대한
☐ object to ~에 반대하다
☐ exclude 제외하다, 배제하다

핵심 어휘

★ exclude = preclude, rule out, factor out

정답 ④

11 밑줄 친 부분의 의미와 가장 가까운 것을 고르시오.

2019. 국가직 9급

> Ms. West, the winner of the silver in the women's 1,500m event, <u>stood out</u> through the race.

① was overwhelmed
② was impressive
③ was depressed
④ was optimistic

12 밑줄 친 부분의 의미와 가장 가까운 것을 고르시오.

2019. 지방직 9급

> Time does seem to slow to a trickle during a boring afternoon lecture and race when the brain is <u>engrossed in</u> something highly entertaining.

① enhanced by
② apathetic to
③ stabilized by
④ preoccupied with

11

> 여자 1,500미터 경기에서 은메달을 딴 West는 경주 내내 <u>눈에 띄었다</u>.

① 압도되었다
② 인상적이었다
③ 침체되었다
④ 낙관적이었다

정답 해설

stood out은 '눈에 띄었다'라는 뜻으로 의미가 가장 가까운 것은 ② 이다.

지문 어휘

- ☐ winner 승리자, 우승자
- ☐ through ~을 통해, ~내내
- ☐ race 경주, 달리기 (시합), 레이스
- ☐ stand out 빼어나다, 눈에 띄다, 튀어나오다
- ☐ overwhelmed 압도된
- ☐ depressed 침체된, 낙담한
- ☐ optimistic 낙관적인

핵심 어휘

★ depressed = dismal, despondent, dejected, discouraged

정답 ②

12

> 지루한 오후 수업 동안 시간은 아주 조금씩 천천히 흐르는 것처럼 느껴지고 뇌가 매우 재밌는 어떤 것에 <u>몰두할</u> 때는 쏜살같이 간다.

① 높아진
② 무관심해진
③ 안정된
④ ~에 몰두하는

정답 해설

engrossed in은 '~에 몰두하다'라는 뜻으로 유의어는 ④이다.

지문 어휘

- ☐ slow to a trickle 아주 조금씩 천천히 흐르다
- ☐ race 쏜살같이 가다
- ☐ entertaining 재미있는
- ☐ enhance 높이다, 향상시키다
- ☐ apathetic 냉담한, 무관심한
- ☐ stabilize 안정[고정]시키다

핵심 어휘

★ be engrossed in
= be preoccupied with, be absorbed in, be immersed in, be up to one's eyes in

정답 ④

PART 01 | 02

13 밑줄 친 부분의 의미와 가장 가까운 것을 고르시오.

2019. 지방직 9급

> These daily updates were designed to help readers keep abreast of the markets as the government attempted to keep them under control.

① be acquainted with
② get inspired by
③ have faith in
④ keep away from

14 밑줄 친 부분의 의미와 가장 가까운 것을 고르시오.

2018. 국가직 9급

> While at first glance it seems that his friends are just leeches, they prove to be the ones he can depend on through thick and thin.

① in good times and bad times
② in pleasant times
③ from time to time
④ in no time

13

> 정부가 시장을 통제하려고 시도함에 따라 이러한 일일 업데이트는 독자들이 시장에 관한 정보를 계속 접하는 것을 돕기 위해 고안됐다.

① ~를 알다[알게 되다]
② ~에 의해 영감을 받다
③ ~을 믿다
④ ~을 멀리하다

정답 해설

keep abreast of는 '소식이나 정보를 계속 접하다, ~에 뒤지지 않게 하다'라는 뜻으로 유의어는 ①이다.

지문 어휘

☐ be designed 고안되다
☐ attempt 시도하다
☐ inspire 고무[격려]하다

핵심 어휘

★ inspire = stimulate, motivate

 정답 ①

14

> 언뜻 보기에 그의 친구들은 단지 거머리 같은 사람들처럼 보이지만, 그들은 좋을 때나 나쁠 때나 그가 의지할 수 있는 사람들로 드러난다.

① 좋을 때나 나쁠 때나
② 기쁠 때
③ 때때로, 가끔
④ 즉시, 당장

정답 해설

through thick and thin은 '좋을 때나 나쁠 때나'라는 뜻으로 유의어는 ①이다.

지문 어휘

☐ at first glance 처음에는, 언뜻 보기에는
☐ leech 거머리 (같은 사람)
☐ depend on ~에 의지하다
☐ prove 입증[증명]하다, 드러나다[판명되다]

핵심 어휘

★ from time to time
= occasionally, sometimes, at times, now and then, once in a while

 정답 ①

15 밑줄 친 부분의 의미와 가장 가까운 것을 고르시오.

2018. 지방직 9급

It is not unusual that people <u>get cold feet</u> about taking a trip to the North Pole.

① become ambitious
② become afraid
③ feel exhausted
④ feel saddened

16 밑줄 친 부분과 의미가 가장 가까운 것을 고르시오.

2017. 국가직 9급

At this company, we will not <u>put up with</u> such behavior.

① modify
② record
③ tolerate
④ evaluate

15

사람들이 북극으로 여행 가는 것에 대해 <u>겁먹은</u> 것은 이상하지 않다.

① 야망을 품다
② 두려워지다
③ 기진맥진하다
④ 슬픔을 느끼다

정답 해설

get cold feet는 '겁먹다, 무서워하다'라는 뜻으로 유의어는 ②이다.

지문 어휘

☐ unusual 이상한, 보통이 아닌
☐ take a trip 여행하다
☐ the North Pole 북극
☐ ambitious 대망을 품은, 야심[야망]을 가진
☐ exhausted 기진맥진한, 고갈된
☐ sadden 슬프게 하다

핵심 어휘

★ exhausted = weary

정답 ②

16

이 회사에서, 우리는 그런 행동을 <u>참지</u> 않을 것이다.

① 수정[변경]하다, 바꾸다
② 기록하다, 기록
③ 참다, 견디다
④ 평가하다, 감정하다

정답 해설

put up with는 '참다, 견디다'라는 뜻으로 유의어는 ③이다.

지문 어휘

☐ company 회사
☐ such 그러한, 그런
☐ behavior 행동

핵심 어휘

★ put up with = tolerate, endure, bear, stand
★ modify = change, alter, adjust, adapt, amend, revise

정답 ③

17 **밑줄 친 부분의 의미와 가장 가까운 것을 고르시오.**

2017. 지방직 9급

> A : He thinks he can achieve anything.
> B : Yes, he needs to <u>keep his feet on the ground.</u>

① live in a world of his own
② relax and enjoy himself
③ be brave and confident
④ remain sensible and realistic about life

18 **밑줄 친 부분의 의미와 가장 가까운 것을 고르시오.**

2017. 지방직 9급

> She is <u>on the fence</u> about going to see the Mona Lisa at the Louvre Museum.

① anguished
② enthusiastic
③ apprehensive
④ undecided

17

> A : 그는 자신이 무엇이든 이룰 수 있다고 생각해.
> B : 맞아, 그는 <u>현실적이어야 할</u> 필요가 있어.

① 자기 혼자만의 세계에 틀어박혀 살다
② 느긋하게 즐기다
③ 용감하고 자신감 있다
④ 삶에 대해 분별 있고 현실적이다

정답 해설

keep one's feet on the ground는 '현실적이다'이라는 뜻으로 유의어는 ④이다.

지문 어휘

☐ confident 자신감 있는, 확신하는
☐ sensible 합리적인, 분별 있는, 현명한
☐ realistic 현실적인

핵심 어휘

★ sensible = wise, prudent, judicious, sagacious

정답 ④

18

> 그녀는 루브르 박물관에 있는 모나리자를 구경하러 갈 것인지에 대해서 <u>결정을 하지 못하고 있다.</u>

① 괴로워하는, 고뇌에 찬
② 열렬한, 열광적인
③ 걱정되는, 불안한, 이해하는
④ 결정하지 못한

정답 해설

on the fence는 '애매한 태도를 취하여, 결정되지 않은'이라는 뜻으로 유의어는 ④이다.

지문 어휘

☐ museum 박물관

핵심 어휘

★ apprehensive = 걱정하는 worried, fearful, nervous, uneasy

정답 ④

19 밑줄 친 부분과 의미가 가장 가까운 것은?

2016. 국가직 9급

> Up to now, newspaper articles have only <u>scratched the surface of</u> this tremendously complex issue.

① superficially dealt with
② hit the nail on the head of
③ seized hold of
④ positively followed up on

20 밑줄 친 부분과 의미가 가장 가까운 것을 고르시오.

2016. 국가직 9급

> It was personal. Why did you have to <u>stick your nose in</u>?

① hurry
② interfere
③ sniff
④ resign

19

> 지금까지, 신문 기사들은 이 굉장히 복잡한 쟁점을 단지 <u>피상적으로만 다루고</u> 있을 뿐이다.

① ~을 피상적으로 다뤘다, (~을) 수박 겉핥기식으로 했다[다뤘다]
② 핵심을 찔렀다, 정확히 맞는 말을 했다
③ ~을 붙잡았다, 잡았다
④ 긍정적으로 ~을 끝까지 했다

정답 해설

scratch the surface of는 '~을 피상적으로 다루다, (~을) 수박 겉핥기식으로 하다[다루다]'라는 뜻으로 유의어는 ①이다.

지문 어휘

☐ article 글, 기사
☐ tremendously 굉장히, 무시무시하게
☐ complex 복잡한
☐ hit the nail on the head 핵심을 찌르다, 정확히 맞는 말을 하다
☐ seize hold of ~을 붙잡다, 잡다
☐ follow up on~을 끝까지 하다

핵심 어휘

★ scratch the surface of = superficially deal with

정답 ①

20

> 그것은 개인사였어요. 왜 당신이 <u>간섭을 해야만</u> 했나요?

① 서두르다, 급히 하다
② 간섭[개입/참견]하다
③ 코를 훌쩍이다, 냄새를 맡다(at)
④ 사직[사임]하다, 체념하다

정답 해설

stick one's nose in은 '~에 (쓸데없이) 참견하다[간섭하다]'라는 뜻으로 유의어는 ②이다.

지문 어휘

☐ personal 개인적인

핵심 어휘

★ resign = 사직하다 step down, quit

정답 ②

21 밑줄친 부분과 의미가 가장 가까운 것은?

2015. 국가직 9급

> The company cannot expect me to move my home and family <u>at the drop of a hat.</u>

① immediately
② punctually
③ hesitantly
④ periodically

22 밑줄 친 부분과 의미가 가장 가까운 것은?

2015. 지방직 9급

> There are some diseases your doctor will <u>rule out</u> before making a diagnosis.

① trace
② exclude
③ instruct
④ examine

21

> 그 회사는 내가 내 집과 가족을 <u>즉시</u> 이사시키기를 기대할 수 없다.

① 즉시
② 시간대로, 정각에
③ 머뭇거리며
④ 정기[주기]적으로

정답 해설

at the drop of a hat은 '즉시'라는 뜻으로 의미상 가장 가까운 것으로는 ①이다.

지문 어휘

☐ expect 기대하다, 예상하다

핵심 어휘

★ at the drop of a hat = immediately, instantly, at once
★ punctually = on time

 정답 ①

22

> 당신의 주치의가 진단을 내리기 전에 <u>제외시킬</u> 일부 질병들이 있다.

① 따라가다, 추적하다
② 제외[배제]하다
③ 지시하다, 가르치다
④ 조사[검토]하다, 진찰하다, 시험하다

정답 해설

rule out은 '배제하다, 제외시키다'라는 뜻으로 유의어는 ②이다.

지문 어휘

☐ disease 질병
☐ make a diagnosis 진단하다

핵심 어휘

★ rule out = exclude, preclude, factor out
★ trace = track down

 정답 ②

23 밑줄 친 부분과 의미가 가장 가까운 것을 고르시오.

2015. 지방직 9급

> I am not <u>made of money</u>, you know!

① needy
② thrifty
③ wealthy
④ stingy

24 밑줄 친 부분과 의미가 가장 가까운 것은?

2014. 국가직 9급

> I was told to let Jim <u>pore over</u> computer printouts.

① examine
② distribute
③ discard
④ correct

23

> 나는 <u>부유하지</u> 않아, 너도 알잖아!

① (경제적으로) 어려운, 궁핍한
② 절약[검약]하는
③ 부유한
④ (특히 돈에 대해) 인색한

정답 해설

made of money는 '부유한'이라는 뜻으로 유의어는 ③이다.

지문 어휘

☐ needy (경제적으로) 어려운, 궁핍한
☐ stingy (특히 돈에 대해) 인색한

핵심 어휘

★ made of money
= rich, wealthy, affluent, opulent, luxurious, prosperous, well-to-do
★ thrifty = frugal, economical

정답 ③

24

> 나는 Jim이 컴퓨터 인쇄물을 <u>자세히 보도록</u> 하라는 말을 들었다.

① ~을 조사[검토]하다
② 나눠주다, 분배하다
③ 버리다, 폐기하다
④ 정정하다, 옳은, 정확한

정답 해설

pore over는 '~을 자세히 보다, ~을 조사하다'라는 뜻으로 유의어는 ①이다.

지문 어휘

☐ printout 인쇄물

핵심 어휘

★ pore over
= examine, inspect, investigate, scrutinize, go over, look into, delve into, probe into

정답 ①

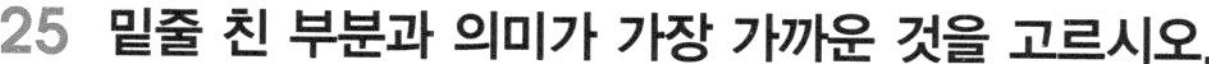

25 밑줄 친 부분과 의미가 가장 가까운 것을 고르시오.

2014. 지방직 9급

> John had just started working for the company, and he <u>was not dry behind the ears</u> yet. We should have given him a break.

① did not listen to his boss
② knew his way around
③ was not experienced
④ was not careful

26 밑줄 친 표현과 의미가 가장 가까운 것은?

2013. 국가직 9급

> We need to <u>iron out</u> a few problems first.

① conceive
② review
③ solve
④ pose

25

> John은 이제 막 그 회사에서 일을 시작해서 아직 <u>미숙했다</u>. 우리는 그를 너그럽게 봐줘야 한다.

① 상사의 말을 듣지 않았다
② 잘 알고 있었다
③ 경험이 없었다, 능숙하지 않았다
④ 주의 깊지 않았다

정답 해설

be not dry behind the ears는 '미숙하다'라는 뜻으로 유의어는 ③이다.

지문 어휘

☐ give somebody a break ~에게 기회를 주다, ~를 너그럽게 봐주다
☐ know one's way around ~의 지리에 밝다, ~에 정통하다
☐ careful 주의 깊은, 조심성 있는, 세심한

핵심 어휘

★ careful
= alert, aware, attentive, cautious, heedful, watchful, vigilant, wary, circumspect

정답 ③

26

> 우리는 먼저 몇 개의 문제를 <u>해결해야</u> 한다.

① 상상하다, 생각하다, 임신하다
② 재검토하다, 복습하다
③ 해결하다
④ (문제 등을) 제기하다, 자세

정답 해설

iron out은 '해결하다'라는 뜻으로 유의어는 ③이다.

핵심 어휘

★ iron out
= solve, resolve, settle, unravel, hammer out, work out

정답 ③

27 밑줄 친 부분과 의미가 가장 가까운 것을 고르시오.

2013. 지방직 9급

> She was sorry to tell her husband that she couldn't keep the appointment. She was up to her eyes in work at that moment.

① interested in
② prepared for
③ released from
④ preoccupied with

28 밑줄 친 부분과 의미가 가장 가까운 것을 고르시오.

2011. 지방직 9급

> The injury may keep him out of football for good.

① permanently
② temporarily
③ for getting well
④ for treatment

27

> 그녀는 남편에게 그녀가 약속을 지킬 수 없다고 말하게 돼서 미안했다. 그녀는 그때 일에 몰두하고 있었다.

① ~에 관심 있는
② ~에 준비된
③ ~에서 석방된
④ ~에 몰두하는

정답 해설

up to one's eyes는 '~에 몰두하여'라는 뜻으로 유의어는 ④이다.

지문 어휘

☐ appointment 약속
☐ moment 순간, 찰나
☐ release 석방, 개봉, 풀어 주다, 방출하다, 개봉하다

핵심 어휘

★ release = free, liberate, set free, emancipate

정답 ④

28

> 그 부상은 그를 영원히 축구를 못 하게 할지도 모른다.

① 영구히, 불변으로
② 일시적으로, 임시로
③ 병이 낫기 위해서
④ 치료를 위해서

정답 해설

for good은 '영원히'라는 뜻으로 유의어는 ①이다.

지문 어휘

☐ keep somebody ~ out of ~을 못 들어오게 하다

핵심 어휘

★ for good
= permanently, everlastingly, endlessly, eternally, forever

29 밑줄 친 부분과 의미가 가장 가까운 것을 고르시오.

2010. 국가직 9급

> Mary and I have been friends over 10 years but I sometimes have a strange feeling to her. She is <u>as deep as a well</u>.

① easy to persuade
② simple to satisfy
③ impatient to deal with
④ difficult to understand

30 밑줄 친 부분과 의미가 가장 가까운 것을 고르시오.

2010. 국가직 9급

> Quite often, the simple life feels out of reach because of all the problems and challenges that <u>crop up</u>.

① dominate
② finish
③ happen
④ increase

29

> Mary와 나는 10년 이상 친구로 지내왔지만 가끔 그녀에게 낯선 느낌이 든다. 그녀는 <u>이해하기 힘든</u> 사람이다.

① 설득하기 쉬운
② 만족시키기에 단순한
③ 다루기에 조바심이 나는
④ 이해하기 어려운

정답 해설

as deep as a well은 '이해하기 힘든'이라는 뜻으로 유의어는 ④이다.

지문 어휘

☐ satisfy 만족시키다
☐ deal with ~을 다루다
☐ persuade 설득하다

핵심 어휘

★ satisfy = gratify

 정답 ④

30

> 종종, 그 단순한 삶은 <u>갑자기 생기는</u> 모든 문제와 도전 때문에 도달할 수 없는 것처럼 느껴진다.

① 지배하다, 통치하다
② 끝내다, 완성하다
③ 일어나다, 생기다
④ 증가하다, 증가시키다

정답 해설

crop up은 '불쑥 나타나다[생기다], 발생하다'라는 뜻으로 유의어는 ③이다.

지문 어휘

☐ out of reach 손이 닿지 않는, 힘이 미치지 못하는
☐ challenge 도전

핵심 어휘

★ finish = complete

 정답 ③

31 밑줄 친 부분의 의미와 가장 가까운 것은?

2019. 서울시 9급

> At least in high school she made one decision where she finally <u>saw eye to eye</u> with her parents.

① quarreled
② disputed
③ parted
④ agreed

32 밑줄 친 부분과 의미가 가장 가까운 것은?

2018. 서울시 9급

> Surgeons were forced to <u>call it a day</u> because they couldn't find the right tools for the job.

① initiate
② finish
③ wait
④ cancel

31

> 적어도 고등학교 때 그녀는 마침내 부모님과 <u>의견이 일치한</u> 결정을 내렸다.

① 싸웠다, 언쟁했다
② 논쟁했다, 토의했다
③ 나눴다, 분발했다
④ 동의했다

정답 해설

see eye to eye는 '의견이 일치하다, 동의하다'라는 뜻으로 유의어는 ④이다.

지문 어휘

☐ at least 적어도
☐ make a decision 결정을 내리다
☐ dispute 논쟁, 논의, 논쟁하다, 논의하다
☐ quarrel 말다툼, 언쟁, 싸우다, 언쟁하다
☐ part 일부, 부분, 나누다, 분할하다

핵심 어휘

★ part = 부분 segment, fragment

정답 ④

32

> 외과 의사들은 그 일에 적합한 도구를 찾을 수 없었기 때문에 하는 수 없이 <u>일을 마쳐야</u> 했다.

① 시작하다, 개시하다
② 끝내다, 마치다
③ 기다리다
④ 취소하다

정답 해설

call it a day는 '하루 일을 마치다'라는 뜻으로 유의어는 ②이다.

지문 어휘

☐ surgeon 외과 의사
☐ be forced to-V ~하도록 강요당하다, 하는 수 없이 ~하다
☐ tool 도구, 연장, 수단

핵심 어휘

★ initiate = begin, start, launch, commence

정답 ②

33 밑줄 친 부분의 의미와 가장 가까운 것은?

2015. 서울시 9급

> South Korea's Ministry for Foreign Affairs and Trade came under fire for making hundreds of translation errors in overseas trade deals.

① became a mockery
② became notorious
③ caught flak
④ was investigated

34 밑줄 친 부분과 의미가 가장 가까운 것은?

2014. 서울시 9급

> Including several interviews with the residents who used to mine but now suffer from asthma, the documentary delves into coal mining issues in the suburban area of Ontario.

① discourse
② corroborate
③ explicate
④ converse
⑤ investigate

33

> 한국 외교통상부는 해외 무역 거래 건에서 수백 개의 번역 오류를 낸 점에서 비난을 받았다.

① 웃음거리가 되었다
② 악명 높아졌다
③ 비난을 받았다
④ 조사를 받았다

정답 해설

come under fire는 '비난을 받다'라는 뜻으로 유의어는 ③이다.

지문 어휘

☐ mockery 웃음거리, 조롱, 비웃음
☐ notorious 악명 높은
☐ flak 비난

핵심 어휘

★ notorious = infamous

정답 ③

34

> 탄광에서 일을 했고 현재 천식으로부터 고통 받는 주민들과의 몇몇 인터뷰들을 포함한, 그 다큐멘터리는 Ontario 교외 지역에서의 석탄 채굴 문제를 철저하게 조사한다.

① 이야기하다, 논술하다
② 확증하다, 입증하다
③ 설명하다, 해석
④ 대화[이야기]를 나누다
⑤ 조사하다

정답 해설

delve into는 '~을 철저하게 조사하다'라는 뜻으로 유의어는 ⑤이다.

지문 어휘

☐ mine 캐다, 채굴하다
☐ suffer from ~로 고통받다
☐ asthma 천식
☐ documentary 다큐멘터리, 기록물
☐ coal mining 탄광업
☐ suburban 교외의

핵심 어휘

★ explicate
= explain, expound, elucidate, clarify, interpret, spell out

정답 ⑤

35 밑줄 친 부분과 의미가 가장 가까운 것은?

2014. 서울시 9급

> We've got a new junior assistant, fresh from law school. He's very idealistic-still <u>wet behind the ears</u>.

① an optimist
② a rookie
③ a misfit
④ a functionary
⑤ a troublemaker

36 문맥상 밑줄 친 부분과 뜻이 가장 가까운 것은?

2013. 서울시 9급

> In today's business climate, you've got to be clever enough to come up with ideas that others haven't thought of yet. Take my friend Mr. Kim, an organic apple farmer. Five years ago, his business wasn't making a profit. It was about to <u>go under</u>.

① become popular
② break even
③ decrease
④ become bankrupt
⑤ get right down to business

35

> 우리는 법대를 갓 졸업한 새로운 하급 보조원을 뽑았다. 그는 아주 이상적이지만, 아직은 <u>경험이 없다</u>.

① 낙관주의자
② 초보자, 신병
③ 부적격자, 환경에 적응하지 못하는 사람
④ 공무원, (공공기관의) 직원
⑤ 말썽꾼

정답 해설

wet behind the ears는 '경험이 없는, 미숙한'이라는 뜻으로 유의어는 ②이다.

지문 어휘

☐ junior 하급의, 손아래의
☐ assistant 보조원, 조수
☐ law school 법과 대학
☐ idealistic 이상적인

핵심 어휘

★ rookie = beginner, rookie, novice, neophyte, fledgling

정답 ②

36

> 오늘날의 경영 풍토에서는, 당신은 다른 사람들이 아직 생각하지 못했던 아이디어를 생각해낼 수 있을 정도로 충분히 똑똑해야 한다. 내 친구 유기농 사과 농부인 김씨를 예로 들어보자. 5년 전, 그의 사업은 이윤을 내지 못했다. <u>파산지경</u>에 처했다.

① 인기를 끌다
② (사업 등이) 본전치기를 하다[이익도 손해도 안 보다]
③ 감소하다
④ 파산하다
⑤ 본격적으로 일을 시작하다

정답 해설

go under는 '가라앉다, 파산하다, 실패하다'라는 의미로 유의어는 ④이다.

지문 어휘

☐ business climate 기업풍토
☐ come up with ~을 생각해내다
☐ make a profit 이윤을 내다
☐ catch on 유행하다, 인기를 얻다
☐ mail-order 통신 판매 제도의
☐ take off 급격히 인기를 얻다[유행하다]

정답 ④

37 다음 밑줄 친 부분의 의미와 가장 유사한 것은?

2010. 서울시 9급

> Teachers are <u>turning a blind eye to</u> pupils smoking at school, a report reveals today.

① punishing hard
② giving a serious warning to
③ pretending not to notice
④ making a report about
⑤ trying to persuade

38 다음 밑줄 친 표현의 의미와 가장 가까운 것은?

2020. 경찰 1차

> If you take risks like that you'll <u>wind up</u> dead.

① blow up
② end up
③ make up
④ use up

37

> 교사들이 학생들이 학교에서 담배를 피우는 것을 <u>못 본 체한다</u>고 오늘 한 보고서가 밝혔다.

① 심하게 벌을 주는
② 진지한 경고를 주는
③ 못 본 체하는
④ ~에 관해 보고를 하는
⑤ 설득하려고 노력하는

정답 해설

turning a blind eye to는 '못 본 체하는, 외면하는'라는 뜻으로 유의어는 ③이다.

지문 어휘

☐ pupil 학생
☐ reveal 드러내다, 폭로하다, 밝히다

정답 ③

38

> 만약 네가 그와 같은 위험을 무릅쓴다면, <u>결국</u> 죽게 <u>될 것이다</u>.

① 폭발하다, 화내다, 부풀다
② 결국 ~되다, 결국 ~하다
③ 화장하다, 꾸며내다, 구성하다
④ 고갈시키다, 다 쓰다

정답 해설

wind up은 '결국 ~ 되다/하다'라는 뜻으로 유의어는 ②이다.

지문 어휘

☐ risk 위험
☐ blow up 폭발하다, 화내다, 부풀다

핵심 어휘

★ wind up = end up, wrap up

정답 ②

39 밑줄 친 부분의 의미와 가장 가까운 것은?

2015. 경찰 1차

> Remember to <u>go through</u> the pockets before you put those trousers in the washing machine.

① search
② experience
③ study
④ use

40 밑줄 친 부분과 의미가 가장 가까운 것을 고르시오.

2016. 국가직 7급

> There is no need to make the final decision today.
> Why don't you go home and <u>sleep on it?</u>

① take a day off to sleep late
② take time to think about it
③ take it for granted
④ take a good rest

39

> 세탁기에 그 바지들을 넣기 전에 주머니를 <u>살펴볼</u> 것을 기억해라.

① 찾아보다, 살펴보다
② 경험하다
③ 공부하다
④ 사용하다

정답 해설

go through는 '살펴보다, 조사하다, 겪다, 경험하다'라는 뜻으로 맥락상 유의어는 ①이다.

지문 어휘

☐ trousers 바지
☐ washing machine 세탁기
☐ search 조사하다

핵심 어휘

★ use = utilize, make use of, avail oneself of, employ

정답 ①

40

> 오늘 최종결정을 해야 할 필요는 없어. 집에 가서 그것을 <u>하룻밤 자며 생각해 보는</u> 게 어때?

① 늦잠 자기 위해 하루를 쉬다
② 그것에 대해 생각할 시간을 가지다
③ 그것을 당연하게 여기다
④ 충분히 휴식을 취하다

정답 해설

sleep on은 '~에 대해 생각하다'라는 뜻으로 유의어는 ②이다.

핵심 어휘

★ take for granted = accept without question

정답 ②

41 밑줄 친 부분과 의미가 가장 가까운 것은?

2011. 국가직 7급

> Every night for weeks there had been much preaching, singing, praying, and shouting, and the membership of the church had grown <u>by leaps and bounds</u>.

① rapidly
② inevitably
③ abnormally
④ substantially

42 밑줄 친 부분과 의미가 가장 가까운 것은?

2009. 국가직 7급

> They have to <u>make do with</u> the old washing machine.

① come up with
② repair
③ manage with
④ remove

41

> 몇 주 동안 매일 밤 설교와 노래, 기도, 외침이 많았으며 교인의 수는 <u>급속하게</u> 증가했다.

① 급속하게
② 필연적으로
③ 이상하게, 비정상적으로
④ 상당히, 실질적으로

정답 해설

by leaps and bounds는 '비약적으로, 급속하게'라는 뜻으로 유의어는 ①이다.

지문 어휘

☐ preach 설교하다
☐ pray 기도하다
☐ shout 외치다

핵심 어휘

★ by leaps and bounds = rapidly

 ①

42

> 그들은 오래된 세탁기로 <u>임시변통</u>해야 한다.

① 제시하다, 제안하다, 생각해내다, 떠올리다
② 수리하다, 정정하다
③ ~으로 해나가다
④ 치우다, 제거하다

정답 해설

make do with는 '~으로 임시변통 하다, 때우다'라는 뜻으로 유의어는 ③이다.

핵심 어휘

★ repair = mend, fix, rectify, redress, patch up, put right

 ③

43 밑줄 친 부분과 의미가 가장 가까운 것은?

2020. 지방직 7급

> During the press conference, the governor made a noble attempt to brush aside allegations regarding tax evasion.

① dismiss
② advocate
③ elucidate
④ legitimate

44 밑줄 친 부분과 의미가 가장 가까운 것은?

2019. 지방직 7급

> The Canadian government backed down on a threat to impose sanctions against Calgary-based Talisman Energy Inc. eliciting a rebuke from the U. S. State Department.

① devised
② unfolded
③ withdrew
④ reinforced

43

> 기자회견을 하는 동안, 주지사는 탈세와 관련된 혐의를 털어내려고 고귀한 시도를 했다.

① 털어내다, 묵살[일축]하다, 해고하다
② 지지하다, 옹호하다
③ 설명하다
④ 합법[정당]화하다

정답 해설

brush aside는 '무시하다, 털어내다'라는 뜻으로 유의어는 ①이다.

지문 어휘

☐ press conference 기자 회견
☐ governor 주지사
☐ allegation 혐의
☐ noble 고상한, 고귀한
☐ tax evasion 탈세

핵심 어휘

★ advocate = recommend, support, champion

 ①

44

> 캐나다 정부는 캘거리에 본사를 둔 Talisman Energy Inc.에 대한 제재 위협을 철회하였고, 미 국무부로부터 질책을 끌어냈다.

① 고안했다
② 펼쳤다
③ 철회했다
④ 강화했다

정답 해설

backed down on은 '철회했다'라는 뜻으로 유의어는 ③이다.

지문 어휘

☐ impose 부과하다
☐ sanction 제재
☐ elicit 끌어내다
☐ rebuke 비난하다, 꾸짖다
☐ devise 고안하다, 생각해내다
☐ unfold 펴다, 펼치다
☐ reinforce 강화하다, 보강하다
☐ withdraw 철수하다, 빼내다, 중단하다

핵심 어휘

★ devise = invent, contrive

 ③

45 **밑줄 친 부분과 의미가 가장 가까운 것을 고르시오.**

2018. 지방직 7급

> The conditional job offer letters are to be used when there is an offer of employment <u>contingent upon</u> the individual passing a background check before he or she starts work.

① susceptible to
② dependent on
③ obsessed with
④ supportive of

46 **밑줄 친 부분과 의미가 가장 가까운 것을 고르시오.**

2016. 지방직 7급

> A government plan to restrict the number of green housing standards imposed by local authorities on developers is not <u>congruent with</u> its commitment to localism, a report by a parliamentary committee has concluded.

① supplementary to
② asymmetrical to
③ incompatible with
④ consistent with

45

> 조건부 취업제안서는 그 또는 그녀가 일을 시작하기 전에 개인이 신원조사를 통과했는지 <u>여부에 따라</u> 고용 제안이 있을 때 사용된다.

① ~에 취약한, 영향을 받기 쉬운
② ~여하에 달린
③ ~ 에 사로잡힌
④ ~을 지지하는

정답 해설

contingent upon은 '~여하에 달린'이라는 뜻으로 유의어는 ②이다.

지문 어휘

☐ employment 고용, 채용
☐ conditional 조건부의

핵심 어휘

★ susceptible = vulnerable, weak

정답 ②

46

> 개발업자들에게 지방 공공 단체에 의해서 부과된 녹색 주거 기준들의 수를 제한하고자 하는 정부 계획은 지역우선주의(localism)에 대한 헌신(전념)<u>과는 일치되지</u> 않는다고 의회 위원회의 한 보고는 결론지었다.

① ~을 보완하는
② ~에 비대칭적인
③ ~와 맞지 않는
④ ~와 일치하는

정답 해설

congruent (with)는 '~와 일치하는'이라는 뜻으로 유의어는 ④이다.

지문 어휘

☐ restrict 제한하다
☐ impose 부과하다
☐ local authority 지방 공공 단체
☐ localism 지방적 편협성, 지역주의
☐ parliamentary committee 의회 위원회

핵심 어휘

★ consistent = steady, stable, constant

정답 ④

47 밑줄 친 부분과 의미가 가장 가까운 것을 고르시오.

2015. 지방직 7급

> He <u>stood up for</u> Kate when she was blamed for the mistake.

① criticized
② observed
③ neglected
④ supported

48 밑줄 친 부분과 뜻이 가장 가까운 것은?

2014. 지방직 7급

> The President's speech focused mostly on Latin America, and in particular, it <u>aimed at</u> the drug problem in Columbia.

① weaseled out of
② looked back on
③ steered clear of
④ zeroed in on

47

> Kate가 그 실수에 대해 비난받았을 때 그는 케이트를 <u>옹호했다</u>.

① 비난받다
② 관찰했다
③ 등한시했다
④ 옹호했다

정답 해설

stand up for은 '지지하다, 옹호하다'라는 뜻으로 유의어는 ④이다.

지문 어휘

☐ blame 비난하다
☐ mistake 실수
☐ criticize 비평하다, 비난하다
☐ observe 보다, 관찰하다, 준수하다
☐ neglect 등한시하다, 소홀히 하다

핵심 어휘

★ criticize = censure, denounce, condemn, find fault with

정답 ④

48

> 대통령의 연설은 주로 라틴 아메리카에 초점을 맞췄으며, 특히 콜롬비아의 마약 문제를 <u>겨냥했다</u>.

① ~에서 손을 뺐다
② ~을 돌아보았다
③ ~을 피했다
④ ~에 초점을 맞췄다, 겨냥했다

정답 해설

aimd at은 '~을 겨냥했다'라는 뜻으로 유의어는 ④이다.

지문 어휘

☐ in particular 특히
☐ weasel out of ~에서 손을 빼다
☐ look back on ~을 돌아보다
☐ steer clear of ~을 피하다

핵심 어휘

★ steer clear of
= avoid, avert, evade, shun, eschew, dodge, head off, ward off, stave off

49 밑줄 친 부분과 의미가 가장 가까운 것은?

2011. 지방직 7급

> Take your time and <u>mull it over.</u>

① ponder it
② put it off
③ do it again
④ weigh it down

50 밑줄 친 부분과 의미가 가장 가까운 것을 고르시오.

2010. 지방직 7급

> I started <u>thumbing through</u> the first few pages of Tom Sawyer.

① reading through
② declaiming through
③ perusing through
④ skimming through

49

> 시간을 천천히 갖고 <u>그것에 대해 심사 숙고해라</u>.

① 그것에 대해 심사숙고하다
② 그것을 미루다, 연기하다
③ 그것을 다시 해보다
④ 그것을 짓누르다

정답 해설

mull it over는 '그것에 대해 심사숙고하다'라는 뜻으로 유의어는 ① 이다.

핵심 어휘

★ mull over
= ponder, consider, contemplate, deliberate about, meditate on, reflect on, dwell on, brood on

정답 ①

50

> 나는 Tom Sawyer의 첫 페이지 몇 장을 <u>휙휙 넘겨보기</u> 시작했다.

① 꼼꼼히 읽기
② 낭독하기
③ 정독하기
④ 대충 읽기

정답 해설

thumbing through는 '휙휙 넘겨보기, 훑어보기'라는 뜻으로 유의어는 ④이다.

지문 어휘

☐ peruse 정독하다, 숙독하다
☐ declaim 연설하다, 열변을 토하다
☐ read through ~을 꼼꼼히 읽다

핵심 어휘

★ declaim = make a speech, give an address, give a talk

정답 ④

빈칸 유형

출제 경향 분석

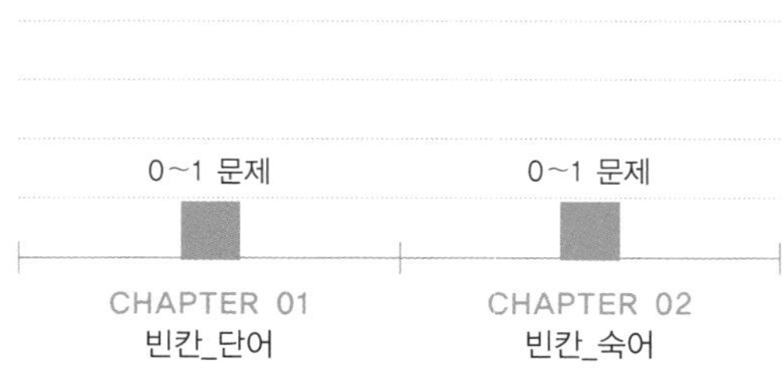

어휘 유형 문항 수

현행 9급 공무원 시험(법원직 제외)은 총 20문제로 출제되고 있다. 20문제 중에서 어휘 유형은 보통 4문항 또는 5문항 정도의 비중으로 문제들이 구성되고 있다.

출제되는 어휘

어휘의 정확한 범위를 단정 지을 수는 없지만 분명 공무원 시험에 출제되는 어휘의 범위를 예측할 수 있고 그 범위 내에서 크게 벗어나지 않는 선에서 출제되고 있다. 최근 출제되는 경향으로 종합해보면 어휘의 범위는 공무원 시험에서 기출된 어휘들과 중학교 또는 고등학교에서 다뤄지는 평이한 어휘들 위주로 출제되고 있음을 판단할 수 있다. 특히, 단기합격 VOCA 교재는 이런 최신 출제 경향을 반영하여 구성되어있기 때문에 사실상 단기합격 VOCA를 성실하게 외우고 문제 풀이 연습을 꾸준히 해준다면 시험장에서 무난하게 어휘 문제를 맞힐 수 있다.

출제되는 유형

빈칸 유형은 말 그대로 빈칸에 들어갈 적절한 어휘를 고르는 문제이다. 단어 문제를 위한 빈칸 유형은 문장이 짧게 출제되기 때문에 긴 독해 지문에서 주어지는 빈칸 문제보다는 부담이 적다. 하지만, 유의어 유형보다는 빈칸 유형이 더 어려운 유형에 속하기 때문에 이 유형을 제대로 대비하기 위해서는 반드시 지문 속에 존재하는 단서를 찾아 정확하게 답을 고르는 연습이 필요하다. 이때 기본이 되는 것은 구문 해석 실력이고 탄탄한 독해 실력을 갖추기 위해 반드시 '진독기(Real 독해 기초 체력 다지기) 구문독해' 교재와 강의를 활용하여 보완해간다면 분명 빈칸 유형 문제도 수월하게 정답을 맞힐 수 있을 것이다.

나의 약점 확인

영역	점수
CHAPTER 01 빈칸_단어	/ 70문항
CHAPTER 02 빈칸_숙어	/ 30문항

나의 약점 보완

문제 풀이 전략

Q 밑줄 친 부분에 들어갈 말로 가장 적절한 것을 고르시오. 2023. 국가직 9급

Mary decided to ___________ her Spanish before going to South America.

① brush up on
② hear out
③ stick up for
④ lay off

정답 해설
남미에 가기 전에 스페인어를 복습했다는 내용이 적절하므로 빈칸에 가장 적절한 것은 ①이다.

Step 1 빈칸에서 요구하는 정보 확인하기
Step 2 단서에 따라 적절한 어휘 추론하기
Step 3 소거법으로 정답 고르기

Mary는 남미에 가기 전에 스페인어를 복습하기로 결심했다.

✓ ~을 복습하다
② ~의 말을 끝까지 들어주다
③ ~을 옹호하다, 변호하다
④ 해고하다

CHAPTER 01 빈칸_단어

반드시 한 번에 다잡는 기출 핵심 어휘

	어휘	뜻	유의어
1	deception	속임, 기만, 사기	deceit, trickery, fraud
2	enticing	유혹적인, 마음을 끄는	attractive, seductive, tempting, alluring, appealing, fascinating
3	disparate	다른, 이질적인	different, dissimilar, unlike, heterogeneous
4	adverse	해로운, 부정적인, 불리한	harmful, unfavorable, detrimental, deleterious, pernicious
5	reserved	내성적인, 말이 없는	uncommunicative, mute, taciturn, reticent
6	obsolete	구식의, 쓸모없는	outdated, outmoded, old-fashioned, out of fashion, out of date
7	cheerful	기분 좋은, 명랑한	happy, merry, bright, glad, lively, joyful, exuberant, elated
8	initiate	시작하다, 개시하다	begin, start, launch, commence
9	commotion	동요, 소란, 소동, 혼란	chaos, confusion, disorder, turmoil, upheaval, uproar
10	eternal	영원한	lasting, everlasting, enduring, permanent, perennial, perpetual
11	disrespectful	무례한, 예의 없는	rude, impolite, impudent, impertinent, insolent, ill-mannered, discourteous
12	undivided	분할되지 않은, 완전한	complete, total, whole, entire
13	meticulous	신중한, 세심한, 꼼꼼한	careful, fastidious, thorough, scrupulous, punctilious
14	ambiguous	모호한, 애매한, 불분명한	unclear, obscure, vague, equivocal, ambivalent, nebulous
15	lacking	~이 없는[부족한], 결핍된	deficient, insufficient, inadequate, short, scarce, scant

01 밑줄 친 부분에 들어갈 말로 가장 적절한 것은?

2023. 지방직 9급

Voters demanded that there should be greater ______________ in the election process so that they could see and understand it.

① deception
② flexibility
③ competition
④ transparency

02 밑줄 친 부분에 들어갈 말로 가장 적절한 것은?

2022. 국가직 9급

A mouse potato is the computer ____________ of television's couch potato: someone who tends to spend a great deal of leisure time in front of the computer in much the same way the couch potato does in front of the television.

① technician
② equivalent
③ network
④ simulation

01

유권자들은 그들이 그것을 더 분명히 보고 이해할 수 있도록 선거 과정에서 투명성이 있어야 한다고 요구했다.

① 속임, 기만, 사기
② 유연성, 적응성, 융통성
③ 경쟁, 경기
④ 투명성

정답 해설

더 분명히 보고 이해할 수 있기 위해서는 투명성이 필요하므로 빈칸에는 ④가 적절하다.

지문 어휘

☐ voter 유권자, 투표자
☐ election 선거

핵심 어휘

★ deception = deceit, trickery, fraud
★ flexibility = pliability

정답 ④

02

마우스 포테이토는 텔레비전의 카우치 포테이토와 컴퓨터에서 상응하는 것으로, 텔레비전 앞에서 카우치 포테이토가 하는 것과 같은 식으로 컴퓨터 앞에서 많은 여가 시간을 보내는 경향이 있는 사람을 말한다.

① 기술자, 전문가
② 대응물, 동등한 것
③ 망, 네트워크
④ 시뮬레이션, 모의실험

정답 해설

텔레비전 앞에서 카우치 포테이토가 하는 것과 같은 방식으로 컴퓨터 앞에서 많은 여가 시간을 보내는 경향이 있는 사람을 마우스 포테이토라고 한다는 내용을 미루어볼 때 빈칸에는 ②가 적절하다.

지문 어휘

☐ mouse potato (일·오락을 위해) 컴퓨터 앞에서 시간을 많이 보내는 사람
☐ couch potato 소파에 앉아 TV만 보며 많은 시간을 보내는 사람

핵심 어휘

★ equivalent = 대응물 counterpart

정답 ②

03 밑줄 친 부분에 들어갈 말로 가장 적절한 것은?

2021. 지방직 9급

> Globalization leads more countries to open their markets, allowing them to trade goods and services freely at a lower cost with greater ___________.

① extinction
② depression
③ efficiency
④ caution

04 밑줄 친 부분에 들어갈 말로 가장 적절한 것은?

2021. 지방직 9급

> We're familiar with the costs of burnout: Energy, motivation, productivity, engagement, and commitment can all take a hit, at work and at home. And many of the ___________ are fairly intuitive: Regularly unplug. Reduce unnecessary meetings. Exercise. Schedule small breaks during the day. Take vacations even if you think you can't afford to be away from work, because you can't afford not to be away now and then.

① fixes
② damages
③ prizes
④ complications

03

> 세계화는 더 많은 국가들이 그들의 시장을 개방하도록 이끌며, 그들이 더 큰 효율성의 더 낮은 비용으로 상품과 서비스를 자유롭게 거래할 수 있게 한다.

① 멸종, 소화(消火)
② 우울함, 불경기
③ 효율(성), 능률
④ 조심, 주의, 경고

정답 해설

세계화의 긍정적인 영향에 관한 내용이므로 빈칸에는 ③이 적절하다.

지문 어휘

☐ globalization 세계화
☐ goods 상품
☐ trade 거래[교역/무역]하다

핵심 어휘

★ extinction = 멸종 extermination, annihilation

정답 ③

04

> 우리는 번아웃의 대가에 익숙하다: 에너지, 동기, 생산성, 참여 그리고 헌신이 직장과 가정에서 모두 타격을 입을 수 있다. 그리고 많은 해결책은 상당히 직관적이다: 정기적으로 플러그를 뽑아라. 불필요한 회의를 줄여라. 운동해라. 낮 동안 짧은 휴식 시간을 잡아라. 당신이 이따금씩 멀리 떠날 여유가 없기 때문에, 당신이 생각하기로 당신이 일에서 벗어날 여유가 없다고 하더라도 휴가를 내라.

① 해결책
② 손해배상금
③ 상
④ 문제, 합병증

정답 해설

빈칸 뒤에 번아웃을 예방할 수 있는 예시들이 나오므로 빈칸에는 ①이 적절하다.

지문 어휘

☐ burnout 번아웃, 극도의 피로
☐ cost 비용, 대가
☐ take a hit 타격을 입다
☐ unnecessary 불필요한
☐ afford ~할 여유가 있다
☐ now and then 가끔, 때때로
☐ engagement 참여, 개입
☐ intuitive 직관적인
☐ break 휴식
☐ be away 떨어져있다

핵심 어휘

★ complication = 문제 problem, issue

정답 ①

05 밑줄 친 부분에 들어갈 말로 가장 적절한 것은?

2020. 지방직 9급

> The issue with plastic bottles is that they're not ___________, so when the temperatures begin to rise, your water will also heat up.

① sanitary
② insulated
③ recyclable
④ waterproof

06 밑줄 친 부분에 들어갈 말로 가장 적절한 것은?

2017. 지방직 9급

> Our main dish did not have much flavor, but I made it more ___________ by adding condiments.

① palatable
② dissolvable
③ potable
④ susceptible

05

> 플라스틱 병의 문제는 그것들이 단열되지 않는다는 것이고 그래서 온도가 상승하기 시작하면, 당신의 물도 뜨거워질 것이다.

① 위생의
② 단열된
③ 재활용할 수 있는
④ 방수의

정답 해설

온도가 올라가기 시작하면 물도 뜨거워진다는 내용을 미루어보아 빈칸에는 ②가 적절하다.

지문 어휘

☐ bottle 병
☐ temperature 온도
☐ heat up 뜨거워지다, 데우다

핵심 어휘

★ sanitary = hygienic

정답 ②

06

> 우리 주 요리는 맛이 별로 없었지만, 내가 조미료를 더해 그 요리를 더 맛있게 만들었다.

① 맛이 좋은, 입에 맞는
② 분해할 수 있는
③ 마셔도 되는, 음료로 적합한
④ 민감한, ~의 영향을 받기 쉬운

정답 해설

역접의 연결사 but을 통해 빈칸 앞에 '별로 맛이 없다'라는 내용과 반대의 의미가 필요하므로 빈칸에는 ①이 적절하다.

지문 어휘

☐ lavor 맛, 풍미
☐ condiment 조미료

핵심 어휘

★ potable = drinkable

정답 ①

07 밑줄 친 부분에 들어갈 말로 가장 적절한 것은?

2016. 국가직 9급

> The campaign to eliminate pollution will prove ______________ unless it has the understanding and full cooperation of the public.

① enticing
② enhanced
③ fertile
④ futile

08 밑줄 친 부분에 들어갈 말로 가장 적절한 것은?

2016. 지방직 9급

> The two cultures were so utterly __________ that she found it hard to adapt from one to the other.

① overlapped
② equivalent
③ associative
④ disparate

07

> 공해를 제거하고자 하는 캠페인은 그것이 대중의 이해와 전적인 협력을 얻지 못한다면 소용없음이 드러날 것이다.

① 유혹적인, 마음을 끄는
② 높인, 강화한
③ 비옥한, 생산력 있는
④ 헛된, 소용없는, 쓸모없는

정답 해설

unless는 주절과 종속절의 내용을 역접 관계로 만드는 접속사이다. unless 뒤에 나온 내용이 '대중의 이해와 전적인 협력'이라는 긍정적인 내용이므로 주절에는 부정적인 내용이 나와야 한다. 따라서 빈칸에는 ④가 적절하다.

지문 어휘

☐ pollution 공해
☐ eliminate 제거하다, 배제하다
☐ cooperation 협력
☐ unless ~하지 않으면, ~하지 않는 한

핵심 어휘

★ enticing
= attractive, seductive, tempting, alluring, appealing, fascinating

정답 ④

08

> 그 두 문화는 완전히 달랐기 때문에 그녀는 한 문화에서 다른 문화로 적응하는 것이 어렵다는 것을 알았다.

① 겹치는
② 동등한, 상응하는
③ 연합의, 조합하는
④ 다른, 이질적인

정답 해설

'so 형용사/부사 that절' 구문에서 결과인 that절 내용을 미루어 보아 원인의 내용에도 부정적인 내용이 필요하므로 빈칸에는 ④가 적절하다.

지문 어휘

☐ utterly 아주, 전혀, 완전히
☐ adapt 적응시키다, 순응하다, 개조하다

핵심 어휘

★ disparate = different, dissimilar, unlike, heterogeneous

정답 ④

09 밑줄 친 부분에 들어갈 말로 가장 적절한 것은?

2016. 지방직 9급

> Penicillin can have an ________ effect on a person who is allergic to it.

① affirmative
② aloof
③ adverse
④ allusive

10 밑줄 친 부분에 가장 적절한 것을 고르시오.

2015. 국가직 9급

> The young knight was so ________ at being called a coward that he charged forward with his sword in hand.

① aloof
② incensed
③ unbiased
④ unpretentious

09

> 페니실린은 그것에 알레르기가 있는 사람에게는 부정적인 효과를 줄 수 있다.

① 긍정적인, 확언적인
② 냉담한, 무관심한
③ 해로운, 부정적인, 불리한
④ 암시적인

정답 해설

빈칸 뒤에 '그것에 알레르기가 있다'는 내용을 미루어 볼 때 빈칸에는 ③이 적절하다.

지문 어휘

☐ penicillin 페니실린
☐ allergic 알레르기(체질)의

핵심 어휘

★ adverse
= harmful, unfavorable, detrimental, deleterious, pernicious

정답 ③

10

> 그 젊은 기사는 겁쟁이라고 불린 것에 너무 격분해서 그는 손에 검을 쥐고 앞으로 돌진했다.

① 냉담한, 무관심한
② 몹시 화난, 격분한
③ 선입견이 없는, 편파적이지 않은
④ 가식 없는, 잘난 체하지 않는

정답 해설

'so 형용사/부사 that절' 구문은 원인과 결과를 나타내므로 뒤에 that절의 내용에서 손에 칼을 잡고 돌진했다는 내용을 미루어 볼 때 빈칸에는 ②가 적절하다.

지문 어휘

☐ knight (중세의) 기사
☐ coward 겁쟁이
☐ charge 돌진하다
☐ sword 검

핵심 어휘

★ unbiased = equitable, impartial, fair

정답 ②

11 **밑줄 친 부분에 들어갈 가장 적절한 것을 고르시오.**

2014. 지방직 9급

> If you are someone who is ___________, you tend to keep your feelings hidden and do not like to show other people what you really think.

① reserved
② loquacious
③ eloquent
④ confident

12 **다음 우리말 문장을 영어로 옮길 때 밑줄 친 부분에 들어갈 가장 적절한 것은?**

2014. 지방직 9급

> 폭풍우 전에는 대체로 고요한 시기가 먼저 온다.

> A quiet spell usually ___________ a storm.

① pacifies
② precedes
③ presumes
④ provokes

11

> 만약 당신이 <u>내성적인</u> 사람이라면, 당신은 자신의 감정을 숨기는 경향이 있고 다른 사람들에게 당신이 실제로 무엇을 생각하는지 드러내는 것을 좋아하지 않는다.

① 내성적인, 말이 없는
② 말이 많은, 수다스러운
③ 웅변의, 유창한
④ 자신감 있는

정답 해설

빈칸 뒤에 자신의 감정을 숨기고, 생각을 드러내는 것을 좋아하지 않는다고 했으므로 빈칸에는 ①이 적절하다.

지문 어휘

☐ feeling 감정
☐ hidden 숨은, 숨겨진
☐ show 드러내다, 보여주다

핵심 어휘

★ reserved = uncommunicative, mute, taciturn, reticent

정답 ①

12

> 폭풍우 전에는 대체로 고요한 시기가 <u>먼저 온다</u>.

① 달래다, 진정시키다
② ~에 앞서다, 선행하다
③ 가정[추정]하다
④ 화나게 하다, 유발하다, 선동하다

정답 해설

주어진 해석을 미루어 볼 때 '먼저 온다'라는 뜻이 들어가야 하므로 빈칸에는 ②가 적절하다.

지문 어휘

☐ spell (특정한 날씨 등이 지속되는) 한동안[잠깐]
☐ storm 폭풍우

핵심 어휘

★ provoke = 화나게 하다 irritate, infuriate, incense, enrage

정답 ②

13 밑줄 친 부분에 들어갈 가장 적절한 것을 고르시오.

2013. 국가직 9급

Visa okay assists the Australian travel industry, corporations and government, and individuals by ___________ the entire visa advice and visa issuance process. Visa okay minimizes the complexity and time delays associated with applying for and obtaining travel visas.

① appreciating
② aggravating
③ meditating
④ facilitating

14 밑줄 친 부분에 들어갈 가장 적절한 것을 고르시오.

2013. 국가직 9급

Given our awesome capacities for rationalization and self- deception, most of us are going to measure ourselves _________: I was honest with that blind passenger because I'm a wonder person. I cheated the sighted one because she probably has too much money anyway.

① harshly
② leniently
③ honestly
④ thankfully

13

Visa okay는 전체 비자 자문 및 비자 발급 과정을 용이하게 함으로써 호주의 여행 산업, 기업 및 정부 그리고 개인들을 돕는다. Visa okay는 여행 비자를 신청하고 발급하는 데 따른 복잡함과 시간 지연을 최소화한다.

① 평가하게 함
② 악화시키게 함
③ 명상하게 함
④ 용이하게 함

정답 해설

빈칸 다음 문장에서 Visa okay는 복잡함과 시간 지연을 최소화해준다는 긍정적인 내용이 언급되었으므로 빈칸에는 ④가 적절하다.

지문 어휘

- ☐ assist 원조하다, 돕다
- ☐ corporation 기업
- ☐ entire 전체의
- ☐ visa issuance 비자 발급
- ☐ minimize 최소화하다
- ☐ complexity 복잡함
- ☐ delay 지연
- ☐ obtain 얻다, 획득하다

핵심 어휘

★ meditate = contemplate, ponder

정답 ④

14

우리의 합리화와 자기기만의 굉장한 능력을 고려해 볼 때, 우리 대부분은 우리 자신을 관대하게 평가할 것이다: 나는 훌륭한 사람이기 때문에 그 눈이 먼 승객에게 정직했다. 그녀는 아마 어차피 너무 많은 돈을 가지고 있기 때문에 나는 그 눈이 보이는 사람을 속였다.

① 엄격히, 가혹하게
② 관대하게
③ 솔직히, 정직하게
④ 고맙게도, 감사하게, 다행스럽게도

정답 해설

빈칸 앞부분에서 합리화와 자기기만의 굉장한 능력을 고려해 본다는 내용과 콜론(:) 뒤에 설명에서도 자신을 wonder person이라며 긍정적으로 평가하고 있으므로 빈칸에는 ②가 적절하다.

지문 어휘

- ☐ awesome 경탄할 만한, 굉장한
- ☐ capacity 능력
- ☐ rationalization 합리화
- ☐ self-deception 자기기만
- ☐ honest 정직한, 솔직한
- ☐ blind 눈이 먼
- ☐ passenger 승객
- ☐ wonder 놀라운, 훌륭한
- ☐ cheat 기만하다, 속이다

핵심 어휘

★ lenient = generous, merciful, magnanimous

정답 ②

15 밑줄 친 부분에 들어갈 표현으로 가장 적절한 것을 고르시오. 2013. 지방직 9급

Every street or every store is now filled with cell phone users, ranging in age from eight to eighty. However, if we consider rapidly developing technology, an alternative apparatus might replace the cell phone soon and make it ___________.

① obsolete
② extensive
③ prevalent
④ competent

16 밑줄 친 부분에 들어갈 표현으로 가장 적절한 것을 고르시오. 2012. 국가직 9급

The usual way of coping with taboo words and notions is to develop euphemisms and circumlocutions. Hundreds of words and phrases have emerged to express basic biological functions, and talk about ___________ has its own linguistics world. English examples include "to pass on," "to snuff the candle," and "to go aloft."

① death ② defeat
③ anxiety ④ frustration

15

요즘은 모든 거리 혹은 모든 가게가 나이가 8세에서 80세에 이르는 휴대 전화 사용자로 가득차 있다. 하지만 우리가 빠르게 발전하는 기술을 고려한다면, 조만간 대체 장비가 휴대 전화기를 대신해서 그것을 쓸모없는 물건으로 만들지도 모른다.

① 구식의, 쓸모없는
② 넓은, 광범위한
③ 널리 퍼져 있는, 유행하는
④ 유능한, 적임의

정답 해설
대체 장비가 휴대 전화기를 대신한다는 말을 미루어 보아 빈칸에는 ①이 적절하다.

지문 어휘
☐ be filled with ~로 가득하다
☐ range from A to B A에서 B에 이르다
☐ apparatus 장치, 기계, 기구

핵심 어휘
★ obsolete
= outdated, outmoded, old-fashioned, out of fashion, out of date

정답 ①

16

금기어들과 그 단어의 개념을 대응하는 일상적인 방법은 완곡어법이나 에둘러 말하기를 만들어 내는 것이다. 수백 개의 단어와 관용구는 기초적인 생물학적 기능을 표현하기 위해 등장했고, 죽음에 대한 말은 그 자체의 언어 세계를 가지고 있다. 영어의 예로는 "돌아가시다", "촛불을 끄다" 그리고 "높은 곳으로 가다(천당에 가다)" 등이 있다.

① 죽음, 사망
② 타파, 패배
③ 불안, 염려
④ 좌절, 불만

정답 해설
빈칸 다음 문장에 나오는 'pass on(사망하다), to snuff the candle(촛불을 끄다), go aloft(천당에 가다)'라는 죽음과 관련되는 예시들로 미루어 보아 빈칸에는 ①이 적절하다.

지문 어휘
☐ cope with ~에 대처[대응]하다, ~에 대항하다
☐ euphemism 완곡어법, 완곡 어구
☐ circumlocution 에둘러[우회적으로] 말하기
☐ emerge 나타나다
☐ biological 생물학적인
☐ linguistic 언어(학)의
☐ pass on 세상을 떠나다(돌아가시다)
☐ snuff the candle (초의) 심지를 끊다
☐ go aloft 천당에 가다, 죽다

핵심 어휘
★ anxiety = uneasiness, misgiving, apprehension

정답 ①

17 밑줄 친 부분에 들어갈 가장 적절한 것은?

2012. 지방직 9급

> A ___________ gene is one that produces a particular characteristic regardless of whether a person has only one of these genes from one parent, or two of them.

① recessive
② dominant
③ proficient
④ turbulent

18 밑줄 친 부분에 들어갈 표현으로 가장 적절한 것을 고르시오.

2011. 국가직 9급

> In general terms, tablet PC refers to a slate-shaped mobile computer device, equipped with a touchscreen or stylus to operate the computer. Tablet PCs are often used where normal notebooks are impractical or ___________, or do not provide the needed functionality.

① unwieldy
② inconclusive
③ exclusive
④ unprecedented

17

> 우성의 유전자는 사람이 유전자를 한쪽 부모로부터 받든, 양쪽 부모로부터 받든지와 상관없이 하나의 특정한 형질을 만들어내는 유전자이다.

① 열성의, 퇴행[역행]의
② 우성의, 우세한, 지배적인
③ 능숙한, 숙달된
④ 사나운, 소란스러운

정답 해설

빈칸 뒤에 나온 한쪽 부모 유전자든 양쪽 부모 유전자든 상관없이 특정한 형질을 만들어 낸다는 내용으로 미루어 볼 때 빈칸에는 ②가 적절하다.

지문 어휘

☐ gene 유전자
☐ regardless of ~와는 상관없이

핵심 어휘

★ turbulent = wild, violent, vehement

정답 ②

18

> 일상적인 말로 태블릿 PC는 컴퓨터를 조작하기 위한 터치스크린이나 스타일러스를 갖춘 석판 같은 모양을 한 이동식 컴퓨터 장치를 지칭한다. 태블릿 PC는 일반 노트북이 실용적이지 않거나 다루기 어렵거나 필요한 기능을 제공하지 않는 경우에 자주 사용된다.

① 다루기 힘든, 부피가 큰
② 결론에 이르지 못하는
③ 독점적인, 배타적인
④ 전례 없는, 비길 데 없는

정답 해설

빈칸 앞의 실용적이지 않다는 말과 빈칸 뒤의 필요한 기능을 제공하지 않는다는 말로 미루어 보아 빈칸에는 ①이 적절하다.

지문 어휘

☐ refer to 언급하다, 가리키다, 지칭하다
☐ slate-shaped 석판 같은 모양을 한
☐ mobile 이동식의, 휴대용의
☐ touch screen 터치스크린(손으로 누르면 작동이 되는 컴퓨터 화면)
☐ stylus 스타일러스(특수 컴퓨터 화면에 글을 쓰거나 그림을 그리는 등의 표시를 할 때 쓰는 펜)
☐ impractical 비실용적인
☐ functionality 기능

핵심 어휘

★ unprecedented = unsurpassed, unparalleled

정답 ①

19 밑줄 친 부분에 공통으로 들어갈 표현으로 가장 적절한 것은?

2011. 지방직 9급

- At the funeral, family members gave _______ to their emotions and cried openly.
- The result should in no _______ be seen as a defeat for the government.
- European companies are putting their money into Asia in a big _______.

① way
② hand
③ sense
④ view

20 다음 문장의 빈칸에 들어갈 가장 적절한 것은?

2010. 국가직 9급

The executives should estimate their debt-to-income ratios to see whether they run the risk of becoming ___________.

① insolvent
② inverted
③ distracted
④ decoded

19

- 장례식에서 가족들은 그들의 감정에 못 이겨 드러내놓고 울었다.
- 그 결과는 결코 정부의 승리로 보이지 않는다.
- 유럽의 회사들은 그들의 돈을 아시아에 대규모로 투자했다.

① way
② hand
③ sense
④ view

정답 해설

give way to는 '(감정에) 못 이기다, 무너지다'라는 뜻이고, in no way는 '결코 ~않다'라는 뜻이며 in a big way는 '대규모로'라는 뜻이다. 따라서 빈칸에는 ①이 적절하다.

지문 어휘

- ☐ funeral 장례식
- ☐ emotion 감정
- ☐ defeat 승리, 패배

핵심 어휘

★ view = regard, consider

정답 ①

20

경영진은 파산할 위험에 처할 수 있는지 아닌지를 알기 위해서 총부채 상환 비율을 평가해야 한다.

① 파산한, 지급불능의
② 역의, 반대의
③ (정신이) 산만해진
④ 해독된

정답 해설

경영진이 총부채 상환 비율을 평가한다는 내용으로 미루어 보아 빈칸에는 ①이 적절하다.

지문 어휘

- ☐ executive 경영진, 임원, 간부
- ☐ estimate 평가하다, 추정[추산]하다
- ☐ ratio 비율
- ☐ run the risk of ~할 위험에 처하다
- ☐ debt-to-income 총부채 상환 비율(금융부채 상환능력을 소득으로 따져서 대출한도를 정하는 계산 비율)

핵심 어휘

★ insolvent = broke, bankrupt

정답 ①

21 밑줄 친 곳에 공통으로 들어갈 단어로 가장 적절한 것은? 2010. 지방직 9급

- She thought she just had a ________ of flu.
- At university he wrote a bit, did a ________ of acting, and indulged in internal college politics.
- The dishes he produces all have a personal ________.

① touch
② pain
③ symptom
④ case

22 밑줄 친 부분에 들어갈 말로 가장 적절한 것은? 2019. 서울시 9급

Tests ruled out dirt and poor sanitation as causes of yellow fever, and a mosquito was the ________ carrier.

① suspected
② uncivilized
③ cheerful
④ volunteered

21

- 그녀는 자신이 감기 기운이 있다고 생각했다.
- 대학에서 그는 글도 써보았고 연기도 조금 했었고 학내 정치 활동에도 빠져 있었다.
- 그가 생산하는 모든 그릇들은 개인적인 방식이 있다.

① 기운, 기미, 흔적, 약간, 조금, 기법
② 아픔, 고통
③ 증상, 징후[조짐]
④ 사례, 경우, 사건

정답 해설
기운, 조금, 기법의 뜻이 있는 단어는 touch이므로 빈칸에는 ①이 적절하다.

지문 어휘
☐ flu 감기
☐ a bit 조금, 다소, 약간
☐ be indulged in ~에 빠져있다

핵심 어휘
★ symptom = 징후 indication

정답 ①

22

검사들은 먼지와 좋지 않은 위생 시설을 황열병의 원인으로 제외하였고, 모기가 의심되는 매개체였다.

① 의심되는
② 미개한, 야만적인
③ 기분 좋은, 명랑한
④ 지원받은

정답 해설
문장에서 황열병의 원인으로 위생불량과 먼지 등을 제외하였고, 모기 한 마리가 의심되는 상황으로 추론할 수 있으므로 빈칸에는 ①이 적절하다.(and 앞 부정 내용이므로 뒤에도 부정적 단어)

지문 어휘
☐ yellow fever 황열병
☐ rule out 제외시키다
☐ sanitation 위생 시설, 공중위생
☐ carrier 매개체

핵심 어휘
★ cheerful
= happy, merry, bright, glad, lively, joyful, exuberant, elated

 ①

23 밑줄 친 부분에 들어갈 말로 가장 적절한 것은?

2019. 서울시 9급

Generally speaking, people living in 2018 are pretty fortunate when you compare modern times to the full scale of human history. Life expectancy ________ at around 72 years, and diseases like smallpox and diphtheria, which were widespread and deadly only a century ago, are preventable, curable, or altogether eradicated.

① curtails
② hovers
③ initiates
④ aggravates

24 밑줄 친 부분에 들어갈 말로 가장 적절한 것은?

2019. 서울시 9급

To imagine that there are concrete patterns to past events, which can provide ________ for our lives and decisions, is to project on to history a hope for a certainty which it cannot fulfill.

① hallucinations
② templates
③ inquiries
④ commotion

23

일반적으로 말해서, 현대를 인류 역사의 전체 규모와 비교할 때 2018년에 사는 사람들은 꽤 운이 좋다. 기대수명은 약 72세에 맴돌고, 불과 1세기 전에 널리 퍼졌고 치명적이었던 천연두와 디프테리아와 같은 질병은 예방할 수 있거나, 치료할 수 있거나, 또는 완전히 근절되었다.

① 줄이다, 축소하다, 삭감하다
② 맴돌다[머물다], 배회하다
③ 시작하다, 개시하다
④ 악화시키다

정답 해설

빈칸 앞 문장이 긍정적인 내용이고, 문맥상 기대수명이 약 72세에 머문다고 하는 것이 자연스러우므로 빈칸에는 ②가 적절하다.

지문 어휘

☐ fortunate 운이 좋은
☐ smallpox 천연두
☐ curable 치료할 수 있는
☐ life expectancy 기대 수명
☐ preventable 예방할 수 있는
☐ eradicate 근절 하다, 뿌리 뽑다

핵심 어휘

★ initiate = begin, start, launch, commence

정답 ②

24

우리의 삶과 결정을 위한 본보기들을 제공할 수 있는 과거의 사건들에 구체적인 패턴(양식)이 있다고 상상하는 것은 그것이 이행할 수 없는 확실성에 대한 희망을 역사에 투사하는 것이다.

① 환각들
② 본보기들
③ 질문들
④ 소동들

정답 해설

주격 관계대명사절 내의 목적어를 완성하는 문제로, 수식받는 명사인 '구체적인 패턴들(concrete patterns)'이 제공할 수 있는 것은 주어진 선택지 중에서 ②이다.

지문 어휘

☐ concrete 구체적인
☐ fulfill 이행하다, 수행하다
☐ uncertainty 불확실성

핵심 어휘

★ commotion
= chaos, confusion, disorder, turmoil, upheaval, uproar

정답 ②

25 빈칸에 들어갈 단어로 가장 옳은 것은? 2018. 서울시 9급

> Moths and butterflies both belong to the order Lepidoptera, but there are numerous physical and behavioral differences between the two insect types. On the behavioral side, moths are ________ and butterflies are diurnal (active during the day). While at rest, butterflies usually fold their wings back, while moths flatten their wings against their bodies or spread them out in a "jet plane" position.

① nocturnal ② rational
③ eternal ④ semi-circular

26 빈칸에 들어갈 가장 적절한 단어는? 2017. 서울시 9급

> Again and again we light on words used once in a good, but now in an unfavorable sense. Until the late Eighteenth century this word was used to mean serviceable, friendly, very courteous and obliging. But a(n) ______ person nowadays means a busy uninvited meddler in matters which do not belong to him/her.

① servile ② officious
③ gregarious ④ obsequious

25

> 나방과 나비는 둘 다 인시목(鱗翅目) 계열에 속하지만, 그 두 곤충 유형 사이에는 수많은 신체적인, 그리고 행동적인 차이점들이 있다. 행동적 측면에서, 나방은 야행성이고, 나비는 주행성(주간에 활동하는)이다. 움직이지 않는 동안에는, 나비는 보통 날개를 뒤로 접지만, 나방은 몸의 바깥으로 날개를 펼쳐서 평평하게 하거나 제트기 자세로 넓게 펼친다.

① 밤의, 야행성의
② 합리적인
③ 영원한
④ 반원형의

정답 해설
이 글은 나비와 나방 두 곤충의 차이점에 관한 글이다. 나비는 낮에 활동하는 주행성이라는 말을 미루어 보아 대조적인 단어가 들어가야 하므로 빈칸에는 ①이 적절하다.

지문 어휘
- ☐ Lepidoptera 인시목(鱗翅目) 나비나 나방류(類)를 포함하는 곤충강(綱)의 한 목
- ☐ moth 나방
- ☐ belong to ~에 속하다
- ☐ order 계통
- ☐ numerous 수많은, 다수의
- ☐ at rest 움직이지 않는
- ☐ physical 신체적인, 육체의
- ☐ behavioral 행동의
- ☐ insect 곤충, 벌레
- ☐ flatten 평평하게 하다, 펼치다
- ☐ fold 접다

핵심 어휘
★ eternal
= lasting, everlasting, enduring, permanent, perennial, perpetual

정답 ①

26

> 몇 번이고 우리는 한때 좋은 의미로 사용되었지만, 지금은 부정적인 의미로 사용되는 단어들을 우연히 만난다. 18세기 후반까지 이 단어는 실용적이고, 친절하고, 매우 예의 바르고 잘 도와주는 것을 의미하기 위해 사용되었다. 하지만 요즘 참견하기 좋아하는 사람이란 자신에게 속하지 않은 문제들에 있어서 간섭하기 바쁘고 초대 받지 않은 사람을 의미한다.

① 비굴한, 굽실거리는, 아부하는
② 참견하기 좋아하는 간섭하는
③ 사교적인, 집단을 좋아하는
④ 아부하는, 아첨하는

정답 해설
빈칸 뒤에 자신과 관련 없는 일에 참견하느라 바쁜 사람이라는 내용을 미루어볼 때 빈칸에는 ②가 적절하다.

지문 어휘
- ☐ light on 우연히 만나다, 발견하다
- ☐ unfavorable 호의적이 아닌, 불리한
- ☐ serviceable 실용적인, 편리한
- ☐ courteous 공손한
- ☐ obliging 친절한
- ☐ meddler 간섭하는 사람

핵심 어휘
★ gregarious = sociable

정답 ②

27 빈칸에 들어갈 가장 적절한 단어는? 2017. 서울시 9급

A faint odor of ammonia or vinegar makes one-week-old infants grimace and ________ their heads.

① harness
② avert
③ muffle
④ evoke

28 빈칸에 들어갈 가장 적절한 것은? 2017. 서울시 9급

Definitions are especially ________ to children. There's an oft-cited 1987 study in which fifth graders were given dictionary definitions and asked to write their own sentences using the words defined. The results were discouraging. One child given the word erode wrote "Our family erodes a lot," because the definition given was "eat out, eat away."

① beneficial ② disrespectful
③ unhelpful ④ forgettable

27

암모니아나 식초의 희미한 냄새는 일주일 된 아기들이 얼굴을 찡그리고 그들의 고개를 돌리게 한다.

① 마구를 채우다, 이용하다
② 피하다, (고개를) 돌리다
③ 감싸다, (소리를) 죽이다
④ 환기시키다, 불러일으키다

정답 해설
빈칸 앞에 식초 냄새가 아기들이 얼굴을 찡그리게 한다고 하였으므로 빈칸뒤에는 ②가 적절하다.

지문 어휘
☐ faint odor 희미한 냄새
☐ vinegar 식초
☐ grimace 얼굴을 찡그리다
☐ evoke 환기시키다, ~을 불러내다
☐ revoke 폐지[취소/철회]하다

핵심 어휘
★ evoke = bring to mind, call to mind

정답 ②

28

정의는 특히 아이들에게 도움이 되지 않는다. 자주 인용되는 1987년 연구가 있는데, 그 연구에서 5학년 학생들은 사전의 정의를 받고, 정의된 단어를 사용해서 자기 자신의 문장들을 쓰라고 요청받았다. 그 결과는 실망스러웠다. erode(침식시키다, 침식하다)라는 단어를 받은 한 아이가 "우리 가족은 많이 침식한다"라고 썼다. 왜냐하면 그 주어진 정의는 "eat out(외식하다, 침식하다), eat away(먹어치우다, 침식하다)"라고 되어있기 때문이다.

① 유익한, 이익이 되는
② 무례한, 예의 없는
③ 도움이 되지 않는
④ 잊기 쉬운

정답 해설
빈칸 뒤에 언급된 연구의 내용과 결과가 실망스럽다라는 내용으로 미루어 보아 빈칸에는 ③이 적절하다.

지문 어휘
☐ definition 정의
☐ oft-cited 자주 인용되는
☐ discouraging 실망시키는, 낙담시키는
☐ erode 침식하다, 부식하다
☐ eat out 외식하다, 침식하다
☐ eat away 먹어 치우다, 침식하다

핵심 어휘
★ disrespectful
= rude, impolite, impudent, impertinent, insolent, ill-mannered, discourteous

정답 ③

29 문맥상 빈칸에 들어갈 가장 적절한 것은?

2016. 서울시 9급

> Usually several skunks live together; however, adult male striped skunks are ________ during the summer.

① nocturnal
② solitary
③ predatory
④ dormant

30 문맥상 빈칸에 들어갈 가장 적절한 것은?

2016. 서울시 9급

> Language and spelling change. Crystal, one of the most prolific writers on English, has helped popularize that truth. If, as internet use suggests, people are now starting to write rhubarb as rubarb, that, he says, may one day become an acceptable ________.

① alternative
② obligation
③ risk
④ order

29

> 대개 여러 스컹크들은 함께 산다; 그러나, 다 자란 수컷 줄무늬 스컹크들은 여름 동안 홀로 지낸다.

① 밤의, 야행성의
② 혼자의, 고독한, 외로운
③ 약탈하는
④ 잠자는, 활동하지 않고 있는

정답 해설

앞에서는 스컹크가 함께 산다고 하였으나, however를 통하여 빈칸이 있는 절에는 앞 내용과 대조되는 단어가 들어가야 함을 알 수 있다. 따라서 빈칸에는 ②가 적절하다.

지문 어휘

☐ several 여러, 몇몇의
☐ striped skunk 줄무늬 스컹크
☐ adult 다 자란, 성인의

핵심 어휘

★ dormant = 잠자는 asleep
활동하지 않고 있는 inactive, inert

정답 ②

30

> 언어와 철자는 변한다. 영국에서 가장 글을 많이 쓴 작가들 중 한 명인 Crystal은 그 사실을 대중화하는 데 도움을 주었다. 인터넷 이용이 암시하듯이, 만약 사람들이 rhubarb를 rubarb로 적기 시작한다면, 그가 말하기를, 그것은 언젠가 허용되는 대안이 될 수도 있다.

① 대안, 양자택일
② 의무, 책임
③ 위험, 모험
④ 질서, 명령, 주문

정답 해설

글 처음에 언어와 철자가 변한다고 주제가 언급되었으므로 문맥상 빈칸에는 ①이 적절하다.

지문 어휘

☐ spelling 철자
☐ prolific (화가·작가 등이) 다작하는
☐ popularize 대중화하다
☐ acceptable 허용되는, 받아들일 수 있는

핵심 어휘

★ obligation = duty, responsibility

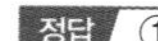 ①

31 문맥상 빈칸에 들어갈 가장 적절한 것은?

2016. 서울시 9급

As incredible as it sounds, there are some species of insects that will ________ themselves to protect their nests. When faced with an intruder, the Camponotus cylindricus ant of Borneo will grab onto the invader and squeeze itself until it explodes. The ant's abdomen ruptures, releasing a sticky yellow substance that will be lethal for both the defender and the attacker, permanently sticking them together and preventing the attacker from reaching the nest.

① commit ② replace
③ expose ④ sacrifice

32 문맥상 빈칸에 들어갈 가장 적절한 것을 고르면?

2016. 서울시 9급

E-waste is being produced on a scale never seen before. Computers and other electronic equipment become ________ in just a few years, leaving customers with little choice but to buy newer ones to keep up. Thus, tens of millions of computers, TVs and cell phones are ________ each year.

① efficient – documented
② obsolete – discarded
③ fascinating – reused
④ identical – thrown

31

믿기 힘든 말처럼 들릴지라도, 그들의 둥지를 지키기 위해 스스로를 희생하는 몇몇 종류의 벌레들이 있다. 침입자를 마주쳤을 때, Borneo의 Camponotus cylindricus 개미는 그 침입자를 붙잡고 그것이 폭발할 때까지 자신을 짜낼 것이다. 개미의 배가 터지고 방어자와 공격자 모두에 치명적인 끈적한 노란 물질을 분비하여, 영구적으로 그들이 함께 들러붙어서 공격자가 둥지에 도달하는 것을 막는다.

① 저지르다, 맡기다, 전념하다, 약속하다
② 대신[대체]하다
③ 드러내다, 폭로하다, 노출시키다
④ 희생하다

정답 해설

개미가 자신의 배를 터뜨려서 침입자를 막는다는 내용으로 미루어 보아 빈칸에는 ④가 적절하다.

지문 어휘

- ☐ incredible 믿을 수 없는
- ☐ insect 곤충
- ☐ nest 둥지
- ☐ intruder 침입자, 난입자
- ☐ grab 붙잡다, 움켜잡다
- ☐ invader 침입자
- ☐ squeeze 짜다[쥐다], 압착하다
- ☐ explode 폭발하다
- ☐ abdomen 배, 복부
- ☐ rupture 터지다, 파열하다
- ☐ sticky 끈적끈적한
- ☐ substance 물질
- ☐ lethal 치명적인

핵심 어휘

★ expose = reveal, show, uncover

정답 ④

32

전자폐기물은 이전에 본 적 없던 규모로 생산되고 있다. 컴퓨터들과 다른 전자 장비들은 단지 몇 년 안에 구식이 되고, 고객들에게 뒤처지지 않기 위해 더 새로운 것들을 살 수밖에 없는 선택권을 준다. 따라서, 수천만 대의 컴퓨터들, TV들 그리고 핸드폰들은 매년 버려진다.

① 능률적인, 효율적인, 유능한 – 문서로 기록된
② 구식의, 쓸모없는 – 버려진
③ 매혹적인 – 재생의
④ 똑같은, 동일한, 일치하는 – 던져진

정답 해설

글 처음에 전자폐기물이 이전에 본 적 없던 규모로 생산되고 있다는 내용으로 미루어 보아 첫 번째 빈칸에는 컴퓨터와 다른 전자기기들이 몇 년 안에 구식이 된다는 내용이 적절하고 두 번째 빈칸에는 수천만 대의 전자 장비들이 버려지고 있다는 내용이 들어가야 한다. 따라서 빈칸에는 ②가 적절하다.

지문 어휘

- ☐ E-waste 전자폐기물
- ☐ keep up 뒤처지지 않도록 따라가다
- ☐ equipment 장비
- ☐ leave A with B A에게 B를 남기다
- ☐ tens of millions of 수천만

핵심 어휘

★ obsolete
= outdated, outmoded, old-fashioned, out of fashion, out of date

정답 ②

33 다음 빈칸에 들어갈 가장 적절한 것을 고르면?

2016. 서울시 9급

In the last twenty years the amount of time Americans have spent at their jobs has risen steadily. Each year the change is small, amounting to about nine hours, or slightly more than one additional day of work. In any given year such a small increment has probably been ________. But the accumulated increase over two decades is substantial.

① dazzling
② vulnerable
③ imperceptible
④ compulsory

34 다음 빈칸에 들어갈 단어를 순서대로 고르면?

2016. 서울시 9급

Albert Einstein's general theory of relativity is about to celebrate its 100th anniversary, and his revolutionary hypothesis has ________ the test of time, despite numerous expert attempts to find ________. Einstein changed the way we think about the most basic things, which are space and time. And that opened our eyes to the universe, and how the most interesting things in it work, like black holes.

① withstood – flaws
② resisted – proofs
③ wasted – examples
④ squandered – pitfalls

33

지난 20년 동안 미국인들이 직장에서 보낸 시간의 양은 꾸준히 증가해왔다. 매년 그 변화는 얼마 되지 않고, 합계가 약 9시간 또는 조금 더 추가로 하루 일하는 것 이상에 이르고 있다. 어느 해든 그러한 적은 증가량은 대개 감지할 수 없다. 그러나 20년 동안 축적된 증가량은 상당하다.

① 눈부신, 현혹적인
② 상처 입기 쉬운, 취약한
③ 감지할 수 없는
④ 의무적인, 강제적인, 필수의

정답 해설

빈칸 뒤 But을 포함한 문장에서 20년 동안 축적된 증가량은 상당하다고 하였으므로 빈칸에는 ③이 적절하다.

지문 어휘

☐ steadily 꾸준히, 지속적으로 ☐ amount to 합계가 ~에 이르다
☐ increment 증가, 증가량 ☐ accumulate 축적하다
☐ substantial 상당한

핵심 어휘

★ vulnerable = weak, susceptible

정답 ③

34

Albert Einstein의 일반 상대성 이론은 곧 100주년을 기념하게 되며, 그의 혁신적인 가설은 결함을 찾아내려는 수많은 전문가에 의한 시도들에도 불구하고 세월의 시험을 잘 견뎠다. Einstein은 우리가 공간과 시간이라는 가장 기본적인 것들에 대해 생각하는 방식을 바꿔놓았다. 그리고 그것은 우주에 대해, 그리고 블랙홀처럼 그 안에 있는 가장 흥미로운 것들이 어떻게 작용하는지에 대해 알게 해주었다.

① 견뎠다 – 결함들 ② 저항했다 – 증거들
③ 낭비했다 – 예들 ④ 낭비했다 – 위험들

정답 해설

글 처음에 제시된 일반 상대성 이론이 곧 100주년을 기념한다라는 내용을 미루어 볼 때 전문가에 의한 결함을 찾아내려는 시도에도 불구하고 가설이 세월의 시험을 잘 견뎠다라는 내용이 나와야 자연스럽다. 따라서 빈칸에는 ①이 적절하다.

지문 어휘

☐ general theory of relativity 일반 상대성 이론
☐ be about to V 막 ~하려고 하다
☐ celebrate 기념하다, 축하하다
☐ anniversary 기념일
☐ revolutionary 혁신적인, 혁명의
☐ hypothesis 가설, 가정, 추측

핵심 어휘

★ squander = waste, fritter away

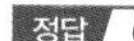

정답 ①

35 문맥상 빈칸에 들어가기에 적절한 것은? 2015. 서울시 9급

In late-twentieth-century America, perhaps in the West as a whole, human life is conceived in terms of a basic unit, the autonomous, free, self-determining individual. This is a being understood as possessing a(n) ________ selfhood, an inner entity known through a sense of immediacy and plenitude and constituted above all by a self-aware consciousness and an executive will.

① communal ② connected
③ dividual ④ undivided

36 문맥상 빈칸에 들어가기에 적절한 것은? 2014. 서울시 9급

When you observe peaceful, relaxed people, you find that when they are feeling good, they are very grateful. They understand that both positive and negative feelings come and go, and that there will come a time when they won t be feeling so good. To happy people, this is okay, it's the way of things. They accept the ________ of passing feelings.

① vengeance
② indolence
③ inevitability
④ reluctance
⑤ expulsion

35

20세기 말 미국에서, 아마도 서방 전체에 걸쳐서 인간의 생명은 기본 단위라는 점에서 자율적이고, 자유롭고, 자기 결정적인 개체로 여겨진다. 이것은 완전한 자아, 즉 직접성과 풍부함을 통해 알려진 그리고 무엇보다도 자의식이 있는 의식과 집행력에 의해서 이루어진 내적인 실체를 소유한 것으로 이해되는 존재이다.

① 공공의, 공동의
② 관계있는, 연결된
③ 분할할 수 있는, 분리된
④ 분할되지 않은, 완전한

정답 해설

인간의 생명을 기본적이고 자주적이며 자유롭고 자기 결정권이 있는 존재라고 설명하고 또한 직접성과 풍부함을 통해 알려졌다는 말로 미루어 보아 있으므로 빈칸에는 ④가 적절하다.

지문 어휘

☐ as a whole 전체로서
☐ in terms of ~의 관점에서
☐ autonomous 자치의, 자율의
☐ self determining 자기 결정의
☐ self-hood 자아, 개성 ☐ entity 실재, 존재, 실체
☐ immediacy 직접성, 즉시성 ☐ plenitude 풍부, 충분
☐ executive 실행의 ☐ will 의지

핵심 어휘

★ undivided = complete, total, whole, entire

정답 ④

36

당신이 평화롭고 편안한 사람들을 관찰할 때, 당신은 그들이 기분이 좋을 때, 그들이 매우 감사해 한다는 것을 발견한다. 그들은 긍정적인 감정과 부정적인 감정은 모두 오고 가는 것이고 그리고 그들이 그렇게 기분이 좋지 않을 때가 올 것이라는 것을 이해한다. 행복한 사람들에게는 그것은 괜찮고 세상이 돌아가는 방식이다. 그들은 지나가는 감정의 필연성을 받아들인다.

① 복수, 앙갚음
② 나태, 게으름
③ 피할 수 없음, 불가피함, 필연성
④ 꺼림, 마음이 내키지 않음
⑤ 추방, 축출

정답 해설

그들이 긍정적인 감정과 부정적인 감정 모두 오고 간다는 것을 이해한다는 내용을 고려해 볼 때 그들은 지나가는 감정의 필연성을 받아들인다는 내용이 적절하다. 따라서 빈칸에는 ③이 적절하다.

지문 어휘

☐ relaxed 편한, 긴장을 푼
☐ grateful 감사하는, 고마워하는
☐ pass 지나가다, 통과하다

핵심 어휘

★ indolence = laziness, idleness, slothfulness

정답 ③

37 다음 빈칸에 가장 적합한 것은? 2013. 서울시 9급

> A classic stereotype is that men are better at math than women, but there has been little ________ evidence to explain this.

① simultaneous
② suspicious
③ unstable
④ secretive
⑤ solid

38 다음 빈칸에 가장 적합한 것은? 2013. 서울시 9급

> Many people in southern India have dark skins, but scientists have been ________ to classify them with black Africans because of their Caucasoid facial features and hair forms.

① reluctant
② welcome
③ diffident
④ willing
⑤ sensible

37

> 전형적인 고정 관념은 남자가 여자보다 수학을 더 잘한다는 것이다. 하지만 이것을 설명할 확실한 증거는 거의 없다.

① 동시의
② 의심스러운, 의심 많은
③ 불안정한
④ 비밀스러운, 분비의
⑤ 단단한, 고체의, 확실한

정답 해설

남자가 여자보다 수학을 더 잘한다는 것은 고정 관념이라고 언급되어있고 역접 연결사 but을 고려해 볼 때 상반되는 내용이 나와야 하므로 빈칸에는 ⑤가 적절하다.

지문 어휘

☐ stereotype 고정 관념
☐ math 수학
☐ evidence 증거

핵심 어휘

★ suspicious = distrustful, doubtful, dubious

정답 ⑤

38

> 남부 인도에 있는 많은 사람들은 어두운 피부를 가지고 있지만, 과학자들은 그들의 코카서스 인종(백색인종)의 얼굴 특징들과 머리카락 형태들 때문에 그들을 아프리카계 흑인들로 분류하기를 주저해 왔다.

① 꺼리는, 주저하는
② 반가운, 환영받는
③ 자신이 없는, 내성적인, 소심한
④ 기꺼이 하는, 자발적인
⑤ 합리적인, 분별 있는, 현명한

정답 해설

남부 인도에 있는 많은 사람들이 어두운 피부를 가지고 있지만 그들이 백색인종 특징들을 지녔기 때문에 그들을 아프리카계 흑인들로 분류하기를 주저했다는 내용이 문맥상 적절하므로 빈칸에는 ①이 적절하다.

지문 어휘

☐ classify 분류하다, 구별하다
☐ skin 피부
☐ Caucasoid 코카서스 인종(의), 백색인종(의)
☐ feature 특징

핵심 어휘

★ reluctant = unwilling, hesitant, disinclined

정답 ①

39 다음 빈칸에 가장 적합한 것은?

2013. 서울시 9급

The American Academy of Pediatrics suggests that parents ________ their own TV watching, to allow more time to actually talk with their kids.

① prevail
② assimilate
③ bestow
④ decipher
⑤ curb

40 다음 빈칸에 가장 적합한 것은?

2013. 서울시 9급

Knute Rockne(1888-1931), a famous football coach at the University of Notre Dame, was probably as well known for his inspiring pep talks as he was for coaching. Likewise, Vince Lombardi, famed as the coach of the New York Giants and the Green Bay Packers, was well known for his ________; Lombardi is credited with the now famous: "Winning isn't everything; it's the only thing."

① greed
② eloquence
③ jealousy
④ deployment
⑤ oppression

39

미국 소아과 학회는 자녀들과 실제로 대화할 수 있는 시간을 더 많이 주기 위해서 부모들이 TV 시청을 억제할 것을 제안한다.

① 만연(팽배)하다, 우세하다, 이기다
② 동화되다, 완전히 이해하다[소화하다]
③ 수여하다, 주다
④ 판독[해독]하다
⑤ 억제[제한]하다

정답 해설

부모들이 더 많은 시간을 아이들과 이야기를 나누기 위해서라는 내용을 고려해 볼 때 TV시청을 억제한다라고 해야 적절하다. 따라서 빈칸에는 ⑤가 적절하다.

지문 어휘

☐ American Academy of Pediatrics 미국 소아과 학회
☐ suggest 제안하다

핵심 어휘

★ decipher = decode

정답 ⑤

40

Notre Dame 대학의 유명한 축구 코치인 Knute Rockne (1888–1931)는 아마도 그가 코치로 유명한 만큼 그의 고무하는 격려 연설로도 유명했다. 마찬가지로, New York Giants와 Green Bay Packers의 코치로 유명했던 Vince Lombardi 또한 그의 웅변으로 명성을 떨쳤다; Lombardi는 지금도 유명한 "이기는 것이 전부인 것은 아니다; 그것은 유일한 것이다."라는 말로 인정받고 있다.

① 탐욕, 욕심
② 웅변
③ 질투, 시샘
④ 전개, 배치
⑤ 억압, 압박

정답 해설

likewise는 앞 문장의 내용과 비슷한 내용이 전개된다. 앞 문장에서 격려 연설로 유명한 코치의 예가 언급되는 것으로 보아 빈칸에는 ②가 적절하다.

지문 어휘

☐ be known for ~으로 유명하다
☐ inspiring 고무하는, 영감을 주는
☐ pep talk 격려 연설
☐ likewise 마찬가지로
☐ be credited with ~로 인정받고 있다, ~로 명성을 얻다
☐ fame ~의 명성을 떨치다, ~을 유명하게 하다

핵심 어휘

★ jealousy = envy

정답 ②

41 빈칸에 들어갈 말로 적절한 것은? 2011. 서울시 9급

Sometimes, the minute you are asked to write about a significant experience, the very incident will flash to mind ________. In many other cases, however, you will need more time for your memories to surface.

① tardily
② gradually
③ immediately
④ coherently
⑤ helplessly

42 빈칸에 알맞은 말을 넣으시오. 2011. 서울시 9급

The prison sentence was introduced in the eighteenth century as a ______, a milder substitute for the ________ penalties of death, torture, mutilation, and exile.

① supplement – irreversible
② sequel – redundant
③ reform – harsh
④ suggestion – corrective
⑤ catchall – revised

41

때때로, 중요한 경험에 관해 써달라고 요청 받은 순간, 그 사건이 즉시 떠오를 것이다. 하지만 다른 많은 경우에는 기억이 드러나기까지 더 많은 시간이 필요할 것이다.

① 느리게, 더디게
② 서서히, 점차로
③ 즉시, 바로
④ 일관하게
⑤ 무력하게

정답 해설

역접을 의미하는 접속부사 however와 기억이 드러나기까지 시간이 많이 필요하다는 내용을 고려해 볼 때 반대 내용이어야 하므로 빈칸에는 ③이 적절하다.

지문 어휘

☐ significant 중요한
☐ incident 일, 사건
☐ surface 드러나다, 나타나다

핵심 어휘

★ helpless = powerless

정답 ③

42

징역형은 18세기에 사형, 고문, 절단, 그리고 유배 등의 가혹한 형벌의 더 온화한 대체안인, 하나의 개혁으로 도입되었다.

① 보충[추가]물 – 되돌릴[철회할] 수 없는
② (책, 영화, 연극 등의) 속편 – 여분의, 과다한, 장황한, 불필요한
③ 개혁[개선] – 가혹한, 냉혹한
④ 제안, 암시, 시사 – 수정의, 교정의, 바로잡는
⑤ 잡동사니 주머니 – 정정된, 수정된

정답 해설

첫 번째 빈칸에는 좀 더 온화한 대체안이라는 내용으로 보아 reform(개혁)이 적절하고 두 번째 빈칸에는 사형, 고문, 절단 그리고 추방이라는 표현들과 비슷한 의미인 harsh(가혹한, 냉혹한)가 자연스러우므로 빈칸에는 ③이 적절하다.

지문 어휘

☐ substitute 대용물, 대체물, 대체
☐ penalty 형벌, 처벌
☐ torture 고문
☐ mutilation 절단
☐ exile 추방

핵심 어휘

★ redundant = 여분의, 과다한 surplus, superfluous, extra

정답 ③

43 빈칸에 알맞은 말을 넣으시오.

2011. 서울시 9급

> The technique of action painting is so ________ in Jackson Pollack's work that it becomes, in fact, the chief ________ of his art.

① futile – destruction
② negligible – legacy
③ visible – defense
④ ardent – remission
⑤ pervasive – characteristic

44 다음 빈칸에 들어갈 말로 적당한 것은?

2010. 서울시 9급

> Thomas Edison was a great inventor but a lousy ________. When he proclaimed in 1922 that the motion picture would replace textbooks in schools, he began a long string of spectacularly wrong predictions regarding the capacity of various technologies to revolutionize teaching. To date, none of them — from film to television — has lived up to the hype. Even the computer has not been able to show a consistent record of improving education.

① boaster ② kleptomaniac
③ prognosticator ④ swindler
⑤ teaser

43

> 액션 페인팅의 기법은 Jackson Pollack's의 작품에 매우 만연해서 사실 그것이 그의 미술의 주요한 특징이 된다.

① 헛된, 소용없는 – 파괴, 파멸, 절멸
② 무시해도 될 정도의, 사소한, 하찮은 – 유산, 유물
③ (눈에) 보이는, 가시적인 – 방어, 방위, 수비
④ 열렬한, 열정적인 – (병의) 차도, 감형, 감면
⑤ 만연하는, 널리 퍼져 있는 – 특징, 특질

정답 해설

액션 페인팅의 기법에 관해서 설명하는 내용에 대해서 인과 관계를 나타내는 연결어를 고려해 볼 때 빈칸에는 ⑤가 적절하다.

지문 어휘

☐ technique 기법, 기술
☐ chief 주요한

핵심 어휘

★ pervasive
= ubiquitous, omnipresent, prevalent, prevailing, widespread, rampant, rife

정답 ⑤

44

> 토마스 에디슨은 위대한 발명가였지만 형편없는 예언가였다. 1922년에 그가 영화가 학교에서 교과서를 대체할 것이라고 선언했을 때, 그는 교단에 혁신을 일으킬 수 있는 다양한 기술의 역량에 관한 일련의 굉장히 못된 예측들을 시작했다. 지금까지, 그것들 중 어느 것도 – 영화부터 텔레비전에 이르기까지– 이러한 선전에 부응하지 못하고 있다. 심지어 컴퓨터도 교육 개선에 대한 일관된 기록을 보여줄 수 없다.

① 허풍쟁이, 자랑을 잘하는 사람
② 절도광
③ 예언가, 점쟁이
④ 사기꾼, 협잡꾼
⑤ 괴롭히는 사람

정답 해설

빈칸 뒤에 이어지는 내용 중에 wrong predictions(잘못된 예측)이라는 표현이 나오므로 빈칸에는 ③이 적절하다.

지문 어휘

☐ lousy 형편없는, 엉망인
☐ prediction 예측
☐ inventor 발명가
☐ motion picture 영화
☐ to date 지금까지
☐ revolutionize 혁명을 일으키다
☐ spectacularly 극적으로, 굉장히
☐ consistent 일관된
☐ proclaim 선언하다, 공포하다
☐ a string of 일련의
☐ live up 부응하다

정답 ③

45 다음 빈칸에 들어갈 말로 적당한 것은?

2010. 서울시 9급

> When you pay an arm and a leg for something, it is not _________ at all.

① expensive
② precious
③ refundable
④ portable
⑤ cheap

46 다음 빈칸에 들어갈 말로 적당한 것은?

2010. 서울시 9급

> If you want to avoid mentioning the person giving an order or giving advice, you use a passive reporting verb with the person who _________ the order or advice as the subject of the clause.

① gives
② makes
③ delivers
④ initiates
⑤ receives

45

> 당신이 어떤 것에 많은 돈을 지불할 때, 이것은 전혀 싸지 않다는 것이다.

① 값비싼, 비용이 드는
② 귀중한, 값비싼
③ 환불 가능한
④ 휴대용의
⑤ 싼, 돈이 적게 드는

정답 해설

무언가를 위해 많은 돈을 낼 때 결코 이것하지 않다는 내용으로 미루어 보아 빈칸에는 ⑤가 적절하다.

지문 어휘

☐ pay an arm and a leg 많은 돈이 들다, 아주 많은 돈을 내다

핵심 어휘

★ expensive = costly

정답 ⑤

46

> 만약 당신이 명령하거나 충고를 해주는 사람을 언급하는 것을 피하기를 원한다면 당신은 그 절의 주어로서 명령 혹은 충고를 받는 사람을 가지고 수동형 동사를 사용한다.

① 주다
② 만들다
③ 배달하다, 전하다
④ 시작하다, 개시하다
⑤ 받다, 받아들이다

정답 해설

명령하거나 충고를 해주는 사람을 언급하는 것을 피하기를 원한다면 수동형 동사를 사용한다는 내용이므로 그 사람은 명령 혹은 충고를 받는 사람이어야 하므로 빈칸에는 ⑤가 적절하다.

지문 어휘

☐ avoid 피하다
☐ mention 언급하다
☐ order 명령
☐ advice 충고
☐ passive 수동의
☐ subject 주어

핵심 어휘

★ receive = accept

정답 ⑤

47 **다음 빈칸 ㉠, ㉡에 공통으로 들어갈 단어로 가장 적절한 것은?** 2021. 경찰 1차

> • He was ㉠________ in his use of words.
> • The book describes his journey in ㉡ ________ detail.

① oblivious
② sedentary
③ auspicious
④ meticulous

48 **다음 빈칸 ㉠, ㉡에 공통으로 들어갈 단어로 가장 적절한 것은?** 2021. 경찰 1차

> • He ㉠__________ his opposition to the project.
> • Lawyers ㉡___________ that there was no direct evidence against Mr. Evans.

① appeased
② intrigued
③ reiterated
④ tallied

47

> • 그는 그의 언어 사용에 ㉠ 신중했다.
> • 그 책은 ㉡ 세밀하게 그의 여행을 묘사했다.

① 의식하지 못하는, 잘 잊어버리는
② 앉아 있는, 활발하지 않은
③ 상서로운, 길조의
④ 신중한, 세심한, 꼼꼼한

정답 해설
첫 번째와 두 번째 빈칸에 각각의 선지 단어들을 넣어 보면 가장 자연스러운 것은 ④이다.

지문 어휘
☐ describe 묘사하다, 기술하다
☐ journey 여행, 여행하다

핵심 어휘
★ meticulous
= careful, fastidious, thorough, scrupulous, punctilious

정답 ④

48

> • 그는 계획에 대해서 그의 반대 입장을 ㉠ 되풀이했다.
> • 변호사들은 Evans씨에 불리한 직접적인 증거는 없었다고 ㉡ 반복하여 말했다.

① 달랬다
② 호기심을 유발했다
③ 반복했다, 되풀이했다
④ 부합했다

정답 해설
첫 번째 빈칸이 있는 문장의 경우 그의 프로젝트에 대한 반대 입장을 반복했다는 내용이 자연스럽고 두 번째 문장에서는 Evans씨에 불리한 증거가 없다고 반복하여 말했다는 내용이 자연스러우므로 빈칸에는 ③이 적절하다.

지문 어휘
☐ opposition 반대
☐ evidence 증거

핵심 어휘
★ reiterate = recapitulate, repeat, restate, iterate

정답 ③

49 밑줄 친 곳에 들어갈 단어로 가장 적절한 것은?

2020. 경찰 2차

> A police chief argues that surveillance cameras can serve as a _______ to a crime.

① decency
② deterrent
③ delicacy
④ deviation

50 다음 ㉠, ㉡에 공통으로 들어갈 단어로 가장 적절한 것은?

2020. 경찰 2차

> (㉠): a statement that a person makes, admitting that he or she is guilty of a crime: After a police questioned her for hours, she made a full (㉡).

① confession
② confinement
③ conformity
④ confutation

49

> 한 경찰서장은 감시 카메라가 범죄를 제지하는 것으로서 역할 수 있다고 주장한다.

① 체면, 품위, 예절
② 제지하는 것
③ 연약함, 섬세함, 신중함
④ 일탈, 탈선

정답 해설
감시 카메라의 역할에 관한 글이므로 빈칸에는 ②가 적절하다.

지문 어휘
☐ police chief 경찰서장
☐ surveillance 감시
☐ serve as ~로서 역할하다

핵심 어휘
★ deviation = divergence, digression

정답 ②

50

> (자백): 사람이 범죄를 저질렀다는 것을 인정하는 진술: 경찰이 그녀를 심문한 후 몇 시간 동안, 그녀는 모든 것을 자백했다.

① 자백, 고백
② 제한, 감금
③ 순응, 적합, 일치
④ 논박, 반증

정답 해설
사람이 범죄를 저질렀다는 것을 인정하는 진술이라는 내용을 통해 빈칸에는 ①이 적절하다.

지문 어휘
☐ statement 진술하다
☐ admit 인정하다
☐ guilty 범죄의
☐ question 질문하다, 심문하다

핵심 어휘
★ confine = 제한하다 restrict, limit

정답 ①

51 다음 밑줄 친 곳에 공통으로 들어갈 단어로 가장 적절한 것은?

2020. 경찰 2차

> ㉠ Scientists _______ a link between diet and cancer.
> ㉡ It is tempting to _______ Tom with an Athenian painter of the same name.
> ㉢ Passengers were asked to _______ their own suitcases before they were put on a plane.

① associate
② identify
③ discern
④ recall

52 다음 ㉠, ㉡에 들어갈 말로 가장 적절한 것은?

2020. 경찰 2차

> • Are there any matters (㉠) from the minutes of the last meeting?
> • A steam locomotive is an (㉡) device developed during the Industrial Revolution.

① ㉠ arising ㉡ ingenious
② ㉠ arising ㉡ ingenuous
③ ㉠ arousing ㉡ ingenious
④ ㉠ arousing ㉡ ingenuous

51

> ㉠ 과학자들은 식이요법과 암 사이의 연관성을 발견한다.
> ㉡ 같은 이름의 아테네 화가와 Tom을 동일시하는 것은 유혹적이다.
> ㉢ 승객들은 비행기에 실리기 전에 자신의 여행 가방을 확인해야 했다.

① 연상하다, 결부짓다, 어울리다
② 발견하다, 확인하다, 동일시하다
③ 알아차리다, 파악하다, 포착하다(= detect)
④ 기억해 내다, 상기하다

정답 해설

문맥상 첫 번째 빈칸에는 '발견하다', 두 번째 빈칸에는 '동일시하다', 세 번째 빈칸에는 '확인하다'의 의미가 들어가야 자연스러우므로 공통으로 들어갈 단어는 ②가 적절하다.

지문 어휘

☐ tempting 유혹적, 구미가 당기는
☐ identify A with B ~를 라고 여기다

핵심 어휘

★ recall = recollect, retrieve

정답 ②

52

> • 지난번 회의록으로부터 ㉠ 발생한 문제가 있습니까?
> • 증기 기관차는 산업 혁명 동안 개발된 ㉡ 기발한 장치입니다.

① ㉠ 생기다, 발생하다 ㉡ 기발한, 독창적인
② ㉠ 생기다, 발생하다 ㉡ 순진한, 천진한
③ ㉠ 불러일으키다[자아내다] ㉡ 기발한, 독창적인
④ ㉠ 불러일으키다[자아내다] ㉡ 순진한, 천진한, 솔직한

정답 해설

arise는 자동사이고 arouse는 타동사이다. 첫 번째 빈칸 뒤 전치사 from이 나와 목적어가 없으므로 자동사인 arising이 적절하며, 두 번째 빈칸은 문맥상 기발한 장치가 올바르므로 ingenious가 적절하다. 따라서 빈칸에는 ①이 적절하다.

지문 어휘

☐ minute 회의록, 의사록
☐ steam locomotive 증기 기관차
☐ Industrial Revolution 산업 혁명
☐ device 장치

핵심 어휘

★ ingenuous = naive, innocent

정답 ①

53 〈보기〉에 주어진 단어 중 문맥상 밑줄 친 곳에 들어갈 수 없는 것은? 2020. 경찰 2차

보기

㉠ improvement(s) ㉡ membership
㉢ agreement(s) ㉣ ownership

Patents are ______ between inventors and governments, giving inventors ______ of their creations for a certain period of time. U.S. patent law states that an invention is "any new and useful process, machine, manufacture, or composition of matter, or new and useful ______ to them."

① ㉠ ② ㉡
③ ㉢ ④ ㉣

54 다음 빈칸에 들어갈 단어로 가장 적절한 것은? 2020. 경찰 1차

The detectives ______ some clues of the hit-and-run accident and could successfully arrest the real criminal.

① obliterated
② distorted
③ complimented
④ scrutinized

53

특허권은 발명가와 정부 사이의 합의이고, 발명가들에게 일정 기간 그들의 창작품에 대한 소유권을 제공해 준다. 미국 특허법은 발명은 그들에게 "어떤 새롭고 유용한 과정, 기계, 제조, 물질의 구성, 또는 그들에게 새롭고 유용한 개선"이라고 명시하고 있다.

① ㉠ 개선 ② ㉡ 회원 자격
③ ㉢ 동의, 일치, 합의 ④ ㉣ 소유권

정답 해설

첫 번째 빈칸에는 '정부와 발명가 사이'라는 내용을 통하여 '협의, 합의(agreement)'를 뜻하는 단어가 들어가야 적절하고, 두 번째 빈칸에는 발명품의 소유권을 준다는 내용이 들어가야 적절하므로 '소유권(ownership)'으로 유추할 수 있다. 마지막 빈칸에는 빈칸 앞부분에 '새롭고 유용한 개선(improvement)' 사항의 내용이 들어가야 올바르다. 따라서 빈칸에 들어갈 수 없는 단어는 ②이다.

지문 어휘

☐ patent 특허
☐ inventor 발명가
☐ state 명시하다, 말하다
☐ creation 창작(물)
☐ process 과장
☐ manufacture 제조

핵심 어휘

★ improvement = enhancement, advancement

정답 ②

54

형사들은 뺑소니 사고의 몇 가지 단서들을 면밀히 조사했고, 진범을 성공적으로 체포할 수 있었다.

① 지웠다
② 비틀었다
③ 칭찬했다
④ 면밀히 조사했다

정답 해설

형사와 몇 가지 단서들이라는 내용을 고려해 볼 때 빈칸에는 ④가 적절하다.

지문 어휘

☐ detective 형사
☐ clue 실마리, 단서
☐ hit-and-run 뺑소니의
☐ arrest 체포하다
☐ criminal 범죄자

핵심 어휘

★ compliment = praise

정답 ④

55 **다음 빈칸 ㉠, ㉡에 공통으로 들어갈 단어로 가장 적절한 것은?** 2020. 경찰 1차

- I looked her ㉠________ in the face.
- To unbreak my heart was like trying to ㉡________ a circle. That is, it was impossible.

① court
② overhead
③ square
④ trace

56 **다음 빈칸 ㉠, ㉡에 공통으로 들어갈 단어로 가장 적절한 것은?** 2020. 경찰 1차

As this case seems to be more complicated than we have ever expected, we are to request the ㉠________ from the police in order to work it out. So far North Korea has habitually and blatantly violated the ㉡________ by the UN, in relation to the matters of developing nuclear weapons.

① approval
② encouragement
③ neutralization
④ sanction

55

- 나는 그녀의 얼굴을 ㉠ 똑바로 쳐다보았다.
- 내 마음을 풀어준다는 것은 원을 ㉡ 네모로 만들려는 것과 같았다. 즉 불가능한 일이었다.

① 법정, (테니스 등을 하는) 코트, 구애하다
② 머리 위에, 머리 위의
③ 똑바로, 네모지게 만들다
④ 추적하다, 찾아내다

정답 해설

square는 부사로 '똑바로'로 사용되고 동사로는 '네모지게 만들다'라는 뜻으로 쓰이므로 빈칸에는 ③이 적절하다.

지문 어휘

☐ heart 마음
☐ impossible 불가능한

정답 ③

56

이 사건은 우리가 예상했던 것보다 더 복잡해 보여서, 우리는 그 문제를 해결하기 위해 경찰에 승인을 요청할 것이다. 지금까지 북한은 습관적이고 뻔뻔하게도 핵무기 개발하는 문제와 관련해서 UN에 의한 제재를 위반해 왔다.

① 인정, 찬성, 승인
② 격려, 장려
③ 중립화, 무효화
④ 승인, 제재

정답 해설

글의 내용상 첫 번째 빈칸에는 '허가, 승인'의 의미를 포함하는 단어가 들어가는 것이 적절하며, 두 번째 빈칸에는 북한이 위반하는 내용에 관한 것으로서 '제재'의 의미를 가진 단어가 들어가는 것이 자연스럽다. 따라서 빈칸에는 ④가 적절하다.

지문 어휘

☐ habitually 습관적으로
☐ blatantly 노골적으로, 뻔뻔하게
☐ violate 위반하다, 침해하다
☐ complicated 복잡한
☐ work out ~을 해결하다
☐ so far 지금까지

핵심 어휘

★ approval = 승인 sanction

정답 ④

57 다음 빈칸에 들어갈 단어로 가장 적절한 것은?

2019. 경찰 2차

> The Kortek University Library welcomes gifts of books and other cultural heritage materials that extend and (   ) existing collections.

① attenuate
② manacle
③ complement
④ incapacitate

58 다음 빈칸에 공통으로 들어갈 단어로 가장 적절한 것은?

2019. 경찰 2차

> ㉠ (   ) is when I'm doing something that makes me happy just to be doing it.
> ㉡ I'm not making (   ) of you. I admire what you did.

① happiness
② sense
③ fortune
④ fun

57

> Kortek 대학 도서관은 기존의 소장품을 확장하고 보완하는 책과 다른 문화유산 자료 기증품을 환영합니다.

① 약하게 하다, 희석시키다
② 수갑[족쇄]을 채우다, 속박하다
③ 보충하다, 보완하다
④ 무력화하다

정답 해설

and 앞에 '확장한다'라는 내용이 있으므로 빈칸에는 비슷한 내용이 ③이 적절하다.

지문 어휘

☐ heritage 유산
☐ extend 연장하다, 확장하다
☐ gift 선물, 기증품

핵심 어휘

★ complement = supplement

정답 ③

58

> ㉠ 재미란 그저 그것을 하고 있다는 것만으로 나를 행복하게 하는 그 무언가를 내가 하고 있을 때이다.
> ㉡ 난 너를 놀리는 게 아냐. 난 네가 한 일을 높이 평가해.

① 행복
② 감각
③ 운, 재산
④ 재미

정답 해설

첫 번째 빈칸은 그것을 하고 있는 것이 행복하다라는 내용을 미루어 보아 '재미'가 들어가야 하고, 두 번째 빈칸 뒤에 존경한다라는 내용이 나오는 것으로 미루어 보아 당신을 놀리는 게 아니라는 내용이 적절하므로 빈칸에는 ④가 적절하다.

지문 어휘

☐ admire 존경하다, 칭찬하다

정답 ④

59 각 문장에서 문맥상 가장 적합한 단어가 순서대로 나열된 것은?

2019. 경찰 2차

> • Solidad Bank requires that all customers present two pieces of photo ㉠ (identification / idiosyncrasy) when cashing a check.
> • The fact that Butcher himself was a farmer provided ㉡ (ratification / rapport) with his subjects.

	㉠	㉡
①	identification	rapport
②	idiosyncrasy	ratification
③	identification	ratification
④	idiosyncrasy	rapport

60 다음 빈칸에 들어갈 단어로 가장 적절한 것은?

2019. 경찰 1차

> He's a ________ actor who has played a wide variety of parts so splendidly.

① versatile
② sterile
③ futile
④ volatile

59

> • Solidad 은행은 수표를 현금화할 때 모든 고객들에게 두 장의 사진(이 부착된) ㉠ 신분증을 제시하도록 요구한다.
> • Butcher씨 자신이 농부였다는 사실이 그의 화제에 ㉡ 친밀감을 제공하였다.

①	신분 증명	친밀감
②	특질, 특징	비준, 재가
③	신분 증명	비준, 재가
④	특질, 특징	친밀감

정답 해설

첫 번째 문장에서 수표를 현금으로 바꿀 때는 신분 증명이 필요하고 두 번째 문장에서는 자신이 농부였다는 사실이 화제에 친밀감을 제공했다는 내용이 적절하므로 빈칸에는 ①이 적절하다.

지문 어휘

☐ cash a check 수표를 현금으로 바꾸다
☐ enable 가능하게 하다
☐ subject 주제, 화제

핵심 어휘

★ ratify = endorse, sanction, authorize, approve

정답 ①

60

> 그는 매우 다양한 역을 매우 훌륭하게 연기한 다재다능한 배우이다.

① 다재다능한, 다방면의
② 불모의, 메마른, 불임의
③ 헛된, 소용없는, 쓸모없는
④ 변덕스러운, 불안한, 휘발성의

정답 해설

다양한 역을 매우 훌륭하게 연기하였다고 했으므로 빈칸에는 ①이 적절하다.

지문 어휘

☐ a wide variety of 매우 다양한
☐ splendidly 훌륭하게

핵심 어휘

★ versatile
= multifaceted, many-sided, all-purpose, all-round

정답 ①

01 PART 02

61 다음 ㉠, ㉡에 공통으로 들어갈 단어로 가장 적절한 것은? 2019. 경찰 1차

- The food supplies were (㉠) to meet the needs of the flood victims.
- They are blaming their failure on (㉡) preparation.

① ambiguous
② thorough
③ inadequate
④ sufficient

62 다음 빈칸에 들어갈 단어로 가장 적절한 것은? 2018. 경찰 3차

The police found no ________ evidence that he was involved in that crime.

① lacking
② impending
③ compelling
④ upcoming

61

- 홍수 피해자들의 요구를 충족시키기에 식량 공급은 부족했다.
- 그들은 자신들의 실패를 부족한 준비 탓으로 돌리고 있다.

① 모호한, 애매한, 불분명한
② 철저한, 완전한
③ 불충분한, 부정한, 부적당한
④ 충분한

정답 해설

첫번째 문장에서 '요구 충족'과 관련된 말이 나와야 하고, 두 번째 문장에서 '탓으로 돌린다'는 내용을 고려해 볼 때 '충분하지 못한'이라는 부정적인 어휘가 필요하므로 빈칸에는 ③이 적절하다.

지문 어휘

☐ blame ~을 탓하다
☐ victim 피해자
☐ preparation 준비

핵심 어휘

★ ambiguous
= unclear, obscure, vague, equivocal, ambivalent, nebulous

정답 ③

62

경찰은 그가 그 범죄에 개입되었다는 어떤 설득력 있는 증거도 찾지 못했다.

① ~이 없는[부족한], 결핍된
② 임박한, 절박한
③ 강제적인, 설득력 있는
④ 다가오는, 곧 있을

정답 해설

증거를 수식해 줄 수 있는 가장 적절한 어휘가 들어가야 하므로 문맥상 빈칸에는 ③이 적절하다.

지문 어휘

☐ evidence 증거
☐ be involved in ~에 개입되다
☐ crime 범죄

핵심 어휘

★ lacking
= deficient, insufficient, inadequate, short, scarce, scant

정답 ③

63 다음 빈칸에 들어갈 단어로 가장 적절한 것은?

2018. 경찰 3차

> Because aging is one of the ________ realities that one cannot really fight against, the best one can do is to keep oneself healthy so as to age with grace and fitness.

① incipient
② inexorable
③ congenial
④ salutary

64 다음 빈칸에 들어갈 단어로 가장 적절한 것은?

2018. 경찰 2차

> Jason used to confide all his secrets to her because he believed she would never ________ them to other people.

① divulge
② diverge
③ deluge
④ decry

63

> 노화는 사람이 맞서 싸울 수 없는 냉혹한 현실 중 하나이기 때문에, 사람이 할 수 있는 최선은 우아함과 건강을 가지고 늙어갈 수 있도록 우리 자신이 건강한 상태를 유지하는 것이다.

① 처음의, 초기의
② 냉혹한, 가차 없는
③ 마음이 맞는, 같은 성질의
④ 유익한, 효과가 좋은

정답 해설

맞서 싸울 수 없다는 내용을 고려해 볼 때 빈칸에는 ②가 적절하다.

지문 어휘

☐ grace 우아함
☐ fitness 건강

핵심 어휘

★ inexorable = relentless, ruthless

정답 ②

64

> Jason은 그녀가 다른 사람들에게 절대 비밀을 누설하지 않을 것이라고 믿었기 때문에 그의 모든 비밀을 그녀에게 털어놓곤 했다.

① (비밀을) 말하다, 누설하다, 폭로하다
② 갈라지다, 벗어나다
③ 쇄도[폭주]하다
④ 매도하다, 비난하다, 헐뜯다

정답 해설

그녀에게 비밀을 털어놓은 이유가 들어가야 하므로 문맥상 빈칸에는 ①이 적절하다.

핵심 어휘

★ diverge = 벗어나다 deviate, digress

정답 ①

65 다음 빈칸에 들어갈 단어로 가장 적절한 것은?

2018. 경찰 2차

> Although he was a(n) ________ man with a family, he behaved in an infantile manner, clamoring for attention if he did not get his way.

① grown
② innocent
③ obstinate
④ juvenile

66 다음 빈칸에 들어갈 단어로 가장 적절한 것은?

2018. 경찰 2차

> The most persistent question in the selective attention theories has been whether the shifts in attention that accompany changes in the arousal level are ________ or deliberate.

① automatic
② incessant
③ conscious
④ sporadic

65

> 비록 그는 가정이 있는 다 큰 남자였지만, 그는 원하는 대로 되지 않으면 관심을 요구하며 어린아이 같은 방식으로 행동했다.

① 다 큰, 성인이 된
② 순진한, 순결한, 무죄의
③ 고집 센, 완고한
④ 청소년의, 소년[소녀]의

정답 해설

빈칸 뒤 주절 부분에서 그가 어린아이 같은 방식으로 행동했다고 설명하고 있으며, 빈칸 앞 접속사가 Although로 시작하고 있으므로 빈칸의 뒤 주절과 앞에 부사절이 서로 대비되는 내용이 나와야 올바르다. 따라서 빈칸에은 ①이 적절하다.

지문 어휘

☐ behave 행동하다
☐ infantile 어린애 같은, 유치한
☐ clamor 시끄럽게 요구하다, 떠들어 대다
☐ attention 주의, 주목
☐ get one's way 바라던 것을 얻다, 마음대로 하다

정답 ①

66

> 선택적 주의 이론에서 가장 끊임없는 지속되는 질문은 각성 수준에서의 변화들을 수반하는 주의력의 변화들이 무의식적인지 의식적인지의 여부이다.

① 자동의, 반사적인, 무의식적인
② 끊임없는, 그칠 새 없는
③ 고의의, 의도적인, 의식적인
④ 산발적인, 때때로 일어나는

정답 해설

whether A or B는 상반되는 의미의 단어가 병치가 되므로 or 뒤에 나와 있는 deliberate(의식적인)와 반대되는 어휘를 골라야 적절하다. 따라서 빈칸에는 ①이 적절하다.

지문 어휘

☐ persistent 끊임없는
☐ attention 주의, 주목
☐ accompany 수반하다, 동반하다
☐ deliberate 고의의, 의도적인

정답 ①

67 다음 괄호에 들어갈 단어로 가장 적절한 것은?

2017. 경찰 2차

> A scheduling (   ) prevented the mayor from attending the farewell meeting.

① production
② conflict
③ deduction
④ response

67

> 일정 <u>충돌</u>로 인해 시장은 송별회에 참석하지 못했다.

① 생산, 제작, 제조
② 충돌, 갈등
③ 공제, 추론, 연역
④ 반응, 대답

정답 해설

시장이 송별회에 참석하지 못했다는 내용으로 미루어 보아 빈칸에는 ②가 적절하다.

지문 어휘

☐ attend 참석하다
☐ farewell meeting 송별회
☐ mayor 시장

정답 ②

68 다음 괄호에 들어갈 단어로 가장 적절한 것은?

2017. 경찰 2차

> Some linguists thought that some "primitive" languages were intermediate between animal languages and civilized ones. They (   ) this idea when they discovered that grammatical rules varied in complexity independently of social development.

① adopted
② abandoned
③ appreciated
④ absorbed

68

> 일부 언어학자들은 몇몇 '원시적인' 언어들이 동물의 언어와 문명화된 언어 사이의 중간이라고 생각했다. 문법 규칙이 사회적 발달과 관계없이 복잡성에 있어서 다양하다는 것을 발견했을 때 그들은 이 생각을 <u>버렸다</u>.

① 채택했다
② 버렸다
③ 평가했다
④ 흡수했다

정답 해설

일부 언어학자들은 몇몇 원시적인 언어들이 동물의 언어와 문명화된 언어 사이의 중간이라고 생각했지만 그에 반하는 문법 규칙을 발견했다는 내용이 언급된 것으로 보아 빈칸에는 ②가 적절하다.

지문 어휘

☐ linguist 언어학자
☐ primitive 원시적인
☐ intermediate 중간의
☐ discover 발견하다
☐ vary 다양하다
☐ independently of ~와 관계 없이

정답 ②

69 **다음 문장에서 빈칸에 들어갈 단어로 가장 적절한 것은?** 2016. 경찰 1차

> New York City's successful efforts to reduce the number of teens (   ) handguns are rooted in successful policing initiatives and strong gun laws.

① abducting
② carrying
③ devouring
④ obliging

70 **다음 빈칸에 들어갈 말로 가장 적절한 것은?** 2015. 경찰 3차

> The drug dealer went to jail because he wasn't (   ) about his activity.

① discreet
② distributed
③ distilled
④ distorted

69

> 권총을 휴대하는 10대들의 수를 줄이려는 뉴욕시의 성공적인 노력은 성공적인 치안 계획과 강력한 총기 (소지) 단속법에 기반을 두고 있다.

① 납치하는
② 휴대하는
③ 게걸스럽게 먹는
④ 강요하는

정답 해설

빈칸 뒤에 나온 명사가 권총이라는 내용을 고려해 볼 때 빈칸에 ②가 적절하다.

지문 어휘

☐ handgun 권총
☐ root 자리 잡히다, 정착하다
☐ successful 성공적인
☐ policing initiative 치안 계획

정답 ②

70

> 마약상은 자신의 활동에 신중하지 못했기 때문에 감옥에 갔다.

① 신중한, 분별 있는
② 분배된
③ 증류된
④ 왜곡된

정답 해설

감옥에 갔다는 말로 미루어 볼 때 신중하지 못했다는 내용이 적절하므로 빈칸에는 ①이 적절하다.

지문 어휘

☐ drug dealer 마약상

정답 ①

CHAPTER 02 빈칸_숙어

반드시 한 번에 다잡는 기출 핵심 어휘

	어휘	뜻	유의어
1	lay off	해고하다	dismiss, discharge, fire, sack
2	carry on	계속하다	keep on, go on, continue
3	call for	요구하다	require, request, demand
4	get rid of	~을 제거하다	eliminate, remove
5	turn into	~로 바뀌다	convert into, transform into
6	account for	설명하다, 차지하다	설명하다 explain 차지하다 take up, occupy
7	take on	떠맡다, 고용하다, 띠다	assume, undertake
8	look up to	존경하다	respect, admire
9	at the expense of	~을 희생하여, ~을 잃어가며	at the cost of
10	take down	내리다, 무너뜨리다, 적어두다	적어 두다 jot down, put down, note down, write down
11	stand for	~을 지지하다, ~을 나타내다, ~을 상징하다	나타내다 represent, 상징하다 symbolize
12	count on	~에 의지하다, ~을 믿다	depend on, rely on, hinge on, lean on, rest on, fall back on, turn to, look to, resort to
13	carry out	수행하다, 실행하다	conduct
14	in discord with	~와 불화하여	at odds with
15	dispense with	~없이 지내다	do without, go without

01 밑줄 친 부분의 의미와 가장 가까운 것을 고르시오.

2022. 국가직 9급

> Mary decided to ___________ her Spanish before going to South America.

① brush up on
② hear out
③ stick up for
④ lay off

02 밑줄 친 부분의 의미와 가장 가까운 것을 고르시오.

2022. 지방직 9급

> Sometimes we _________ money long before the next payday.

① turn into
② start over
③ put up with
④ run out of

01

> Mary는 남미에 가기 전에 스페인어를 복습하기로 결심했다.

① ~을 복습하다
② ~의 말을 끝까지 들어주다
③ ~을 옹호하다, 변호하다
④ 해고하다

정답 해설
남미에 가기 전에 스페인어를 복습했다는 내용이 자연스러우므로 빈칸에 ①이 적절하다.

지문 어휘
☐ Spanish 스페인어

핵심 어휘
★ lay off = dismiss, discharge, fire, sack

정답 ①

02

> 때때로 우리는 다음 월급날 훨씬 전에 돈을 다 써버린다.

① ~로 변하다
② ~를 다시 시작하다
③ ~을 참다
④ ~을 다 써버리다

정답 해설
다음 월급날 훨씬 전에 돈을 다 써버린다는 내용이 문맥상 자연스러우므로 빈칸에 ④가 적절하다.

지문 어휘
☐ payday 월급날

핵심 어휘
★ put up with = tolerate, endure, bear, stand

정답 ④

03 밑줄 친 부분에 들어갈 말로 가장 적절한 것은?

2021. 국가직 9급

A group of young demonstrators attempted to ________ the police station.

① line up
② give out
③ carry on
④ break into

04 밑줄 친 부분에 들어갈 말로 가장 적절한 것은?

2021. 지방직 9급

The government is seeking ways to soothe salaried workers over their increased tax burdens arising from a new tax settlement system. During his meeting with the presidential aides last Monday, the President ________ those present to open up more communication channels with the public.

① fell on
② called for
③ picked up
④ turned down

03

한 그룹의 젊은 시위대들이 경찰서에 침입하려고 시도했다.

① ~을 일렬[한 줄]로 세우다
② ~을 나눠주다, (열, 빛 등을) 내다[발하다]
③ 계속하다 cf) carry out 수행하다, 실행하다
④ 침입하다

정답 해설

시위자와 경찰서라는 단어로 미루어 보아 빈칸에는 ④가 적절하다.

지문 어휘

☐ demonstrator 시위자, 시위[데모] 참가[가담]자

핵심 어휘

★ carry on = keep on, go on, continue

정답 ④

04

정부는 새로운 세금 정산 제도에서 발생하는 증가되는 세금 부담에 대해 봉급생활자들을 달래기 위한 방법을 찾고 있다. 지난 월요일 대통령의 보좌관들과의 회의 동안, 대통령은 참석한 사람들에게 더 많은 대중과의 소통의 창구를 열 것을 요구했다.

① 떨어졌다
② 요구했다
③ 태워줬다
④ 거절했다

정답 해설

정부가 봉급생활자들을 달래기 위한 방안을 찾고 있다는 내용을 미루어 보아 대통령이 더 많은 소통 채널을 개설할 것을 요구한 것이 문맥상 자연스러우므로 빈칸에는 ②가 적절하다.

지문 어휘

☐ government 정부
☐ seek 찾다, 추구하다
☐ soothe 달래다, 완화시키다, 진정시키다
☐ burden 부담, 짐
☐ tax settlement 세금 정산
☐ presidential 대통령의
☐ aide 보좌관
☐ present 출석한, 현재의

핵심 어휘

★ call for = require, request, demand

정답 ②

05 밑줄 친 부분에 들어갈 말로 가장 적절한 것은?

2018. 국가직 9급

Listening to music is ______________ being a rock star. Anyone can listen to music, but it takes talent to become a musician.

① on a par with
② a far cry from
③ contingent upon
④ a prelude to

06 밑줄 친 부분에 들어갈 말로 가장 적절한 것은?

2018. 지방직 9급

Since the air-conditioners are being repaired now, the office workers have to ___________ electric fans for the day.

① get rid of
② let go of
③ make do with
④ break up with

05

음악을 듣는 것은 록스타가 되는 것과는 거리가 멀다. 누구든지 음악을 들을 수는 있지만 음악가가 되는 것은 재능이 필요하다.

① ~와 동등한, ~와 동등하게
② ~와 거리가 먼
③ ~여하에 달린
④ ~의 서막

정답 해설

누구나 음악은 들을 수 있지만, 음악가가 되려면 재능이 필요하다고 하였으므로 록스타가 되는 것과 음악을 듣는 것은 별개라고 유추할 수 있다. 따라서 빈칸에는 ②가 적절하다.

지문 어휘

☐ listen 듣다
☐ talent 재주, 재능, 장기
☐ musician 음악가

정답 ②

06

에어컨이 지금 수리 중이기 때문에, 사무실 근로자들은 그 날 동안에는 선풍기들로 임시변통해야 한다.

① ~을 제거하다
② ~을 놓아주다
③ ~으로 임시변통하다
④ ~와 헤어지다

정답 해설

에어컨이 수리 중이라 선풍기를 써야 한다는 내용으로 미루어 보아 빈칸에는 ③이 적절하다.

지문 어휘

☐ air-conditioner 에어컨
☐ electric fan 선풍기, 환풍기
☐ repair 수리하다, 고치다

핵심 어휘

★ get rid of = eliminate, remove

정답 ③

07 밑줄 친 부분에 공통으로 들어갈 말로 가장 적절한 것은?

2017. 국가직 9급 하반기

- She's disappointed about their final decision, but she'll ________ it eventually.
- It took me a very long time to ________ the shock of her death.

① get away
② get down
③ get ahead
④ get over

08 밑줄 친 부분에 들어갈 말로 가장 적절한 것은?

2017. 지방직 9급 하반기

A police sergeant with 15 years of experience was dismayed after being ________ for promotion in favor of a young officer.

① run over
② asked out
③ carried out
④ passed over

07

- 그녀는 그들의 최종 결정에 실망했지만, 결국 <u>극복하게</u> 될 것이다.
- 그녀의 죽음에 대한 충격을 <u>극복하는 데</u> 매우 오랜 시간이 걸렸다.

① 벗어나다, 도망치다
② 내리다, 낙담시키다
③ 출세하다, 성공하다
④ 극복하다

정답 해설

그녀가 실망했지만 역접 연결사 but 고려해 볼 때 뒤는 긍정적인 내용이 나와야 하고, 충격에서 보통 이겨내거나 극복할 때 시간이 걸린다는 표현이 자연스러우므로 공통된 빈칸에는 ④가 적절하다.

지문 어휘

☐ decision 결정, 판단
☐ eventually 결국, 마침내
☐ take (얼마의 시간이) 걸리다

핵심 어휘

★ get over = overcome, surmount

정답 ④

08

15년의 경력을 가진 한 경찰 경사가 젊은 경찰관을 선호하는 승진에서 <u>제외된</u> 이후에 실망했다.

① (사람·동물을) 치다
② ~에게 데이트를 신청하다
③ 수행하다, 실행하다
④ 제외시키다

정답 해설

오래된 경력의 경사가 실망했다는 내용과 뒤에 내용은 젊은 경찰관을 선호하는 승진이 제시된 것으로 보아 경사가 승진에서 제외되었다는 내용이 자연스러우므로 빈칸에는 ④가 적절하다.

지문 어휘

☐ sergeant 경사(경찰), 병장(군인)
☐ dismay 실망, 경악, 실망시키다, 놀라 당황하다
☐ promotion 승진, 진급, 홍보
☐ run over (사람·동물을) 치다, 넘치다
☐ ask out ~에게 데이트를 신청하다
☐ carry out 수행하다, 실행하다, 완수[완료]하다
☐ pass over 제외시키다, 무시하다[피하다]

핵심 어휘

★ carry out = conduct, perform

정답 ④

09 밑줄 친 부분에 들어갈 말로 가장 적절한 것은?

2016. 지방직 9급

> Last year, I had a great opportunity to do this performance with the staff responsible for ____________ art events at the theater.

① turning into
② doing without
③ putting on
④ giving up

10 밑줄 친 부분에 공통으로 들어갈 말로 가장 적절한 것은?

2016. 지방직 9급

> • The psychologist used a new test to ________________ overall personality development of students.
> • Snacks ________________ 25% to 30% of daily energy intake among adolescents.

① carry on
② figure out
③ account for
④ depend upon

09

> 지난해 나는 그 극장에서 예술 행사를 무대에 올리는 데 책임이 있는 스태프들과 이 공연을 할 수 있는 좋은 기회가 있었다.

① ~로 바뀌는
② ~없이 지내는
③ 무대에 올리는
④ 포기하는

정답 해설

목적어로 art event(예술 행사)가 있으므로 문맥상 예술 행사를 무대에 올리는 것이 자연스러우므로 빈칸에는 ③이 적절하다.

지문 어휘

☐ opportunity 기회
☐ performance 공연, 수행
☐ responsible for ~에 책임이 있는

핵심 어휘

★ turn into = convert into, transform into

정답 ③

10

> • 그 심리학자는 학생들의 종합적인 성격 발달을 설명하기 위해서 새로운 테스트를 사용했다.
> • 간식은 청소년들의 하루 에너지 섭취량의 25~30%를 차지한다.

① 계속하다
② 생각해내다, 이해하다, 계산하다
③ 설명하다, 차지하다
④ ~에 의존하다

정답 해설

해석상 두 가지 빈칸에 공통으로 들어갈 말로 적절한 것은 ③이다.

지문 어휘

☐ psychologist 심리학자
☐ overall 종합적인, 전반적인
☐ personality 개성, 성격
☐ intake 섭취(량)

핵심 어휘

★ account for = 설명하다 explain
차지하다 take up, occupy

 ③

11 밑줄 친 부분에 가장 적절한 것을 고르시오.

2015. 국가직 9급

Back in the mid-1970s, an American computer scientist called John Holland __________ the idea of using the theory of evolution to solve notoriously difficult problems in science.

① took on
② got on
③ put upon
④ hit upon

12 밑줄 친 부분에 가장 적절한 것은?

2014. 국가직 9급

Before she traveled to Mexico last winter, she needed to __________ her Spanish because she had not practiced it since college.

① make up to
② brush up on
③ shun away from
④ come down with

11

1970년대 중반에 John Holland라고 불리는 미국인 컴퓨터 과학자는 과학계에서 악명높게 어려운 문제들을 해결하기 위해 진화론을 이용하는 아이디어를 생각해냈다.

① 떠맡았다
② ~에 탔다
③ 속였다
④ ~을 (우연히) 생각해냈다

정답 해설

빈칸 뒤에 the idea의 내용이 나오고 글의 내용상 '생각을 해내다'라는 표현이 오는 것이 자연스러우므로 빈칸에는 ④가 적절하다.

지문 어휘

☐ theory 이론
☐ evolution 진화
☐ notoriously 악명높게

핵심 어휘

★ take on = assume, undertake

정답 ④

12

그녀는 지난겨울 멕시코로 여행을 가기 전에, 대학 이후부터 스페인어를 연습하지 않았기 때문에 스페인어를 복습할 필요가 있었다.

① ~에게 아첨하다
② ~을 복습하다
③ ~로부터 피하다
④ (병에) 걸리다

정답 해설

멕시코로 여행을 가기 전에 스페인어를 복습해야 한다는 의미가 문맥상 자연스러우므로 빈칸에는 ②가 적절하다.

지문 어휘

☐ practice 연습하다
☐ college 대학

핵심 어휘

★ brush up on = review, go over

정답 ②

13 **밑줄 친 부분에 들어갈 가장 적절한 것을 고르시오.**

2014. 지방직 9급

> How did you ______________ selling cosmetics online?

① go around
② go back
③ go down
④ go into

14 **밑줄 친 ㉠과 ㉡에 공통으로 들어갈 가장 적절한 것은?**

2013. 국가직 9급

> • In Korea, the eldest son tends to ___㉠___ a lot of responsibility.
> • The same words ___㉡___ different meaning when said in different ways.

① take over
② take down
③ take on
④ take off

13

> 어떻게 온라인으로 화장품 파는 것을 시작했어?

① 돌아다니다, 골고루 돌아가다
② 돌아가다, 거슬러 올라가다
③ 넘어지다, 쓰러지다
④ ~에 들어가다, ~하기 시작하다

정답 해설

동명사 목적어를 가지고 올 수 있는 동사구가 필요하므로 빈칸에는 ④가 적절하다.

지문 어휘

☐ cosmetic 화장품
☐ online 온라인, 온라인의, 온라인으로

정답 ④

14

> • 한국에서는 장남이 많은 책임을 떠맡는 경향이 있다.
> • 같은 단어는 다른 방식으로 말할 때 다른 의미를 띤다.

① ~을 인계받다, 인수하다, 이어 받다
② 적어두다, (구조물 등을) 치우다
③ 떠맡다, 고용하다, 띠다
④ 이륙하다, 벗다, 쉬다, 빼다

정답 해설

㉠과 ㉡에 공통으로 들어갈 어휘로는 ③이 적절하다.

지문 어휘

☐ eldest son 장남
☐ responsibility 책임
☐ meaning 의미

핵심 어휘

★ take over = assume

정답 ③

15 밑줄 친 부분에 들어갈 표현으로 가장 적절한 것을 고르시오.

2013. 지방직 9급

If you provide me with evidence, I will have it ___________ urgently.

① look up
② look after
③ looked into
④ looked up to

16 밑줄 친 부분에 들어갈 표현으로 가장 적절한 것을 고르시오.

2012. 국가직 9급

The enjoyment of life, pleasure, is the natural object of all human efforts. Nature, however, also wants us to help one another to enjoy life. She's equally anxious for the welfare of every member of the species. So she tells us to make quite sure that we don't pursue our own interests ___________ other people's.

① at the discretion of
② at the mercy of
③ at loose ends of
④ at the expense of

15

만일 당신이 증거를 제공한다면, 나는 이것이 급히 조사되도록 하겠다.

① 나아지도록
② 돌보도록
③ 조사되도록
④ 존경받도록

정답 해설

'증거를 제공한다면'이라는 내용으로 미루어 볼 때 빈칸에는 ③이 적절하다.

지문 어휘

☐ provide A with B A에게 B를 제공하다
☐ urgently 급히

핵심 어휘

★ look up to = respect, admire

정답 ③

16

삶의 즐거움, 즉 기쁨은 모든 인간 노력의 자연스러운 목표이다. 그러나 자연은 또한 우리가 삶을 즐길 수 있도록 서로 돕기를 원한다. 그녀는 모든 종들의 행복을 똑같이 갈망하고 있다. 그래서 그녀는 우리가 다른 사람들의 이익을 희생하여 자신의 이익을 추구하지 않는 것을 확실히 하라고 말한다.

① ~의 재량대로
② ~에 좌우되는, ~에 휘둘리는
③ 일정한 직업 없이
④ ~을 희생하여, ~을 잃어가며

정답 해설

빈칸 문장 앞의 모든 인간들은 행복을 똑같이 갈망한다는 내용으로 볼 때 빈칸에도 다른 사람의 이익을 희생하여 자신의 이익을 추구하지 말라는 내용이 되어야 하므로 빈칸에는 ④가 적절하다.

지문 어휘

☐ one another 서로서로
☐ be anxious for ~을 열망하다
☐ welfare 행복, 복지
☐ make sure 확실하게 하다

핵심 어휘

★ at the expense of = at the cost of

정답 ④

17 밑줄 친 부분에 들어갈 가장 알맞은 것은?

2012. 지방직 9급

> The government is now trying to ______________ the uprising with the help of some outside forces.

① put down
② drop by
③ fill up
④ abide by

18 밑줄 친 부분에 들어갈 표현으로 가장 적절한 것은?

2012 지방직 9급

> The newly appointed minister said, "No development can ___㉠___ at the cost of people's rights because it is basic and fundamental. So any development will have to first ___㉡___ the people's rights."

	㉠	㉡
①	take place	take after
②	take place	take care of
③	take down	take care of
④	take down	take after

17

> 정부는 외부 세력의 도움으로 그 반란을 진압하기 위해 노력하고 있다.

① 진압하다
② (잠깐) 들르다
③ 가득 채우다
④ 준수하다, 지키다

정답 해설
정부와 반란에 관한 내용이 필요하므로 빈칸에는 ①이 적절하다.

지문 어휘
☐ government 정부
☐ uprising 반란, 폭동

핵심 어휘
★ abide by
= accept, obey, observe, stick to, cling to, adhere to, conform to, comply with

정답 ①

18

> 최근에 임명된 장관은 "발전은 기본적이고 본질적이기 때문에 어떤 발전도 사람들의 권리를 희생하여 ㉠ 발생할 수 없습니다. 그래서 어떤 발전도 사람들의 권리를 가장 먼저 ㉡ 신경써야 할 것입니다."라고 말했다.

	㉠	㉡
①	일어나다, 발생하다	~을 닮다
②	일어나다, 발생하다	~을 돌보다, ~을 신경쓰다
③	적어두다, (구조물 등을) 치우다	~을 돌보다, ~을 신경쓰다
④	적어두다, (구조물 등을) 치우다	~을 닮다

정답 해설
첫 번째 빈칸의 주어가 '발전'이므로 take down '적어두다, 치우다'는 적절하지 않고 두 번째 빈칸은 목적어가 사람들의 권리이므로 take after '~을 닮다'는 적절하지 않다. 따라서 빈칸에는 ②가 적절하다.

지문 어휘
☐ newly 최근에, 새로
☐ appointed 임명된, 지정된
☐ at the cost of ~을 희생하여
☐ fundamental 근본적인

핵심 어휘
★ take down
= 적어 두다 jot down, put down, note down, write down

정답 ②

19 밑줄 친 부분에 들어갈 표현으로 가장 적절한 것을 고르시오.
2011. 국가직 9급

> To avoid death duty, the man __________ the greater part of his property to his only son as soon as he retired.

① made up
② made over
③ made out
④ made up for

20 밑줄 친 부분에 들어갈 표현으로 가장 적절한 것을 고르시오.
2011. 국가직 9급

> The viability of reclaimed water for indirect potable reuse should be assessed __________ quantity and reliability of raw water supplies, the quality of reclaimed water, and cost effectiveness.

① regardless of
② with regard to
③ to the detriment of
④ on behalf of

19

> 상속세를 피하기 위해, 그 남자는 은퇴하자마자 그의 재산의 많은 부분을 그의 외아들에게 양도했다.

① 꾸며냈다
② 양도했다
③ 이해했다
④ 보상했다

정답 해설

상속세를 피하기 위해서라는 내용으로 미루어 보아 재산을 아들에게 양도했다는 것이 문맥상 자연스러우므로 빈칸에는 ②가 적절하다.

지문 어휘

☐ death duty 상속세
☐ property 재산, 자산
☐ retire 은퇴하다

핵심 어휘

★ make up for = compensate for, reimburse

정답 ②

20

> 간접적인 음료로 재사용하기 위한 재생수(배수를 처리하여 다시 쓸 수 있는 상태로 한 물)의 사용 가능성은 원수 공급의 양과 신뢰성, 재생수의 품질 및 비용효과와 관련하여 평가되어야 한다.

① ~에 상관없이
② ~에 관하여, ~에 관련하여
③ ~을 해치도록
④ ~을 대신하여, 대표하여

정답 해설

빈칸 앞에는 평가한다는 내용이 나오고 뒤에는 양, 신뢰성, 품질 및 비용 효과 등 평가 항목에 관한 내용이 나오는 것으로 미루어 보아 빈칸에는 ②가 적절하다.

지문 어휘

☐ viability 실행 가능성, 생존 능력
☐ reclaimed water 재생수
☐ potable 마셔도 되는, 마시기에 알맞은
☐ assess 평가하다
☐ reliability 신뢰도, 확실성
☐ raw water 원수(인공적인 처리를 하지 않은 자연 그대로의 물)

핵심 어휘

★ with regard to
= regarding, concerning, when it comes to, with respect to, as to, as for, in terms of

정답 

21 밑줄 친 부분에 들어갈 표현으로 가장 적절한 것을 고르시오. 2010. 지방직 9급

> His inaugural address was hilarious. Quite a few people were unable to __________ their laughter.

① cut back
② keep up
③ hold back
④ hold up

22 밑줄 친 부분에 들어갈 표현으로 가장 적절한 것을 고르시오. 2010. 지방직 9급

> Do you think this team ________ winning the championship?

① stands a chance of
② stands by
③ stands for
④ stands up for

21

> 그의 취임 연설은 재미있었다. 상당히 많은 사람들이 웃음을 참을 수가 없었다.

① 축소하다, 삭감하다
② 계속하다, 유지하다
③ 저지하다, 억제하다, 참다
④ ~을 떠받치다, 지지하다, 정체시키다, 강탈하다

정답 해설

그의 취임 연설이 재미있었다는 내용으로 보아 웃음을 참을 수 없었다는 말이 들어가야 하므로 빈칸에는 ③이 적절하다.

지문 어휘

☐ hilarious 재미있는
☐ inaugural address 취임 연설
☐ laughter 웃음

핵심 어휘

★ hold back = restrain, curb

정답 ③

22

> 너는 그 팀이 선수권대회에서 승리할 가능성이 있다고 생각하니?

① ~의 가능성이 있다
② 대기하다, 지지하다
③ ~을 지지하다, ~을 나타내다, ~을 상징하다
④ ~을 지지하다, 옹호하다

정답 해설

주어진 단어들은 넣어보면 빈칸에는 ①이 가장 적절하다.

지문 어휘

☐ championship 선수권 대회, 챔피언전

핵심 어휘

★ stand for = 나타내다 represent
상징하다 symbolize

정답 ①

23 다음 글의 빈칸에 들어갈 말로 가장 적절한 것은?

2016. 경찰 2차

> • When I (㉠) that he only arrived 3 days ago, it's not surprising that I feel awkward to him.
> • Don't (㉡) me anymore. It's your journey from now on.

① ㉠ take it for granted ㉡ cut off
② ㉠ take it into account ㉡ count on
③ ㉠ take off ㉡ carry out
④ ㉠ take away ㉡ cope with

24 다음 글의 빈칸에 들어갈 말로 가장 적절한 것은?

2016. 경찰 2차

> The health care law was enacted in 2015 by the Congress. Therefore, insurance plans will be changed (   ) the purpose of the Congress and the citizen.

① in discord with
② in spite of
③ at odds with
④ in accordance with

23

> • 내가 불과 3일 전에 도착했던 점을 ㉠ 고려하면 그에게 어색함을 느끼는 것은 놀랄 일은 아니다.
> • 내게 더는 ㉡ 의존하지 마라. 이제부터 당신의 여행이다.

① ㉠ ~을 당연하게 여기다
  ㉡ 잘라내다, 차단하다, 중단하다
② ㉠ ~을 고려하다
  ㉡ 의존하다
③ ㉠ 이륙하다, 벗다, ~(동안)을 쉬다, 빼다
  ㉡ 실행하다, ~을 수행하다
④ ㉠ 제거하다, 치우다
  ㉡ ~을 대처하다, 다루다

정답 해설

내가 그에게 어색함을 느꼈다라는 내용으로 미루어 보아 3일 전에 도착했다는 것을 고려했을 때라는 의미가 들어가야 적절하고, 당신의 여행이라는 내용을 미루어 볼 때 나에게 의존하지말라는 의미가 들어가야 된다. 따라서 빈칸에는 ②가 적절하다.

지문 어휘

☐ awkward 어색한, 서투른
☐ journey 여행

핵심 어휘

★ count on
= depend on, rely on, hinge on, lean on, rest on, fall back on, turn to, look to, resort to

정답 ②

24

> 건강관리법은 2015년에 의회에서 제정되었다. 그러므로 의료보험은 의회와 시민의 목적에 따라서 변경될 것이다.

① ~와 일치하지 않은
② ~에도 불구하고
③ ~와 불화하여
④ ~에 따라서

정답 해설

두 문장이 therefore라는 인과관계의 연결어로 이어져 있다. 건강관리법은 의회에서 제정되었다고 했으므로 의료보험이 목적에 따라서 변화될 것이라는 내용이 들어가야 한다. 따라서 빈칸에는 ④가 적절하다.

지문 어휘

☐ the health care law 건강관리법
☐ enact 제정하다
☐ the congress 의회, 국회
☐ insurance plan 의료보험
☐ purpose 목적

핵심 어휘

★ in discord with = at odds with

정답 ④

25 다음 ㉠에 들어갈 말로 가장 적절한 것은?

2016. 경찰 1차

Since the speed cameras on the route (㉠), the reduction in the number of traffic accidents has indicated an encouraging trend.

① got above themselves
② got out from under
③ took it out on
④ came into operation

26 다음 빈칸에 들어갈 단어로 가장 적절한 것은?

2016. 경찰 1차

• Children (㉠) the effects of television because their minds are growing, developing, and learning much faster than those of adults.
• I'd like to talk about some ways to (㉡) with your families after an argument.

① ㉠ are suppressive to ㉡ make against
② ㉠ are susceptible to ㉡ make up
③ ㉠ are suspected to ㉡ make away
④ ㉠ are suspensive to ㉡ make over

25

도로 위의 과속카메라가 작동되기 시작한 이후로 교통사고의 수가 감소한 것은 고무적인 흐름을 보여주었다.

① 분수를 몰랐다, 자만했다
② 영향에서 벗어났다
③ ~에게 화풀이했다
④ 작동되기 시작했다

정답 해설

교통사고의 수가 감소했다고 설명하고 있으므로 과속카메라가 작동되어서 교통사고 줄었다는 것을 알 수 있다. 따라서 빈칸에는 ④가 적절하다.

지문 어휘

☐ encouraging 장려[고무]하는
☐ indicate 표시하다, 나타내다
☐ route 도로, 길
☐ reduction 감소

정답 ④

26

• 아이들은 그들의 정신이 성인들의 생각들보다 훨씬 더 빨리 성장하고, 발달하고, 학습하기 때문에 텔레비전의 영향에 ㉠ 취약하다.
• 나는 다툼 이후 당신의 가족들과 ㉡ 화해하는 몇 가지 방법에 대해 말하겠습니다.

① ㉠ ~을 억누르다 ㉡ ~에게 불리하게 작용하다
② ㉠ ~에 취약하다 ㉡ ~와 화해하다
③ ㉠ 의심받다 ㉡ ~을 면하다, 벗어나다
④ ㉠ ~에 불확실하다 ㉡ 양도하다, ~을 고치다

정답 해설

첫 번째 빈칸이 있는 문장에서 아이들은 성인들보다 더 빨리 성장, 발달하고 학습하기 때문에 텔레비전의 영향력에 취약하다라는 내용이 적절하고 두 번째 빈칸에서는 가족들과 다툼 이후에 화해할 수 있는 방법이라는 내용이 적절하다. 따라서 빈칸에는 ②가 적절하다.

지문 어휘

☐ mind 마음, 정신
☐ argument 논쟁, 다툼

핵심 어휘

★ susceptible = vulnerable, weak

정답 ②

27 밑줄 친 부분에 들어갈 가장 적절한 것은?

2015. 국가직 7급

> The Secretary General said the U.N. will put forward several action plans to ________ the multilateral nuclear security and safety. He said toughening financial sanctions are necessary to prevent the spread of weapons of mass destruction and nuclear terrorism.

① beef up
② dispense with
③ damp down
④ scratch off

28 밑줄 친 부분에 들어갈 가장 적절한 것은?

2015. 국가직 7급

> The satellite image shows "brown clouds" over eastern China. The noxious cocktail of soot, smog and toxic chemicals is ________ the sun, fouling the lungs of millions of people in large parts of Asia.

① blotting out
② poring over
③ catering to
④ resorting to

27

> 유엔 사무총장은 다자간의 핵 안보와 안전을 강화하기 위한 몇 개의 행동 계획을 제안할 것이다. 그는 강한 경제제재들이 대량 파괴 무기와 핵 테러의 확산을 막는 데 필요하다고 말했다.

① 강화하다
② ~없이 지내다
③ 약화시키다
④ ~에서 지우다

정답 해설

대량 파괴 무기와 핵 테러의 확산을 막는다고 설명하고 있으므로 핵 안보와 안전을 강화한다는 내용이 맥락상 적절하다. 따라서 정답은 ①이다.

지문 어휘

☐ put forward 앞당기다, 제안하다
☐ multilateral 다자간[다국간]의
☐ toughen 더 강하게 만들다, 단단하게 만들다

핵심 어휘

★ dispense with = do without, go without

정답 ①

28

> 위성 영상은 중국 동부 상공에 있는 "갈색 구름"을 보여준다. 그을음, 스모그와 독성 화학 물질의 유해한 혼합물은 태양을 가리고 있고, 아시아의 많은 지역에 있는 수백만 명의 사람들의 폐를 더럽히고 있다.

① 가리고 있는
② 조사하는
③ ~에 맞추어 주는
④ ~에 의존하는

정답 해설

그을음, 스모그와 독성 화학 물질의 유해한 혼합물이 태양을 가리고 있다라는 내용이 맥락상 적절하므로 정답은 ①이다.

지문 어휘

☐ satellite 위성
☐ noxious 유독한, 유해한
☐ soot 그을음
☐ foul ~을 더럽히다

핵심 어휘

★ pore over
= examine, inspect, investigate, scrutinize, go over, look into, delve into, probe into

29 **밑줄 친 부분에 들어갈 표현으로 가장 옳은 것은?**

2013. 지방직 7급

Computers in the 60's used to be so huge that they ________ a lot of space.

① took on
② took up
③ took over
④ took down

30 **밑줄 친 부분에 들어갈 가장 적절한 것을 고르시오.**

2008. 지방직 7급

One of the leading newspapers ________ the severest punishment of all who have been concerned in the conspiracy.

① called for
② took after
③ got ahead of
④ made a pass at

29

60년대의 컴퓨터들은 매우 커서 그것들은 많은 공간을 차지했다.

① 떠맡았다, 고용했다, 띠었다
② (시간, 공간을) 차지했다
③ 인수했다, 인계받았다, 떠맡았다
④ 적어 두었다, (구조물 등을) 치웠다

정답 해설
크기가 매우 커서 많은 공간을 차지했다라는 내용이므로 정답은 ② 이다.

지문 어휘
☐ used to R ~하곤 했다
☐ space 공간

핵심 어휘
★ take on = assume, undertake

정답 ②

30

한 유력 신문은 그 음모에 연루된 모든 사람들에 대한 가장 강력한 처벌을 요구했다.

① 요구했다
② 닮았다
③ ~을 능가했다
④ ~에게 수작을 걸었다

정답 해설
글의 내용상 강하게 처벌할 것을 요구했음을 알 수 있으므로 ①이다.

지문 어휘
☐ punishment 처벌, 징계
☐ be concerned in ~에 관계가 있다, 관여하고 있다
☐ conspiracy 음모

핵심 어휘
★ call for = require, request, demand

정답 ①

진가영

주요 약력

現) 박문각 공무원 영어 온라인, 오프라인 대표교수
서강대학교 우수 졸업
서강대학교 영미어문 심화 전공
중등학교 정교사 2급 자격증
단기 공무원 영어 전문 강의(개인 운영)

주요 저서

2024 박문각 공무원 입문서 시작! 진가영 영어
진가영 영어 단기합격 문법 All In One
진가영 영어 단기합격 독해 All In One
진가영 영어 단기합격 VOCA
진가영 영어 기출문제집 문법&어휘
진가영 영어 기출문제집 독해&생활영어
진가영 영어문법 이론적용 200제
진가영 영어독해 이론적용 200제
진가영 영어 하프모의고사
진가영 영어 하프모의고사 시즌2
진가영 영어 최상으로 가는 영역별 출제 예상 400제
진가영 영어 단판승 문법 킬포인트 100
2023 박문각 공무원 봉투모의고사

진가영 영 어

기출문제집
문법&어휘

초판 발행 | 2023. 9. 25. **2쇄 발행** | 2024. 4. 11. **편저** | 진가영
발행인 | 박 용 **발행처** | (주)박문각출판 **등록** | 2015년 4월 29일 제2015-000104호
주소 | 06654 서울시 서초구 효령로 283 서경 B/D 4층 **팩스** | (02)584-2927
전화 | 교재 문의 (02)6466-7202

저자와의 협의하에 인지생략

정가 20,000원
ISBN 979-11-6987-486-1
ISBN 979-11-6987-485-4(세트)